Lyall Watson

Die Nachtseite des Lebens

Eine Naturgeschichte des Bösen

Aus dem Englischen von Kurt Neff

S. Fischer

Die englische Originalausgabe mit dem Titel
»Dark Nature. A Natural History of Evil«
erschien 1995 bei Hodder and Stoughton, London

Satz: Fotosatz Otto Gutfreund GmbH, Darmstadt
Druck und Bindung: Clausen und Bosse, Leck
Printed in Germany 1997
ISBN 3-10-089405-7

Inhalt

Mir jucken die Daumen und sagen mir,
Es steht was Übles vor der Tür.
Wenn es klopft – nur herein!
Wer's auch immer mag sein.
Shakespeare, *Macbeth* IV,1

Einleitung
Mir jucken die Daumen …

Ich lebe auf einem Schiff, einem Hochseetrawler, und habe die Erfahrung gemacht, daß ich am besten denken kann, wenn ich allein bin, ein gutes Stück weit draußen auf See.

Ich bin ein Naturforscher vom alten Schlag, im Grunde meines Herzens ein »Strandläufer« – ein Abenteurer, der fremde Strände »abkämmt« –, mit einer Schwäche für Steinchen und Knöchelchen und Muschelschalen, immer bereit, mich ganz von der Freude über solche Miniaturen durchdringen zu lassen. Schnell entzückt, verliere ich in diesem seligen Zustand die weitere Umgebung aus den Augen. Sie hört auf, mich zu umgeben. Sie wird zu einem Stück von mir. Und ich komme mir selbst abhanden.

Darum muß ich mich von Zeit zu Zeit zurückziehen und nach einem Stück blauer See umtun, nach draußen schippern, wo der Horizont eben ist und ich Abstand gewinnen kann. Gerade so viel, daß ich wieder die Ökologie im ganzen, die Form und den Lauf der Dinge in den Blick bekomme.

Den besten Aussichtspunkt haben die Bewohner von vorgelagerten Inseln, Leute wie Yeats und Joyce und Shaw, die mit der Silhouette des fernen Festlands vor Augen noch über jenes Maß an Detachiertheit verfügten, das es erlaubt, die großen Zusammenhänge zu erkennen.

Nach meiner Erfahrung gibt es keine bessere Denkfabrik als die tropische Bläue des Golfstroms, wo das Meer etwas von einer Wüste hat, wo die Vögel sich rar machen und selbst die fliegenden Fische sich nur ganz selten über die Wasserfläche erheben. Wo die Szenerie großenteils aus verstreuten Kumuluswolken besteht, durch die man träge hindurchgleitet, getragen von einem tiefen Warmwasserstrom, der sich zwischen unsichtbaren Ufern unablässig fortwälzt.

Hier flog mir die Idee zu, auf den Flügeln einer durch den Äther vagabundierenden Rundfunksendung, die sich von der zugeteilten

Sollfrequenz ins Netz meiner – für etwaige Seenotrufe unterhaltenen – Funkverkehrsüberwachung verirrte. Ich kannte die Stimme; es war die eines anderen Insulaners auf der anderen Seite des Globus, die Stimme von Arthur C. Clarke von seinem Brückenkopf auf Sri Lanka, wo er wieder einmal ein Interview gab, das in alle Welt übertragen wurde mittels eines Satellitensystems, dessen Existenz er, zwanzig Jahre bevor man es 1965 in die Umlaufbahn schoß, vorausgesagt hatte.

Er wurde nach der Möglichkeit außerirdischer Intelligenz gefragt und antwortete wie gewöhnlich mit jener Mischung aus Optimismus und Sehnsucht, die seine Science-fiction-Geschichten so fesselnd macht. Aber der Interviewerin war nicht nach Metaphysik zumute, sie bohrte nach der Sensation: »Wo sind diese Zivilisationen?« und »Wann wird es zur Begegnung mit ihnen kommen?« wollte sie wissen.

Clarke stand ihr mit der üblichen Wortgewandtheit Rede und Antwort, ohne sich auf wohlfeile griffige Vereinfachungen festnageln zu lassen, doch dann schlug die Interviewerin einen Haken und entlockte ihm eine Auskunft, die mir vollkommen neu war. »Wenn es schließlich zur Begegnung kommt«, fragte sie, »müssen wir dann Angst haben?«

Clarkes Verblüffung über diesen Vorstoß war offenkundig.

»Es ist möglich«, sagte er, »daß außerirdische Völker kriegerisch und angriffslustig sind. Freilich haben wir uns immer mit dem Gedanken getröstet, daß sie, wären sie wirklich böse, sich selbst vernichten würden, lange bevor sie eine Chance hätten, uns gefährlich zu werden ...«

Es folgte ein langes Schweigen, bis der Meister ruhig hinzufügte: »... aber darauf würde ich mich nicht unbedingt verlassen.«

In der Tat. Es wäre töricht, nicht wahrhaben zu wollen, daß das Böse möglicherweise kein Privileg der menschlichen Natur ist. Augenblicklich scheint es in unserer Welt jede Menge davon zu geben, und es kann durchaus sein, daß es nicht auf unser spezielles Ökosystem beschränkt ist. Vielleicht ist es ein universales Phänomen. Und wenn dem so ist, ergibt sich für uns die Notwendigkeit, im Bösen eine Naturkraft, eine biologische Realität zu erkennen. Es als etwas zu erkennen, das in jeder Umwelt, so verschieden von der unseren sie auch sein mag, auftreten und dort wie hier mit einem eigenen Überlebenswert, einem eigenen und eigenartigen Aktionsprogramm den Evolutionsprozeß beeinflussen kann.

Clarkes hingeworfene Bemerkung öffnete da draußen, irgendwo westlich von Bimini, in mir die Schleusen für eine ganze Gedankenflut. Sie stieß Türen auf, von denen ich vorher nicht im Traum angenommen hatte, daß ich je einen Blick dahinter werfen würde. Und hier ist das Ergebnis.

Eine Naturgeschichte des Bösen. Ein Blick auf Ursprung und Sinn des Diabolischen. Eine Untersuchung der Nachtseite der Natur unter biologischem Vorzeichen, weil ich Biologe und überdies der Ansicht bin, daß es Zeit ist, sich dem Phänomen des Bösen auf anderen als den von Religion, Moralphilosophie und Kriminologie ausgetretenen Wegen zu nähern. Ich glaube, daß diese Analyseansätze letzten Endes scheitern müssen, nicht etwa weil sie das Böse unterschätzen würden, sondern weil sie sein Wesen verkennen.

Milton, Dante, Goethe und Robert Louis Stevenson sind meines Erachtens der Wahrheit näher gekommen, und ich habe mir ihre Einsichten zunutze gemacht, aber dies hier ist keine Dichtung. Es ist eine sehr persönliche Ansicht von der Natur, die sich ein neugieriger (und mit juckenden Daumen behafteter) Naturforscher gebildet hat, der zur Untermauerung ältester Intuitionen der Menschheit auf eigene Erfahrungen – wie übrigens auch auf neuere Resultate der Evolutionsbiologie, Anthropologie und Psychologie – zurückgreifen konnte.

Mein Thema beginnt mit der Ratlosigkeit, die uns alle befällt, wenn wir mit Meldungen konfrontiert werden wie der von der tauben und fast erblindeten zweiundneunzigjährigen Witwe, die sich einen Bruch des Handgelenks und des Beckens zuzieht, als sie von einem Jugendlichen überfallen und zu Boden gestoßen wird, dem es offenbar nur darum zu tun ist, ihr den Blindenstock zu stehlen.[369]* Mit dem Weh, das uns ergreift angesichts des Verhaltens zweier ansonsten unscheinbarer zehnjähriger Jungen, die ein Kleinkind entführen und quälen, ehe sie es auf einem Bahndamm totschlagen.[211] Und mit dem totalen Versagen unseres Begriffsvermögens, wenn wir erfahren, daß während der

* Hochgestellte Ziffern verweisen auf die Nummern des Literaturverzeichnisses.

Gerichtsverhandlungen in dem Strafverfahren gegen einen Jurastudenten, der mindestens achtundzwanzig attraktive junge Frauen brutal vergewaltigt und ermordet hat, wobei auf den verstümmelten Leichen der Opfer Bißwunden zurückblieben, sich auf den Zuschauerbänken im Gerichtssaal errötend und kichernd dutzendweise Frauen haargenau desselben Typs wie die Opfer drängeln.[329]

Wir bewegen uns hier auf unübersichtlichem Gelände. Und es wird auch dadurch nicht leichter, sich auf diesem Terrain zurechtzufinden, daß man solcherlei Verhaltensformen als »abnorm« klassifiziert. Sie sind offenkundig ungewöhnlich, aber vielleicht nicht unnatürlich. Wir müßten noch sehr viel mehr über ihre Ursprünge und ihre Hintergründe in der Geschichte des Organischen wissen, um sie als »psychopathisch« und damit dem normalen Verstehen entzogen abtun zu können. Meines Erachtens ist es nützlich, zu wissen, daß das Böse eine weitverbreitete Alltagserscheinung und vielleicht nicht einmal auf unsere Spezies beschränkt ist. Aber gleichzeitig sollten wir uns auch der Gefahr von Fehldeutungen bewußt sein. Nur allzu leicht zieht man voreilig unfundierte Schlüsse, besonders wenn es um andere Spezies als unsere eigene geht.

Auf einem windgebürsteten Strandstück in Patagonien, wo sich die Wüstenlandschaft des südlichen Argentinien in die kalten Wasser vor der Halbinsel Valdez hinabsenkt, geriet ich einmal unversehens in genau solch ein charakteristisches moralisches Dilemma. Ich hielt mich dort auf, um die großen Finnwale zu beobachten, die an dieser Stelle zum Kalben ungewöhnlich nahe ans Ufer kommen. Für uns sind sie die »richtigen« Wale, weil sie nicht nur langsam und daher leicht zu jagen sind, sondern auch so fettreich, daß sie noch im Tod an der Wasseroberfläche schwimmen. Heute werden diese Tiere glücklicherweise nicht mehr gejagt, es sei denn von einer wachsenden Schar von Tierschützern, die sie überwachen. Mein Besuch damals fiel allerdings in die Zeit gegen Ende der Saison, von »richtigen« Walen war nicht mehr viel zu sehen, und mein Interesse wurde mehr durch das Verhalten der »falschen« Wale gefesselt, derjenigen, die wir mit so unschönen Namen wie »Mörder« oder »Orca« (nach dem lateinischen Wort für Dämonen oder Unterweltbewohner) bezeichnen.

Mörderwale sind Raubtiere; sie jagen und fressen Haie, Rochen, Ottern, Robben und sogar andere Wale. In Patagonien haben sie eine

Vorliebe für Seelöwen entwickelt und fressen, sofern vorhanden, jeder nicht weniger als drei Jungtiere täglich, die sie aus dem Flachwasser fischen oder – im Zuge einer furchterregenden Attacke, deren Wucht die fünf Tonnen schweren Wale weit die Uferschräge hinauf und mitten unter die sonnenbadenden Seelöwen trägt – direkt vom Strand wegschnappen.

Bei der Gelegenheit, von der ich spreche, hatten zwei Walmännchen sich satt gefressen und spielten jetzt einfach nur noch Katz und Maus mit einem Beutestück. Der letzte Gang ihres Menüs, ein geängstigtes lebendes Seelöwenjunges, flog, wechselweise von dem einen und dem anderen in die Luft geschnellt, wie ein Wasserball zwischen den beiden hin und her. Jedesmal, wenn der Seelöwe, nachdem er ins Wasser geklatscht war und sich anschließend mühsam wieder eine Orientierung verschafft hatte, auf den Strand zu entkommen versuchte, setzte ihm einer der Spieler mit allen Anzeichen der Erregung nach und bugsierte die junge Robbe mit einer sportlichen Glanzleistung in das Spiel zurück.

Was lag beim Anblick dieses Schauspiels näher, als die unglückliche junge Robbe zu bemitleiden und die zwei erwachsenen Wale als grausame Mörder zu betrachten? Selbst für den Biologen, der an Wildheit und Roheit im Raubtierverhalten gewöhnt ist und auch sehr wohl weiß, daß Beutejäger die Bewegungsabläufe ihres blutigen Geschäfts immer wieder üben und vervollkommnen müssen – selbst für den Biologen war es nicht leicht, die Szene ohne Graus zu verfolgen. Mein Unbehagen wurde gesteigert durch die Kenntnis der Intelligenz und Erfindungsgabe speziell dieser Räuber, die es mir schwermachte, ihnen eine Art moralischer Unzurechnungsfähigkeit zuzugestehen, wie wir sie der Katze konzedieren, die wir mit der Maus spielen sehen. Überhaupt nicht schwer fand ich es dagegen, mich aufs hohe Roß des Sittenrichters zu schwingen und die Überzeugung zu fassen, das Böse sei biologisch verwurzelt und Wale könnten eben nun einmal nicht anders, als »sich wie Tiere zu benehmen« – da wurde ich unversehens von den Mördern selbst aus dem Konzept gebracht.

Dem größeren der beiden Orcas, dessen Rückenfinne so groß war, daß die Spitze seitwärts umklappte, machte das Treiben offensichtlich das meiste Vergnügen, aber just er war es, der einen überraschenden Schlußpunkt unter das Ganze setzte. Er brach das Spiel so abrupt ab, als wäre es von einem unsichtbaren Schiedsrichter abgepfiffen worden, nahm den Seelöwen zwischen seine riesigen gebogenen Zähne und trug ihn in Richtung Ufer. Im tiefen Wasser nahe dem Strand legte er einen Spurt ein, der ihn auf einem Wellenkamm bis weit über die Wasserlinie hinauf trug, wo er die junge Robbe fast genau an der Stelle ablegte, wo sie aufgelesen worden war, und den regungslosen kleinen Körper so lange stupfte, bis auf einmal Leben in den Seelöwen zurückkehrte und er zerzaust, aber ansonsten unversehrt zu seiner Sippe zurückhopste. Darauf schien der Wal sich direkt zu mir zu wenden, um mich so lange mit seinem Blick zu fixieren, bis mir ob meines Dünkels in meinem eigenen Element unbehaglich wurde, ehe er sich in das seine zurückwuchtete.

Man kann das Problem des Bösen offensichtlich nicht auf eine einfache Formel bringen. Ich bin allerdings zu der Überzeugung gelangt, daß man es auf konstruktivere, wesensgemäßere und sachdienlichere Weise als bisher darstellen und definieren kann. Zum Teil liegt die Problematik lediglich in unserer Perspektive, in der Art und Weise, wie wir gewohnheitsmäßig unser Verhältnis zur übrigen Natur verstehen.

Wir halten uns gern für mehr als »nur« Tiere. Für Tiere *plus X*. Wobei das »X« als ein spezielles menschliches Element gedacht ist, das zur Ausgangsbasis von Animalität – Tiernatur – hinzutritt. Die Vielfalt der Definitionen, die dieser Zusatz erfahren hat, reicht von der Kultur bis zum Bewußtsein, von der Religion bis zur Moral, aber die Wahrheit ist, daß dieses rätselhafte Ingrediens »X«, wenn es denn existiert, genau das geblieben ist: ein Rätsel.[212]

Problematisch an dieser Sicht ist, daß sie das Leben in die Von-oben-nach-unten-Perspektive rückt. Sie löst den Menschen und die menschliche Natur aus der übrigen Natur heraus. Und sie stuft das übrige, Pflanzen wie Tiere, zu einem geistlosen Substrat herab.

Für mich stellt sich die Welt nicht so dar. Als Naturforscher sehe ich die Dinge eher in der Von-unten-nach-oben-Perspektive. Die Wissenschaft, die ich vertrete, interessiert sich definitionsgemäß für das Leben in all seinen Formen, zu denen auch die am oberen Ende einer Komplexitätsskala situierte Menschheit gehört. Auf jeder Ebene dieser Stufenleiter existieren individuelle Organismen, die selbst in der allereinfachsten Ausführung ihre Umwelt aktiv selektieren und verändern und dabei ihrerseits verändert werden. Und ebenso wie andere Verhaltensbiologen habe ich festgestellt, daß Grundsätze, die wir an einfachen Organismen abgelesen haben, uns nicht selten zu einem besseren Verständnis unser selbst verhelfen können.[186]

Wir wissen beispielsweise, daß es nicht mehr sinnvoll ist, Verhalten in ererbtes und erworbenes, angeborenes und erlerntes einzuteilen. Manche Verhaltensmuster, so etwa beim Menschen das Lächeln, sind universal. Alle Menschen, selbst blind- und taubgeborene, lächeln, und alle gebrauchen dazu dieselbe Kombination von Gesichtsmuskeln. Doch die Umstände, unter denen das Lächeln auftritt, und die Bedeutung, die man ihm beimißt, variieren enorm.[116] Diese Komponenten werden erlernt.

Wir wissen auch, daß jede Spezies Zwängen und Einschränkungen unterworfen ist in bezug auf das, was sie erlernen *kann*, und die Neigung zeigt, manche Dinge zu erlernen, andere jedoch nicht. In jeder Hecke Großbritanniens schließt eines der sieben Millionen im Lande nistenden Buchfinkenpaare seinen Bund vermittels eines charakteristischen Gesangs.[184] Das rosabrüstige Männchen annonciert seinen Wohnort und seine Fortpflanzungsabsicht mit drei eleganten Melodiestücken, gefolgt von einer kunstvollen Fanfare. Aber es muß dieses Lied zuvor gehört haben, um es selbst hervorbringen zu können. Kein isoliert aufgewachsener Buchfink läßt den Gesang hören, und kein Buchfink, wo immer er zu Hause ist, erlernt je einen anderen. Die Musik ist irgendwo in die Buchfinken-Biochemie eingeschrieben, aber dort ruht sie still und stumm im verborgenen, bis sie von einem aus voller Kehle singenden anderen Buchfinkenmännchen wachgerufen wird.[364]

Ähnlichen Zwängen sind auch wir unterworfen. So stehen zum Beispiel die verbreiteten menschlichen Ängste jenes Typs, der scheinbar kultur- und erfahrungsunabhängig ist, allesamt in Verbindung zu historischen Gefahrensituationen. Sie manifestieren sich als Angst vor der Dunkelheit, vor dem Abstürzen, vor Schlangen, Spinnen oder dem Alleinsein. Vor Sachen, die in stammesgeschichtlicher Vergangenheit Lebensgefahr bedeuten konnten, und nicht vor solchen, denen heute Menschen in großer Zahl zum Opfer fallen – Kraftfahrzeugen, Injektionsspritzen oder Handfeuerwaffen, um nur einige Beispiele zu nennen.[185]

Wir sind auch, nicht anders als die Buchfinken, darauf angelegt, Dinge bestimmter Art zu lernen. Die Programme für das Saugen, Kauen und den aufrechten Gang tragen wir festverdrahtet in uns. Und was noch viel rätselhafter ist: Ganz spontan, ohne bewußte Anstrengung oder formellen Unterricht, bilden wir die beim Erwerb und Gebrauch der gesprochenen Sprache mitwirkenden komplexen Geschicklichkeiten aus. Wir besitzen einen Instinkt für Wörter und fabrizieren Wortgebilde mit der gleichen Zuverlässigkeit und Selbstverständlichkeit, wie eine Spinne ihr Netz fabriziert. Das ist eines unserer Erbprivilegien, ein Rezept für Gemeinschaft.[304]

In der Ausbildung zum Biologen wurde ich zwei darwinistische Wahrheiten gelehrt. Erstens, daß jedes lebende Wesen eine unverwechselbare historische Entität ist, verschieden von seinen Vorgängern und seiner Umwelt. Und zweitens, daß es so geworden ist dank der im Zuge der Fortpflanzung aufgekommenen Variabilität. Beide Lehrsätze unterschreibe ich nach wie vor ohne Zögern. Sie helfen erklären, wie es zur natürlichen Selektion kommt und warum diese zur Evolution führt. Sie sind als Arbeitsinstrumente brauchbar, solange man es mit isolierten Ereignissen zu tun hat, aber sie greifen überhaupt nicht mehr, sobald man sich mit dem prozessualen Aspekt der Dinge befaßt, mit der rastlosen interaktiven Abfolge des Geschehens, das jenes uns unter dem Namen »Leben« bekannte Fließen ausmacht.

Ebensowenig wie die Kultur zur Tiernatur hinzukommt, um diese zur Menschennatur zu machen, ist das Leben etwas, das zur Materie hinzukommt, um dieser zur Selbstbewegung zu verhelfen. »Leben« ist der Name, mit dem wir den in einer Welt organischer Evolution vor sich gehenden Prozeß bezeichnen. Der Begriff meint die Interaktionen, die in jedweder Ökologie stattfinden. Organismen sind belebt, aber das heißt nicht, daß Leben »in« ihnen wäre. Vielmehr sind umgekehrt die Organismen »im« Leben. Dort wachsen sie, dort verändern sie sich, und dort verändern sie allein schon durch ihr Dasein den Charakter ihrer Umgebung.

Der letztgenannte Punkt ist wichtig. Evolutionsbiologen gehen vielfach von der stillschweigenden Voraussetzung aus, daß die Umwelt etwas Vorgegebenes ist, etwas, das von Anfang an da ist und an das die Organismen sich anzupassen haben. Ökologische Nischen existieren in dieser Sicht früher als die Organismen, die sie dann besetzen, und Umweltbedingungen werden als ein Ensemble von Zwängen dargestellt, auf die zu reagieren Gengruppen genötigt sind. So funktionieren die Dinge nach meiner Erfahrung jedoch selten. Vielmehr ist allem Anschein nach eine wichtigere Einheit im Spiel, ein dynamischer Fluß, der Organismus und Umwelt umfaßt, eine innere Verbindung zwischen den beiden schafft und es dem Zweiergespann ermöglicht, aus einem breiten Spektrum möglicher Variationen die Umstände und Formen zu selektieren, die dann tatsächlich in Erscheinung treten.

In der Geschichte erschaffen wir uns selbst und bringen aus uns selbst die Welt hervor, in die wir eingebunden sind. Und ich vermute, das gleiche gilt für alle Arten. Sie erschaffen sich selbst und schreiben so mit an der Universalgeschichte des Lebens. Dies ist meine Art von Biologie: Das Studium von Organismen, die nicht einfach nur die Produkte ihrer Gene sind und zu deren Nutzen geschaffen, sondern die ihre eigenen Ideen haben. Sie entstehen als Resultat von Genexpressionen, aber nur insoweit diese sich in Harmonie mit ihrem Umfeld entfalten können. Letzten Endes hängt alles davon ab, wer die im genetischen Code gespeicherten Informationen abliest und wo diese Informationen umgesetzt werden.

Die Biologie, so wie ich sie verstehe, ist flexibel genug, um den Menschen nicht als Tier-plus-X definieren zu müssen. Sie ist ein Credo, das sich ausgezeichnet mit der Idee verträgt, daß wir und sämtliche anderen Organismen in einem Unternehmen befangen sind, das der Philosoph Alfred North Whitehead einmal als »schöpferischen Vorstoß ins Neue« bezeichnete.[413]

Das ist der Standpunkt, auf dem ich stehe, die Operationsbasis, von der aus ich meine Erkundungszüge in die Natur unternehme. Mein ganzes Tun ist von der Grundannahme getragen, daß das Leben, wenn es auch keinem großangelegten Plan folgt, dennoch seine eigene Logik besitzt. Es stellt einen Sinnzusammenhang dar, und die einzelnen Teile des Puzzles haben die Tendenz zusammenzupassen, und zwar oft erstaunlich gut zusammenzupassen. Und ich sehe keinen Grund, warum ich das Böse aus diesem Bild ausgrenzen sollte.

Das Böse existiert und besitzt in meinen Augen Realität genug, um Anspruch darauf erheben zu dürfen, als Kraft in der Natur wie als Einflußfaktor im menschlichen Leben anerkannt zu werden. Es ist ein Teil der Ökologie und muß als solcher gesehen werden. Meine Daumen sagen mir – nicht daß »was Übles vor der Tür« steht, sondern daß es schon längst, schon seit sehr, sehr langer Zeit drinnen bei uns ist und all unser Tun überschattet.

Ich weiß, daß es nicht leicht ist, sich mit dem Bösen zu befassen, aber wir haben es sehr nötig, der Konfrontation mit ihm nicht auszuweichen. Wir müssen uns das Diabolische ausgiebig und gründlich ansehen, wo immer es sich zeigt und wie unbehaglich auch immer uns dabei zumute sein mag. Es ist viel, viel gefährlicher, den Blick von ihm abzuwenden und es zu leugnen.

In diesem Sinne: »Nur herein! Wer's auch immer mag sein.«

Lyall Watson (auf der »Amazone«)

Erster Teil
Die nächtige Natur

Niemand wird auf einen Schlag lasterhaft.
Juvenal

Das Böse genießt einen Bonus. Es fesselt unsere Aufmerksamkeit. Schurken bemächtigen sich unserer Phantasie mit einer Kraft, mit der kein Tugendheld jemals mithalten kann. Wer von uns erinnert sich noch an den Namen der guten Fee in dem Märchen aus *Tausendundeine Nacht*, das wir bestimmt alle kennen? (Sie heißt Pari Banu.) Aber wer hat Namen wie Rasputin und Torquemada, Hitler und Stalin, Jack the Ripper und Haarmann nicht auf Anhieb parat?

Das Böse scheint offenkundig. Es existiert doch, oder? Es gibt böse Taten und böse Menschen, oder? Folter, das steht fest, ist unbestreitbar böse, egal welche Motive dahinterstehen, und auch dann, wenn die Autodafés und alle anderen Grausamkeiten der Inquisition in der Besorgnis über Hexerei und Ketzerei gründeten. Mord kann nicht anders als böse sein und muß gebrandmarkt werden, wo immer man ihm begegnet. Aber was ist mit der Tötung zu dem Zweck, unnötiges Leiden zu vermeiden, einen schmerzlosen Tod zu beschleunigen? Und wie ist das Töten zu bewerten, das der Staat sanktioniert, ja, das er von uns verlangt? Kann ein Krieg »gut« sein? Hängt das davon ab, für wen beziehungsweise gegen wen ich kämpfe?

Unsere zwiespältige Haltung in all diesen Dingen wird unterstrichen durch die Doppeldeutigkeit mancher Wörter, die wir in einschlägigen Zusammenhängen verwenden. Hören wir zum Beispiel, daß einer Handlungsweise durch Recht oder Sitte die »Sanktion« erteilt ist, so verstehen wir darunter, daß es durch diese Instanzen autorisiert ist. Aber gleichzeitig benutzen wir das Wort »Sanktionen« mit ebensoviel Nachdruck und Überzeugung auch für Maßnahmen, die ein bestimmtes Handeln unterbinden sollen. Es bezeichnet sowohl Bestrafung wie Billigung, und dieser schillernde Charakter scheint die unmittelbare Folge seiner Herkunft zu sein. »Sanktion« ist von dem lateinischen Verbum *sancio*, »heiligen«, abgeleitet. Und offenbar ist alles erlaubt, wenn man sagen kann, daß es den Interessen eines Gottes dient.

Am Bösen ist zunächst nur so viel gewiß: Es ist schwer auf einen eindeutigen Nenner zu bringen und will mit großer Sorgfalt und Umsicht definiert sein. Ich möchte deswegen gleich zu Anfang meine kategorialen Bezugspunkte so gut ich nur kann verdeutlichen.

Ich werde auf klassische Denkfiguren Bezug nehmen, ja manchmal sie einfach *über*nehmen, allerdings ohne mich in irgendwelche intellektuellen Debatten über Themen wie Willensfreiheit und Schicksal verwickeln zu lassen. Umgehen werde ich auch die religiöse Fixiertheit auf die Idee der Sünde und auf das zählebige Paradox einer allgütigen Gottheit, die das Übel in der Welt zuläßt. Zu jedem der beiden Themen existiert eine umfangreiche Literatur, die jedoch in meinen Augen keinerlei brauchbare Ergebnisse aufzuweisen hat, jedenfalls keine, die uns bei der Beantwortung der Frage nach Ursprung und Evolution des Bösen weiterhelfen könnten.

Ich werde nur sparsam aus einer immer lebhafter sprudelnden anderen Hilfsquelle schöpfen, nämlich aus den Publikationen über »wahre Verbrechensfälle«, die von grausigen Einzelheiten strotzen, aber nichts sonderlich Erhellendes zu Psychologie und Motivation von Serienmördern wie Myra Hindley, Dennis Nilsen und Jeffrey Dahmer zu sagen haben. Leben und Taten dieser Spezialisten für bestimmte Formen des Bösen üben eine Faszination auf uns aus, wie sie etwa einem Verkehrsunfall gebührt, und sollten vielleicht mit dem gleichen schnell abklingenden Interesse bedacht werden wie ein solcher.

Mir geht es um das Aufspüren, Sammeln und Neubedenken all der im Reich der Natur wie des menschlichen Verhaltens tagtäglich stattfindenden Miniszenarien, die uns unter Umständen zu einer stärker biologisch orientierten Sicht des Bösen als einer Naturkraft verhelfen könnten. Mein Quellenmaterial ist größtenteils Gemeingut und jedermann frei zugänglich. Es tritt in den Aspekten des tierischen Verhaltens zutage, die mit Sexualität, Territorialanspruch und Aggression zu tun haben. Es zeigt sich im Werbeverhalten, im Kampf und in anderen Auseinandersetzungen um knappe Ressourcen, und zwar bei jeder Spezies. Es ist der beharrliche Kehrreim aller Geschichten von Liebe, Haß, Eifersucht oder Habgier unter Menschen. Seine vielerlei Gesichter sind dem Meeresbiologen ebenso vertraut wie dem Ornithologen, den Menschen, denen ein freundliches Schicksal die Vater- oder Mutterrolle zugewiesen hat, ebenso wie denen, die das Pech hatten, als Soldaten in den Krieg ziehen zu müssen. Es steht im Zentrum eines Großteils der faszinierendsten Formen von Ritual und Brauchtum, von Mythos und Folklore. Und die Besorgnis über das Böse scheint nach wie vor zum spirituellen Kernbestand aller großen Weltreligionen zu gehören.

Zum Studium dieser Dinge braucht man nichts weiter als Neugier und die Bereitschaft, zuzugeben, daß die Natur eine Nachtseite besitzt, die dasselbe Maß an Beachtung verdient, das wir bereits wilden Blumen, Schmetterlingen, Regenbogen und Sonnenuntergängen haben zukommen lassen. Und um mein Untersuchungsgebiet einigermaßen deutlich einzugrenzen, habe ich mich entschieden, auf altbewährte Weise mit einer aus dem *Oxford English Dictionary* (OED) geschöpften Arbeitsdefinition des Bösen anzufangen.

Evil, das englische Wort für »böse« und, substantivisch gebraucht, für »das Böse«, geht wie das deutsche »übel« und das niederländische »euvel« auf ein urgermanisches »ubiloz« zurück. Letzteres bezeichnet alles, was das Gegenteil von »gut« ist. Laut OED zeigt der moderne Sprachgebrauch die Tendenz, das Adjektiv *evil* zugunsten anderer Ausdrücke, wie beispielsweise *bad*, zu vermeiden, welch letzteres im Slang sogar die Bedeutung »gut« angenommen habe. Das Substantiv *evil* ist im Englischen fraglos noch sehr gebräuchlich zur Kennzeichnung eines Sachverhalts, der eine Schädigung, Verwundung, Krankheit oder ein Unglück bedeutet. Nach Meinung der Herausgeber des OED ist jedoch das Adjektiv *evil* in der alten Bedeutung von »böse«, »verrucht« als Attribut für Personen wohl schon so gut wie ausgestorben.

Das mag im Jahr 1989, dem Erscheinungsjahr der zweiten Auflage des OED, durchaus richtig gewesen sein, doch hat sich seither einiges ereignet, was es erforderlich macht, den Stellenwert des aktiv Bösen als einer der in der heutigen Gesellschaft wirksamen Kräfte neu zu bestimmen.

Als Nancy Gibbs 1994 für das Nachrichtenmagazin *Time* über die jüngste afrikanische Stammesfehde berichtete, in deren Verlauf eine halbe Million Menschen abgeschlachtet worden waren, rang sie vergeblich darum, das Geschehen zu begreifen, und mußte sich schließlich mit der traditionalistischen Erklärung eines Missionars zufriedengeben. »In der Hölle gibt es keine Teufel mehr«, hatte er gesagt. »Sie sind jetzt alle in Ruanda.«[140]

»Tatsächlich haben sie die Hölle mitgebracht«, schrieb Gibbs. »Wer den Beweis dafür sehen will, braucht nur die Flüsse zu betrachten. Normalerweise sind sie in dieser Jahreszeit, wo die Regenfälle auf die üppige Vegetation in den Tälern niedergehen, mit fettem rotem Erdreich befrachtet. Heuer sind sie stärker befrachtet als je zuvor. Zuerst kommen die Leichen von Männern und älteren Knaben, die niedergemacht wurden, als sie ihre Schwestern und Mütter zu beschützen versuchten. Dann kommen die Frauen und Mädchen, die man aus ihren Verstecken gescheucht und massakriert hat. Als letzte kommen die Säuglinge, die vielleicht nicht einmal Wunden aufweisen: Man wirft sie lebend ins Wasser, wo sie auf dem Weg flußabwärts ertrinken. Leichen und Leichenteile treiben etwa eine halbe Stunde lang vorüber, genauso lange, wie es dauert, eine Dorfbevölkerung auszulöschen, die Opfer zum Flußufer zu schleppen und ins Wasser zu werfen. Dann führt der Fluß eine Zeitlang klares Wasser, bis von neuem Männer und ältere Knaben herantreiben und Frauen und Säuglinge, die an flachen Stellen wieder zusammenfinden in dem Fluß, der ihr Grab wird.«

Analytiker der Lage verweisen auf unterdrückte Stammesrivalitäten, den Zusammenbruch natürlicher Autorität und andere Hinterlassenschaften der Kolonialherrschaft, aber afrikanische Leser von Gibbs' Bericht zögerten nicht, sich selbst mehr Verantwortung für das Chaos und die Schande zuzuweisen. »Es gibt keine Entschuldigung«, meinten sie. »Wir selbst haben den Boden für dieses Teufelstreiben bereitet.«[380] Es scheint Übereinstimmung darüber zu bestehen, daß derlei Konflikte aller Wahrscheinlichkeit nach in den kommenden Jahrzehnten unsere Welt immer häufiger heimsuchen werden, während wir zugleich aus einer Vielzahl von Gründen auf einen beinah mittelalterlichen Stand der Dinge zurückfallen, wo das diabolisch Böse sich in brutaler Realität und Nacktheit zeigt.

Dem Leser der engbedruckten Spalten des OED-Artikels zum Stichwort *evil* fällt eine interessante Gliederung des Bedeutungsfelds auf. Offenbar hat das Wort eine »starke« und eine »schwache« Bedeutung. Das Böse im starken Wortsinn ist das aktiv Böse, das »moralisch Verderbte«, »wahrhaft Üble und Schlimme«, »ganz und gar Verruchte«. In der schwachen Bedeutungsvariante bezeichnet das Wort »Unangenehmes«, »Nachteiliges«, »Widerwärtiges« oder »mit großer Wahrscheinlichkeit Unbehagen Verursachendes«.

Auf diese nützliche Zweiteilung des Bösen, in der sich die Unterscheidung zwischen »starker« (Fusions-) und »schwacher« (Spaltungs-)Kernenergie in der Natur spiegelt, werde ich bei passender Gelegenheit zurückkommen. Für den Moment genügt es, festzuhalten, daß die urgermanische Form »ubiloz« noch von ihrer vorgermanischen Wurzel her einen Bedeutungskern »hinaufgerichtet«, »überheblich« enthält, das Wort somit eine Grundbedeutung gehabt haben dürfte, die das OED folgendermaßen wiedergibt: »das geziemende Maß Überschreitendes«, »über die Grenzen des Schicklichen Hinausgehendes«. Kurz, es bezeichnete den Exzeß oder das Exzessive, das Un- oder Übermäßige.

Auch dieser Gesichtspunkt mutet richtig und nützlich an, denn selbst in Kulturen, die kein eigenes Wort für das Böse haben, kennt man Unruhe und Besorgnis angesichts von Wirkungszusammenhängen, die Heiles zerstören oder ein Gleichgewicht zerrütten. Zum Übeltäter wird ein Mensch, insofern er es zu einem derartigen Exzeß treibt. Das Ziel seines Treibens ist nicht an und für sich von Übel, kann aber als ein Übel eingestuft werden, wenn das Streben nach ihm das eigene oder anderer Menschen Wohl beeinträchtigt.

Diese universalmenschliche Sehweise wurde vor über zwei Jahrtausenden von einem anderen naturforschenden »Strandläufer« während zwölf an wechselnden Höfen Griechenlands verbrachten Wanderjahren zu einer systematischen philosophischen Ethik ausgestaltet. Als Aristoteles 336 v. Chr. nach Athen zurückkehrte, um hier als Lehrer im Gymnasium Lykeion seine »peripatetische« Philosophenschule zu begründen, trug er die Ideen zu der historisch ersten Ethik als praktischer Wissenschaft im Kopf, die er in den folgenden Jahren lehrend und schreibend an seine Mitwelt weitergab.

Aristoteles war, auch wenn Francis Bacon dies im siebzehnten Jahrhundert bestritt, der erste Vertreter einer wahrhaft empirischen Wissenschaft. Anders als Bacon, der nie ein Meßglas auch nur in der Hand gehabt hat, war Aristoteles ein vorzüglicher, peinlich genauer

Beobachter, ein Experimentator und Sezierer, der jede erdenkliche Hypothese ausprobierte, bei alledem ebensosehr Lernender wie Lehrender. In markantem Gegensatz zum größten Teil der im alten Griechenland vorherrschenden Wissenschaftspraxis betrieb er als Naturforscher aktive »Feldforschung«, hinter der die Überzeugung stand, daß man die wirkliche Welt nicht erkennt, indem man im stillen Kämmerlein über sie nachsinnt, sondern indem man vor die Tür tritt und sich den Gegenstand seiner Wißbegierde ansieht. Er erlag Irrtümern, gewiß, aber die sind nur für den auf Anhieb als solche durchschaubar, der aus der Epoche der Quantentheorie und des Elektronenmikroskops in die Vergangenheit zurückblickt. Die Biologie des Aristoteles, die durchweg in genauer Naturbeobachtung gründet, hat sich über Epochen hinweg bewährt. Seine Philosophie und seine innovative Logik sind bis heute die Grundlage des spekulativen Denkens geblieben. Und seine Ausführungen über Moral und ethische Trefflichkeit (Tugend) stellen die Ethik auf ein und dieselbe praktische Ebene wie die Politik; Ziel beider Disziplinen ist es, nicht nur den Unterschied zwischen Richtig und Falsch zu erkennen, sondern auch ein dieser Erkenntnis gemäßes Handeln zu begründen.

Die Nikomachische Ethik – so benannt nach Aristoteles' Sohn Nikomachos – ist keine leichte Lektüre.[15] Ihr mäandrierender Gedankenfluß folgt mehr dem Duktus der gesprochenen als dem der geschriebenen Sprache, was insofern nicht überraschen dürfte, als die einzige überlieferte Textfassung nur die Ausarbeitung von Notizen zu sein scheint, die Schüler des Aristoteles sich vom »peripatetischen« – das heißt beim Umherwandeln in den schattigen Baumgängen *(peripatoi)* des Lykeion gehaltenen – Vortrag des Meisters anlegten. Die Grundgedanken des Texts sind jedoch klar, und das Ganze ist überstrahlt von jener Art praktisch-nüchternem, weltoffenem gesunden Menschenverstand, die man von einem aufmerksamen Naturforscher erwartet.

Schlüsselbegriff der aristotelischen Moralphilosophie ist das »Begehren«. Der Philosoph kennt ein »richtiges« und ein »falsches« Begehren und scheint der Meinung zu sein, daß falsches Handeln verziehen werden kann – wir machen alle einmal einen Fehler –, aber niemals falsches Begehren. Auf seiner Liste einschlägiger moralischer Verfehlungen finden sich Völlerei, Wollust, Habsucht, Trägheit,

Zorn, Neid und Hochmut – womit alle sieben Todsünden beisammen wären. Es ist aufschlußreich, die schwarze Liste des Aristoteles in jener Beziehung mit den Zehn Geboten des jüdisch-christlichen Moralkanons zu vergleichen. Nur eine von den wohlbekannten »Du sollst nicht«-Anweisungen – das Verbot des Sich-Gelüsten-Lassens nach dem, was der Nächste hat – betrifft falsches Begehren. Die übrigen beziehen sich auf Handlungen. Es sind die Regeln einer Gesellschaft, in der man sich mehr dafür interessiert, was man tun und lassen soll, als dafür, die Motive hinter Mord, Diebstahl, Ehebruch und »falsch Zeugnis wider den Nächsten« einzusehen.

Aristoteles wollte die Hintergründe begreifen. Er hatte eine sehr moderne Art, an die Welt heranzugehen, insofern die Wissenschaft seit seiner Zeit bemüht ist, zwischen Einzelheiten zu differenzieren, die in der Masse betrachtet ununterscheidbar erscheinen. Sein Geist legte Wert auf Ordnung und brachte deshalb in alles System, sogar in das Begehren. Außer dem richtigen und dem falschen Begehren kannte er auch noch ein »erworbenes«, das von Mensch zu Mensch variiert, und ein »natürliches«, das ein unveränderlicher Bestandteil der menschlichen Natur ist. In dieser Polarität werden die meisten von uns unschwer das heute geläufigere Gegensatzpaar »Wunsch« und »Bedürfnis« wiedererkennen.[2] Bedürfnisse stellen ein unvermeidliches und zwangsläufig gutes Begehren dar. Bedürfnisse können schlechterdings nicht falsch sein. Problematischer ist es mit den Wünschen bestellt, die Aristoteles unter dem quantitativen Gesichtspunkt bewertete. Gute Wünsche, meinte er, sind ein richtiges Begehren, solange sie mit unseren Bedürfnissen konform gehen. Sie werden zu schlechten Wünschen und können dem falschen Begehren zugeschlagen werden, wenn wir zuviel wünschen. Aber – und dies ist meines Erachtens Aristoteles' wichtigster Beitrag zur Diskussion um das Böse, mit dem er allen Propagandisten des härenen Gewands widerspricht, die aus asketischen Rekordleistungen eine Tugend machen wollen – Begehren kann auch schlecht und falsch sein, wenn *zuwenig* gewünscht wird.

Die aristotelische Ethik ist eine Ethik des richtigen Maßes, des »nicht zuwenig und nicht zuviel«. Genug ist genug – auch des Guten. Was darüber hinausgeht oder darunterbleibt, liegt außerhalb dessen, was Aristoteles die »goldene Mitte« nennt, und ist somit kein Fortschritt auf dem Weg zum »höchsten menschlichen Gut«. Auch sittliche Vorzüge wie Mut sind nur so lange gut, wie sie in dem schmalen Bereich zwischen Übermaß und Unzulänglichkeit bleiben. Wer sich vor allem und jedem fürchtet, ist ein Feigling, wer sich jedoch vor gar nichts fürchtet, ist ein gefährlicher Narr.

So gesehen sind Gut und Böse keine Sache des Geschmacks oder der Mode, des Gefallens oder Nichtgefallens. Es sind Ideen, die in unserem Fleisch und Blut verankert sind. Es sind Naturgesetzen unterworfene Kräfte, die ausschließlich nach ihrer Wirkung beurteilt werden wollen, danach, wieweit sie das, was die alten Griechen *eudaimonia* nannten, vermehren oder vermindern. Das Wort wird gewöhnlich mit »Glück« oder »Glückseligkeit« übersetzt, wobei allerdings eine Bedeutungskomponente auf der Strecke bleibt, denn die Eudämonie der Griechen hatte einen aktiven Aspekt; sie schloß zielbewußtes Handeln ein. »Wohlergehen« kommt dem vielleicht näher, was Aristoteles als Ziel des guten Lebens vorschwebte. Liest man zwischen den Zeilen der Nikomachischen Ethik, sieht es so aus, als ginge es dem Verfasser nicht so sehr um das »Überleben der Tüchtigsten«, vielmehr um die »Ertüchtigung möglichst vieler zum Überleben«.

Was mich an Aristoteles am stärksten beeindruckt, ist das Gespür für Ökologie, das er mehr als zweitausend Jahre vor dem Aufkommen dieser Wissenschaft bewies. Er erkannte sogar das eigentümliche Dilemma, das sich für den Menschen daraus ergibt, daß für ihn das Leben nicht von selbst mit dem guten Leben zusammenfällt, und formulierte den Gedanken, daß rechtes Begehren sich eher von den letzten und höchsten als von den unmittelbaren Zielen her bestimme. Und daß eine Handlung nicht beurteilt werden könne, solange sie nicht abgeschlossen, und ein Begehren nicht, solange es nicht erfüllt sei, sondern daß beide ihr Ziel erreicht haben müßten, ehe ein Urteil über sie möglich sei. In einem Geniestreich, mit dem er Thomas Jefferson lange zuvorkam, stellte Aristoteles klar, daß wir kein natürliches Grundrecht auf Glück besitzen, sondern lediglich ein Recht auf das »Streben nach Glück«. Zwangsläufig schlecht war ihm zufolge jede Gesellschaft, die nicht auch noch dem letzten ihrer Mitglieder die Möglichkeit zum Streben nach Glück bot. Und unbestreitbar böse war jeder Mensch, der wissentlich oder vorsätzlich einem anderen diese Chance raubte.

So weit ein knappes Resümee der aristotelischen Ethik, das zwar reichlich dürftig ist, aber nichtsdestoweniger einen kategorialen Bezugsrahmen für meine Erkundung der Evolution des Bösen abzugeben vermag. Wenn »gut« ist, was dem Heil des Ganzen frommt, dann ist alles »böse«, was diesen heilen Zustand beeinträchtigt oder zerrüttet. Alles Zügellose und Exzessive. Kurz, alles, was der Ökologie schadet.

Erstes Kapitel
... und sah, daß es gut war...
Die Ökologie des Bösen

Wir leben in einer Designer-Welt. Die Dinge in ihr neigen so wunderbarer- wie beunruhigenderweise zum Schönsein, und es leuchtet nicht auf Anhieb ein, warum das gerade so und nicht anders ist.

Wenn die Evolution einzig und allein vom Zufall regiert wird, müßten Plumpheit und Häßlichkeit die gleichen Chancen haben. Aber so geht es in der Natur selten zu. Noch ihre unbeständigsten Kreationen sind faszinierend, und die geglückten nehmen einem den Atem. Und das zumeist durch ihre Einfachheit. Mit der Art und Weise, wie sie ökonomisch und ohne Schnörkel komplexe Umweltprobleme lösen und dabei nicht nur funktionieren, sondern auch den Betrachter ästhetisch befriedigen.

Ich verbringe viel Zeit an Niedrigwasserlinien, wo die langgezogenen Rhythmen von Land und See sich vereinigen. Hier ist eine Zone der Ruhelosigkeit, eine schwankende Grenze, längs deren die Schöpfungsgeschichte weitergeht. Kein hier verbrachter Tag gleicht dem anderen, und an den meisten hat man Begegnungen mit Wunderwerken der Formgestaltung.

Ich finde Erquickung und Erhebung im Anblick von Muschelschalen, wie die Menschen aller Zeiten, die sie zum Dank dafür zu Ritualgegenständen, Symbolen und Metaphern für tausenderlei andere Dinge machten. Etwas im Bau der Schalen begünstigt diesen Assoziationsreichtum, indem es Bilder von Festungen und Gräbern, von Tod und Wiederauferstehung heraufbeschwört. Und keine Schale besitzt größere Evokationskraft als die des Nautilus (oder »Perlboots«), der gleichsam als lebendes Fossil in geringem Abstand über dem Boden des Pazifiks treibt und hier als letztes überlebendes Genus der im erdgeschichtlichen Altertum weitverbreiteten Ordnung der *Nautiloidae* seit fünfhundert Millionen Jahren erfolgreich dem Aussterben trotzt. Das Tier ist ein weiß-braun marmorierter Kopffüßer – also eine Art

Tintenfisch – mit bis zu 94 Tentakeln und einem natürlichen Sinn für Geometrie. Aus seinen Mantelzellen sondert er ein glattes Kalksteingehäuse ab, das ihn in sanfter Krümmung umschließt und dessen Zeichnung seiner Körperzeichnung entspricht. Mit fortschreitendem Wachstum erweitert der Nautilus sein ursprünglich aus einer einzelnen Kammer bestehendes Haus entlang einer spiralig gedrehten Linie um neue und immer größere Kammern, in deren jeweils äußerster er wohnt, bis das Ganze etwa 36 Kammern zählt und einen Durchmesser von etwa 25 Zentimetern hat. Und die Krümmung der Kammernfolge bildet eine vollkommene logarithmische Spirale.

Die Spirale ist die natürliche Kurve des Lebens und des gleichförmigen Wachstums. Sie umkreist immerfort einen Mittelpunkt und kommt dennoch kein zweites Mal an einen Punkt, den sie einmal hinter sich gelassen hat. Sie ist die einzige Kurve, deren Abschnitte in Polarkoordinaten sich in der Größe, aber nicht in der Form unterscheiden. Die Spirale dreht sich in zwei Richtungen, vom Ursprung weg und zum Ursprung hin. Sie umschreibt und beleuchtet das zurückliegende Geschehen und führt zugleich unaufhaltsam zu größeren Dingen und neuen Entdeckungen. Sie erklärt die Vergangenheit und weist auf die Zukunft voraus. Und in ihrer Optimalform, zu der auch die Spirallinie des Nautilus gehört, weist sie einen Quotienten der geometrischen Progression des Radiusvektors von exakt 1:1,618 034 auf und stellt damit die einzige Kurvenform dar, die sich ins Unendliche fortsetzen läßt.[79]

Das alles zusammen mag als schwere Bürde für eine kleine Tiefseemolluske erscheinen, aber der Nautilus zeigt sich ihr vollkommen gewachsen und hat es geschafft, das Ordovizium für sich über ein Dutzend Erdperioden hinweg in die Jetztzeit zu retten und es auf allen Stränden des Indischen und des Pazifischen Ozeans abzulagern. Im Gegensatz zu ihm sind seine Verwandten, die Ammoniten, vollständig ausgestorben. Ihre spiraligen Versteinerungen finden sich in großer Zahl in allen Meeresablagerungen vom Devon bis zur Kreide, aber der letzte von ihnen starb vor über sechzig Millionen Jahren. Und der Schlüssel zur Erklärung ihres Untergangs könnte darin liegen, daß ihre Spiralform unvollkommen war. Der Bogen war etwas enger, nicht weit genug für eine wahrhaft vitale Expansion, nicht so nahe der vollkommenen Wachstumskurve wie die Spirallinie der bis heute überlebenden Nautiloiden. Nicht die Guten sterben jung, sondern die mit mangelhaftem Design.

Ich habe noch nie einen lebenden Nautilus gesehen. Sie treiben in Tiefen, die außerhalb meines Aktionsraums liegen, aber ich freue mich über jedes Zeichen ihres anhaltenden Überlebenserfolgs und besehe mir eingehend jede leere Schale, die ich an tropischen Stränden finde, nur um mich zu überzeugen, daß sie dem Glauben an die Mathematik und dem Formprinzip die Treue halten. So weit ist noch alles in Ordnung.

Die Spirale scheint in der Natur unentbehrlich zu sein. Sie ist das vollendete Symbol von Wandel und Wachstum, der Ordnung im Chaos, der Identität der Gegensätze. Was Wunder, daß der Schweizer Mathematiker Jakob Bernoulli (1654–1705) von dem Zauber und dem Geheimnis ihres Ebenmaßes so fasziniert war, daß er auf seinen Grabstein eine Spirale einmeißeln ließ und dazu in Latein die Unterschrift: *Eadem mutata resurgo* (Obgleich verwandelt, stehe ich als dieselbe wieder auf).

Bernoulli fiel als erstem auf, daß die Luft, das Wasser und selbst ganze Galaxien eine sonderbare Vorliebe für die Spiralförmigkeit haben. Bei unserem Sternsystem jedenfalls ist das so. Die hundert Milliarden Sterne, die wir als Milchstraße oder Galaxis bezeichnen, sind in einem langsam rotierenden scheibenförmigen Gebilde konzentriert, in dem alle Sterne, jeder auf eigener Umlaufbahn, nach einfachen physikalischen Gesetzen in einer Richtung das Zentrum umkreisen. Die Sterne ziehen ihre Bahn mit unterschiedlichen Geschwindigkeiten und sind so zahlreich, daß sie insgesamt zu einem gestaltlosen Nebel verschwimmen. Eigentlich sollte dieses Gebilde kein spezielles Formschema aufweisen, sollten Elemente dieses Gewimmels nicht zu sichtbaren und dauerhaften Gruppierungen zusammentreten. Sie tun es trotzdem. Unser Sternsystem gehorcht, wie andere in seiner Nähe, einer sorgfältigen Choreographie. Es ist so schön wie dauerhaft in Spiralarme gegliedert, die vom Kern in anmutigen Kurven nach auswärts schwingen wie die Leuchtspuren eines Feuerrads.

Diese Geordnetheit ist seltsam. Ein Sachverhalt, der Bände spricht. Ganz entschieden ein Zeichen dafür, daß irgend etwas Gegenstrebiges im Gange ist, das den üblichen Prozeß des langsamen Degenerierens und Zu-Ende-Gehens der Dinge aufhält. Das Milchstraßensystem ist viel älter, als es eigentlich sein dürfte. Alles übrige hat eine naturgegebene Lebensdauer, einen Zeitraum, in dem es sich verausgabt und zerfällt, aber wir haben unser Haltbarkeitsdatum bereits überschritten und gehen einem Fortleben entgegen, das nach den neuesten Berechnungen 10^{40}mal länger dauern wird, als wir mit Fug und Recht hätten erwarten dürfen. Irgend etwas hält uns am Laufen und gibt unserem Sternsystem wenn schon nicht eine Richtung, so immerhin eine unvorhergesehene und unwahrscheinliche Form, die – wie der Zufall so spielt – sich auf der Erde wiederholt in den Lebensbedingungen eines bestimmten Tintenfischs, um dann vom Meer zur Erbauung von Spaziergängern auf entlegene Strände gespült zu werden.

Wirklich nur eine zufällige Laune der Natur? Ich bezweifle es. Die Übereinstimmung ist zu groß, als daß man sie dem blinden Zufall zuschreiben könnte. Und die Konstante 1,618 034 ist dafür um mindestens fünf Dezimalstellen zu präzise. Ich bin nicht besonders geschickt im Umgang mit Zahlen, doch kann ich mich des Eindrucks nicht erwehren, daß sie zuweilen ein Eigenleben entwickeln. Eine Selbständigkeit, die es angezeigt erscheinen läßt, eher von der Entdeckung als von der Erfindung der Arithmetik zu sprechen.[277]

Zu den frühesten Entdeckern auf diesem Gebiet zählt wiederum ein »Strandläufer«, ein Insulaner, der um 287 v. Chr. in der griechischen Kolonie Syrakus auf Sizilien geboren und in Ägypten erzogen wurde. Archimedes leistete für die Mathematik, was ein Jahrhundert vor ihm Aristoteles für die Biologie geleistet hatte: Er leitete aus dem im Rahmen von eigenen Experimenten Beobachteten Gesetzmäßigkeiten ab. Bei diesem Geschäft fand er den Tod: *»Noli turbare circulos meos«* (Störe meine Kreise nicht!), rief er dem römischen Soldaten zu, der bei der Eroberung von Syrakus durch die Römer im Jahr 212 v. Chr. in seinen Garten eindrang, wo er gerade dabei war, Figuren in den Sand zu zeichnen, um über sie nachzusinnen; aber der Eindringling stach ihn nieder.

Zum Glück hatte Archimedes zu diesem Zeitpunkt seine Gedanken bereits in dauerhafterer Form niedergelegt, so etwa in einer dem König von Syrakus zugeeigneten Abhandlung mit dem aparten Titel *Der Sandrechner*.[13] In dieser Schrift wandte er sich gegen die Behauptung, die Zahl der Sandkörner an der sizilischen Küste sei größer als die Zahlenreihe, die das menschliche Denken zu konstruieren und zu notieren vermöge. Archimedes machte sich nicht nur anheischig, diese Behauptung zu widerlegen, sondern ging sogar einen Riesenschritt weiter; mit seinem neu erfundenen Notationssystem könne er die Zahl der Sandkörner in einem Haufen angeben, der so groß sei wie die Erde, ja wie das ganze Universum. »Manche Leute glauben, König Gelon, … es sei noch nie eine Zahl genannt worden, die die des Sandes übertrifft. Ich aber will dir zu zeigen versuchen, daß unter den von mir benannten Zahlen einige nicht nur die eines Sandhaufens von Erdgröße übersteigen, sondern auch die Zahl eines Haufens, der das Weltall erfüllt.« Die Zahl, die er für diesen Haufen von der Größe des Kosmos nannte, kommt den jüngsten Schätzungen – ca. 10^{40} – erstaunlich nahe.

Zahlen dieser Größenordnung sind schon an und für sich für den menschlichen Verstand schwer vorstellbar, doch seit Anbeginn seiner Beschäftigung mit ihnen bringen sie ihn immer wieder mit erstaunlichen Koinzidenzen in noch ärgere Verlegenheit. Solche Fälle sammelt und bedenkt man heute unter dem verheißungsvollen Namen »Lehre von den großen Zahlen«.[110]

Es ist kein Grund ersichtlich, warum zwischen dem Alter des Universums in natürlichen Atomeinheiten und der Gesamtzahl der Teilchen im Universum eine Beziehung bestehen sollte, und trotzdem *gibt es* eine direkte Parallele. Beide Größen liegen sehr nah bei 10^{40}.

Die moderne Physik kennt zwei natürliche Zeitskalen: die Hubble-Zeit, die das Maß kosmischen Wandels ist, und die Nuklearzeit, deren Einheit die Zeit ist, die das Licht zum Durchqueren eines einzelnen Protons benötigt. Zwischen den beiden Skalen, die an entgegengesetzten Enden des kosmischen Spektrums situiert sind, gibt es keinen direkten Zusammenhang, das Zahlenverhältnis zwischen ihnen ist jedoch $1:10^{40}$.

Die Untersuchung der verschieden starken Kernkräfte und die Bestimmung des thermodynamischen Zustands des Universums im Frühstadium seiner Entwicklung fallen jede in den Aufgabenbereich eines eigenen Zweigs der Physik, und dennoch gelangen beide zu derselben natürlichen Konstante 10^{40}. Eine Verbindung zwischen der Feinstrukturkonstante für die Gravitation und der für den Elektromagnetismus könnte nur Zufall sein, so scheint es, aber auch hier zeigt sich wieder, daß beide den Zahlenwert 10^{40} haben.[314]

Das sind nur einige Beispiele für Koinzidenzen im Bereich der großen Zahlen. Die Liste ließe sich verlängern. In der Tat ist die Zahl der ähnlichen Fälle so groß, daß der 1938 mit dem Nobelpreis ausgezeichnete Physiker Paul Dirac schrieb: »Wir dürfen annehmen, daß Koinzidenzen dieser Art auf einen tiefliegenden Zusammenhang in der Natur zurückgehen.« Ja, solchen Koinzidenzen begegnet man so häufig, daß man versucht ist, noch weiter zu gehen und zu sagen, hier spiele sich in der Tat etwas höchst Merkwürdiges ab. Eine Art kosmischer Konspiration.[195]

Der britische Physiker Paul Davies spricht von einem »kosmischen Zusammenwirken so exorbitant unwahrscheinlichen Charakters, daß man sich des Eindrucks kaum zu erwehren vermag, hier wirke irgendein Elementarprinzip«. Die neuesten Entdeckungen über die Anfänge des Alls, so hebt er hervor, deuten alle darauf hin, daß der Kosmos mit erstaunlicher Präzision in Gang kam. Seine Beschaffenheit begünstigt nicht nur die Koinzidenz der großen Zahlen und viele andere numerische »Zufälle«, sondern setzt sie förmlich voraus. Ohne sie wäre ein Stern wie die Sonne gar nicht entstanden. »Hätte die Natur sich für ein auch nur geringfügig anderes Zahlenwerk entschieden, wäre die Welt bei weitem nicht der Ort, der sie heute ist. Wahrscheinlich würden wir sie nicht sehen, weil es uns nicht gäbe.«[99]

Aber es gibt uns – dank einer langen Liste glücklicher Zufälle und einer hochgradigen Präzisionsarbeit, die der britische Astrophysiker John Gribbin dem von ihm so genannten »Goldlöckchen-Effekt« zuschreibt. Wir erinnern uns: Goldlöckchen ist eine Märchenheldin und als solche wahrscheinlich auch die erste aktenkundig gewordene Hausbesetzerin. Sie machte es sich in dem unbewachten Heim der drei kleinen Bären gemütlich, probierte deren Betten, Stühle und Haferbrei aus, bis sie das Bett gefunden hatte, das nicht zu weich und nicht zu hart war, den Stuhl, der nicht zu groß und nicht zu klein war, und die Schale mit dem Brei, der nicht zu heiß und nicht zu kühl war – Bett, Stuhl und Brei, die »gerade richtig« für sie waren. Diese Richtigkeit ist eine wichtige Idee, eine Idee mit Konsequenzen von großer Tragweite nicht nur für die Kosmologie, sondern auch für das Leben in all seinen Formen. Und sie hängt, wie ich glaube, direkt mit dem Problem von Gut und Böse zusammen – die beide sogar eine kosmische Wurzel haben könnten.

Wie kosmische Koinzidenzen unsere Existenz begünstigen, ist wahrhaft erstaunlich.

Daß wir uns auf festem Untergrund befinden, obschon der größte Teil der Materie im Universum die Form von Gaswolken oder heißem Plasma hat, und daß wir uns in der Nähe eines stabilen Sterns befinden, obschon es unter den Sternen zahlreiche veränderliche gibt oder solche, die keine Planeten zu binden vermögen – diese Gegebenheiten dürften kein Zufall sein. Sie sind wohl unausweichlich. Was uns betrifft, hätten die Dinge nicht anders kommen dürfen. Das Leben setzt viele ausgefallene Umstände voraus, wie sie vielleicht nur in räumlich und zeitlich eng begrenztem Rahmen eintreten können. Die Wahrscheinlichkeit des Zusammentreffens aller unerläßlichen Vorbedingungen an ein und demselben Punkt der Raumzeit ist unendlich gering. Aber jetzt, wo diese Umstände gegeben und wir da sind, ist es nur recht und billig, einen Zusammenhang zwischen unserer eigenen Existenz und der des Kosmos herzustellen und mit John Wheeler, dem Professor der Physik in Princeton, zu fragen: »Hier ist der Mensch – was muß demnach das Universum sein?«[411]

Nicht auszuschließen, daß es sogar etwas Lebendes ist.

Das Leben ist ein sonderbar' Ding. Ganze Wissenschaften haben sich erfolglos bemüht, es zu definieren. Doch selbst wenn wir uns noch schwertun, genau zu sagen, was es ist, dürfen wir sicher sein, daß es *eines* ganz bestimmt nicht ist: Es ist niemals chaotisch. Was man von den meisten anderen Systemen nicht sagen kann. Sich selbst überlassen, neigen sie dazu, sich aufzulösen und immer mehr in Unordnung zu geraten, bis sie zuletzt nur mehr eine Zufallsverteilung von Materie sind. Das ist der natürliche Zustand der Dinge. Ihre Zukunft ist im Zweiten Hauptsatz der Thermodynamik niedergelegt, der besagt, daß die Entropie, der Grad der Unordnung eines Systems, stets zunimmt, bis das Maximum, das vollendete Chaos, erreicht ist. Dieser Zielpunkt der Entwicklung, das Endstadium des kosmischen Auflösungsprozesses, wird üblicher- und höchst aufschlußreicherweise als »Kältetod des Universums« bezeichnet.

Lassen wir den Wahrheitsgehalt der in dieser Formel unausgesprochen enthaltenen Annahme, daß der Kosmos etwas Lebendes sei, für den Moment einmal auf sich beruhen, so finden wir hier immerhin eine Arbeitsdefinition davon, was es heißt, lebendig zu sein. Das

Leben ist geordnet. Es trägt Ordnung in Beliebigkeit hinein. Es kehrt die allgemeine Tendenz um, indem es zufällige Zusammentreffen fördert. Es gedeiht durch Unnatürlichkeit und fügt Elemente, deren Vorkommen extrem unwahrscheinlich ist, in einer Weise zusammen, die jeder statistischen Wahrscheinlichkeit hohnspricht. Das Leben ist etwas Ausgefallenes und Irrationales. Es schwimmt gegen den Strom und ist noch am ehesten an seinem Eigenbrötlertum zu erkennen. Mitten in einem Umfeld von Verworrenheit besitzt es Gestalt und Ordnung.

Das Leben ist etwas, das einem förmlich in die Augen springt, ein Blickfang wie die Erde selbst vom Mond aus gesehen, wenn sie sich – wie die denkwürdigen Fotografien der Apollo-Astronauten es festhalten – über den kahlen Horizont des toten Gestirns erhebt. Mit seinen Nachbarn im Sonnensystem verglichen ist unser Planet ein Einzelgänger von dem sanften Blau einer Oase in der Wüste. Selbst aus der Ferne ist nicht zu verkennen, daß dort innerhalb der schützenden Dunstblase etwas Ungewöhnliches, etwas Frisches und Beschwingtes im Gange ist.

Unser Planet bricht alle Regeln. Theoretisch und von Rechts wegen müßte die Erde sich heute schon in einem Zustand der Ödnis und Unordnung befinden. Die fünf Milliarden Jahre, die es ihn jetzt gibt, hätten mehr als ausreichen müssen, um den heißen jungen Planeten in einen erschöpften alten Planeten zu verwandeln, auf dem alles in einen homöostatischen Zustand eingetreten und zur Ruhe gekommen ist. Eigentlich müßten alle energetischen Reaktionen abgelaufen sein, das gesamte Potential an zufälligen, unvorhersehbaren Störungen sich zu einer berechenbaren Gleichförmigkeit zurückgebildet haben. Der dritte Planet des nicht sonderlich bemerkenswerten Sterns Sonne müßte sich jetzt in einem stationären Zustand befinden, öde und leer und ohne Leben sein. Bekanntlich ist das nicht der Fall.

Unsere Welt ist ein Hort kreativer Energien und in unwahrscheinlichster Weise mit einer Fülle unwahrscheinlichster chemischer Substanzen gesegnet. Im Erdboden tobt Anarchie und wirkt letztlich, Gott weiß warum, erfolgreich dem Chaos entgegen. Und gegen alle Wahrscheinlichkeit ist das Ergebnis – Ordnung. Die Ozeane wogen, Regen fällt, Küsten heben sich, der Wind weht, und Leben blüht auf – und das alles, weil irgend etwas den Launen der Sonne und der Zeit zum Trotz unsere Umwelt stabil erhält. Das Ganze sieht mehr nach einem Kunstgebilde als nach einem Zufallsprodukt aus. Und ein Kunstgebilde könnte es tatsächlich auch sein – ein vom Leben für seine eigenen Zwecke geschaffenes und erhaltenes Ökosystem.

Um ganz erfassen zu können, in welchem Ausmaß das Leben dafür verantwortlich ist, daß die Erde so ist, wie wir sie kennen, müssen wir uns vorstellen, wie unser Planet ausgesehen haben muß, ehe vor vier Milliarden Jahren das Leben auf ihm erschien. Sprühend von Strahlungsenergie, die von der Explosion einer benachbarten Supernova zurückgeblieben war, kam das Sonnensystem gerade zur Ruhe. Noch immer kollidierten Trümmer aus der Katastrophenregion mit den sich zusammenziehenden Planeten, so daß geschmolzenes Gestein und überhitztes Gas umherspritzten wie Gebräu aus einem Hexenkessel. Dieses Stadium der Erdgeschichte bezeichnet man heute passenderweise als das Hades-Zeitalter.

Es war eine alptraumartige Zeit. Noch gab es keine physikalische Kohäsion. Die Sonne war noch jung und kühl, aber das Erdinnere war dreimal so heiß, wie es heute ist. Das Magma war allerorten vulkanisch aktiv, der Ozean der Frühzeit infolgedessen warm und bewegt. Die stark kohlensäurehaltige Atmosphäre war so dicht und neblig trüb, daß der Himmel für unsere Augen von unveränderlichem Orangerot und das Meer von schmutzbrauner Farbe gewesen wäre. Die blauen und weißen Töne, die wir von unserem mit Wolken und Wölkchen garnierten Planeten kennen, kamen als Produkt der Bleichkraft des Sauerstoffs erst später. Die erste Erdatmosphäre enthielt keinen Sauerstoff, sondern viele für uns giftige und übelriechende Gase, die in dem herrschenden Treibhausklima Zucker und Aminosäuren ausfällten. Zufälligerweise gerade das richtige Ambiente für die Anfänge des Lebens.

Einfache Anfänge. Handfeste Daten über die damalige Zeit sind naturgemäß rar, doch scheint außer Zweifel zu stehen, daß ausreichend organische Substanzen für die Entstehung und Ernährung der ersten Mikroorganismen – wahrscheinlich Bakterien – vorhanden waren. Bei den Urbakterien dürfte es sich aller Wahrscheinlichkeit nach um eine Vielzahl verschiedener Arten gehandelt haben, die von dem gegebenen Ressourcenüberfluß profitierten, Strategien erprobten und sich in die Risse und Spalten der allmählich entstehenden Ökologie des Planeten hineintasteten. Diese Mikroben wurden zur »schweigenden Mehrheit« des Lebens auf der Erde und sind es bis heute geblieben. Ihre Zahl ist größer als die aller anderen Lebewesen zusammen. Die Grundstoffindustrie des organischen Stoffwechsels liegt vollständig in der Hand von Bakterien. Bakterien setzen Stickstoff aus dem Boden frei und erzeugen durch das Anregen von Gärungsprozessen Wasserstoff. Großenteils Produkte bakterieller Aktivitäten sind auch Methan und Ammoniak sowie über vierzig weniger wichtige andere Gase, die zusammen mit ihnen die anomale Atmosphäre der Erde bilden. Sie alle sind »biogen«, das heißt ausschließlich von – zumeist mikroskopischen – Kleinlebewesen produziert, die diese Substanzen ohne Rast und Ruh in erstaunlichen Mengen aus ihren Werkstätten ausstoßen. Diese Mikroorganismen waren die ersten Anfänge unseres Kopien seiner selbst erzeugenden Systems und die Hauptverantwortlichen für die Kolonisierung der Erde durch das Leben. Und nachdem erst einmal einer von ihnen entdeckt hatte, wie er sich nicht allein von den begrenzten Rohstoffen in seiner unmittelbaren Umgebung, sondern auch aus dem unerschöpflichen Energievorrat, den das Sonnenlicht zur Verfügung stellte, ernähren konnte, verwandelte sich unsere Welt aus einem toten Planeten, der das Leben wie einen Gast aus der Fremde beherbergte, in einen Himmelskörper, der ganz den Eindruck von etwas durch und durch Lebendigem macht.

Die Spezialforschung zu der Frage, in welcher Weise das Leben die Umwelt direkt beeinflußt, kommt mit Riesenschritten voran – mit manchmal verblüffenden Ergebnissen ...

Riffkorallen zum Beispiel brauchen warmes Meerwasser zum Leben, aber nicht zuwenig und nicht zuviel davon. Sie vertragen es nicht, der Luft ausgesetzt zu sein, und ihre Bauten sind durch bewegte See leicht zu zerstören, also tun sie ihr möglichstes, um über der für sie idealen Tiefe Zonen von ruhigem Wasser zu schaffen. Manche Arten sondern eine fettartige Substanz ab, die mit dem Wasser reagiert und sich zu einem stark wirkenden Oberflächenglättungsmittel aufspaltet, das sozusagen Öl auf die Wogen gießt: Es setzt die Oberflächenspannung des Meerwassers herab, vermindert dadurch Wellengang und Winddruck und bewirkt so, daß die See in der Umgebung von Saumriffen sehr viel ruhiger ist, als es sonst der Fall wäre. Für jeden, der in tropischen Gewässern segelt, ist dieser Effekt augenfällig. Schon von weitem kann ich erkennen, ob das Wasser vor mir über Felsenklippen oder Korallenbauten hinwegspült. Über einem lebenden Korallenriff ist die See viel ruhiger als über einer leblosen Felsenbank. Und die Satellitenüberwachung der Erdoberfläche dokumentiert den Effekt in großem Maßstab; Mikrowellenradiometer registrieren in stark korallenbewachsenen Küstengebieten ungewöhnlich kurze Wellenlängen.[103]

In der Sparte Umweltregulierung ähnlich aktiv ist auf offenem Meer das Phytoplankton. Diese winzigen grünen Algen treiben an der Wasseroberfläche, leben vom Sonnenlicht und geben sich alle Mühe, sicherzustellen, daß ihre Welt sich nicht allzu stark erwärmt. Ein Abfallprodukt ihres Stoffwechsels entweicht in die Atmosphäre und bildet dort submikroskopische Sulfatärosole, die als Kondensationskerne für Wasserdampf wirken. Ohne diese Kerne gäbe es in so großer Entfernung vom Land nur wenige Wolken. So aber kommt es problemlos zur Wolkenbildung, die Sonneneinstrahlung wird vermindert, die Oberflächentemperatur des Meeres bleibt unter Kontrolle, der Wind bläst mit größerer Stärke, die See ist öfter aufgewühlt, und Nährstoffe werden aus der Tiefe hoch und in erschöpfte Oberflächenschichten gewirbelt.[67]

Auf dem Land üben tropische Feuchtwälder mit ihrer Mikroflora und -fauna eine ähnliche Regulierungsfunktion aus. 75 Prozent des Niederschlags werden vom Blätterdach und dem feuchten Boden in einer Art Sofortrecycling in die Atmosphäre zurück abgedampft und enden in regionaler Wolkenbildung, die das darunterliegende Gebiet vor übermäßiger Sonneneinstrahlung schützt. Jede der schätzungsweise dreißig Millionen Arten, die auf der Erde leben, spielt ihren eigenen Part in solchen Prozessen. So zum Beispiel versprüht das gewaltige Ameisenheer im Amazonasgebiet im Zuge von Kommunikations- und Verteidigungshandlungen jährlich schätzungsweise zweihunderttausend Tonnen Ameisensäure in die Luft. Dadurch gewinnt der Regen in dem Flußbecken eine leichte Azidität, dank deren er die Kompostierung von totem Holz beschleunigt, wobei Bakterien in die Atmosphäre freigesetzt werden, die dort die Eiskeimbildung anregen und damit aus vorüberziehenden Wolken wiederum sauren Regen freisetzen. Und so weiter und so fort...[338]

Wir haben es hier meines Erachtens mit mehr als lediglich einer Folge von glücklichen Zufällen zu tun. Die Entstehung des Lebens mag ein Glückstreffer beim Würfeln gewesen sein, eine physikalische und chemische Zufallskonstellation, die nach den Gesetzen der Wahrscheinlichkeit irgendwann einmal irgendwo auftreten mußte. Sie mag schon viele Male zuvor andernorts aufgetreten sein, aber in unserem Fall, auf unserem Planeten, war das Experiment dann von wunderbarem Erfolg gekrönt. Erfolg, der noch andauert, weil sich eine Menge Rückkoppelungsschleifen herausbildeten, die unsere Welt zu einer gastfreundlichen Umgebung für das Leben machen und so verhindern, daß es wieder erlischt, wie es anderswo durchaus der Fall gewesen sein könnte.

Unsere Welt ist sorgsam durchkomponiert und fein ausbalanciert. Sie steckt voller überraschender Koinzidenzen und jener Art unnatürlicher Instabilität, die aus Chaos Ordnung schafft. Sie weist außerordentliche Dauerhaftigkeit und ein schönes Ebenmaß auf und dazu so viel mathematische Kohärenz, daß es schwerfällt, ihre Existenz für einen bloßen Zufall zu halten. Das Erstaunlichste, was man an ihr entdeckt hat: Sie ist zum größten Teil weit entfernt von jener gleichmäßigen Häufigkeitsverteilung von Elementen oder Partikeln, die zur Entropie gehört, und schafft es irgendwie, diesen Abstand zu halten. Die Regulierungsprozesse, die das voraussetzt, funktionieren mit solcher Präzision, daß sogar die ganze Galaxis, die man sich einst als eine bloße Zusammenballung unbelebter Materie dachte, heute in vieler Beziehung ein Ansehen von Leben gewinnt.

Das Leben des einzelnen Sterns ist begrenzt. Wenn der Wasserstoffvorrat in seinem Kern aufgebraucht ist, dehnen sich die äußeren Regionen, bis er zu einem mächtigen »roten Riesen« von weit über hundert Millionen Kilometer Durchmesser angeschwollen ist. Unsere Sonne wird es in etwa fünf Milliarden Jahren treffen; dann schwenkt sie auf den allgemeinen Kurs ein und bewegt sich auf den Zustand der Stabilität zu, die Endstation, die sie erreicht hat, sobald sie vollständig in das schwere, inaktive Eisen 56, das Element mit der geringsten bisher bekanntgewordenen Kernenergie, umgewandelt ist.

So entwickeln sich die Dinge, weil Eisen 56 die effizienteste Form ist, eine Anhäufung von Materie zu verdichten und abzulagern. Falls allerdings der Stern, der auf diese Weise für die Stillegung vorbereitet wird, ein sehr großes Exemplar ist – mehr als achtmal so groß wie die Sonne –, kann die Sache noch einen Schritt weiter gehen. Wenn die Masse des Eisens 56 groß genug ist, stürzen die Zentralregionen des Sterns unter dem Einfluß der Gravitation zu einem sehr dichten Zustand zusammen. Elektronen und Protonen werden gezwungen, sich zu Neutronen zu vereinigen, und die Verdichtung wird höher, bis zu guter Letzt die Sternmaterie nach Überschreitung eines kritischen Werts so stark beschleunigt wird, daß sie sich selbst auseinandersprengt.

Damit ist dann die Hölle los – in Gestalt einer Supernova. Eines Sterns, der gewissermaßen ein Recycling mit sich selbst vornimmt, indem er explodiert und seine Materie in das All zurückschleudert, wo sie den Rohstoff für die Bildung von neuen Sternen und Sternsystemen abgibt. Aber der Vorgang ist nur möglich aufgrund des »Goldlöckchen-Effekts«: aufgrund der Tatsache, daß eine der vier Grundkräfte im Universum – die sogenannte schwache Kraft – »gerade richtig« ist.

Wäre die schwache Kraft nur ein wenig schwächer, würde Materie in Form von Neutrinos still in den Raum entweichen. Und wäre die schwache Kraft nur ein wenig stärker, könnten die Neutrinos sich überhaupt nicht vom Fleck rühren. So aber fliegen sie in genau der Weise umher, die notwendig ist, um die Explosion hervorzubringen, die Wolken von neuem Sternbaumaterial ins All schleudert. Das Geschehen ist die Vorbedingung für Wachstum und Evolution der Galaxien. Es ist das kosmische Äquivalent der geschlechtlichen Fortpflanzung, die bei der Evolution der Organismen durch die in jeder Generation erfolgende Neukombination des Erbmaterials für Variation sorgt. Supernovae streuen Saat im Universum aus und machen es zu einer Pflanzschule für neue Sterne, in der eine Vielzahl von Sonnen heranwächst, Sonnen, die zu einem nicht geringen Teil selbst zu Supernovae heranreifen und als solche die Fortsetzung der kräftigen, produktiven Deszendenzlinie garantieren.

Das Ganze hat allerdings auch eine Nachtseite. Ist der sterbende Stern allzu massereich, setzt sich die Gravitation gegen alle anderen Kräfte durch; der Stern schrumpft unaufhaltsam, während zugleich das Gravitationsfeld an seiner Oberfläche stärker wird. Erreicht die Ausdehnung des schrumpfenden Sterns einen gewissen kritischen

Radius, wird das Gravitationsfeld an der Oberfläche so stark, daß die Fluchtgeschwindigkeit (die Geschwindigkeit, die Materie benötigt, um dem Gravitationsfeld eines Himmelskörpers zu entkommen) größer als die Lichtgeschwindigkeit ist. Da sich aber der Relativitätstheorie zufolge nichts schneller fortbewegen kann als das Licht, wird nun alles (Licht eingeschlossen) in das Gravitationsfeld des kollabierten Sterns zurückgezogen: Der Stern wird zu einem »Schwarzen Loch« – einem von etlichen hundert Millionen, die bereits in der Galaxis existieren und wie Staubsauger, deren Beutel niemals gewechselt werden muß, Staub und Gas der interstellaren Materie in sich einsaugen.

Diesen »Tunneln nach nirgendwo« eignet unweigerlich ein verhängnisvoller Aspekt, insofern sie alles, was ihnen nahe kommt, ins Nichtsein zu befördern drohen; aber es ist für uns wichtig, einzusehen, daß sie unvermeidlich, ja vielleicht sogar notwendig sind. Dieselbe Feinregulierung, die unser Universum »gerade richtig« als Heimstatt des Lebens macht, begünstigt auch die Bildung Schwarzer Löcher. John Gribbin, der einmal feststellte, das Universum verstehe es »so gekonnt, Sterne zu produzieren und sie in Schwarze Löcher zu verwandeln, daß man fast meinen könnte, es sei eigens für diesen Zweck entworfen«, äußerte als erster den Gedanken, das All sei vielleicht selbst ein Schwarzes Loch.[161]

In diesem Licht betrachtet – falls es erlaubt ist, die Redewendung im Zusammenhang mit einer Sache zu gebrauchen, die das Licht verschluckt –, rücken die Schwarzen Löcher aus der Rolle von Einbahnstraßen ins Nichts in die von Keimzellen neuer Universen auf. In diesem Licht präsentieren sie sich als Nachkommen eines Schwarzen Lochs einer älteren Generation, das seinem natürlichen Fortpflanzungsgeschäft nachging. Was den Gedanken nahelegt, daß unser Universum seinerseits auf ebendiese Art entstanden sein könnte – als »Ausgeburt« eines anderwärtigen Schwarzen Lochs. Und wenn es richtig ist, diesen Vorgang in Analogie zur geschlechtlichen Fortpflanzung zu sehen, dann ist auch nicht auszuschließen, daß jedes neugeborene Universum etwas andere Regeln und Gesetzmäßigkeiten in sich faßt, wodurch sich eine Variation ähnlich der in der Sphäre des organischen Lebens ergibt und mit der Variation die Möglichkeit des Konkurrenzkampfs innerhalb ein und derselben Generation von

Baby-Universen, so daß unter diesen eine natürliche Selektion der lebens- und fortpflanzungsfähigsten stattfindet.

Mir als Biologen sagt diese Idee zu. Mir gefällt der Gedanke, daß die Naturgesetze ebenso der Selektion und Evolution unterliegen wie die Arten, die ihnen ihr Dasein verdanken. Das hat eine ansprechende Symmetrie, und es hilft erklären, wieso unser Universum so unwahrscheinlich ist. Dessen Sonderbarkeit wird zu etwas Unvermeidlichem. Um es mit Gribbins Worten zu sagen: »Der Umstand, daß unser Universum ›gerade richtig‹ für Formen von organischem Leben wie das unsere ist, entpuppt sich als Nebenwirkung des Umstands, daß es ›gerade richtig‹ ist für die Erzeugung von Schwarzen Löchern und Nachwuchs-Universen.«[161]

Und wenn wir die Idee eines lebenden Universums akzeptieren, eines Universums, das in den Überlebenskampf mit Artgenossen verwickelt ist, dann müssen wir auch davon ausgehen, daß unser Universum Teil einer größeren Ökologie ist, ein Teil unter anderen, die alle natürlichen Kontrollen unterliegen und in natürliche Gleichgewichtsverhältnisse eingebunden sind. Die Gesetzen und Bedingungen unterworfen sind, welche, wenn sie so funktionieren wie die in unserer Sphäre, schöpferische Spannungen schaffen durch das Erzeugen gegenläufiger Kräfte, die sich gegenseitig aufschaukeln oder auslöschen, Gleichgewichtsverhältnisse aufbauen oder zerfallen und bei alledem mit etwas Glück zu eigenen passenden Lösungen gelangen. Zu einer eigenen Art und Weise, mit Gewinn den Goldlöckchen-Effekt zu praktizieren und die Dinge so hinzubringen, daß sie »gerade richtig« sind.

In unserer eigenen Sphäre habe ich mich bisher ausschließlich mit lebenfördernden Koinzidenzen befaßt. Es gibt jedoch auch eine andere, entgegenwirkende Gruppe von Einflüssen; mit Katastrophen, wie sie im Gefolge der Massenauslöschung von Arten auftreten können und in der Vergangenheit wohl auch aufgetreten sind, setzen sie das System des organischen Lebens jähen, unvorhersehbaren Belastungen aus.

Die Geologen teilen die Erdgeschichte der letzten sechshundert Millionen Jahre in Abschnitte ein, deren Grenzen jeweils durch das Verschwinden einer Vielzahl von Arten markiert sind. Das Aussterben der Dinosaurier wurde schon auf alle möglichen Ursachen zurückgeführt, vieles spricht jedoch für einen Meteoriteneinschlag, der genügend Staub aufwirbelte, um unseren ganzen Planeten zu verschatten und damit das empfindliche Gleichgewicht in der Biosphäre zu zerrütten.[310] Die Entdeckung hoher Konzentrationen von Iridium (eines Elements, das so selten ist, daß es gemeinhin für außerirdischen Ursprungs gehalten wird) in geologischen Schichten, die Zeitpunkte von Massenaussterbeereignissen markieren, läßt den Schluß zu, daß der Untergang der Dinosaurier infolge der Einwirkung eines Himmelskörpers nicht das einzige Vorkommnis dieser Art ist. Dergleichen ereignete sich öfter – womöglich alle 26 bis 30 Millionen Jahre.[312] Wir wissen seit geraumer Zeit, daß jenseits der Umlaufbahn des Pluto Milliarden von Kometen in einem als »Oort-Wolke« bezeichneten Gewimmel auf individuellen Bahnen die Sonne umkreisen. Nun scheint es, daß irgend etwas in regelmäßigen Abständen in diesem Schwarm eine Störung verursacht, mit dem Ergebnis, daß Kometen aus ihrer Bahn abgelenkt werden und sich unter anderem auch in unsere Region des Raums bewegen, wo dann unter Umständen der eine oder andere mit der Erde kollidiert.[100]

Worauf genau diese periodischen Irregularitäten in der Oort-Wolke zurückzuführen sind, ist noch eine offene Frage. Manche Astronomen postulieren die Existenz eines »Schwarzen Sterns«, eines kleineren Begleitsterns unserer Sonne, der sich derzeit etwa zwei Lichtjahre von uns entfernt auf seiner exzentrischen Bahn um die Sonne von uns weg bewegt, in einigen Millionen Jahren jedoch umkehren und Kurs Richtung Erde nehmen wird; vor der Vollendung seiner Umlaufbahn wird er den Punkt seiner geringsten Entfernung von der Sonne passieren und dabei der Sonne so nahe kommen, daß er zwangsläufig die Oort-Wolke durchqueren muß, wo er mit seiner Gravitation einen Teil der Kometen zu irregulären Bahnabweichungen veranlaßt.[414] Definitiv nachgewiesen werden konnte ein solcher Sonnenbegleiter allerdings noch nicht. Eine andere hypothetische Erklärung konstruiert einen Zusammenhang zwischen den periodischen Massenaussterbeereignissen und der den Astronomen seit langem bekannten Pendelbewegung unseres Sonnensystems senkrecht zur Hauptebene der Galaxis: Man nimmt an, daß sich jedesmal bei der Annäherung der Sonne an die Hauptebene gewissermaßen die kosmischen Umweltbedingungen für unser System ändern.[311]

Ich bin zwar nicht der Ansicht, daß der für die Periodizität des Massenaussterbens verantwortliche Wirkfaktor unbedingt ein Begleitstern sein muß, aber ich bin ganz entschieden der Ansicht, daß er etwas Unumgängliches ist. Ohne diesen Faktor würde das System nicht funktionieren. Er verkörpert einen Mechanismus, in dem die Lösung eines Problems liegt, das in der Biologie lange Zeit Verwirrung gestiftet hat.

Seit Darwin betrachtet man die Evolution als einen Kampf ums Überleben, eine Art Langstreckenlauf, bei dem alle Teilnehmer, wie die Schwarze Königin in *Alice hinter den Spiegeln*, so schnell rennen müssen, wie sie nur können, um am gleichen Fleck zu bleiben. Die Metapher ist vertraut und suggestiv, aber mir schien sie niemals so recht zu der Natur zu passen, wie ich sie kenne. Das Bild von den Wesen, die nach Selbstverbesserung streben, unablässig im Netz der Evolution nach oben klimmen und dabei zwar miteinander rivalisieren, aber stets sorgsam darauf bedacht sind, ihresgleichen nicht allzu weit vorauszueilen – dieses Bild ist für meinen Geschmack viel zu ehrfürchtig, zu viktorianisch. Eine solche innere Dynamik mag es durchaus geben, aber im traditionellen Darwinismus schien mir immer etwas zu fehlen: das Moment der Unberechenbarkeit und Wildheit; die Anerkennung der Fähigkeit des Lebens, zu überraschen und mit Überraschendem fertig zu werden.

Die dunkle Kraft, was immer sie sein mag, verkörpert das Unkonventionelle, Launenhafte und deutet darauf hin, daß Fortschritt öfter im Gefolge einer einschneidenden Veränderung eintritt. Als Resultat der Entwicklung im Kielwasser einer Katastrophe vielleicht, wenn die üblichen Kampfregeln außer Kraft gesetzt sind und durch einen neuen Kodex ersetzt werden müssen. Wenn ich richtig sehe, wird die Evolution – die immer auf der Suche nach der Goldlöckchen-Lösung ist, nach dem »Richtigen«, das im mittleren Wertebereich liegt – mit Katastrophensituationen recht gut fertig. Kann sein, daß Arten untergehen, aber das Leben geht weiter, und widerstandsfähigere neue Arten nehmen die verwaisten Plätze der alten ein.

Das ist unter Umständen kein problemloser Vorgang. Auch die Evolution kann keine Eierkuchen backen, ohne im System der Organismen Eier zu zerschlagen, aber das Leben im ganzen, scheint es, ist wirklich sehr schwer auszulöschen. Umweltschutzorganisationen oder sogar die Menschen überhaupt halten dies möglicherweise für keine so gute Nachricht, aber auf jeden Fall kommt es der Wahrheit näher als manche schwarzseherischen Szenarios, in denen unserer Welt ein rasches, unzeitiges Ende blüht.

Kampf ist im Universum kein neues Phänomen. Jeder Stern ist ein Kampfplatz widerstreitender Kräfte: der Gravitation, die ihn zusammenquetschen, und des thermischen Gasdrucks, der ihn in Stücke reißen will. Es sind ungeheuerliche, aber nicht unbedingt auch zerstörerische Kräfte, die hier im Spiel sind. Unser Universum verdankt seine Existenz einer Explosion von grenzenloser Gewalt, die den Boden für eine schöpferische Entwicklung bereitete. Die Kräfte, die da mitspielten, waren einfach Realitäten: moralisch neutral; sie verkörperten weder Gut noch Böse, aber es war immer und jederzeit wichtig, daß sie sich gegenseitig mehr oder minder die Waage hielten. Ohne dieses Moment des Gleichgewichts wäre es mit jeglicher Aktivität schon längst aus und vorbei. Und nach meiner Überzeugung ist auch in der kleinen Sphäre unseres persönlichen Lebens eine solche Symmetrie von Gewicht und Gegengewicht unverzichtbar.

Mein Gefühl sagt mir, daß das »Böse«, ungeachtet all seiner finsteren und bedrohlichen Aspekte, etwas Unvermeidliches ist. So etwas wie ein Schwarzes Loch in der Natur. Man darf ihm nicht zu nahe kommen, wenn man nicht eingesaugt werden will in eine andere Wirklichkeit, in der alles nach geänderten Spielregeln geht. Wesen und Form der Einzelfälle des Bösen bestimmt sich vielleicht aus dieser Wirklichkeit, die wiederum ihre Struktur von einer anderen ererbt hat. Und das »Gute«, so würde ich meinen, ist nicht das Gegenteil des Bösen, sondern eine Region des Feldes, in dem sie beide existieren. Das schmale Gebiet beiderseits einer Linie, längs deren die Dinge »gerade richtig« sind. Der Aufenthalt in dieser Region fördert optimales Wachstum und vollkommenes Ebenmaß, schafft nicht zuviel und nicht zuwenig, sondern »gerade genug« von dem, was wir brauchen, um klarzukommen und zu überleben.

Ich bin mir bewußt, daß ich ein Werturteil treffe, wenn ich davon ausgehe, daß das Gute besser als das Böse ist. Ich bin mir bewußt, daß das Böse sich – zumindest auf kurze Sicht – besser auszahlen kann, und ich kann mir eine alternative Wirklichkeit vorstellen – in einem von den Universen hinter einem Schwarzen Loch –, wo das Böse eine stabile Herrschaft ausübt. Doch bei dieser Vorstellung ist mir nicht wohl, und ich bin allein schon aufgrund dessen, was ich von der Naturgeschichte weiß, fest überzeugt, daß ein solches Universum selbst von einer nach anderen als den uns bekannten Regeln funktionierenden natürlichen Auslese nicht selektiert werden wird. Es fehlt ihm an biologischem Zusammenhalt. Es erfüllt nicht die Bedingungen, besitzt nicht die erforderlichen kreativen Eigenschaften, um Kooperation und jene Art Koevolution, der sich so etwas wie unsere Lebenswelt verdankt, hervorbringen zu können. Mit einem Wort, es ist eine »üble Sache«. Und ich vermute, das ist nicht bloß ein subjektives Urteil. Ich denke, unsere eigene Evolution hat uns ganz gut hingekriegt, jedenfalls so gut, daß wir ein gewisses Gespür dafür besitzen, was im Hinblick auf natürliche Selektionsprozesse zu wünschen übrigbleibt, wo es mit der zum Überleben unentbehrlichen »Gesamtfitneß« hapert.

Auf den folgenden Seiten werde ich also den biologischen Konsequenzen des Goldlöckchen-Effekts und der Idee der »Richtigkeit« als in der Evolution des Organischen wirksamer Kraft nachgehen. Aber gleichzeitig möchte ich auch sehen, wie »Falschheit« sich im Leben auswirkt und warum, wenn sie keinen Überlebenswert hat, es noch immer so viel davon gibt. Es muß triftige natürliche Gründe für das Fortbestehen des Bösen geben. Gründe, die überzeugend genug sind, um uns der Beantwortung der Frage näherbringen zu können, warum der Teufel noch immer bei so vielem die Hand im Spiel hat ...

Der erste Schritt zu einer Antwort besteht meines Erachtens darin, die Art und Weise, wie das Leben mit seiner gesamten Umwelt interagiert, genauer zu betrachten. Die Ökologie im globalen Maßstab in Augenschein zu nehmen. Alle reden von Ökologie, aber die wenigsten machen sich klar, was das eigentlich ist. Ein bedauerlicher Umstand, denn sie ist von allen Wissenschaften vielleicht die uns nächste und am leichtesten zugängliche, die jede Seite unseres Alltagslebens berührt.

Die Ökologie befaßt sich mit zwei Grundfragen, den Fragen von Verteilung und Überschuß. Wo wer lebt und in welcher Anzahl er dort überleben kann. Die Ökologen suchen die Antwort im Studium zweier natürlicher Einheiten: Individuen und Populationen (eine Population ist die Gesamtheit der auf einem bestimmten Areal lebenden Individuen einer Spezies). Und da kein Organismus in Isolation lebt, erarbeitet die ökologische Wissenschaft ein Bild der Interaktionen zwischen Individuen und Populationen, der sozialen Existenzformen und der Formen, in denen Sozialverbände im Zusammenspiel mit klimatischen und geographischen Gegebenheiten ein stabiles Ökosystem bilden.[231]

Kurz, die Ökologie betrachtet *Verteilung*, *Übermaß* und *Vergesellschaftung* und versucht anhand dieser Faktoren herauszufinden, wie die Welt funktioniert.

Das ist der Aspekt, der mich an ihr fasziniert. Und um meinen Ausblick auf die Evolution des Bösen mit den Verfahrensweisen und Ergebnissen der Ökologie in Beziehung zu setzen, brauche ich nur ein einziges Grundaxiom aufzustellen. Kann sein, daß es ein Werturteil ist, aber mit irgendeiner Ausgangsbasis müssen wir nun einmal anfangen. Ich mache also die unbewiesene Voraussetzung, daß eine gesunde Ökologie – ein System, das leidlich stabil ist und weitgehend so funktioniert, daß es dem gemeinsamen Besten sämtlicher beteiligten Arten nützt – etwas Erstrebenswertes ist: etwas »Gutes«. Und daß es sich auf kurze Sicht auszahlt, jedem Faktor, Akteur oder Einfluß auszuweichen, der diese Ökologie behindert. Derlei Dinge sind Störungsquellen und als solche unerwünscht: etwas »Schlechtes«. Es kann vorkommen, daß Einwirkungen dieser Art sich auf Dauer als segensreich erweisen. Daß sie Veränderungen bedingen, die den Gang der Evolution in produktivere Bahnen lenken. Auf diesen Aspekt werden wir später zurückkommen; für den Moment bitte ich jedoch den Leser, den Gedanken gelten zu lassen, daß manches für das Leben »richtig«, anderes »falsch« ist. Ich bitte ihn ferner, mir bei der Musterung einer Reihe von zuweilen unscheinbaren ökologischen Beispielfällen Gesellschaft zu leisten, die, wie ich hoffe, beweisen, daß es möglich ist, das Gute vom Schlechten, das Richtige vom Falschen klar zu unterscheiden und den Ursprung des Bösen aufzudecken.

Meine sehr glückliche und ertragreiche Doktorandenzeit verbrachte ich unter den Fittichen von Desmond Morris im Londoner Zoo, der damals, in den fünfziger Jahren, noch die weltweit beste und repräsentativste Sammlung von Tieren beherbergte. Wann immer sich Fragen in bezug auf Verhaltensunterschiede zwischen nahe verwandten Arten ergaben, konnte ich einfach zu den Gehegen hinausgehen und vergleichen, wie Dscheladas und wie Bärenpaviane einander begrüßen oder wie der Aracanga und wie der Hyazinthara mit steinharten Palmkernen umgeht.

Diese bequeme Verfügbarkeit war ein enormer Luxus, schuf aber gleichzeitig auch eine in gewisser Hinsicht problematische Perspektive. Ich ertappte mich bald dabei, daß ich nicht mehr davon sprach, wo eine Art lebt, sondern davon, wo sie »herstammt«, und merkte, daß dieser Kategorienwechsel sich auch schon in meinem Denken vollzogen hatte. Das Problem ist Menschen, die im Zoo arbeiten, sehr vertraut; ich mußte mir ständig bewußt vergegenwärtigen, daß das Sortiment von Tieren, das mich umgab, nichts Natürliches war, daß es kaum mehr war als eine populäre Gedenkstätte für die Rolle des Zersprengtseins in der Verteilung des Lebens über den Planeten. Sobald meine Doktorarbeit abgeschlossen war, verließ ich eiligst den Tiergarten und suchte Giraffen in ihrer Heimat Afrika auf, beobachtete Wombats in Australien und Eisbären in der Arktis, wo ich feststellte, daß geographische, klimatische und Verhaltensschranken die Tiere fast ebenso wirksam gefangenhalten wie Käfigstangen im Zoo.

Es gibt keinen biologischen Grund, warum Eisbären nicht auch ebensogut in der Antarktis leben und gedeihen könnten, lediglich einen sehr guten handfesten Grund für ihre Unfähigkeit, aus eigener Kraft dorthin zu gelangen.

Beim Umbau des Lebens auf der Erde können Naturkatastrophen eine Rolle spielen, aber mittelfristig sind es öfter wir Menschen, die Ökosysteme untergraben, indem wir entscheidend wichtige Räuber ausrotten oder gefährliche Schädlinge einschleppen. Manche davon haben das ökologische Gleichgewicht so stark zerrüttet, daß sie mit Fug und Recht als Übel, ja vielleicht sogar als potentiell »böse« zu betrachten sind.

Ein Beispiel: Am Weihnachtstag 1859 legte im Hafen von Melbourne eine Brigg mit dem nichts Gutes verheißenden Namen »Blitz« an; sie hatte unter anderem ein Dutzend europäischer Wildkaninchen geladen, die für ein Landgut in Westvictoria bestimmt waren. Im Jahr 1862 zerstörte ein Buschbrand den Zaun des Kaninchengeheges, und in den nächsten dreißig Jahren breiteten sich die Tiere auf dem fünften Erdteil über eine Fläche von eineinhalb Millionen Quadratmeilen aus; die Lebensräume, in die sie einwanderten, reichen von der Steinwüste bis zum alpinen Tal, vom Küstenwald bis zum Grasland im Landesinneren. Milliarden Kaninchen wurden seitdem abgeschossen, vergiftet oder mit tödlichen Viren infiziert, doch selbst mit solch drastischen Maßnahmen war gegen diese Landplage – eine der schlimmsten, die die Welt je kennenlernte – wenig auszurichten.[282]

Das Einführen von Kaninchen nach Australien war »gut« für die fragliche Spezies, *Oryctolagus caniculus*, die heute zu den erfolgreichsten Säugern der Erde zählt. Aber die Tiere auf den Inselkontinent zu verpflanzen, wo sie keines der gewohnten Entwicklungshemmnisse und Gegengewichte antrafen – das war so, als würde man eine friedliche Landgemeinde mit einer Kompanie gerissener großstädtischer Trickdiebe überfluten. Es war »schlecht« für Australien: ein unbedachter, ökologisch und moralisch unvertretbarer Schritt.

Mein Urteil gründet sich auf eine Reihe von theoretischen Annahmen, die unter Ökologen weithin akzeptiert sind, aber selten *expressis verbis* formuliert werden. Die erste lautet dahin, daß alle Tiere und Pflanzen ihren angestammten Ort – ihren Lebensraum – haben. Dort »gehören« sie »hin«; an ihn sind sie angepaßt. Angepaßtheit wird in diesem Zusammenhang generell verstanden als Fähigkeit, Knoten eines ökologischen Netzes zu werden. Dazu gehören nicht zuletzt die Koevolution mit anderen lokalen Arten und eine ausgewogene Position im globalen Ressourcenhaushalt: nicht zuviel an vorhandenen Ressourcen verbrauchen und selbst nicht im Übermaß von anderen als Ressource beansprucht werden. Im Lebensraum einer Art sind die Verhältnisse für sie »gerade richtig«.

Verlegt eine Art ihren Aufenthalt über die Grenzen ihres Lebensraums hinaus, so vollzieht sich dies zumeist in einem langwierigen Prozeß. Sie wandert aus oder wird durch ein Naturereignis wie Überflutung oder Sturm entwurzelt und gelangt schwimmend, fliegend oder auf Treibgut in eine neue Umgebung, wo sie, mit den einheimischen Arten um die vorhandenen Ressourcen konkurrierend, »Wurzeln zu schlagen« versucht. Solche Invasionen sind meist zum Scheitern verurteilt, weil die einheimischen Arten ihrem Lebensraum besser angepaßt sind, aber manchmal genießen die Eindringlinge einen unverdienten Vorteil. Sie brechen die Regeln der Koexistenz und kommen ungestraft davon, weil sie sich außerhalb des gewohnten Gerichtsbezirks befinden. Sie unterliegen nicht mehr den differenzierten Zwängen, die in ihrem ursprünglichen Aufenthaltsgebiet herrschen. Sie schlagen über die Stränge und provozieren damit keine Sanktionen. Es ist kein Freßfeind da.

So saugen beispielsweise asiatische Tamarisken auf dem amerikanischen Kontinent semiaride Gebiete vollends trocken, senken den Grundwasserspiegel, bringen Tümpel und mit ihnen alle Arten, für die diese die Lebensgrundlage sind, zum Verschwinden, lagern in der jeweiligen Region bisher unbekannte, die Erosion begünstigende chemische Verbindungen auf dem Boden ab und verändern auf diesem Wege sogar die Landschaftsgestalt. An härtere Lebensbedingungen gewöhnte afrikanische Bienen breiten sich in Süd- und Mittelamerika aus, vertreiben die Völker der ihnen unterlegenen einheimischen Arten aus ihren Bauten, kreuzen sich mit ihnen, kolonisieren förmlich ihren Lebensraum und werden, da sie hier nicht durch ihren natürlichen Zuchtmeister, den Afrikanischen Bienenfresser, in Schach gehalten werden, zu »Mörderbienen«. Aus ihrer eurasischen Heimat nach Nordamerika verschleppte Zebramuscheln verstopfen hier, ihrer natürlichen Freßfeinde ledig, die Wasserwege rings um die Großen Seen. Und in Kalifornien schafft es die Mittelmeer-Taufliege sogar, einen Gouverneur aus dem Amt zu jagen.[337]

Eine »Explosion in Zeitlupe« ist die Begleiterscheinung des – meistenteils menschengemachten – Schwindens natürlicher Barrieren. Wir pflegen, wenn wir in eine andere Weltgegend umsiedeln, leider mehr als nur unsere persönlichen Siebensachen mitzunehmen. Vor der Erfindung von Styropor-Verpackungsmaterial und Luftkissen-Plastikfolie gab es sogar eine Zeit, wo wir unsere Habseligkeiten mit Stroh oder anderen stoßdämpfenden Materialien pflanzlichen Ursprungs umhüllten, so daß wir am Ziel unserer Reise Zwietracht in der Natur aussäten, weil wir unwissentlich Dutzende von biologischen Abenteurern als blinde Passagiere einschleusten. Europäische Wegerichgewächse, die mit den Pilgervätern in die Neue Welt gelangten, folgten diesen hier so getreulich auf Schritt und Tritt, daß sie von den amerikanischen Ureinwohnern den Namen »Fußtapfen des weißen Mannes« erhielten. Manchmal gelingt es solchen unerwünschten Reisegenossen nicht, in der neuen Umgebung Fuß zu fassen, aber noch öfter leisten wir ihnen zusätzliche Hilfe, indem wir durch Rodung und Bodenbestellung das einheimische Ökosystem zerrütten, so daß die Eindringlinge leichtes Spiel haben, sich durchzusetzen. Dieser biologische beziehungsweise ökologische »Imperialismus« ist eine ernste Angelegenheit; er hat auf den Hawaii-Inseln einen großen, auf den Marquesas sogar den größten Teil der einheimischen Vegetation vernichtet und in Neuseeland über zehntausend fremdländische Arten eingeschleppt.[206]

Hier handelt es sich um ein unnatürliches Geschehen, zu dessen Verhinderung heute in den meisten Ländern ein gesetzliches Regelwerk existiert, denn den Behörden blieb nicht verborgen, daß solche Invasionen den Staat teuer zu stehen kommen. Es kostet viel Geld, die angerichteten Schäden zu beheben – allein in den USA schätzungsweise 134 Milliarden Dollar. Doch gibt es auch Gründe mehr biologischer Natur, solche Dinge für moralisch nicht vertretbar zu halten. Ein nicht unwesentlicher Grund ist der, daß sie das empfindliche biologische Gleichgewicht der Erde beeinträchtigen. Es mag ja schön und gut sein für den Besenginster *(Sarothamnus scoparius)* und den Keulenbaum *(Casuarina equisetifolia)*, auf diese Weise weit durch die Welt zu kommen, aber für den Planeten als ganzen ist es falsch und schlecht. Es ist unfair.

Wenn ich Begriffe wie »Richtigkeit« und »Fairneß« verwende, möchte ich damit den Interessenhorizont über Individuen und Populationen hinaus auf das Ökosystem als ganzes ausweiten. Der Goldlöckchen-Effekt – die Eigenheit der Natur, auf »gerade richtige« Verhältnisse hinzuwirken – macht sich gut für Wildkaninchen und kleine Mädchen, die bei gutgläubigen Bären nassauern, aber auf angemessenem Niveau, auf dem Niveau, wo sich seine Bedeutung für den Evolutionsprozeß enthüllt und er den Aristotelischen Kriterien richtigen Verhaltens genügt, verstehen wir ihn erst, wenn wir ihn in größerem Rahmen in Aktion sehen. Erst dann können wir erkennen, wie und warum er gelingt oder mißlingt, wenngleich sein eigentlicher Mechanismus selbst dann noch alles andere als transparent ist.

Schon im Jahr 1788 kamen mit den ersten europäischen Siedlern Kaninchen nach Australien, und mit jeder neuen Einwanderungswelle wiederholte sich der Import. Zu Beginn des neunzehnten Jahrhunderts gehörten Kaninchen in jeder australischen Ortschaft zum Alltagsbild, und viele Male wurden, teils versehentlich, teils absichtlich, welche freigelassen. Niemals hatte das alarmierende Konsequenzen –

bis zu jenem Import vom Jahr 1859, der aus bis heute nicht eindeutig geklärten Ursachen solch unglückselige Weiterungen hatte. Das Böse hat, wie es scheint, sein spezielles Wann und Warum. Und es wäre sehr nützlich, über beides genau Bescheid zu wissen.

Meines Erachtens sind die biologischen Wurzeln des Rechtseins und des Unrechtseins vielleicht am besten zu ergründen, wenn man ein neues ökologisches und ethisches Forschungsgebiet eröffnet. Es sollte das Böse in Aktion umfassen und, wie ich finde, mit einem von dem griechischen Wort *pathos*, »Leiden«, abgeleiteten Namen bezeichnet werden. Pathos ist der Gegensatz zu Ethos, das mit Natur, Charakter und Gemeinschaft zu tun hat und von dem sich »Ethik« und »Ethologie« herleiten. Demgegenüber ist Pathos die Wurzel von »Pathologie« und hat erst mit der Zeit die Bedeutung von feierlicher oder auch mitleiderregender Gefühlsbewegtheit angenommen; das Adjektiv »pathisch« und das Substantiv »Pathik« sind jedoch bisher noch nicht in den Sprachgebrauch eingeführt (von vernachlässigenswerten und inzwischen auch obsoleten Verwendungsweisen abgesehen: das Substantiv *pathic* bezeichnete im Englischen einstmals einen Lustknaben, und das Adjektiv »pathisch« war in der Begriffssprache einzelner deutscher Psychologen einer früheren Generation – Erwin Straus, Ludwig Klages – als Synonym für »passiv« in Gebrauch).

Eingedenk der Grundbedeutung von *pathos* (»Leiden«), möchte ich die Wörter »Pathik« und »pathisch« im folgenden zur Kennzeichnung des Wissens von jenen Aspekten des Naturgeschehens verwenden, die eine Einbuße an Charakter und Gemeinsamkeit darstellen, die vom natürlichen Zusammenhalt eher weg als zu ihm hin führen.

Systeme des Lebendigen sind nichts Statisches, sie sind in Bewegung und wachsen, und dabei werden sie anfällig für Entstellungen und Verbiegungen durch innere wie äußere Faktoren. Ich möchte sicherstellen, daß wir uns ein klares Bild von der möglichen Wirkungsweise solcher biologischen Einflüsse im Ökosystem als ganzem machen, und führe zu diesem Zweck ein kleines Regelwerk ein, das eine nützliche Hilfe sein könnte. Unser Interesse richtet sich nach meinem Eindruck im wesentlichen auf drei Aktionsfelder, und ich möchte die Gesetzmäßigkeiten, die ich für diese formuliere, als die »Drei Hauptsätze der Pathik« bezeichnen, die zusammengenommen angeben, »wie aus Gutem Schlechtes wird«. Geht es in der Ethik um die Gesetze des guten Verhaltens, so ist der Gegenstand der Pathik das Fehlverhalten, von dem man annehmen darf, daß es ebenfalls seine Gesetze hat, wenn auch solche eigener Art. Sie sind nicht einfach nur das vollendete Negativ des »Guten«, sondern bezeichnen einen schrittweisen Abbau von Ordnung und Stabilität, und der erste Schritt läßt sich schlicht in die folgende Regel fassen: ORDNUNG WIRD DURCH STANDORTVERLUST BEEINTRÄCHTIGT.

Mit anderen Worten: Die Stabilität leidet, wenn ein Organismus aus dem Lebensraum, in dem er am besten funktioniert, herausgelöst, entfernt und anderswohin verbracht wird, wo er nicht mehr Glied eines übergreifenden Systems wechselseitiger Nützlichkeit und Begrenzung ist.

Die Richtigkeit dieser Regel liegt schon bei oberflächlicher Betrachtung so klar auf der Hand, daß sogar Bürokraten sie erkannt und praktische Folgerungen aus ihr gezogen haben: In vielen Ländern ist der Import exotischer Pflanzen und Tiere aus fernen Weltgegenden gesetzlich verboten. Ich verspreche mir allerdings von diesem Ersten Hauptsatz der Pathik mehr als lediglich Einfuhrstopp und Zollkontrollen.

Unter biologischem Gesichtspunkt sehe ich kaum einen Unterschied zwischen der Kolonisierung Australiens durch Kaninchen und der Invasion unseres Körpers durch Mikroorganismen, sobald diese eine Chance bekommen, sich in einer so vielversprechenden Umgebung einzunisten. Die Pathologie – die Lehre von den Krankheiten der Organismen und ihren Ursachen – kennt krankhafte Zustände, die als Folge eines von eingedrungenen Erregern hervorgerufenen oder ausgenutzten essentiellen Ungleichgewichts auftreten. Wir haben gelernt, solchen Kolonisierungsversuchen ähnlich wie die Pflanzen mit chemischer Kriegführung zu begegnen, und bedienen uns dabei häufig derselben pflanzlichen Kampfstoffe, die wir als antibiotische Arzneimittel anwenden. Manchmal jedoch besteht die beste Verteidigungsstrategie darin, den Teufel mit Beelzebub auszutreiben und gegen einen angreifenden Organismus einen anderen Organismus einzusetzen, der für die Auseinandersetzung mit dem Invasoren optimal gerüstet ist.

In Australien folgte der Kaninchenplage ein anderes importiertes

Übel auf den Fersen. In diesem Fall handelte es sich um eine Pflanze, den amerikanischen Feigenkaktus (Gattung *Opuntia*), der von Siedlern, die ihn als Zierstrauch schätzten, ins Land gebracht worden war. In ihrer Heimat waren die Feigenkakteen leicht unter Kontrolle zu halten und wurden außer als Ziersträucher auch als lebende Koppelzäune angepflanzt, in Australien jedoch, wo sie keine Schädlinge und Konkurrenten antrafen, vermehrten sie sich explosionsartig und wurden schließlich zur Landplage. Bis zum Jahr 1925 eroberten sie in Queensland und Victoria über hunderttausend Quadratmeilen Bodenfläche und machten sie für die landwirtschaftliche Nutzung untauglich. Die stacheligen Okkupanten mit mechanischen oder chemischen Mitteln zu beseitigen hätte mehr gekostet, als das besetzte Land wert war, deshalb sahen sich Insektenkundler auf dem amerikanischen Kontinent nach einem natürlichen Feind der Kakteen um, den sie als Hilfstruppe in den Kampf gegen das Unkraut schicken konnten.

Sie fanden diesen Verbündeten in der südamerikanischen Kaktusmotte *(Cactoblastis cactorum)*, deren Name verrät, worauf die Kauwerkzeuge ihrer Larven es abgesehen haben. Die Raupen von *Cactoblastis* sind geradezu von Heißhunger auf *Opuntia* erfüllt, und da sie in ihrem Gastland nicht von den Vögeln gejagt wurden, die in ihrer Heimat ihre Zahl begrenzen, fielen sie in Heerscharen über die australischen Kaktuswälder her, die unter ihrem Ansturm förmlich dahinschmolzen. Fünf Jahre nach der Einführung der Kaktusmotte war in Australien der Feigenkaktus unter Kontrolle, und seitdem ist er es auch geblieben.[115]

Die Episode dokumentiert, wie schwer selbst ein kleiner Herbivore einem starken Pflanzenbestand zusetzen kann. Sie illustriert ferner ein wichtiges Detail des Ersten Hauptsatzes der Pathik: Das Wirkungsprinzip, das er formuliert, setzt immer wieder bei Null ein, operiert jeweils mit den Gegebenheiten, die es gerade vorfindet. Es hat kein Gedächtnis und kein langfristiges Ziel. Es ergreift nicht Partei. Im neunzehnten Jahrhundert zerrütteten verschleppte Kakteen teilweise die ökologische Ordnung in Australien. Im zwanzigsten Jahrhundert waren die Feigenkakteen dann die vorherrschende Gattung in jener Ökologie und zu der neuen Ordnung geworden, die nun ihrerseits durch eine neuerliche Verschleppung zerrüttet werden mußte. Was schlecht war für die Gattung *Opuntia*, war gut für die Ökologie von Queensland im ganzen. In der Pathik ist kein Platz für Sentimentalitäten, ebensowenig bei der Schädlingsbekämpfung.

Es liegt auf der Hand, daß es nicht leicht ist, in diesem Bereich sichere Schuldzuweisungen oder zweifelsfreie ethische Urteile vorzunehmen. Das Böse ist, wie so vieles im Leben, relativ. Und wir werden uns bei Bewertungen sehr oft genötigt sehen, sie eher in mathematischen als moralischen Kategorien zu treffen. Das ist der Grund, warum ich mich bemüht habe, die Hauptsätze der Pathik in vollkommen wertneutraler, rein beschreibender Sprache zu formulieren – in diesem Fall in einer Sprache, die beschreibt, wie Gutes zu Schlechtem, ja förmlich erdrückend Schlechtem wird. Wir zerrütten derzeit das Ökosystem der Erde in so hohem Grad, daß wir dringend Mittel und Wege finden müssen, zu ermessen, was wir tun, und uns zu bremsen; das richtige Vorgehen, die Goldlöckchen-Lösung, ist allerdings nicht so leicht einzugrenzen.

Die vielbewunderten und in der Tat ja auch spektakulären Riesenmammutbäume, die die urwüchsigen Wälder im kalifornischen Küstenland beherrschen, sind genaugenommen Produkte von Störfällen in der Natur. Sie brauchen zum Keimen nackten, von Streu freien Boden und gedeihen in Flußniederungen bei häufiger Überschwemmung und Verschlammung des Bodens, Umstände, die für die konkurrierenden Tannen und Douglasien den Untergang bedeuten. Die ausgereiften Bäume tragen eine dicke, feuerfeste Rinde, so daß sie bei den für Zuckerkiefern fatalen Grasbränden selten Schaden nehmen. Indem wir die Wälder in den Nationalparks gegen Brände und Überschwemmungen sichern, verurteilen wir diese Baumriesen zum Tode, denn sie müssen nun zwangsläufig den zwar weniger widerstandsfähigen, aber zahlreicheren Nadelbäumen unterliegen, die mit ihnen um die natürlichen Ressourcen konkurrieren. Den Beschwörungen des irregeleiteten Erzpropagandisten Smoky the Bear* erliegend, erdrücken wir die Giganten der Wälder mit unserer Naturliebe. Dabei ist hier in Wahrheit ein »gerade richtiges« Quantum

* Smoky the Bear, ein stilisierter Bär mit breitkrempigem Rangerhut, ist das Symbol der US-Forstverwaltung *(U. S. Foresty Service)* und wirbt als Maskottchen für den Schutz der Wälder. – Anm. d. Übers.

jener unausrottbaren alten Übel Brand und Überschwemmung vonnöten. In Kalifornien haben die Forstverwaltungsbehörden inzwischen gelernt, mit ihnen zu leben, und lassen dem Feuer und dem Wasser seinen natürlichen Lauf, sooft sie können.[229]

Im Zweifelsfall ist die beste Vorgehensweise, die Dinge so zu lassen, wie sie sind. Es ist besorgniserregend, wie rasch aus Gutartigem durch einen störenden Eingriff Bösartiges werden kann. Die Ätiologie von Gelbfieberepidemien, die in jüngerer Zeit in Gebieten auftraten, wo die Krankheit zuvor unbekannt gewesen war, konnte bis zu im Kronendach des Regenwaldes heimischen Affen, die den Erreger in sich tragen, zurückverfolgt werden. Die Affen hatten dort oben schon längst einen Anpassungsgrad relativer Immunität erreicht, und die als Überträger fungierenden Stechmücken blieben in der Höhe gleichsam abgekapselt; doch als im Wald mit Holzeinschlag begonnen wurde, ging die luftige Ökologie zu Bruch und stürzte zu Boden, wo Holzfäller und neue Überträger mit dem Virus in Berührung kamen – mit verhängnisvollen Folgen.

Dies ist natürlich wieder ein Beispiel für den praktischen Aspekt des Ersten Hauptsatzes der Pathik. Ein störender Eingriff in eine Ordnung schafft ein ökologisches Problem, indem er Stechmücken mit ihren Parasiten aus einem im Gleichgewicht befindlichen System in ein anderes vertreibt, wo noch keine Kontrollmechanismen ausgebildet sind. »Gut« wird durch Ortswechsel »schlecht«. Was droben im Kronendach »richtig« oder zumindest im Gleichgewicht war, wird in einer auf eine Lageveränderung nicht vorbereiteten »Biozönose« auf Bodenniveau »falsch«. Mancherorts gingen die neuen Zwischenwirte mitsamt ihren Parasiten zugrunde. Anderswo ging ein zusätzlicher Faktor in die Gleichung mit ein. In Brasilien, Malaysia und Neuguinea, wo die neuen Seuchenherde auftraten, leben Holzfäller an der Zivilisationsgrenze in überfüllten Lagern, wo Menschen in riesiger Zahl dichtgedrängt umeinander wimmeln. Ein idealer Nährboden für Stechmücken und die Infektionskrankheit, die sie übertragen. Orte, die reif für Epidemien sind, so wie die großen Siedlungen des Alt-Neolithikums und die neuen Städte der ältesten Großreiche ungeschützt gegen die vorhandenen Mikroorganismen waren, die sich hier erstmals in der Menschheitsgeschichte als Seuchenerreger zu betätigen vermochten.

Womit wir bei dem Zweiten Hauptsatz der Pathik angekommen wären. Zielt der Erste Hauptsatz auf qualitative Sachverhalte und verweist mit der Idee des richtigen oder falschen *Ortes* auf den ökologischen Gesichtspunkt der Verteilung, so geht es im Zweiten Hauptsatz vorwiegend um den quantitativen Aspekt der Dinge, um die Frage nach der richtigen oder falschen *Zahl*. Er befaßt sich mit der ökologischen Problematik des Übermaßes, mit der Frage, was es bedeutet, wenn von irgend etwas zuviel – oder zuwenig – da ist. Der Zweite Hauptsatz hat es mit Ressourcen und Populationen zu tun und läßt sich folgendermaßen formulieren: ORDNUNG WIRD DURCH GLEICHGEWICHTSVERLUST BEEINTRÄCHTIGT.

Alles hat seine Grenzen. Und im biologischen Bereich ist diese simple Beobachtung nirgends augenfälliger und bedeutsamer als da, wo es um Populationsgrößen geht. Es ist eine ökologische Binsenwahrheit – allerdings eine von zentraler Wichtigkeit –, daß eine Population gleich welcher Spezies nicht wachsen kann, ohne früher oder später an eine Grenze zu stoßen, die ihrem Wachstum durch die Umwelt oder durch ihr eigenes Verhalten gesetzt ist. Und in vielen Fällen steckt hinter dieser Wachstumskontrolle ein erstaunlich komplexer Mechanismus – der vielleicht bei keiner Spezies komplexer ist als bei dem norwegischen Lemming.

Der norwegische Lemming *(Lemmus lemmus)* ist eine in Aussehen und Größe hamsterähnliche Wühlmausart mit dichtem Fell, in dem die Beine völlig verschwinden, so daß es den Anschein hat, er habe gar keine. Sein Verbreitungsgebiet am Rand der arktischen Tundra ist einen großen Teil des Jahres schneebedeckt, doch hält der Lemming keinen Winterschlaf, sondern gräbt Gänge unter der Erdoberfläche, wo er vor extremen Kältegraden geschützt ist; hier nährt er sich von Wurzeln und gefrorenen Mooskeimen. In alldem unterscheidet er sich kaum von acht anderen, im hohen Norden Amerikas und Eurasiens heimischen Lemmingarten; im Verhalten des norwegischen Lemmings gibt es allerdings einen singulären Zug, mit dem dieser Kleinsäuger es zu legendärer Berühmtheit gebracht hat.

Alle paar Jahre strömen Massen von Lemmingen in Wellen von Gebirgsmatten zu Tal, in die Wälder und auf die Felder und Weiden, wo sie »die Ernte vernichten, das Brunnenwasser vergiften und mit dem Gestank ihrer verwesenden Leichen so sehr die Luft verpesten, daß die schreckerfüllten Bauern von Schwindel und Gelbsucht befallen werden. Nichts – weder Mensch noch Tier, weder Flußlauf noch Schlucht – vermag sie aufzuhalten, wenn sie so von einem unwiderstehlichen Zwang getrieben vorwärtsdrängen auf ihrem selbstmörderischen Marsch dem Meere zu.«[199]

Diese Bevölkerungsexplosionen sind Realität, und zwar eine so massive und mit solcher Plötzlichkeit auftretende, daß die Lemminge im skandinavischen Volksglauben als Wesen gelten, die nicht von dieser Welt, sondern durch eine Art Urzeugung aus irgendwelchen fauligen Stoffen in den Wolken entstanden sind. Unter den verschiedenen Namen, mit denen die Inuit sie bezeichnen, ist einer, der »Wesen aus dem All« bedeutet, und auf einem schwedischen Holzschnitt aus dem sechzehnten Jahrhundert fallen Lemminge zusammen mit starkem Regen aus einer dräuenden Gewitterwolke.[251] Dergleichen tun sie in der Wirklichkeit natürlich nicht, und ebensowenig enden ihre periodischen Migrationen unweigerlich jedesmal mit einem Massenselbstmord im Meer. Sie ziehen in großen Scharen davon, so viel ist richtig, zunächst in alle Richtungen; wird jedoch ein Zug Lemminge von einem Gewässer gestoppt (die Tiere sind sehr wasserscheu) oder gerät er in eine trichterförmig sich verengende Schlucht oder werden die Tiere durch andere Umstände in ungewohnter Weise zusammengedrängt, dann bricht eine Panik unter ihnen aus, und die Lemminge stürzen in rasender, kopfloser Flucht davon, egal wohin – in Flüsse oder über Gletscher, über den Rand einer Steilwand und manchmal eben auch ins Meer, in dem sie dann mitunter tatsächlich in Massen ertrinken.

Die Ursachen dieses Drangs, sich in periodischen Abständen leichtfertig ins Abenteuer zu stürzen »wie die Lemminge«, liegen noch weitgehend im dunkeln; was dem Ausbruch der Hysterie vorausgeht, weiß man jedoch inzwischen ganz genau. Jeder Zyklus beginnt mit einer sehr niedrigen Populationsdichte – mit vielleicht nicht mehr als jeweils einem Lemming in zwei Hektar vereistem Boden. Aber mit der Schneeschmelze und dem damit einhergehenden häufigeren Kontakt zwischen den Tieren setzt die Fortpflanzung ein. Die Weibchen werfen alle zwei bis drei Wochen bis zu acht Junge, und die Jungen beginnen schon im Alter von einem Monat ihrerseits sich fortzupflanzen. Innerhalb kurzer Zeit steigt die Populationsdichte auf 25 bis 50 Tiere pro Hektar, und jetzt beginnen Schnee-Eulen, Füchse, Wiesel, ja sogar Wölfe Interesse für das Geschehen zu zeigen. In den meisten Jahren reicht das aus, um die Zahl der Lemminge einigermaßen im Rahmen zu halten, aber das »natürliche Gleichgewicht« ist bei weitem keine so simple Sache, wie wir uns das einstmals vorgestellt haben. Manchmal können Beutejäger allein nicht für Gleichgewicht sorgen: Wenn die Populationsdichte der Lemminge, wie es alle drei oder vier Jahre geschieht, auf weit über 250 Individuen pro Hektar emporschnellt, müssen andere Eindämmungsmechanismen her. Wenn dieser Fall eintritt, reißt anscheinend den Lemmingen selbst der Geduldsfaden, und sie werden rabiat.[261]

Norwegische Lemminge sind selbst zu ihren besten Zeiten ein ungeselliger Verein, und wenn sie ihr einzelgängerisches Dasein für Begegnungen mit Artgenossen unterbrechen, so nur für kurze Zeit. Mit der Populationsdichte nimmt jedoch die Aggression – die auf den Artgenossen gerichtete Kampflust – zu. Der Wandel hat offenbar nichts mit Konkurrenz um Nahrung zu tun: Während des kurzen, aber üppigen Polarsommers ist für jeden immer reichlich zu fressen da. Er hat einzig mit übergroßer Nähe zu den Nachbarn zu tun. Durch die Umstände zu häufigerem Kontakt gezwungen, geraten die Lemminge in Streit miteinander. Die Männchen rempeln und beißen sich gegenseitig, die Weibchen schießen wütend auf jeden los, der sich ihrem Wurf nähert. Verwundungen sind häufig und können zum Tod führen. Erwachsene Tiere beiderlei Geschlechts beginnen Junge zu töten, sobald diese entwöhnt sind. Jungtiere erreichen die Geschlechtsreife später als normal und nach weiter fortgeschrittenem Größenwachstum, und Männchen, die es bis zur Pubertät bringen, werden sofort von älteren Geschlechtsgenossen angegriffen. Um die Sommermitte stellen viele Weibchen das Fortpflanzungsgeschäft ganz ein, weil es nicht lohnt, Junge aufzuziehen, die ohnehin umkommen werden, bevor sie selbst fortpflanzungsfähig sind; dadurch verlangsamt sich zwar das Anwachsen der Population, aber an der grassierenden Aggressivität ändert sich nichts. Schließlich wird der Binnendruck so stark, daß Jungtiere, die wiederholt von älteren Artgenossen angegriffen wurden und Niederlagen hinnehmen mußten, emigrieren – und damit kommt eine der spektakulären Lemmingwanderungen in Gang.[339]

Was an diesem Geschehen vorrangig Beachtung verdient, ist die Zerrüttung der normalen Ordnung in der Lemmingpopulation durch Verlust der Gleichgewichtslage. Zur Zurückdämmung des Bestandswachstums muß etwas geschehen, und bei den Lemmingen ist der zurückdämmende Faktor die Aggression. Unter den Bedingungen der Überpopulation sind die aggressivsten Individuen die erfolgreichsten und von der natürlichen Selektion meistbegünstigten. Bei dieser Spezies wird der Bestand bis zu einem gewissen Grad von Nahrungsangebot, Freßfeinden, Klima und Krankheitsbefall geregelt, das letzte Wort hat jedoch die mit der Populationsdichte wachsende innerartliche Aggression. Fortpflanzungserfolg ist gut für die Lemminge, allzuviel Erfolg ist schlecht für sie. Der Zweite Hauptsatz der Pathik beleuchtet die zerrüttende Wirkung derartiger Unausgewogenheit, und es ist bezeichnend, daß zumindest bei den Lemmingen das Heilmittel gegen die Unordnung in einer dramatischen Zunahme von Verhaltensformen wie gewalttätiger Angriff, Körperverletzung, Kindesmißhandlung, Mord, Kindesmord und zuletzt auch Selbstmord besteht.

Ganz ähnlich, wenn eine Katzenpopulation in räumlich beengten Verhältnissen leben muß: Die Folge ist ein asozialer Hexensabbat von fauchenden, knurrenden, kratzenden Feliden. Bei Ratten, die in überfüllten Käfigen gehalten werden, geht die innerartliche Aggression bis zum Kannibalismus. Hier zeigen sich Verhaltensformen, die bei unserer eigenen Spezies vom Gesetz unter Strafe gestellt sind und in denen wir gern nachteilige Folgen des Großstadtlebens erkennen. Es wäre jedoch falsch, davon auszugehen, daß kleinere Populationen für eine Spezies immer das beste sind.

Zu Beginn des neunzehnten Jahrhunderts gab es in den Wäldern Nordamerikas Myriaden von blaßrosa, langgeschwänzten Taubenvögeln. Sie überwinterten im Südosten, in Kentucky, North und South Carolina, in Schwärmen, deren Stärke der Naturforscher John James Audubon auf eine Milliarde Individuen schätzte: »Sie löschten am hellen Mittag das Tageslicht aus wie eine Sonnenfinsternis.«[17] Und sie nisteten in dem Gebiet um die Großen Seen in Kolonien, die sich jeweils über hundert Quadratmeilen Wald erstreckten; jeder Baum hatte so viele Nester zu tragen, daß nicht selten ein Ast unter dem Gewicht brach. Die Rede ist hier natürlich von den ausgestorbenen

Wandertauben – ausgestorben, weil sie zu Milliarden umgebracht wurden: des Nachts auf ihren Schlafplätzen unbarmherzig mit Knüppeln totgeschlagen, mit dem Rauch von Schwefelfackeln erstickt, abgeschossen und zu Schweinefutter verarbeitet. Der Ornithologe Alexander Wilson sah an einem Tag des Jahres 1808 einen Schwarm von zwei Milliarden Vögeln vorüberfliegen, aber hundert Jahre später gab es in freier Natur keine einzige Wandertaube mehr, und das letzte bekannte Exemplar starb am 1. September 1914 im Zoo von Cincinnati.[14]

Es ist nahezu unbegreiflich, daß es möglich war, die zahlenstärksten Sozialverbände der Naturgeschichte so gedanken-, aber auch so mühelos bis zur völligen Auslöschung zu bejagen. Die meisten Tierarten sind widerstandsfähiger; die Wandertaube indessen hatte eine Eigenheit, die sie besonders verwundbar machte. Die gesamte Sozialstruktur der Spezies war auf große Zahlen von Individuen und räumlich enges Zusammenleben angewiesen, und als der Bestand unter einen kritischen Schwellenwert (dessen genaue Größe wir nicht mehr in Erfahrung bringen können) sank, war ihre Überlebensfähigkeit erschüttert und brach schließlich vollends zusammen. Der Tod der letzten Wandertauben war niemandes Schuld: Er war Schicksal. Man kann des Guten zuviel, aber auch zuwenig haben, und der Zweite Hauptsatz der Pathik besagt, richtig verstanden, daß die Ordnung durch Schlagseite in der einen wie der anderen Richtung beeinträchtigt wird. Übermaß kann nicht nur im positiven, sondern auch im negativen Bereich auftreten, kann, wie gesagt, ein »Zuviel« und ein »Zuwenig« sein. Unterpopulation ist so schlecht wie Überpopulation, zuviel Ressourcen sind so schädlich wie zuwenig, und Geiz ist eine ebenso große Sünde wie Verschwendungssucht.

Aristoteles hatte recht. Schlechtes Wünschen ist nicht nur zuviel, sondern auch zuwenig haben wollen. Und alles, was für ein Individuum, eine Population, eine Art, eine Biozönose, ein Ökosystem nicht »gerade richtig« oder gerade das richtige Quantum ist, ist schlecht für das Ganze und unstreitig von Übel. Und wenn allen Populationen von Lebewesen Grenzen – Obergrenzen sowohl wie Untergrenzen – gesetzt sind, dann kann der Mensch keine Ausnahme von dieser Regel bilden.

Während der längsten Zeit der Menschheitsgeschichte waren wir eine »seltene« Spezies.[74] Menschliche Populationen nahmen mit dem üblichen Wechsel der Zeitumstände an Zahl zu und ab: In guten Zeiten wuchsen sie an, und sie schrumpften, wenn das Klima, Krankheiten oder Kriege ihren Tribut forderten. Aber nur selten ging der Zuwachs oder die Abnahme im Zeitraum eines Jahres über 0,01 Prozent hinaus. Unsere Zahl war so stabil wie die der Schimpansen oder der Fleckenfalter. Ungeachtet der bewegten Geschichte Ägyptens lebten auf dem Landstreifen beiderseits des Nils im Jahr 1000 n. Chr. noch genauso viele Menschen, wie dort im Jahr 2500 v. Chr. gelebt hatten. Aber in den letzten tausend Jahren wurde in dieser Beziehung alles anders.[114]

Wir unterscheiden uns von den meisten anderen Organismen darin, daß wir nicht auf natürliche Regulierungsmechanismen angewiesen sind, sondern uns selbst regulieren können. Fortschritte in den Bereichen Gesundheitspflege, Wohnen und Ernährung haben für einen Teil der Menschheit einen Wandel der Lebensform herbeiführen helfen, der hinreichend groß ist, um der Spezies im ganzen eine Wachstumsspirale mit einer jährlichen Rate von bis zu 4 oder sogar 5 Prozent zu bescheren. Bedauerlicherweise kann sich dieser Wachstumseffekt weitgehend ungebremst entfalten. Wir haben, global gesehen, die Sterberate gesenkt ohne entsprechende Senkung der Geburtenrate, und die bloße Höhe der menschlichen Bevölkerungszahlen gefährdet nicht nur unser eigenes Überleben, sondern die Ordnung und die Ökologie des ganzen Planeten.

Aber nicht nur wir selbst stören das Gleichgewicht, auch unsere Kreaturen tun es – jene im Erbgut veränderten Organismen, die wir seit Jahrhunderten in natürliche Biozönosen einführen. Das wahrscheinlich schlimmste Beispiel ist die Hausziege, eine aus einer Wildform gezüchtete unbarmherzige Freßmaschine, die selber eine Hauptrolle in der Zerstörung ihres uralten Lebensraums in der Mittelmeerregion spielte. Damit nicht zufrieden, führten wir Ziegen bei unseren sämtlichen frühen Unternehmungen im Zeichen des neuzeitlichen Imperialismus im Troß mit und bürgerten sie in überseeischen Besitzungen ein, auf daß sie sich dort vermehrten und zu nützlichen Fleisch- und Milchlieferanten würden. Ich habe die verheerenden Resultate dieser Verschleppung und Zerrüttung, dieser schamlosen Huldigung an den Ersten und Zweiten Hauptsatz der Pathik auf

Guadeloupe und Sankt Helena, auf Timor und Antigua mit eigenen Augen gesehen, und ich habe gelernt, auf See bereits weit vor einer Küste in einer kahlen Wüstenei jenes traurige Relikt einstmals bewaldeter und gut bewässerter Biotope zu erkennen, für das der Ökologe Paul Ehrlich die treffende Bezeichnung »Ziegenlandschaften« geprägt hat.

Vielleicht ist es kein Zufall, daß der Teufel so oft als zotteliges, gehörntes Wesen ähnlich einem schwarzen Ziegenbock dargestellt und mit dem ziegenfüßigen Pan der griechischen Mythologie, dem apokalyptischen Ziegenbock des Buchs Daniel und den bocksbärtigen *se'irim* der jüdischen Ikonographie identifiziert wird.[330]

Für unser eigenes Wohl sorgend, sind wir viel zu oft zum Werkzeug des Bösen geworden, haben Wälder abgeholzt, Sumpfland trockengelegt, Luft und Wasser verschmutzt und mit alldem die Ökologie zerrüttet. Es wäre jedoch ein Irrtum, zu glauben, daß die Natur an und für sich vollkommen sei und, gäbe es nur den Menschen nicht, in seliger Ausgewogenheit in sich selbst ruhte. Das berühmte »Gleichgewicht« der Natur ist ein Trugbild, das sehr rasch zerstiebt, wenn man es genauer in Augenschein nimmt. Fluktuierende Populationsgrößen zählen zu den Alltagserscheinungen in der Natur, sind eher die Regel als die Ausnahme. Vögel oder Schmetterlinge, die man im einen Jahr in Mengen beobachtet, sind vielleicht im nächsten Jahr verschwunden. Die Schwärme von silberglänzenden Heringen, Tarpons oder Menhadens, die mit ihren schimmernden Zügen die Jahreszeiten markieren, bleiben in manchen Jahren aus. Die Gewißheit von der Unwandelbarkeit der Naturphänomene, die das neunzehnte Jahrhundert hatte, haben wir im zwanzigsten aufgeben müssen. Es könnte sehr wohl sein, daß die Evolution Kontrollen und Regler in die Systeme eingebaut hat; um diese identifizieren zu können, werden allerdings sehr viel ausgefeiltere, feinmaschiger vernetzte und auch interessantere Modelle von Steuerungsmechanismen benötigt.

Zu den ersten Modellen dieser Art zählt eine von Vito Volterra, einem Innovator auf dem Gebiet der Integralrechnung, in den dreißiger Jahren geschaffene Gruppe von Gleichungen. Volterra war Professor der theoretischen Physik in Rom und im republikanisch regierten Königreich Italien Mitglied des Senats, verließ jedoch beim Aufkommen des Faschismus sein Heimatland und wandte in der Emigration sein Interesse den Systemen des Lebendigen zu, um die Strukturen zu erforschen, die das Mit- und Nebeneinander, die Koexistenz von Tyrannen und Untertanen, von Wölfen und Schafen ermöglichen. Dabei gelangte er zu einem abstrakten Beutejäger-Beute-Modell, das kontra-intuitiv und faszinierend ist.

Aus dem Volterra-Modell ergibt sich beispielsweise die Voraussage, daß, wenn bei ungefährem Gleichgewichtsverhältnis zwischen den Populationen der Beutejäger und der Beutetiere im gemeinsamen Biotop eine Störung auftritt, die Folge ein unverhältnismäßig starker Rückgang in der Zahl der Beutejäger ist. Und die Erfahrung bestätigt diese Prognose. Nehmen wir den Fall, wo pflanzenfressende Feldschädlingsinsekten die Nahrung anderer, insektenfressender Insekten sind; wenn nun ein Landwirt seine Anbauflächen mit einem Breitbandpestizid besprüht, tötet er damit von jeder Population etwa den gleichen Anteil. Aber die Schädlinge, deren Sterberate durch den Wegfall eines Teils ihrer Freßfeinde gesenkt wurde, regenerieren sich schneller als die Insektivoren, denen ein Teil ihrer Ernährungsgrundlage genommen wurde. So erreicht der Landwirt mit seinem undifferenzierten Vorgehen augenscheinlich nur eine Verschärfung des Schädlingsproblems. Darauf hatte er es wohl kaum abgesehen, ja wahrscheinlich hatte er diese Möglichkeit überhaupt nicht bedacht; indes, so geht es nur allzu oft, nicht nur beim Einsatz von Insektenvertilgungsmitteln, sondern ganz allgemein mit unseren Vorstellungen davon, wie dies oder jenes funktionieren sollte.

Die Hudson Bay Company in Kanada führt seit zwei Jahrhunderten Buch über die von den Jägern und Fallenstellern, die auf den Inseln in der Bucht ihr Handwerk betreiben, angekauften Felle – vorwiegend solche vom Luchs und von dessen Lieblingsspeise, dem Schneeschuhhasen *(Lepus americanus)*. Von den angelieferten Fellmengen kann man darauf rückschließen, daß die Populationsgrößen beider Arten fluktuieren und alle zehn Jahre eine Spitze erreichen. Die Populationskurve der Luchse verläuft mit einer kleinen Verzögerung mehr oder minder parallel zu der des Hasen. Alles hübsch ordentlich und sauber und genau das, was man erwartet, wenn gutgenährte Luchse mehr und mehr Junge aufziehen, die mehr und mehr Hasen fressen, bis schließlich die Populationskurven parallel fallen. Das Dumme ist nur, daß auf manchen Inseln in der Bucht, wo es gar keine Luchse gibt, die Populationsstärke der Hasen ebenfalls fluktuiert – und zwar in genau derselben Weise.

Neuere Forschungen haben zu einer überraschenden Fortschreibung des Volterraschen Ansatzes geführt. Auch der Schneeschuhhase, so scheint es, ist eine Spezies, die auf Überpopulation des Biotops abnorm reagiert. Er verfällt in einen Schockzustand, den die Forscher als »hormonell vermittelte idiopathische Hypoglykämie« diagnostizieren. Das bedeutet, daß die Tiere einen Streß erleben, der einen irreparablen letalen Leberschaden bewirkt. Die Schneeschuhhasen besitzen einen innersekretorischen Reaktionsmechanismus, der die Populationsgröße reguliert. Doch damit nicht genug: Just diejenigen Hasen, die gegen jenen Streß immun sind und infolgedessen den größten Anteil an der verbleibenden Population stellen, sind Träger eines Virus, das bei Luchsen eine auszehrende Krankheit hervorrufen kann. Die Beutejäger-Beute-Beziehung ist in diesem Fall überhaupt nicht das, was wir uns unter ihr vorzustellen pflegen. Genau besehen sind die Hasen die Angreifer und die Luchse die Angegriffenen.[158]

In jeder biologischen Lebensgemeinschaft gibt es veränderliche Konstellationen, von denen nicht wenige ebenso überraschend komplex gelagert sein dürften wie die gerade geschilderte. Nur in den seltensten Fällen ist alles nur eine Frage des »Wer frißt wen?« oder kommt es nur darauf an, Arten auszumerzen, die wir für gefährlich oder störend halten. Diese Vorgehensweise hat unter Umständen zur Folge, daß sich die Biozönose insgesamt verändert, so wie das Entfernen des Schlußsteins aus einem Gewölbebogen die ganze Konstruktion zum Einsturz bringen kann. Es gibt solche »Schlußstein-Spezies«, und sie ausfindig zu machen ist lebenswichtig für eine Ökologie, in der das Artensterben Anlaß zu größter Besorgnis gibt, seit wir wissen, daß vielleicht mit jeder Sekunde eine Art aus unserer Biosphäre verschwindet.

Dem Biologen in mir geht es ein wenig gegen den Strich, einer Spezies einen höheren Rang zuzuerkennen als einer anderen, eine Pflanze oder ein Tier für wichtiger, unersetzlicher zu erklären als die anderen Mitglieder der Biozönose. Aufgrund von Denkgewohnheiten dieser Art haben wir die Interessen der Spezies Mensch allem anderen übergeordnet und damit die derzeitige kritische Situation heraufbeschworen. Es gibt jedoch für die Wissenschaft gute Gründe, sich um das Wohl mancher Spezies zu sorgen, deren Verschwinden eine Echowirkung haben kann und hat, indem es ein System weit über den unmittelbaren Verlust hinaus verarmen läßt. Und mit Vergnügen verzichte ich auf puristische Prinzipienfestigkeit, wenn es um Seetang und Otter, Affenbrotbäume und Elefanten geht. Auch Biologen haben ihre Lieblinge.

Der Seetang ist der Mammutbaum der Meere. Ein submarines Riesengewächs, das einige der gefahrvollsten und unwirtlichsten Regionen des Meeresbodens erfolgreich kolonisiert hat. Er besteht aus Braunalgen, die durch ihre Färbung für dämmrige Tiefen prädestiniert sind, so daß sie anders als zur Grünfärbung tendierende Verwandte, die bis zur intensiveren Helligkeit der Uferzone vorwanderten, an Felsen verankert auf Abstand zur Küste bleiben. In der Brandungszone des Niedrigwassers dominiert noch immer der Seetang, der so kräftig und glitschig ist, daß er sich, ohne beschädigt zu werden, mit dem Wasser bewegen kann, und so hoch, daß die Laubkronen nahe der Wasseroberfläche stehen, doch wiederum nicht so nahe, daß die Gefahr einer Beschädigung durch Luft oder Sonne bestünde. Der Seetang ist die perfekte Wasserpflanze für die Seichtwasserküsten von Gezeitenmeeren, »gerade richtig« für sein Habitat, wo er einen Meter hohe Wälder bildet, die zum Lebensraum für hundert andere Arten werden. Es ist ein eindrucksvolles, beinah religiöses Erlebnis, in Taucherausrüstung durch solche Algenwälder zu schwimmen. Die beblätterten Stengel ragen im Halbdämmer wie die Säulen eines Kirchenschiffs empor und begrüßen den Gast mit sanftem Hin- und Herwiegen. Aber es gibt – wie könnte es anders sein? – auch eine Schlange in diesem Paradies.

Der Unhold trägt den wissenschaftlichen Namen *Strongylocentrotus droebachiensis*, und man ist versucht, schon aus diesem herauszulesen, daß die Absichten seines Trägers nicht ganz ehrenhaft sein können. Es handelt sich um einen fast kugelförmigen stacheligen Seeigel mit gut ausgebildeten Kiefern und einem gewaltigen Appetit auf Seetang. Wenn möglich, versammeln sich Heerscharen dieser Tiere auf dem felsigen Meeresgrund und marschieren in weit auseinandergezogener Schlachtreihe durch den Tang, kappen die hohen Stengel am Fuß und legen so nach und nach den ganzen Wald um – ziehen gewissermaßen den Schlußstein aus einem Gewölbebogen –, um dann auf der kahlen Fläche, die sie geschaffen haben, glücklich und zufrieden von angetriebenen Algen weiterzuleben.

Das passiert augenblicklich vor den Küsten Japans, der Kurilen und der Halbinsel Kamtschatka – mit katastrophalen Folgen für die küstennahen Fischbestände und dementsprechend für die Küstenfischerei. Und das aus einem einzigen Grund: weil hier zuvor eine Schlußstein-Spezies ausgerottet wurde, ein Seeotter, der die liebenswerte Gewohnheit hat, im Seetangwald auf dem Rücken zu liegen und dann und wann eine Muschel auf seinem Bauch zu knacken, der aber auch, was noch wichtiger ist, mit ausgesprochener Vorliebe Seeigel frißt. Ganz anders sieht es vor den Küsten Alaskas und Kaliforniens aus, wo der Otter durch eine strenge Gesetzgebung vor Pelzjägern geschützt und deshalb in größerer Zahl verbreitet ist: Hier gedeiht der Seetang und fungiert als wichtige Kinderstube und unentbehrlicher Lebensraum für die lokale Meeresfauna.[121]

Wenn man den Dingen nur halbwegs eine Chance dazu läßt, zeigt sich ein hervorragendes Zusammenspiel im kalten Wasser des Nordpazifiks, wo der Konkurrenzkampf durch das Eingreifen eines »Kämpfers für die gute Sache«, nämlich eines unfreiwilligen Umweltschützers in Gestalt eines Otters, gebremst wird. Ohne diese Schlußstein-Spezies bricht das System zusammen. Solange sie mit im Spiel ist, ist das System ein fetter Nährboden und fähig, weit mehr Arten am Leben zu erhalten als ein System, das sich in sogenanntem »Gleichgewicht« befindet und gerade so viele Arten gerade so lange ernährt, wie räuberisches Verhalten und offene Konkurrenz es erlauben. Die Biozönosen im Seetang-Wald befinden sich nicht im Gleichgewicht, sondern werden durch die Otter – die faktisch härter arbeiten müssen als ihre wenigen noch nicht in Fallen gefangenen Verwandten auf der anderen Seite des Ozeans, wo Seetang heute eine Seltenheit ist, aber Seeigel im Überfluß vorhanden sind und leichter zu fangen als Fische – in einem Zustand empfindlicher, in sich gestaffelter Ordnung gehalten.

Weshalb plagen sich dann die Seeotter? Wozu härter arbeiten als nötig? Wer vor der kalifornischen Küste einen dösenden Otter beobachtet, der den Vorderlauf lässig um einen Algenthallus gelegt hat, um nicht mit der Gezeitenströmung wegzudriften, der kann leicht auf den Gedanken kommen, daß es »eben sein sollte«. Daß die Otter sich eben gern dort herumtreiben, wo es viel Seetang gibt, und daß sie dabei zufällig auch die Seeigel unter Kontrolle halten – einer jener glücklichen Zufälle in der Natur, die dafür sorgen, daß die Dinge »gerade richtig« ausfallen. Aber der Leser dürfte inzwischen ja schon gemerkt haben, daß ich derlei Zufälle mit Argwohn betrachte und über sie hinaus zu blicken versuche, um einen tieferen Sinn hinter ihnen zu entdecken. Und in diesem Fall glaube ich den Goldlöckchen-Effekt am Werk zu sehen, wie er das Gegenmittel gegen die Konsequenzen des Prinzips ins Spiel bringt, das ich im Dritten Hauptsatz der Pathik anspreche.

Dieser Hauptsatz betrifft die Ökologie der Vergesellschaftung, die Frage von richtigen und falschen *Beziehungen*, und er ist derjenige, dem ich von allen dreien die größte Bedeutung beimesse. Der Erste und der Zweite Hauptsatz bezogen sich auf Kräfte, die die natürliche Ordnung nur »stören« oder »zerrütten«. Der Dritte geht weiter und sagt: ORDNUNG WIRD DURCH VERLUST AN VIELFALT ZERSTÖRT.

Der Erste und der Zweite Hauptsatz lauten dahingehend, daß Ordnung durch Standortverlust gestört und durch Gleichgewichtsverlust zerrüttet wird. Aus Gutem wird Schlechtes, wenn es sich nicht in der benötigten Menge am richtigen Ort befindet. Das weiß jeder Geschäftsmann. Wir haben es hier mit den Grundprinzipien der Ökonomie und der Ökologie zu tun – dem der richtigen Verteilung und dem des richtigen Bestands. Wo eines von ihnen oder beide nicht berücksichtigt werden, kommt es zu Steuerungsproblemen, die zur Funktionsstörung führen. Mit dem Dritten Hauptsatz gelangen wir auf eine allgemeinere Bedeutungsebene. Er ist den beiden anderen logisch vorgeordnet beziehungsweise setzt voraus, daß die in ihnen enthaltenen Anforderungen bereits erfüllt sind. Der Satz von der Vergesellschaftung betrachtet das Wesen von Beziehungen und formuliert die Erkenntnis, daß Ordnung nicht nur gestört, sondern vollständig vernichtet werden kann, wenn Verbindungen abgebaut werden. Es ist von Bedeutung, wen man kennt und wie man den Verkehr mit ihm gestaltet. Und was noch wichtiger ist: Es ist von kolossaler Bedeutung, wieviel Abwechslungsreichtum solchen Verbindungen zugestanden wird.

Womit ich endlich bei den Affenbrotbäumen und den Elefanten wäre.

Ich wurde in Afrika geboren und träume noch heute von Savannen mit verstreuten Baumgruppen bei felsigen Erhebungen – von den Landschaften, die jenen Fernblick in dunstverschleierte Weiten gewähren, der als Engramm im kollektiven Gedächtnis der Menschheit aufbewahrt zu sein scheint. Die Wahrheit ist freilich, daß sowohl die Menschen als auch die Savannen in Afrika Spätgekommene sind. Weder diese noch jene gäbe es dort überhaupt, wäre nicht vor ihnen eine Schlußstein-Spezies dagewesen, die seit rund fünfzig Millionen Jahren ihrem Geschäft nachgeht und dabei die afrikanische Landschaft formt und die afrikanische Ökologie gestaltet. Dieser Landschaftsarchitekt großen Stils ist natürlich der afrikanische Elefant.

Elefanten sind Abgraser in jedem Sinne des Wortes. Sie ernähren sich von Blättern und Früchten, die sie mit ihren verlängerten Nasen von Bäumen und Sträuchern reißen, wobei sie den Eindruck tiefster Gedankenversunkenheit machen. Es geht ihnen viel im Kopf herum. Sie benötigen beinah anderthalb Zentner pflanzliche Nahrung täglich und ein Aufenthaltsgebiet, das groß genug ist, um dieses Quantum zu jeder Jahreszeit bieten zu können, was unter Umständen bedeutet, daß ein Areal von tausend Quadratmeilen zu durchwandern ist, häufig auf gut gebahnten Wegen, sogenannten »Elefantenstraßen«, die sich kreuz und quer durch ein solches Territorium ziehen. Die Auswirkungen der Elefantenwanderungen auf die Landschaft sind beachtlich; zurück bleiben entwurzelte oder entrindete Bäume und Sträucher, und viele Arten gehen dabei schneller zugrunde, als sie sich regenerieren können. Als »Elefantenproblem« wird diese Lebensweise von all jenen apostrophiert, die noch immer der Ansicht sind, daß Elefanten und Bäume sich in stabilem Gleichgewicht befanden, bis die Menschen mit ihren Aktivitäten den Elefantenwanderungen in die Quere kamen, die Größe und Beschaffenheit der Elefantenterritorien veränderten und Elefantenpopulationen von normaler Größe in Naturparks zwängten, die zu klein für sie waren. Zum Teil ist das tatsächlich geschehen, aber es gibt überzeugende neue Indizien, die für eine andere, produktivere Sicht der Dinge sprechen.

Sie stammen von meinem absoluten Lieblingsbaum. Das ist eine groteske, aber liebenswerte alte Dame von Baum, mit einer geriffelten Rinde, die aussieht, als liefe geschmolzenes Wachs am Stamm hinunter. Es ist, ehrlich gesagt, ein fettleibiger Baum, manchmal breiter als hoch, und mit seinen wurzelähnlichen kahlen Ästen erweckt er den bizarren Anschein, als ob er auf dem Kopf stünde. Er ist wahrlich von bemerkenswerter Geduld und hat schon massive Kränkungen überlebt, wie etwa, daß man ihn zur Bushaltestelle machte und sein weiches Inneres zu einem Wartehäuschen aushöhlte oder daß man sogar eine Straßentrasse durch ihn hindurch führte. Die Blüten sind, passend zu allem anderen, zerzaust, und die Befruchtung wird von Fledermäusen besorgt, die hohlen Äste dienen Nashornvögeln und Eulen als Nistplätze, das säuerliche Mark der Früchte, aus dem man Kaliumbitartrat (Weinstein: ein sanftes Abführmittel und Diuretikum) gewinnt, erfreut sich bei Pavianen großer Beliebtheit – aber von keiner Seite wird den Affenbrotbäumen beständigere Aufmerksamkeit zuteil als von den Elefanten, die noch das allerletzte Stückchen von ihnen verzehren.

Die Exemplare, die überleben, können ein sehr hohes Alter – ein Alter von womöglich sogar bis zu viertausend Jahren – erreichen, und eine kürzlich durchgeführte Erhebung über die Affenbrotbäume in Sambia erbrachte faszinierende Resultate. Die Kurvendarstellung der Altersgruppenanteile an jeder beliebigen normalen Population weist ein sanftes Gefälle auf: Aus den zahlenmäßig starken jüngeren Jahrgängen schwinden mit zunehmenden Jahren – aus bekannten Gründen – mehr und mehr Mitglieder. Doch in Sambia wie auch im größten Teil des übrigen Afrika scheint die weitaus überwiegende Zahl noch lebender Affenbrotbäume in die Altersgruppe 125–250 Jahre zu fallen. Es gibt eine kleinere Zahl von Bäumen in höheren Altersgruppen und nur ganz wenige jüngere – im Erhebungsgebiet keinen einzigen in der Altersgruppe 25–50 Jahre.[61]

Als Urheber dieser eigenartigen Sachlage kommt an erster Stelle der Elefant in Betracht. Und die Schlüsse, die sich daraus in bezug auf die Elefantenpopulation ergeben, gehen dahin, daß diese ebenso fluktuiert wie der Bestand an Affenbrotbäumen, und dies wahrscheinlich *wegen* der Fluktuation bei den Affenbrot- und anderen Bäumen. Von einem natürlichen Gleichgewicht zwischen den Elefanten und den Wäldern kann keine Rede sein. Beide Systeme unterliegen einem zyklischen Wechsel von Zu- und Abnahme, dergestalt daß die Elefanten ihre Populationsdichte steigern, je mehr sie die Wälder ausdünnen; mit abnehmendem Baumbestand geht den Elefanten dann die Nahrungsquelle verloren, und ihre Populationsdichte geht zurück, worauf die Wälder sich wieder regenerieren können. Wenn dem Zeugnis der Affenbrotbäume zu glauben ist, war der Elefantenbestand im achtzehnten Jahrhundert auf verhältnismäßig spärliche Zahlen reduziert, und all unsere Erfahrungen mit den Tieren aus jüngerer Zeit beschränken sich auf eine Erholungsphase in ihrem Langzeit-Lebenszyklus. Mit anderen Worten: Es gibt kein »Elefantenproblem«.

Der Meinungsstreit über Management-Strategien dauert an, doch scheint klar, daß eine der Hauptfunktionen des afrikanischen Elefanten – sein »Job«, wenn man so will – darin bestand, Waldland in Grasland, Waldungen in offene Savannen umzuwandeln. Das bringt den Elefanten selbst Nachteile: Wie die Otter im Seetang müssen sie zur Lebenssicherung härter arbeiten. Dabei schaffen sie jedoch für andere Arten neue Aktionsräume und neue Entfaltungsmöglichkeiten. Der zyklische Verlauf, den wir an dem Geschehen beobachten können, ist charakteristisch für das afrikanische Ökosystem und wurde durch die in jüngerer Zeit aufgekommenen menschlichen Aktivitäten nur in beschränktem Umfang modifiziert.

Gleich dem Menschen ist der Elefant seit langem mit Landschaftsgestaltungsprojekten riesigen Ausmaßes beschäftigt und verhindert damit, daß die Ökologie Äquatorialafrikas den Gipfel feuchtheiß-tropischer Umweltbedingungen erreicht; er lichtet die Wälder so weit, daß wir außer Wald auch Bäume zu sehen bekommen, und erschließt zugleich anderen Arten neue Lebensräume und -chancen. Wer diese Zusammenhänge begriffen hat, dem muß es unüberlegt erscheinen, mit den Bemühungen um ein artifizielles Management von Elefantenpopulationen mittels *culling* (Ausdünnen der Bestände durch kontrollierten Abschuß) fortzufahren. Ein solches Vorgehen dürfte wahrscheinlich nichts weiter bewirken als die Beschleunigung eines natürlichen Zyklus, dessen rückläufige Phase ohnedies schon begonnen hat. Doch inzwischen sind große Zebra-, Gnu- und Gazellenherden mitsamt Freßfeinden und sonstigem Gefolge in die Savanne übergewechselt, die nicht nur zu einem Symbol des afrikanischen Kontinents geworden ist, sondern auch einem Affen mit Ideen im Kopf die Chance verschaffte, zum Menschen zu werden.

Angesichts solcher Verkettungen stellt sich mir zwangsläufig die Frage, was alles in der Evolution der Organismen wohl sonst noch in gleicher Manier mit sanftem Druck auf seinen gegenwärtigen Kurs gebracht wurde. Der Evolutionsprozeß erfordert kein von allen Unebenheiten gereinigtes Spielfeld, keine Stabilität und auch keine Ausgewogenheit, kein Gleichgewicht, sondern jene Art Unruhe in den Umweltbedingungen, die Veränderungen sowohl notwendig als auch profitabel macht. Er braucht etwas, womit er arbeiten kann, einen Hebel, mit dem er Druck auf das Leben ausüben kann. Er sucht nach den Kleinigkeiten, in denen sich einzelne Individuen von allen anderen unterscheiden, und findet sein ganzes Glück in Vielfalt und grenzenloser Variation. Alles, was diesen Abwechslungsreichtum verringert, ist schlecht fürs Geschäft. Jede Einbuße an Vielfalt ist zugleich eine Einbuße an *élan vital* in der organischen Welt und eine damit einhergehende Schwächung des Potentials an Wechselbeziehungen und Kooperation. Und die Einbuße ist selbstverstärkend. Mit schwindender Vielfalt schwinden auch die Aussichten auf Änderung, und am Ende steht der totale Kollaps des Systems.

Zuviel verlieren heißt am Ende alles verlieren – wie die Wandertaube. Das wäre für alle schlecht. Manifest böse. So »pathisch«, daß damit die Unterscheidung zwischen richtig und falsch vollkommen sinnlos würde, weil beide Werte sich in nichts auflösen würden.

Vielfalt ist der Schlüssel zum Erfolg. Die eigentümliche Stärke unserer Biosphäre gründet in ihrem Reichtum an komplexen Vernetzungen – Nahrungsnetzen, symbiotischen Zusammenschlüssen, ökologischen Lebensgemeinschaften und Verwandtschaftsgruppen. Niemand weiß genau, warum die Dinge gerade so sein müssen oder wo die Ursprünge dieser Vielfalt liegen. So ist es beispielsweise noch immer ein ungelöstes Rätsel, warum die Tropen so viel artenreicher als die gemäßigten Zonen sind. Es ist nicht unmittelbar einzusehen, wieso Dutzende von riesigen Baumarten, die im Kronendach des Regenwalds allesamt im wesentlichen das gleiche leisten, dem System mehr nützen als eine einzige auf den Umgang mit den Problemen exzessiver Sonneneinstrahlung, Wärme und Feuchtigkeit spezialisierte Art. Aber kein Biologe, der jemals in den Tropen gearbeitet hat, zweifelt ernstlich daran, daß die Vielfalt so notwendig wie segensreich ist.[427]

Beim Eintreten in einen Urwald kann man es förmlich spüren: eine geschäftige Stille von solcher Intensität und Lebendigkeit, daß sie einen innerlich völlig in Beschlag nimmt. Nach seinem ersten Tag

»inmitten der Großartigkeit eines brasilianischen Waldes« schrieb Charles Darwin in sein Reisetagebuch, es sei »unmöglich, auch nur annähernd zu schildern, welche gehobenen Gefühle des Staunens, der Bewunderung und Andacht, die den Sinn erheben und erfüllen«, ihn in dieser Umgebung ergriffen.[96] Hier zu gehen ist, als schwömme man in der Tiefe eines lebenden Ozeans, und man weiß dabei, daß hier jede noch so kleine Einzelheit dem Ganzen dient, daß Energie dieses System durchfließt wie ein Blutkreislauf, bei dem jede noch so feine Kapillare ihren Part im Ganzen spielt. Wir werden wahrscheinlich niemals alle Dimensionen dieses Interdependenzgeflechts ausloten, und es ist auch nicht wichtig, daß wir es tun. Von Belang ist einzig, daß es funktioniert und daß jeder Naturforscher, der seinen Feldstecher und sein Vergrößerungsglas wert ist, seine Hand dafür ins Feuer legen würde, daß es dies tut, wenn er auch nicht genau sagen kann, wie das vor sich geht und wieso er weiß, daß es der Fall ist.

Neugierige Naturforscher mit Übung in der Feldforschung bekommen einen sechsten Sinn für so etwas. Ich kann schon aus Hunderten Metern Entfernung sagen, ob ich in einem bestimmten Waldstück bei einem Fluß ein mannigfaltiges Vogelleben antreffen werde, eine »bunte Gesellschaft«, in der man sich gegenseitig in lärmendem Frohsinn bestärkt, oder ob mich dort überhaupt nichts von Interesse erwartet. Ich weiß, welche Steine ich aufheben muß, um Skorpione zu finden, und unter welchen mit großer Wahrscheinlichkeit eine schlafende Schlange zum Vorschein kommen wird. Noch bevor ich vor Anker gegangen bin, kann ich sagen, an welchem Abschnitt eines Riffs, bei welchem Korallenbau die größte Vielfalt von Fischen beheimatet ist. Solche in Lebenskraft schwelgenden Systeme strahlen etwas Vollkommenes aus, ein »Leuchten«, das überhaupt keinen Zweifel aufkommen läßt. Sie sind gesund, und das macht sich bemerkbar. So wie angeschlagene Systeme, mit denen irgend etwas nicht in Ordnung ist, Warnsignale aussenden. Diese Faktoren fallen für mich bei der Entscheidung, was biologisch richtig und falsch, gut und böse ist, genauso ins Gewicht wie andere Dinge.

Mein Interesse gilt der Vollkommenheit – beziehungsweise ihrem Mangel – in der Natur. Und ich wüßte liebend gern, ob wir über diesen Gegenstand genügend in Erfahrung zu bringen vermögen, um unseren eigenen Stellenwert in dem Ganzen einsehen zu können. Ich fühle mich irgendwie verwandt mit den Ottern und den Elefanten und teile das Entsetzen, das alle denkenden Menschen angesichts von deren leichtfertiger Ausrottung empfinden. Die Vernichtung solcher biologischen Kapitalien versetzt mich jedesmal wieder in Unruhe und gibt mir das Gefühl, nun irgendwie schlechter gerüstet zu sein als vorher. Ich glaube jedoch, daß wir hier etwas ändern können, ja vielleicht sogar durchschauen können, wovon Ökozid und Genozid ihren Ausgang nehmen, wenn wir uns auf die Grundlagen besinnen.

Die Lehren, die wir zu beherzigen haben, sind, wie mir scheint, die folgenden.

Das Leben ist ein – vorwiegend zum allgemeinen Besten – kunstvoll geknüpftes Beziehungsgeflecht. Die Verflechtung ist freilich so verzwickt, daß die Maschen an manchen Stellen leicht reißen, was bedeutet, daß es zu – nicht selten unvorhergesehenen – Zwischenfällen kommen kann, die teils gut, teils schlecht sind. Manchmal ist es schwierig und auf kurze Sicht unter Umständen sogar unmöglich, beides auseinanderzuhalten. Doch in der Langzeitperspektive und im allgemeinen stellt sich das »Gute« dar als das, was richtig für das Ganze ist, und das »Schlechte« als das, was falsch für das Ganze ist. Das »Böse« ist viel schwerer zu definieren; am besten könnte man es vielleicht als das konsequent oder vorsätzlich Schlechte charakterisieren.

Der Übergang zwischen »gut« und »böse« ist zweifelsohne fließend, nichtsdestoweniger scheint sich die Degeneration des Segensreichen zum Schädlichen vorwiegend auf dreierlei Weg zu vollziehen:

1. Gutes wird zu Schlechtem, wenn es verschleppt, aus seiner angestammten Umgebung, seinem Lebensraum, entfernt wird.
2. Gutes verkehrt sich zu etwas sehr Schlechtem, wenn es in zu geringer oder zu großer Menge vorhanden ist.
3. Und Gutes fällt der völligen Verderbnis anheim, wenn sein Vergesellschaftungsgrad zurückgeht, seine Vernetzung mit anderem Guten sich auflöst.

Mit diesen drei Grundregeln haben wir einen einfachen biologischen Bezugsrahmen für eine Neuauslotung der alten Rätsel von Richtig und Falsch an der Hand. Das mindeste, was sie leisten, ist, daß sie als Spielregeln dienen und uns verstehen helfen, was bei Verstößen gegen diese Regeln passiert.

Mancherorts scheinen neuerdings die Regeln völlig außer Kraft gesetzt zu sein. Zum Zeitpunkt der Niederschrift dieser Sätze ist in Ruanda und Bosnien alles erlaubt; dort geht alles – und alles geht zum Teufel.

Unter weniger drastischen Umständen kann ein Zerfall von Ordnung nützlich, ja sogar schöpferisch sein. Rebellieren zu können gehört mit zur menschlichen Natur und war schon immer eine unserer Stärken. Aber so schön es auch sein mag, in Maßen böse zu sein: Wir sollten uns auf jeden Fall über die Konsequenzen im klaren sein. Wir sollten wissen, wie weit wir gehen können, ohne nicht nur das System, sondern im selben Zug auch uns selbst zu zerstören. Wir müssen uns ein genaues Bild davon verschaffen, wer eigentlich gewinnt, wer verliert und wie hoch die Kosten sind.

Kurz, wir müssen den Preis des Bösen beziffern …

Zweites Kapitel
Regelverstöße
Die Arithmetik des Bösen

Die Erinnerung, wer wir sind, tragen wir in jeder Körperzelle. Identitätsgefühl ist bereits auf der Zellebene eine Elementarkomponente allen Lebens. Es ist verantwortlich für sämtliche Immun- und allergischen Reaktionen, für die Art und Weise, wie die weißen Blutkörperchen als körperfremd erkannte Antigene abwehren und sie sich zugleich merken, um im Vorgriff auf künftige Invasionen spezifische Antikörper zu produzieren. Und es ist das Geheimnis des Zusammenhalts der Millionen Zellen, die den individuellen Körper bilden. Unsere Gesundheit hängt von diesem Identitätsgefühl ab. Ohne es würden das Gehirn und die Skelettmuskulatur, das Herz und die Lunge, die Leber und die Haut jeweils nach ihrer eigenen Richtschnur arbeiten und alle in verschiedene Richtungen streben.

Etwas dergleichen tritt ein, wenn Krebs den Körper befällt und Zellen außer Kontrolle geraten, sich wuchernd vermehren und bösartige Tumoren bilden. Die »Bösartigkeit« dieser Gewächse beruht allein darauf, daß sie nicht mehr genetisch identisch mit uns sind. Sie sind zu Fremdlingen mutiert, die sich nicht an die geltende Hausordnung halten. Sie müssen als Bedrohung gesehen und bekämpft, vernichtet statt beschützt werden. Sie sind – zumindest partiell – »schlecht«, weil sie am »falschen« Ort sind.

Mit den gleichen Grund haben auch das morgendliche Erbrechen und der Bluthochdruck der werdenden Mutter in den ersten Schwangerschaftsmonaten. Sie sind Anzeichen einer anfänglichen Auseinandersetzung zwischen der Schwangeren und dem Fetus, eines Kampfes zwischen der Mutter und einem Fremd-Körper in ihr, der nur die Hälfte seiner Gene mit ihr gemeinsam hat. Das ist ein Dilemma, vor dem alle plazentalen Säugetiere stehen und das sie in der Weise lösen, daß ihre Embryonen sich als mütterliches Gewebe »maskieren«. Andere Säuger, so etwa die Beuteltiere, verfügen nicht über die für diese Lösung benötigten chemischen Steuerungsmechanismen, also umschiffen sie die Klippe: Die Nordopossummutter zum Beispiel stößt ihre Embryonen in einem frühen Alter aus, in dem sie noch nicht mit ihr streiten können, und versorgt den heranreifenden Nachwuchs extrauterin, zuweilen in einem Brutbeutel.

Solche Identifikationsprobleme zählen zu den Grundgegebenheiten allen Lebens; sie verdanken sich dem Umstand, daß wir in jeder Körperzelle ein Nachschlagewerk herumtragen, in dessen sechsundvierzig Bänden (*alias* Chromosomen) die Rezepte für unsere Art von Leben stehen; Instruktionen für die Herstellung von Kopien – nicht von Kopien des Organismus, wie man einst geglaubt hat, sondern von Kopien der Gene selbst, denn Körper stellen keine Kopien von sich her, wie der Oxford-Biologieprofessor Richard Dawkins uns erklärt hat. Körper wachsen heran und müssen auf einer bestimmten Ebene als »Überlebensmaschinen« gesehen werden, als Transportmittel für die wahren Replikatoren, die »unübertroffenen Meister in der Kunst des Überlebens«, deren Erhaltung und Fortbestehen »der letzte Grund unserer Existenz« ist: die Gene.[101]

Es geht uns Menschen gegen den Strich, uns, die »Krone der Schöpfung«, solchermaßen als Hilfsmittel und Werkzeug, als wenig mehr denn eine Art Mietwagen für etliche Fitzchen organischer Chemie begreifen zu sollen, aber diese Auffassung kann sich auf überzeugende direkte Beweise stützen. Wir sterben, aber Gene sterben nicht. Sie altern noch nicht einmal, sondern springen von Körper zu Körper durch die ganze Generationenfolge, manipulieren ihr jeweiliges Gefährt, wie sie es gerade brauchen, und lassen am Rand der Evolutionsautobahn eine lange Kette ausgebrauchter Mietwagen liegen, die da verrosten und verrotten, bis eine andere Reisegesellschaft von Genen daherkommt und sie ausschlachtet, um sich aus den noch brauchbaren Teilen eine bessere Überlebensmaschine zusammenzubauen.[406]

Unsere Funktion bei alldem besteht durchaus nicht darin, uns »fortzupflanzen« oder zu »reproduzieren«, wenn man darunter das Hinterlassen identischer Kopien versteht. Solange das Klonen von Menschen keine realistische Perspektive ist, haben wir bestenfalls die Aussicht, in zunehmender Zersplitterung in die Zukunft zu gelangen. Meine Kinder sind auf Genebene nur die Hälfte von mir, und bei den

Enkeln hat sich mein Anteil dann schon auf ein Viertel verringert. Die Zahlen sprechen eine deutliche Sprache: Das Individuelle ist vergänglich und wird im Zuge der geschlechtlichen Fortpflanzung rasch aufgelöst. Doch obschon das ein uneingeschränkter Vorteil für die Vielfalt und die natürliche Selektion ist, weil so den Genen sinnvollerweise eine Mannigfaltigkeit von Transportmitteln zur Verfügung steht, wäre es falsch, die Macht des »Blutes« zu unterschätzen. Je schwächer die Blutsbande, desto schwächer vielleicht auch die Neigung zum Nepotismus; dennoch spielt Blutsverwandtschaft in unserem Leben und Denken eine außerordentlich große Rolle.

Der große britische Biometriker J. B. S. Haldane, der alles aus erfrischend unkonventioneller Perspektive betrachtete, wurde einmal – der Legende nach in einer Bar und von jemandem, dem Haldanes marxistische Neigungen nicht gefielen – mit der Frage angehauen, ob er sein Leben für einen Bruder opfern würde. Haldane gab nach kurzem Nachdenken zu, daß er es wahrscheinlich nicht täte, fügte dann jedoch hinzu: »Aber ich würde mein Leben für *drei* Brüder oder für *neun* Cousins opfern.«

Hinter dieser ausgeklügelt wirkenden Antwort steht eine ganz einfache Überlegung. Wir haben mit Vollgeschwistern die Hälfte, mit Halbgeschwistern ein Viertel und mit Cousins und Cousinen ein Achtel der Gene gemeinsam. Der vom Gen-Egoismus diktierte Verhaltensimperativ lautet demnach, an erster Stelle für die eigene Sicherheit zu sorgen, solange nicht mehr als zwei Geschwister oder vier Cousins in Lebensgefahr schweben. Erst wenn dies der Fall ist, wird es aus der Sicht der Gene arithmethisch sinnvoll, das eigene Leben aufs Spiel zu setzen. Man muß hier allerdings zu Haldanes Ehrenrettung hinzusetzen, daß er zweimal in seinem Leben in die Situation kam, daß Menschen in seiner Gegenwart zu ertrinken drohten, worauf er beide Male ohne das mindeste Zögern zur Rettung der betreffenden Person ins Wasser sprang, denn: »Mir blieb in diesem Augenblick gar keine Zeit für die Finessen der Verwandtschaftsrechnung.«[165]

Es dürfte ohnehin so sein, daß wir derlei Berechnungen gar nicht mit vollem Bewußtsein vorzunehmen brauchen. Allem Anschein nach sind wir darauf programmiert, uns jederzeit so verhalten zu können, als hätten wir die Kalkulation schon getätigt – genau wie der Schläger beim Kricket- oder Baseballspiel in Sekundenbruchteilen sämtliche Differentialgleichungen löst, die erforderlich sind, um die Flugeigenschaften des geworfenen Balls zu bestimmen und seine Flugbahn vorauszusagen. Mit mathematischem Können und Kenntnissen in Algebra hat dieses Geschick nichts zu tun. Ein guter Spieler erledigt das alles, ohne zu denken. Er handelt instinktiv, wie wir alle es tun, wenn wir in eine komplexe Lage geraten, die nach Sofortentscheidungen verlangt. Letztere treffen wir zum Teil anhand unserer unmittelbaren Erfahrung oder der Erwartungen, die unsere Umgebung an uns richtet, vielfach hören wir jedoch quasi auf die Einflüsterungen einer inneren Stimme. Etwas Elementares in uns (und in den meisten anderen Spezies) stellt bei der Verhaltensplanung in Rechnung, wie sich die Situation aus der Sicht der Gene ausnimmt.

Während meiner Kinderzeit in Afrika, in den frühen vierziger Jahren, schienen die großen Leute in der Familie häufig in Geschäften außer Haus zu müssen oder waren sonstwie mit ernsten Dingen beschäftigt und daher unabkömmlich, so daß ich mir unterdessen allein die Zeit vertrieb, oft mit einsamen Streifzügen durch die Wildnis um unser Anwesen. Nicht weit weg befand sich ein Stück Sumpfland mit einem zeitweiligen See, einem *vlei*, wie das in Südafrika heißt, an dessen Rand jedes Frühjahr ein Stelzenläuferpärchen nistete – elegante schwarzweiße Watvögel mit langen roten Beinen, die schon bei der kleinsten Irritation schreckhaft auffliegen, um sich, die auffälligen »Stelzen« wie eine Schleppe hinter sich herziehend, mit durchdringendem Geschrei davonzumachen. Sobald jedoch in der flachen Kuhle im grasbedeckten Boden, die das Nest darstellt, etliche gefleckte Eier liegen, ändert sich das Verhalten der Elterntiere total.

Einer von meinen beiden Vögeln, gewöhnlich das Weibchen, verharrte auf dem Boden und beobachtete, wie ich näher kam, und wenn mein Abstand zum Nest auf ungefähr zehn Meter geschrumpft war, zog es eine schauspielerische Nummer ab, die einen Oscar verdient hätte. Das offenbar ganz gesunde Tier wurde jäh von einer Art Paralyse befallen. Die spitzen Flügel begannen zu zucken, das Gewicht des Kopfes zog den Hals nach unten, die Beine verwandelten sich in Gummigebilde. Stolpernd und hinkend, unverkennbar an allen Gliedern gelähmt, gegen Mattigkeit und Erschöpfung ankämpfend, wankte die Stelzenläuferin entlang dem Uferrand davon, sorgfältig darauf bedacht, wie ich bemerkte, auf ihrer Suche nach einem geeigneten

Platz für das Finale ihrer Darbietung dornenbestandenen Stellen auszuweichen. Jeder sterbende Schwan kann sich verstecken vor einer sterbenden Stelzenläuferin, wenn sie, der Ohnmacht nahe, unter Qualen mit dem Tode kämpft, den End- und Höhepunkt immer noch ein Stückchen weiter hinausschiebt, um immer noch ein bißchen schamloser zu chargieren, und die ganze Zeit verstohlen danach ausspäht, ob sie auch ja ein dankbares Publikum hat.

Ich war stets ein dankbarer Zuschauer, der jeden Tag wiederkam, um sich die Wiederholung der Vorstellung anzusehen, und der von der Diva niemals enttäuscht wurde. Fast direkt vor meinen Füßen lieferte sie ihre Glanznummer ab, wenn ich das Gelege inspizierte oder später mir ihre Jungen aus der Nähe besah, deren Lebenslauf ich vom Schlüpfen bis zum Flüggewerden genau verfolgte. Und so ging das Jahr für Jahr: Alle Jahre wieder brachte sich die Stelzenläuferin in Gefahr und riskierte ihr Leben unter dem Einfluß eines Programms, das sie stets von neuem zu diesem Verhalten zwang, obschon sie eigentlich wissen mußte, daß ich nichts gegen sie im Schilde führte. Eines Programms, für das nicht sie selbst verantwortlich war, sondern das ein mit Rechentalent ausgestattetes Gen für sie geschrieben hatte, dem das Überleben von vier oder fünf Stelzenläuferjungen mehr bedeutete als die Sicherheit der Mutter.

Die Wirksamkeit der Darbietung ist nicht zu bestreiten. Seit ewigen Zeiten lassen sich Vogelbeobachter in aller Welt von Regenpfeifern, Enten, Seetauchern, Eulen, Ziegenmelkern und anderen Bodennistern fesseln und ablenken, wenn diese Verwundung oder Erkrankung vortäuschen, um die Aufmerksamkeit des Beobachters vom Gelege oder der Brut abzuziehen. Dieserart Selbstlosigkeit – die ja, vor einer flinken Katze oder einem Fuchs demonstriert, häufig fatale Konsequenzen haben muß – kann man Bewunderung nur schwer versagen. Noch schwerer ist es allerdings, zu begreifen, wie solche Verhaltensweisen sich im Rahmen der Evolution herausgebildet haben können – wo doch das erste, wichtigste und nachdrücklichste Gebot der Evolution für die Individuen dahingehend lautet, sich stets so zu verhalten, wie es dem eigenen Überleben am meisten nützt. Daß man dieses Ziel mit Sichhinkauern vor einem Freßfeind erreicht, ist eher unwahrscheinlich. Damit handelt man vielmehr selbstmörderisch und vollbringt allenfalls einen altruistischen Akt, der augenscheinlich nur anderen nützt. Und allem Anschein nach ist im darwinistischen Weltbild für Altruismus kein Platz beziehungsweise *war* keiner – bis im Jahr 1963 ein junger britischer Biologiestudent namens William Hamilton im Eilverfahren eine Veröffentlichung zum Druck gab.[167]

Hamilton bereitete sich damals, genau wie ich, an der Universität London auf die Promotion vor. Wir reichten unsere Dissertationen etwa zur selben Zeit in jenem Jahr ein. Meine wurde angenommen und verschwand für immer und ewig in den Eingeweiden der Archive, wo zu Tausenden und Abertausenden solche Fleißarbeiten lagern, deren einziger Zweck es ist, den Erfordernissen des akademischen Prüfungsrituals zu genügen – wovon das vornehmste darin besteht, auf keinen Fall die Gedanken der älteren Vertreter unseres Faches aus ihrer gewohnten Bahn zu werfen. Genau das ließ Hamilton sich zuschulden kommen, und deshalb wurde seine Dissertation abgelehnt; er hatte jedoch die Gewitztheit und den Mut, bei einem amerikanischen Wissenschaftsjournal, wo man, wie sich zeigen sollte, für seine Ideen aufgeschlossener war, eine Synopse einzureichen, und im Jahr darauf publizierte er einen zweiten, ausführlicheren Abriß.[168] Man kann diese Arbeiten, zumal die aus dem Jahr 1964, mit guten Gründen als den wichtigsten Beitrag zum Fortschritt der darwinistischen Evolutionstheorie bezeichnen, der seit der Entdeckung der grundlegenden Vererbungsgesetze durch den mährischen Augustinerprior Gregor Mendel von einem einzelnen Forscher geleistet wurde.

Hamiltons Leistung besteht in der Formulierung der Theorie der »Verwandtschaftsselektion«, derzufolge die natürliche Auslese die Fähigkeit des Individuums begünstigt, seine Genossen nach dem Grad ihrer Verwandtschaft mit ihm selbst zu unterscheiden und ihnen gegenüber nach Maßgabe des Verwandtschaftsgrads altruistisches Verhalten an den Tag zu legen. Hamilton betrachtete die Vergesellschaftung aus der Sicht der Gene und zeigte anhand einiger einfacher Gleichungen, unter welchen Bedingungen Interaktionen zwischen Individuen in einem Reingewinn auf der Genebene resultieren.

Ein Beispiel: Eine Schimpansin findet auf der Nahrungssuche ein verlassenes Bienennest und darin sechs in tadellosem Zustand befindliche Honigwaben. Sie weiß aus Erfahrung, daß sie sich getrost drei Waben genehmigen kann; vertilgt sie mehr, wird ihr schlecht. In der

Nähe durchkämmen zwei männliche Artgenossen den Wald, und wenn sie die beiden von ihrem Finderglück verständigt, teilt sich der Fund in zwei Waben pro Kopf auf. Was tut die Finderin? Läßt sie das schimpansentypische »Freßquieken« hören, das den anderen die Nahrungsquelle signalisiert, und begnügt sich selbst mit nur zwei Waben? Oder hält sie die Schnauze und genießt still für sich die ersehnten drei von den köstlichen Stücken?

Die egoistische Schimpansin à la Darwin verhält sich still. Die altruistische Schimpansin à la Hamilton quiekt und zeigt sich damit im allerbesten Licht, scheint sie doch das eigene Interesse dem anderer unterzuordnen, womit sie eine wachsende Zahl von Primatologen in der Überzeugung bestärkt, daß Schimpansen, insbesondere die weiblichen, im Grunde ihres Herzens eigentlich sehr nette Wesen sind. Menschenaffenfreunde sozusagen. Die nüchterne Wahrheit ist freilich, daß hinter dem altruistischen Akt wahrscheinlich nichts weiter als ein Stück egozentrischer Gen-Arithmetik steckt.

Und die sieht so aus: Honig ist für Schimpansen ein sehr gesuchter Leckerbissen. Auf der Nährwertskala ihrer Kost erreicht er vier von insgesamt fünf möglichen Punkten.

Der Reingewinn der egoistischen Schimpansin, die sich drei Waben einverleibt, beläuft sich also, in Nährwertpunkten beziffert, auf $3 \times 4 = 12$. Die altruistische Schimpansin hingegen, die ihren Fund mit ihren zwei Genossen teilt, bekommt nur zwei Waben ab, das sind $2 \times 4 = 8$ Punkte. Augenscheinscheinlich ein schlechtes Geschäft.

Indes, einer der zwei anderen Schimpansen ist ihr Bruder, der 50 Prozent der Gene mit ihr gemeinsam hat; auf der Genebene beläuft sich der Reingewinn für die Familie folglich auf weitere $2 \times 4 \times 1/2 = 4$ Punkte, mit denen sich die Gesamtsumme auf 12 erhöht. Demnach hätte, vom Ertrag her gesehen, keines der beiden Verhaltensmuster dem anderen etwas voraus.

Die Schlußbilanz wird aber in diesem Fall noch von dem dritten Schimpansen beeinflußt, der ein Cousin oder Achtelverwandter der Finderin ist; seine zwei Waben ergeben auf der Genebene $2 \times 4 \times 1/8 = 1$ zusätzlichen Punkt in der Gewinnbilanz; damit steigt die Gesamtsumme auf 13. Das ist gegenüber 12 eine Verbesserung, und obschon die Differenz gering ist, gibt es an der Konsequenz, die das hat, nichts zu deuteln. Tiere sind Systeme, die nach einem optimalen Verhältnis zwischen ihrem Energie-Input und ihrem Energie-Output streben, und die Schimpansin, die den Honig gefunden hat, muß sich für die Handlungsweise entscheiden, die den höchsten Gewinn abwirft – wenn auch nicht auf der Ebene der individuellen Existenzen, sondern auf der Ebene der Gene.

Also stößt sie den »Freßquieker« aus und teilt ihre Mahlzeit.

Die Saldoverbesserung, die sich daraus ergibt, schlägt allein für die Gene zu Buche. Für die Erbsubstanz des Individuums, das die Entscheidung zu treffen hatte, tut sich dabei nicht viel. Für die Schimpansin stand von vornherein fest, daß sie sich so oder so ihr Leckermaul stopfen würde, und dazu brauchte sie sich nicht extra mit einer Kosten-Nutzen-Kalkulation abzuplagen. Die Entscheidung, die sie traf, bewirkt jedoch eine winzige Steigerung der Wahrscheinlichkeit, daß sich in dem Genpool, dem sie angehört, Gene ausbreiten, die ihre Träger dazu bestimmen, sich so zu verhalten, als hätten sie derartige Kalkulationen *tatsächlich* angestellt. Die Gene bedienen sich unser, um sich gegenseitig zu helfen, und seit Hamiltons Einsicht in diesen Sachverhalt ist es unumgänglich geworden, all unser Tun immer auch in seinem Licht zu betrachten.

J. B. S. Haldane hatte recht. Daß jemand für die Rettung eines Ertrinkenden sein Leben aufs Spiel setzt, ist biologisch gesehen einzig und allein dann sinnvoll, wenn die beiden Akteure, die der Hilfe bedürftige und die Hilfe leistende Person, eineiige Zwillinge sind. Und selbst in diesem Fall halten sich Pro und Contra noch die Waage. Wenn auch die rechnerischen Einzelheiten vielleicht neu sind, ist das im Prinzip allgemein bekannt. So bekannt, daß Rettungsmedaillen wie beispielsweise die Carnegie-Medaille oder das Sankt-Georgs-Kreuz so gut wie nie für heroischen Einsatz bei der Rettung des Lebens naher Verwandter verliehen werden – der gilt als mehr oder weniger selbstverständlich. Ungewöhnlicher und daher auszeichnungswürdiger ist es, daß jemand sich in Gefahr begibt, um einem Fremden zu helfen. Dabei springt auf der Genebene kein Profit heraus. Je entfernter die Verwandtschaft, desto geringer das Interesse der Gene, und irgendwo in der Nähe der Vettern dritten Grades, mit denen der einzelne lediglich $^1/_{128}$ der Erbinformation gemeinsam hat, erlischt es ganz. Entferntere Verwandte befinden sich außerhalb des genetischen Interessenhorizonts und sind in die sogenannte Verwandtschaftsselektion (seltener auch als Familienselektion bezeichnet) nicht einbezogen.

Diese Abgrenzung ist eine handfeste Tatsache und für jede Erörterung des Bösen von essentieller Bedeutung. Gene verhalten sich im großen und ganzen egoistisch, außer gegenüber nahen Verwandten. Im Prinzip lassen sie sich einzig bei diesen zu einer Ausnahmebehandlung herbei. Alle anderen sind Fernstehende und damit Freiwild, und es kann nur nützen, wenn man sich diesen Grundsatz bei der Analyse von Verhaltensformen – auch der eigenen – immer gegenwärtig hält. Die Gene geben anscheinend bei allen Formen organischen Lebens eine Reihe von anscheinend auf alle Lebenslagen passenden Verhaltensmaßregeln aus. Und Maßregel Nummer eins lautet: SEI GEMEIN ZU FERNSTEHENDEN.

Gene sind von so schlichter wie niedriger Gesinnung. Visionäre Kraft geht ihnen ganz und gar ab, und es wäre falsch, von ihnen erwarten zu wollen, daß sie das Wohl der gesamten Spezies im Auge haben. Das ist der Grund, warum die allgemeine Liebe als Realität nicht existiert und als Begriff auf der Ebene des evolutionstheoretischen Denkens ein unsinniges Konzept ist. Großmut und Uneigennützigkeit sind nicht Bestandteil der biologischen Natur. Wo derlei vorkommt, mußte es zuvor in mühsamem Widerstand gegen den natürlichen Lauf der Dinge erlernt oder kultiviert werden. Die traurige Wahrheit ist, daß wir von Natur aus egoistisch sind.

Das gilt natürlich für alles, was da kreucht und fleucht – und dennoch überrascht es uns immer wieder und wird manchmal Anlaß melancholischer Belustigung, wenn wir unsere am wenigsten für uns einnehmenden Eigenschaften bei anderen Spezies wiederfinden.

Ideale Auslöser dieses Spiegeleffekts sind Pinguine. Wie sie so in ihrer Brutkolonie massenweise beieinander stehen, wirken sie mit ihrer Frackgewandung, ihrem aufrechten Gang und ihrem clownesken Habitus sehr menschenähnlich. Ich werde nie müde, ihnen bei ihrem Treiben zuzusehen, und ergötze mich dann jedesmal an ihrem Charlie-Chaplin-Watscheln und der steinernen Miene, mit der sie auf die komischen kleinen Unfälle und Pannen reagieren, die auf vereistem und verschneitem Untergrund nun einmal nicht zu vermeiden sind. Meine Lieblinge sind die Adelie-Pinguine, die man von weitem fast für eine Schar menschlicher Spaziergänger halten könnte, wenn sie auf einem Eisfeld kleine Grüppchen bilden, die sich ständig auflösen und in anderer Zusammensetzung neu formieren.

Bei einem meiner Besuche in der Antarktis kam ich just zu dem Zeitpunkt im Spätsommer in der Hope Bay an, wo der »Kindergarten« am Flüggewerden war und die jungen Pinguine sich in Mengen am Rand des Eises versammelten, um zu gegebener Zeit den ersten Sprung in die See zu wagen. Adelie-Pinguine führen im allgemeinen ein sorgenfreies Leben; sie haben nur einen nennenswerten Freßfeind, und das sind die Seeleoparden (*Hydrurga leptonyx*, ein Seehund der Antarktis, bis 2,50 m lang), die sich die Nahrungsbeschaffung einfach machen, indem sie in der Nähe der Pinguin-Kolonie herumlungern und sich versprengte Einzeltiere und ungeübte Schwimmer schnappen. Beliebt ist bei ihnen die Taktik, unter einer Eisscholle oder einem Felsvorsprung zu lauern, um exakt in dem Moment, wo ein ins Wasser springender Pinguin die Oberfläche durchdringt, aus dem Versteck zu schießen und sich die Beute zu greifen, ehe der schwimmgewandte Vogel sich dem nassen Element hatte anpassen und unter Wasser wie ein Torpedo davonziehen können.

Die Zeit des Schwimmenlernens ist für die jungen Pinguine eine besonders gefährliche Lebensphase, und ich sah jetzt buchstäblich Tausende von ihnen sich an einem Küstenabschnitt drängeln und auf den geeigneten Zeitpunkt für den ersten Sprung ins Wasser warten.

Keiner schien bereit, die Pionierrolle zu übernehmen, und so gab es an der Eiskante viel Geschiebe und Gescharre ähnlich jener »Bitte nach Ihnen«-Scheinzuvorkommenheit, der man in Zahnarzt-Wartezimmern begegnen kann. Die vordersten Reihen wechselten ständig die Zusammensetzung, weil in einem fort Pinguine sich von hinten nach vorn drängelten, bis sie direkt in das schwarze, uneinladende Wasser hinunterstarrten, es sich dann doch noch anders überlegten und sich in eiligem Rückzug aus der Gefahrenlinie brachten. Alle warteten darauf, daß irgendein Genosse es auf sich nahm, herauszufinden, ob da unten eine Robbe lauerte oder nicht.

Die Jungvögel waren hungrig und unruhig, sie wollten endlich loslegen, und so steigerte sich der Druck schließlich bis über die kritische Schwelle. Von hinten her wurde immer stärker gedrängelt und geschoben, bis zuletzt das Unvermeidliche geschah: In der ersten Reihe rutschte einer aus und fiel ins Wasser – und war in Null Komma nichts aufgefressen. Ein Wirbel im Wasser, ein Streif von glattem, geflecktem Fell, ein weit aufgerissenes Gebiß, und weg war er, der arme Pinguin. Ein Seeleopard war tatsächlich mit von der Partie, und auch er hatte Hunger.

Tausende glänzender Augenpaare beobachteten den Vorfall, und von einem auf den anderen Augenblick änderte sich das Verhalten der Menge. Wo eben noch ungeduldiges Geschiebe und Gedränge geherrscht hatte, trat schlagartig Stille ein. Jeder Pinguin reckte den Schnabel in die Luft, watschelte auf der Stelle und tat angestrengt so, als ginge ihn die ganze Szene um ihn herum überhaupt nichts an; nichts schien ihm ferner zu liegen als die Absicht, sich als Schwimmer zu versuchen. Ruhe und Friede beherrschten das Bild, doch die Pantomime dauerte nicht lange. Innerhalb von Minuten schlug die Stimmung abermals um, erneut machte sich Ungeduld breit, und das Ganze ging wieder von vorn los, mit dem gleichen Ergebnis: Der Seeleopard bekam den nächsten Schlag seiner Mahlzeit serviert.

Ich sah fast eine Stunde lang zu und freute mich dann, daß ich so lange ausgeharrt hatte, denn der letzte Akt war reichlicher Lohn für die Mühe des Wartens. Er folgte auf das vierte oder fünfte Opferritual, als eben wieder ein Pinguin zwangsweise zu »demjenigen, welcher« – dem Versuchskarnickel – gemacht worden war. Erneut richteten sich alle Blicke dorthin, wo der Körper ins Wasser platschte, aber diesmal nahm die Sache einen anderen Fortgang. Der unfreiwillige »Freiwillige« verschwand unter der Oberfläche, tauchte jedoch alsbald wieder unversehrt auf und drehte schwimmend Runden, die Ruderkraft seiner Flügel erprobend und das kalte Salzwasser kostend. Und diesem Vergnügen überließ er sich unbekümmert um sein vielköpfiges Publikum, welches seinerseits sein Treiben mit gespannter Aufmerksamkeit verfolgte, hierhin und dorthin spähte, um sicherzugehen, daß der Friede echt war und nicht ein zynisches neues Manöver der Robbe. Und nachdem das vielleicht eine halbe Minute lang so gegangen war, stürzte sich die ganze Meute wie auf ein Entwarnungssignal hin geschlossen ins Wasser und erfüllte die Hope Bay mit einem Geplansche und einem Lärmen, wie ich sie seit den Schwimmfesten meiner Schulzeit nicht mehr erlebt hatte.

Ich entschuldige mich nur ganz flüchtig für diese Abschweifung. Pinguine machen mir Spaß, und sie liefern ein ausgezeichnetes Beispiel für Egoismus und vielleicht auch Feigheit im täglichen Leben. Es fällt nicht schwer, sich in ihre Lage hineinzuversetzen und ihre Reaktion verständlich zu finden. Es ist ein echtes Dilemma, in dem sie sich da befinden, und dergleichen ist auch anderswo keine Seltenheit. Wir erleben es doch selbst oft genug, daß wir uns in einer Situation befinden, wo es das klügste zu sein scheint, einem anderen, den wir dann ob seines Mutes bewundern, die Vorreiterrolle zu überlassen. Nur wenn es sich bei dem tapferen Helden um einen nahen Verwandten von uns handelt – also um jemanden, der zu einem erheblichen Teil die gleichen Gene wie wir in seinem Heldenleib trägt –, erheben wir Einspruch. Dann erscheint uns das Vorhaben plötzlich leichtsinnig und tollkühn, und zwar in solchem Maße, daß wir in Zorn geraten – und uns dann fragen, wieso eigentlich Zorn hier die angemessene Reaktion ist.

Das ist er aus der Sicht der Gene. Freundlichkeiten gegenüber Fremden gehören nicht zu ihrer Strategie. Verhalten dieser Art figuriert in ihrer Buchführung als Energieverschwendung und unnötiges Risiko. So sehen wir uns hin- und hergerissen zwischen Beherztheit und Furcht, Haß und Liebe, und landen schließlich bei Schuldgefühlen. Und damit sind wir auf der nächsten Etappe der Verhaltensanalyse angelangt – bei der Erkenntnis, daß die Gene nicht unparteiisch sind. Sie sind nicht nur generell gemein zu Fernstehenden, sondern besitzen eine komplementäre Tendenz, die sich in der Verhaltensmaßregel Nummer zwei, wie wir sie bezeichnen wollen, niederschlägt: SEI NETT ZU NAHESTEHENDEN.

Im Gefolge von Hamiltons Theorie der Verwandtschaftsselektion hat das Thema »Nettigkeit« – *alias* Altruismus – in der Evolutionsbiologie seit 1964 eine Zentralstellung erlangt und sogar eine eigene Forschungsrichtung, die »Soziobiologie«, initiiert. Die bedeutsamste Leistung dieser derzeit noch umstrittenen Wissensdisziplin ist die Bestätigung der Einsicht, daß kein Organismus ein Inseldasein führt. Jeder ist, um es mit den Worten Edward O. Wilsons zu sagen, »eine spezifische zufällige Teilmenge aller Gene, die zusammen die Art bilden«.[425] Ein Medium, das die wissenschaftliche Substantiierung des berühmten Bonmots von Samuel Butler verkörpert, ein Huhn sei lediglich der Weg, auf dem ein Ei ein neues Ei erzeuge. Ein Tier oder eine Pflanze ist lediglich der Weg, auf dem die Gene sich eine kostengünstige Sozialwohnung beschaffen.

Innerhalb stammesgeschichtlicher Zeiträume ist der einzelne Organismus fast bedeutungslos. Dennoch: Er existiert und zeigt Verhaltensweisen, die wir beobachten und messen können. Und die häufig den Gedanken nahelegen, daß er weiß – oder darauf programmiert ist, so zu handeln, als wüßte er –, welches Verhaltensmuster den größten Nutzen für seine Gene bringt. Sehr oft widerstreitet dieses den Interessen des Individuums, das in solchen Fällen, um der Arithmetik der Gene zu willfahren, verpflichtet sein kann, für eine hinreichende Zahl von Blutsverwandten sogar sein Leben dranzugeben. Und erstaunlich oft läuft es auch den Interessen der Spezies zuwider, und das aus dem einfachen Grund, weil die Selektion nicht auf der Ebene der Spezies stattfindet. Den Genen ist das »Wohl der Art« einerlei. Es geht ihnen einzig und allein darum, den Genpool noch stärker mit Kopien ihrer selbst zu durchsetzen, und beim Verfolgen dieses Ziels nehmen sie auf nichts und niemanden Rücksicht.

Als Student im Londoner Zoo und später als Direktor eines großen Zoos in Afrika hatte ich ein Problem mit den Hyänen. Bei der Tüpfelhyäne sind die Geschlechter einander so ähnlich, daß man eigentlich erst dann sicher sein kann, ein Paar zu besitzen, wenn die beiden Junge kriegen. Die Klitoris des Weibchens ist genauso groß und erektil wie der Penis des Männchens. Die Labia der Vulva sind in einer Weise verschmolzen, daß sie ein Pseudo-Skrotum bilden, das zu allem Überfluß noch Fettkörper von der Größe der Hoden enthält. Rein äußerlich gleichen sich das Männchen und das Weibchen wie ein Ei dem anderen, und wenn zwei Hyänen zusammenkommen und das Begrüßungszeremoniell mit dazugehörigem Beriechen und Belecken durchexerzieren, erigiert sowohl das männliche wie das weibliche Geschlechtsteil. Und ob es sich nun um ein gemischtes oder gleichgeschlechtliches Paar handelt – die Tiere stehen in jedem Fall beide in haargenau der gleichen Haltung da, jedes die Nase am Hinterteil des anderen und einen Hinterlauf erhoben. Ein menschlicher Beobachter vermag also keinen Unterschied zwischen Männchen und Weibchen wahrzunehmen, selbst wenn die Umstände es ihm erlauben, nahe an eine Hyäne heranzugehen, und das Tier entgegenkommend genug ist, sich von ihm berühren zu lassen. Das sorgt beim zuständigen Zoopersonal manchmal für echte Verwirrung, und die Betroffenen beginnen sich dann ernsthaft zu fragen, ob das irre Gelächter, das die Hyänen nachts anstimmen, nicht vielleicht ihnen und ihrer Hilflosigkeit gilt.

Hyänen paaren sich selbstverständlich und haben Junge, also müssen sie selber durchaus in der Lage sein, zwischen Männlein und Weiblein ihrer Art zu unterscheiden – wahrscheinlich aufgrund des Geruchs und zumindest während der Brunstzeit der Weibchen. Hyänenweibchen sind sogar ganz hervorragende Mütter, die es an nichts fehlen lassen, was zum Fortpflanzungserfolg beiträgt, scheinen jedoch im sonstigen Leben unter dem Diktat eines Programms zu agieren, das wenig mit Hyänen, aber eine Menge mit ihren egoistischen Genen zu tun hat.

Tüpfelhyänen haben ein komplexes Sozialleben, in dem die Weibchen die dominierende Rolle spielen. Die bis zu siebzig oder achtzig Tiere umfassenden Rudel stehen fast immer unter weiblicher Führung, und alle erwachsenen Weibchen sind ranghöher als die erwachsenen Männchen, welche beim Erreichen der Pubertät das Rudel verlassen. Die Weibchen behaupten ihre Dominanz, indem sie sich in jedem Lebensstadium sehr viel aggressiver verhalten als die Männchen, was eine der grausigsten Erscheinungen einschließt, die man bei Säugetieren beobachten kann.

Hyänen werfen in der Regel Zwillinge, die sehr weit entwickelt zur Welt kommen: vollkommen behaart, mit offenen Augen und vollständig durchgebrochenen Eck- und Schneidezähnen. Das ist zwar auch bei einigen anderen Karnivoren so, die Tüpfelhyänen stellen jedoch insofern einen Ausnahmefall dar, als schon Minuten nach der Geburt einer der Welpen sein Geschwister anfällt – und das heißt manchmal, bissig auf einen Bruder oder eine Schwester losfährt, der beziehungsweise die sich noch nicht einmal aus der Fruchtblase hat befreien können. Falls beide Neugeborene den präventiven Erstschlag überleben, geht anschließend der Kampf erst richtig los, und »die zwei wälzen sich erbittert ineinander verbissen auf dem Boden«.[131]

Das ist nicht die normale Rauhbeinigkeit spielender Jungtiere. Das ist ein Kampf auf Leben und Tod zwischen zwei kaum eine Stunde alten Neugeborenen. Geschwisterrivalität ist an sich nichts Ungewöhnliches. Die Konkurrenz um Nahrung und Zuwendung gehört in der Kinderstube von Tieren zum Alltag. Ich habe halbflügge Reiher gesehen, die wütend um jeden Bissen aus dem Schnabel des heimkehrenden Elterntiers stritten; und einmal beobachtete ich eine qualvolle Woche lang das Ende des einen von zwei Jungen einer Schwarzbussardbrut, das von seinem Nestgenossen nach und nach totgehackt wurde. Doch diese Fälle waren jeweils die Folge einer aktuellen Nahrungsknappheit und insofern eine Manifestation des gesunden Naturprinzips vom Überleben des Tauglichsten. Demgegenüber sind die Konflikte zwischen neugeborenen Hyänen erschreckend, weil sie die Norm zu sein scheinen. Tüpfelhyänen bringen fast immer Zwillinge zur Welt, kommen jedoch in den seltensten Fällen dazu, mehr als ein einzelnes Junges aufzuziehen, weil die Jungen selbst offenbar genetisch darauf programmiert sind, ein Geschwister beim ersten Gewahrwerden anzufallen und totzubeißen.

Das ist ein seltenes Beispiel von purer Aggression, Aggression, die vollkommen unvermittelt – ohne Übergang, Einleitung oder Vorstufen – losbricht und keinen Zusammenhang mit konflikterzeugender lebensgeschichtlicher Erfahrung aufweist. Selbst am unbarmherzigen Maßstab der Gene gemessen ist das starker Tobak. Brudermord beziehungsweise Geschwistermord hat in der Menschheitsgeschichte eine lange Tradition; die Familientragödien, in denen er Zentralmotiv ist, reichen von der biblischen Geschichte von Kain und Abel bis zu John Steinbecks Roman *Jenseits von Eden*. In der Naturgeschichte hingegen ist das Phänomen durchaus nicht verbreitet, denn es impliziert eine hohe Strafe, nämlich den sicheren Untergang von 50 Prozent der eigenen Gene. Die Tatsache, daß Geschwistermord bei den Tüpfelhyänen zur Normalität gehört, legt den Schluß nahe, daß dieser Verlust eine Investition darstellt, die an anderer Stelle mit Zinsen wieder zurückfließt. Die Frage ist: Wo und in welcher Form findet der Rückfluß statt?

Des Rätsels Lösung ergibt sich möglicherweise aus den Entdeckungen, die Laurence Frank bei der Arbeit mit wilden Hyänen in Kenia und einer Kolonie gefangener Tiere in Kalifornien machte. Im Rahmen seiner fünfzehnjährigen Beobachtungen stellte Frank fest, daß bei den mörderischen nachgeburtlichen Kämpfen gewöhnlich ein weibliches Junges den Sieg davonträgt und daß dieses, wenn es sich um die Tochter des ranghöchsten Weibchens handelt, später unfehlbar als Nachfolgerin seiner Mutter in die Position der Rudelführerin aufrücken wird. Das ist ganz ohne Frage eine Sache, die den Genen hochwillkommen sein muß – eine Form von Kontinuität, bei der sie im Aufwind liegen und die sie anscheinend mit einem ganz einfachen chemischen Trick bewerkstelligt haben. Anhand von Blutanalysen konnte Frank nachweisen, daß die gesamte Population förmlich überschwemmt ist mit männlichen Geschlechtshormonen. Tüpfelhyänenfeten beiderlei Geschlechts haben sogar einen höheren Testosteronspiegel als erwachsene Männchen. Irgend etwas schaltet bei der Spezies schon sehr früh, bereits im Mutterleib, den Produktionsprozeß von Hormonen an, die die Ausbildung männlicher Eigenschaften stimulieren, und ruft damit in der Folge auffällige Veränderungen am Körper, im Gehirn und im Verhalten hervor. Das Resultat sind absonderliche Genitalien, sexuelles Quidproquo und erwachsene Weibchen von solcher Größe, Tüchtigkeit und Aggressivität, daß sie ein straffes, genetisch solide unterbautes Matriarchat aufrechtzuerhalten in der Lage sind.[131]

Den einzigen Lichtblick in dieser Gruselgeschichte von genetischem Imperialismus stellt Laurence Franks ergänzende Hypothese dar, daß die Hyänenmütter wohl dann und wann in die Kämpfe ihrer neugeborenen Sprößlinge eingreifen, um die Sexualproportion in der Gemeinschaft im Lot zu halten. Er berichtet von einem zahlenmäßig stark geschrumpften, dringend auffüllungsbedürftigen Rudel, in dem mit einemmal weibliche Zwillingspaare in nie gekannter Zahl überleben durften. Eine leise, ermutigende Form von Selbstbehauptung der individuellen Unabhängigkeit gegen die Hegemonie der Gene? Vielleicht. Es ist nicht immer leicht auszumachen, woher die Befehle kommen. Skrupellos, wie sie sind, neigen die Gene auch zum Betrügen.

Junge aufzuziehen kostet enorm viel Energie und Anstrengung. Nicht selten sind in der Evolution die Arten bevorteilt, die sich dieser Verantwortung mit größter Ernsthaftigkeit stellen und ihren Nachwuchs so lange schützen und versorgen, bis er für sich selbst sorgen kann. Es hat allerdings ganz offenkundig auch seine Vorteile, diese Mühsal mit Hilfe irgendeines Tricks auf irgendwen anderes, auf Pflegeeltern, abzuwälzen.[119] Es gibt gesellig lebende Arten, bei denen die Individuen sich kooperativ in die Verantwortung für die Aufzucht des Nachwuchses teilen – so zum Beispiel die Weißkehlspinte *(Aerops albicollis)* in Afrika, von denen jedes Jahr fast die Hälfte auf das Nisten verzichtet, um statt dessen den übrigen Artgenossen beim Füttern und Aufziehen der Nestlinge zu helfen. Etliche Arten schieben jedoch die ganze Angelegenheit in die Verantwortung anderer ab, und das Mittel, dessen sie sich dazu bedienen, ist der Betrug.

Die bekanntesten dieser Falschspieler sind die über fünfzig Arten der Kuckucke, die ihre Eier in fremde Nester legen. Mit dem nachgemachten Ruf eines lokalen Räubers, eines Sperbers zum Beispiel, verscheuchen sie den potentiellen Wirtsvogel von seinem Nest. Oder das Kuckucksmännchen lenkt den Wirtsvogel ab, während das Kuckucksweibchen sein Ei, das denen des Wirtsvogels in Größe und Färbung täuschend ähnlich ist, in das unbewachte Nest legt. Manche Kuckucke zerstören zudem kurzerhand das ganze im Wirtsnest vorhandene Gelege. Der frisch geschlüpfte Kuckuck weist wiederum große Ähnlichkeit mit den Jungen der Wirtsart auf; das geht sogar so weit, daß er den artspezifischen Farbfleck in der Kehle trägt, der den Eltern signalisiert, in welchen aufgerissenen Schnabel sie das Futter zu stecken haben. Alles ist so raffiniert eingerichtet, daß die Wirtsvögel glauben müssen, einen eigenen Sprößling auszubrüten und großzuziehen, doch wenn alle Stricke reißen, nimmt der kleine Kuckuck die Sache selbst in die Hand – in diesem Fall zwischen die Flügel – und wirft Eier beziehungsweise Nestlinge, die seinem Fortkommen im Weg sind, kurzerhand aus dem Nest.

Die frisch geschlüpften Jungen mancher Kuckucksarten sind genetisch programmiert, so vorzugehen. Drückt ihnen innerhalb des Zeitraums von ein, zwei Tagen nach dem Schlüpfen irgend etwas auf den Rücken, schieben sie sich, die Last zwischen ihre Flügelstummel geklemmt, rückwärts die Nestwand hoch und bugsieren das störende Etwas über den Rand nach draußen. Es ist dies ein instinktives, genetisch verankertes Verhaltensmuster, das im Laufe jahrmillionenlangen Schmarotzertums im normalen Aktionskatalog der Kuckucke festgeschrieben wurde. Es entspricht genau dem, was wir von Kuckucken und nur von Kuckucken erwarten. Indes, im Jahr 1973 machten drei junge spanische Biologen eine Entdeckung, die uns alle zwingt, unsere diesbezüglichen Annahmen, die wir bisher für selbstverständlich hielten, neu zu überdenken.

Die drei Forscher untersuchten im Coto-Doñana-Nationalpark (einem 507 Quadratkilometer großen Naturschutzgebiet an der Mündung des Guadalquivir, interessant vor allem, weil hier die Wanderwege vieler europäischer Zugvögel zusammenlaufen), wie Elstern sich gegen den Brutparasitismus der lokalen Kuckucke wehren. Die Forscher praktizierten Eier oder Attrappen von Eiern aller möglichen anderen Vogelarten in Elsternnester und stellten fest, daß die Elstern erwartungsgemäß die Eier, die ihren eigenen am wenigsten ähnlich waren, am stärksten ablehnten. Das gleiche probierten die Forscher mit nackten Vogeljungen anderer Arten aus, und von diesen wurden nur wenige abgelehnt – auch das keine Überraschung, weil ja die schmarotzenden Kuckucke in den fremden Nestern Eier und nicht Junge deponieren, so daß für die Elstern nie die Notwendigkeit bestand, einen Abwehrmechanismus gegen junge Vögel zu entwikkeln. Ohnehin haben die Kuckucke sie, mit der Fabrikation von Jungen, die Erscheinungsbild und Verhalten der Elsternbrut kopieren, schon überrundet. Eines der Vogeljungen, das die Forscher den Elstern untergeschoben hatten, tat nun freilich etwas ganz Ungewöhnliches.

Es handelte sich um ein Schwalbenjunges, und Schwalben sind eine Spezies, die nicht zu den Wirtsvögeln von Kuckucken zählt. Der nackte kleine Vogel wurde in ein Elsternnest gesetzt, in dem bereits drei Elsterneier lagen. Am nächsten Tag bemerkten die Forscher, daß eines der Eier unter dem Nest auf dem Boden lag. Es war unversehrt, also hoben sie es auf, legten es zurück zu den anderen und beobachteten, was darauf geschah. »Wir sahen, wie das Schwalbenjunge sich wiederholt ein Ei auf den Rücken lud, indem es darunterkroch, sich rückwärts zum Nestrand bewegte und das Ei vor unseren Augen nach draußen auf den Boden purzeln ließ – was ihm zweimal gelang.«[5]

Selbst in dieser trockenen Beschreibung ist etwas von der Ungläubigkeit zu spüren, mit der jeder Biologe auf einen derartigen Vorfall reagieren muß, denn er steht im Widerspruch zu allem, was wir über die Art und Weise, wie die Evolution funktioniert, zu wissen glauben. Das normalerweise schwache und hilflose Schwalbenjunge benahm sich genauso wie ein Kuckucksjunges. Das Problem ist nur, daß es zwischen Schwalben und Kuckucken absolut nichts Verbindendes, ja nicht einmal eine ganz entfernte Verwandtschaft gibt. Auch haben Schwalben keinerlei direkte Erfahrungen mit Kuckucken. Schwalbenjunge sind es nicht gewohnt, sich in Elsternnestern oder sonstigen fremden Nestern wiederzufinden. Und dennoch: Eine winzige nackte

Schwalbe, die in die mißliche Lage geraten ist, mit Eiern und Nestlingen konkurrieren zu müssen, die größer sind als die ihrer eigenen Spezies, zeigt sich in diesem, dem meines Wissens ersten Fall seiner Art in der Geschichte imstande, eine schwierige und Geschicklichkeit erfordernde Operation auszuführen.

Eine solche Reaktion konnten nur die Gene instrumentieren. Im normalen Leben der fraglichen Schwalbenart findet sich jedoch nichts, das die präventive Einlagerung einer Anti-Kuckuck-Anpassung, einer nie benutzten Waffe nur für alle Fälle, in den Genpool der Art begründen könnte. Die einzige schlüssige Auflösung des Rätsels hat der Kolumbus des Gen-Egoismus, Richard Dawkins, anzubieten, und sie hat nichts mit Kuckucken zu tun. Sie handelt ausschließlich von Schwalben und von der Möglichkeit, daß die beobachtete Verhaltensform die Art und Weise ist, wie Schwalbennestlinge manchmal miteinander umgehen. Denn schließlich ist laut Dawkins »das skrupellose Verhalten eines jungen Kuckucks lediglich ein Extremfall dessen ..., was in jeder Familie vor sich gehen muß. Leibliche Geschwister sind untereinander näher verwandt als ein Kuckucksjunges mit seinen Stiefgeschwistern, aber der Unterschied ist lediglich quantitativer Art.«[101]

Kann sein, daß wir alle der Art von simpler Rechenkunst mächtig sind, die zum Brudermord führt. Zuweilen muß erst einmal eine dumme Frage gestellt, ein eher unwahrscheinliches Problem durchdekliniert werden, damit wir von einem Tier eine höchst überraschende Reaktion als Antwort erhalten.

Das Vollgelege der spanischen Schwalbenrasse, von der hier die Rede ist, zählt normalerweise vier Eier. Das ist aus der Perspektive der Art die optimale Zahl, aber ein Schwalbennestling sieht das vielleicht anders. Aus seiner Perspektive wäre eine geringere Zahl besser, vorausgesetzt, er ist darunter. Im Gegensatz zu einem jungen Kuckuck, den mit seinen Nestgenossen keinerlei genetisches Interesse verbindet, dürfte einem Schwalbenjungen nicht daran gelegen sein, sämtliche Geschwister aus dem Weg zu räumen. Aber als Individuum hätte es einen unmittelbaren Vorteil davon, wenn das Gelege etwas kleiner wäre. Wenn es ein Ei aus dem Nest bugsiert, erhöht sich sein numerischer Anteil an der elterlichen Fürsorge von einem Viertel auf ein Drittel, und welches Individuum fackelt schon lange angesichts einer solchen Chance? Wenn man den Tatsachen ins Auge sieht, kommt man um die Erkenntnis nicht herum, daß in jedem von uns ein Stückchen Hyäne steckt.

Viele Arten begegnen den Risiken, die ihren Nachwuchs bedrohen, in der Weise, daß sie mehr Nachkommen produzieren, als ohne jene Risiken für die schlichte Bestandserhaltung nötig wäre. Vogelarten, die von einem Schwankungen unterworfenen oder unvorhersehbaren Nahrungsangebot abhängen, sind zur Nistzeit in besonders hohem Maße verwundbar, und ihre Gene scheinen sich für einen ausgesprochen drakonischen Ausweg aus dem Dilemma entschieden zu haben, indem sie nicht nur zu Geschwistermord, sondern auch zu Kindesmord und Selbstmord anregen.[291]

Dahinter steckt eine gleichermaßen unerbittliche Rechnung. Wenn nämlich Futterknappheit herrscht, bekommt kein Nestling der Brut ausreichend zu fressen, und alle gehen zugrunde. Vermindert sich jedoch, egal wie und warum, die Brut um ein Junges, erhöht sich für die Zurückbleibenden die Überlebenschance. Ihre individuelle »Fitneß« nimmt zu. Weil aber Hamiltons Gleichungen sich mit der »Gesamtfitneß« (*inclusive fitness*) – der Aussicht der Gesamtheit auf Fortpflanzungserfolg – befassen, führen sie zu dem harten, aber biologisch folgerichtigen Ergebnis, daß der einzelne Nestling, wenn er stirbt, mehr für die Fitneß tut, als wenn er weiterlebt. Die Individuen haben von Anfang an schlechte Karten. Offen ist lediglich die Frage, welches von den Jungen zu welchem Zeitpunkt geopfert wird.

Ornithologen wissen seit langem von der Brutreduzierung bei einer Vielzahl von Arten und sind bisher allgemein davon ausgegangen, daß sie eine simple Sache elterlicher Regie sei. Bei knappem Nahrungsangebot, so nahm man an, füttern die Eltern die Nestlinge selektiv und lassen einen von ihnen sterben – gewöhnlich den zuletzt geschlüpften. Und manchmal spielen sich die Dinge auch genauso ab. Es ist jedoch wichtig, sich bewußtzumachen, daß Brutreduzierung weit eher den überlebenden Nestlingen als den Eltern zugute kommt. Die Erkenntnis, daß es Unterschiede zwischen der Interessenlage der Eltern und der des Nachwuchses geben kann, schärfte die Aufmerksamkeit für andere Strategien, die dann zu der Entdeckung führte, daß die Nestlinge zuweilen einer Entscheidung der Eltern zuvorkommen, indem die Mehrzahl von ihnen gegen einen der Ihren Front macht, ihn aus dem Nest schubst oder tothackt oder auffrißt oder ihn einfach bei der Fütterung abdrängt, so daß er leer ausgeht. Geschwistertötung rangiert offenbar noch vor der Kindestötung, zumal bei Arten mit zahlenmäßig kleiner Brut, wo dann der Selektionsvorteil für die übrigen Jungen relativ groß ist.[26]

Am meisten überraschte jedoch die Entdeckung, daß neben Geschwistertötung und Kindestötung noch eine dritte Strategie im Spiel ist, nämlich die, daß ein Nestling – in der Regel der mit der niedrigsten Lebenserwartung – sich für den Suizid entscheidet. Am häufigsten geschieht das in der Form, daß der Jungvogel das Nest verläßt, bevor er fähig ist, aus eigener Kraft zu überleben – wenngleich in solchen Fällen nicht immer eindeutig unterschieden werden kann zwischen echtem Selbstopfer und Zurückweichen vor dem Druck von seiten der Eltern und Geschwister.

Aus der Sicht der Gene kann Selbsttötung eine sinnvolle Option sein. Das schwächste Tier des Wurfs, der kleinste Vogel der Brut ist für die Eltern nicht selten einfach nur eine Art fakultativer Zusatzwette im Fortpflanzungslotto. Ist das Nahrungsangebot reichlich, kann der zusätzliche Fresser mit durchgefüttert werden. Herrscht Knappheit, läßt sich die Verlusterwartung beizeiten drosseln, ohne daß allzuviel Zeit und Energie fehlinvestiert wurde. Der Kampf ums Dasein im Sinne Darwins verlangt, daß der Kümmerling sein möglichstes tut, um am Leben zu bleiben; die Gentheorie und die tatsächliche Praxis sprechen jedoch dafür, daß er sich in der Mehrzahl der Fälle taktvoll und vielleicht sogar dem eigenen Wollen folgend aus dem Dasein verabschiedet und so zur Steigerung der Gesamtfitneß beiträgt – sei's direkt, indem er verspeist wird, sei's indirekt, indem er die Überlebenschancen von Verwandten mehrt.

Man könnte mit guten Gründen sogar argumentieren, daß derlei Egoismus bereits im Mutterleib beginnt. Natürliche Fehlgeburten sind in unserer Spezies häufig: Fast jede fünfte Schwangerschaft endet mit einem »spontanen« Abortus. Das tröstliche Wort bedeutet in den meisten Fällen lediglich, daß wir nicht wissen, was dahintersteckt. Diese Fehlgeburten könnten jedoch eine adaptive Strategie sein. Ist die Leibesfrucht verletzt oder fehlentwickelt und stellt daher aus der Sicht der Mutter und ihrer Gene eine Fehlinvestition dar, wäre ein

Abortus für alle Beteiligten die beste Lösung. Und nicht selten tritt dieser auch ein. Eine Studie unter weiblichen Strafgefangenen in den USA erbrachte das überraschende Ergebnis, daß in dieser Personengruppe ungeachtet der Prädominanz von Prostitution, Drogenabhängigkeit und anderer hochriskanter Lebensstile in den Biographien ihrer Mitglieder die Wahrscheinlichkeit, ein Kind mit einem Defekt zur Welt zu bringen, siebenmal geringer war als in der Gesamtbevölkerung. Dieser kontraintuitive statistische Befund wird allerdings aufgewogen und möglicherweise erklärt durch eine im Verhältnis zur Gesamtbevölkerung dreimal so hohe Wahrscheinlichkeit, mindestens eine Totgeburt oder natürliche Fehlgeburt hinter sich zu haben.[35]

Es scheint, daß es leichter zum »spontanen« Abortus kommt, wenn die Mutter ein streßträchtiges Leben führt, und daß diese Fehlgeburten dann Feten betreffen, die nicht ganz in Ordnung sind: die »Kümmerlinge« und die mit einem Defekt behafteten. Es ist nicht auszuschließen, daß die Mutter einem solchen unerwünschten Gast unbewußt die erforderlichen Nährstoffe vorenthält, wie Vogeleltern einen überzähligen Nestling benachteiligen, oder daß sie die Leibesfrucht vorzeitig ausstößt, wie Eltern und Geschwister einen unterentwickelten Jungvogel aus dem Nest hinauskomplimentieren. Und ebensowenig ist auszuschließen, daß der Fetus bei seiner eigenen Austreibung mithilft – pränatalen Selbstmord begeht, wenn man so will –, weil er damit sehr wahrscheinlich die Fitneß der Mutter fördert. Derartiger fetaler Altruismus könnte eine verbreitete Erscheinung sein, muß aber nichtsdestoweniger als das betrachtet werden, was er ist: ein weiterer Fall von kaltherzigem Kalkül der Gene, dessen Kern die Tatsache ist, daß der Fetus 50 Prozent seiner Gene mit seiner Mutter gemeinsam hat und daß auch das nächste Kind seiner Mutter zu 50 Prozent die gleichen Gene wie er haben wird. Indem sie ihr eigenes Leben opfert, nützt die altruistische Leibesfrucht dem nächsten Fortpflanzungsfall doppelt – und steigert so die Gesamtfitneß. Wieder streichen die Gene einen Gewinn ein, und diesmal ist es ein ehrlich verdienter, was sie freilich nicht daran hindert, bei jeder sich bietenden Gelegenheit auf unlautere Weise für den eigenen Vorteil zu sorgen. Ja, man kann ohne Risiko darauf wetten, daß sie das tun.

Die Gene sind nicht nur generell gemein zu Fernstehenden und nett zu Verwandten und Freunden, sondern auch geborene Schwindler. Um ihr Süppchen an anderer Leute Feuer kochen zu können, geben sie die schlitzohrige Maxime aus, die wir als Verhaltensmaßregel Nummer drei bezeichnen wollen: BETRÜGE, WO DU NUR KANNST.

Das Betrügen ergibt sich auf ganz natürlichem Wege. Die Gene verlangen es, und Kinder lernen schnell, daß es sich auszahlt. Hier liegt der Ursprung des Generationenstreits. Kein Vogeljunges, kein Welpe, kein Kleinkind läßt eine Gelegenheit zum Betrügen ungenutzt verstreichen. Sie alle tun so, als wären sie kleiner, hungriger, schutzloser, als sie wirklich sind, und hoffen, daß ihnen daraufhin mehr Zeit, Nahrung, Aufmerksamkeit zugewandt wird. In Baja California habe ich Pelikanjunge gesehen, die einen klassischen Anfall von Hysterie vorführten, bei dem sie sich, von konvulsivischen Zuckungen geschüttelt, wie rasend im Nest hin und her warfen und sich sogar in die eigenen Stummelflügel bissen – und das alles, um bei der Futterverteilung bevorteilt zu werden. So etwas ist immer ein Nervenkrieg, bei dem Lügen, Täuschen und Erpressen die wichtigsten Waffen sind, mit deren skrupellosem Einsatz die Besorgnisse und Schuldgefühle der Eltern ausgebeutet werden.

So haben beispielsweise manche Kuckucksjunge die teuflische Gewohnheit, im Wirtsnest ein dermaßen lautes Geschrei zu veranstalten, daß sie Räuber anlocken; die Pflegeeltern können sie nur zum Schweigen bringen, indem sie sie füttern, und so erzielen die kleinen Parasiten einen ungerecht hohen Futteranteil gegenüber ihren Stiefgeschwistern. Und wer jetzt glaubt, daß man Parallelen zu diesem Verhaltensmuster bei der Spezies Mensch mit der Lupe suchen müßte, den möchte ich mit der folgenden exemplarischen Geschichte eines Besseren belehren. Sie handelt von Lynn Kivi, einer jungen Mutter in Woodstock, Georgia, der 1994 in einem Supermarkt der Geduldsfaden riß, als ihr kleiner Sohn unablässig nach irgendeiner Schleckerei greinte, die ihm in die Augen gestochen hatte. Sie versuchte ihn zum Schweigen zu bringen, aber er nutzte den Vorteil, seine Mutter vor Publikum in Verlegenheit setzen zu können, derart schamlos aus, daß sie ihm schließlich eine schmierte. Zu ihrem Pech befand sich ein »Räuber« in unmittelbarer Nähe, und so endete die Angelegenheit vorläufig damit, daß Mrs. Kivi in Handschellen in Polizeigewahrsam verbracht wurde und nun einem Strafverfahren wegen Kindesmißhandlung entgegensieht, bei dem ihr, wenn es schlimm kommt, zwei Jahre Haft blühen können.[16]

Solcherlei amtliche Sanktionen sind in unserer Gesellschaft selten, nicht zuletzt deshalb, weil zur elterlichen Gewalt nach unserem Verständnis auch das Recht zu gewissen Disziplinierungsmaßnahmen einschließlich eines begrenzten Maßes von körperlicher Züchtigung gehört. Allerdings hat in jüngster Zeit unsere Bereitschaft zugenommen, in den traditionellen Formen der Disziplinierung die Möglichkeit des Ausartens in genuine Kindesmißhandlung zu erkennen, und die Folge davon ist vielleicht eine Neigung zur Überkompensation. Es ist ohnehin noch nie einfach gewesen, solche sozialen Situationen zu beurteilen, da Eltern und Kinder nur unzulänglich übereinander Bescheid wissen. Ein Elternteil weiß niemals ganz genau, wieviel Fürsorge ein kleines Kind benötigt, und das Kleinkind weiß niemals, wieviel Zuwendung Mutter und Vater eigentlich für es erübrigen können. Beim informellen Aushandeln dieser Dinge befindet sich freilich meist das Kind in der besseren Position, weil keine Mutter und kein Vater das Risiko eingehen würde, in der konkreten Situation einfach zu unterstellen, daß das Kind nicht wirklich hungrig oder verängstigt ist oder sich unwohl fühlt. Und nirgendwo auf der Welt lassen sich Kinder eine Gelegenheit entgehen, die ungewisse Sachlage zum eigenen Vorteil auszunutzen – bis sie den Bogen überspannt haben und die Eltern ihnen auf die Schliche kommen. Dann kehrt sich die Gewichteverteilung um, die Nachgiebigkeit nimmt ab, Ernüchterung kehrt ein, und die Reaktion von Elternseite fällt jetzt auch schon mal uninteressiert oder abweisend aus. »Nicht jetzt, mein Schatz, ich bin beschäftigt.«[28]

Inner- wie außerfamiliäres Sozialverhalten ist immer eine hochpolitische Angelegenheit voll strategischer Schachzüge und Gegenzüge, aber allmählich bekommen wir ein Bild davon, wie diese Transaktionen zustande kommen und von wo eigentlich die Initiative zu ihnen ausgeht. Einen enormen Fortschritt auf diesem Gebiet bedeutet Hamiltons Konzept der Gesamtfitneß* – der Summe aus der Fitneß

* »Fitneß« ist im vorliegenden Zusammenhang stets im darwinistischen bzw. neodarwinistischen Sinn gebraucht und bedeutet »optimale Befähigung zum Fortpflanzungserfolg bzw. zur Verbreitung der eigenen Gene«. – Anm. d. Übers.

des Individuums und der seiner Verwandtschaft. Anhand dieser Arithmetik können wir begreifen, wieso scheinbar identische Transaktionen, je nachdem, in welcher Beziehung die beteiligten Akteure untereinander stehen, unterschiedliche Konsequenzen haben.

Wer beispielsweise einem Bruder Nahrung oder Behausung oder sogar eine Paarungspartnerin überläßt, mindert die eigene Fitneß. Er handelt *altruistisch*, indem er ein Opfer bringt, das oberflächlich betrachtet auf genetischer Ebene nur einen Verlust für ihn bedeuten kann. Indes, der Bruder wird dadurch unter Umständen in eine unverhältnismäßig viel günstigere Ausgangsposition für Fortpflanzungserfolg versetzt werden, und das bedeutet, daß er eine unverhältnismäßig hohe Zahl der beiden Akteuren gemeinsamen Gene – eventuell einschließlich einer Disposition zum Altruismus – in die nächste Generation zu transportieren in der Lage ist. Wer sich hingegen weigert, zugunsten von Familienangehörigen Opfer zu bringen, und seinem Bruder die Tür weist, wenn der um Hilfe bittet, der mindert die Fitneß des Bruders. Ein solches Verhalten ist *egoistisch* und dem Bruder sicher nicht zuträglich, könnte sich jedoch auf Dauer für den Egoisten selbst auszahlen, wenn es dessen Fitneß so weit steigert, daß er eine unverhältnismäßig große Zahl von – möglicherweise ebenso egoistischen – Nachkommen in die Welt zu setzen vermag. Die Gene finden beide Strategien wirksam, sie werten nicht nach moralischen Kriterien, sondern suchen je nach den Umständen mal mit der einen, mal mit der anderen ihren Vorteil. Wir müssen damit rechnen, eingewurzelte Formen von Großzügigkeit wie Habsucht, von Altruismus wie Egoismus im Verhaltenskatalog jeder Spezies anzutreffen.

Ich erinnere mich, wie ich als Kind in Afrika einmal mitgenommen wurde, einen Zug Springböcke zu besichtigen. Damals nomadisierten diese kleinen Antilopen mit dem leierförmigen Gehörn noch zu Zehntausenden auf der Spur der periodischen Regenfälle durch die Kalahari. Obschon die Bestände nur noch einen Bruchteil der gewaltigen Herden darstellten, die einst hier umhergestreift waren, bot der Zug einen faszinierenden Anblick. Wie ein Strom aus Sand flutete die Masse rötlichbrauner Leiber über das ausgetrocknete Gelände, teilte sich vor einem Gewirr von Dornsträuchern, das eine felsige Erhebung überzog, und floß dahinter wieder zusammen. Es sah aus, als ob der ganze Wüstenboden in Bewegung geraten wäre. Von Zeit zu Zeit splitterte ein Partikel von dem riesigen Sozialorganismus ab; dann hatte irgend etwas einen Bock irritiert, und er sprang zwei oder zweieinhalb Meter hoch senkrecht in die Luft und entblößte dabei, mit den Hinterläufen rudernd, das aparte dunkle, weiß abgesetzte Band an seiner Seite, während sich der schneeweiße Haarkamm aus der Hautfalte auf seinem Rücken aufrichtete und in der Sonne leuchtete.

Seinerzeit kam ich nicht auf den Gedanken, daß dieses »Pronken« (nach dem Afrikaans-Wort für »Renommieren«) mehr sein könnte als nur eine theatralische Demonstration von Vitalität und Muskelkraft. Tatsächlich ist es ein altruistischer Akt. Die Grundregel des Nichtgefressenwerdens lautet: »Errege niemals Aufsehen, bleib immer unauffällig«, und dennoch sah man hier Tiere auf einem Terrain, wo sich Löwen, Leoparden, Geparden, Hyänen und Wildhunde herumtrieben, spektakuläre Kapriolen schlagen und förmlich zum Angriff auf sich einladen. Das Auftreten in großer Zahl bietet einen gewissen Schutz, keine Frage, aber gleichermaßen zwingend sind die Indizien, die dafür sprechen, daß viele Raubtiere ein auffälliges Individuum aus der Gruppe aussondern und es gezielt hetzen, ohne sich weiter um die anderen zu kümmern. Das Pronken zieht die Aufmerksamkeit auf sich; es fesselte mich, während es zugleich den pronkenden Bock in Gefahr brachte. Es ist aber auch ein Alarmsignal, das Artgenossen auf aktuelle Gefahren hinweist und die gesamte Gruppe auf Fluchtverhalten einstimmt. Leider hat es den Springböcken gegen menschliche Räuber nichts genützt. Infolge intensiven Bejagens ist der Springbockbestand stark gefährdet. In Schutzgebieten kann man allerdings noch kleine Gruppen dieser eleganten Antilopenart sehen und feststellen, daß die Tiere das Pronken nicht aufgegeben haben. Die auffällige Gewohnheit hat sich gehalten, weil die Gene als die erfahrenen Buchhalter, die sie alles in allem genommen sind, sie als gewinnbringend erkannt haben.[403]

Bei Sardinen, Sardellen und anderen »Köderfischen« liegen die Dinge offenbar umgekehrt. Diese Arten bilden aus vollkommen egoistischem Grund Schwärme. Kleine Fische suchen instinktgesteuert Schutz und Deckung vor potentiellen Angreifern, und wo hilfreiche Felsen und Riffe fehlen, finden sie diese Dinge in der großen Masse ihrer Artgenossen. Jeder einzelne Fisch in der Menge sucht möglichst viele Genossen zwischen sich und einen etwaigen Räuber zu bringen, und was bei diesem unverhohlenen Egoismus herauskommt, ist das bekannte Bild des in zentripetalem Wirbel sich andauernd umbildenden Schwarms, in dem jeder bestrebt ist, von der gefahrenträchtigen Peripherie weg und in das sichere Zentrum zu kommen.[422] Der egoistische Schwarm fällt stärker auf und ist weniger manövrierfähig als ein einzelner Fisch, so daß er es den Räubern erleichtert, zu ihrem Fressen zu kommen. Die durchschnittliche Fitneß im Schwarm ist niedriger, als sie wäre, würden die Fische sich nicht zum Schwarm zusammenschließen. Aber sie haben keine Wahl. In diesem Fall gibt – zumindest derzeit – das Egoismus-Gen den Ton an, und da jedes Individuum sich hinter jedem zu verstecken sucht, kommt es unweigerlich zur Schwarmbildung. Zumindest diese Form der Vergesellschaftung dürfte sich nicht der nuancierten Kontrolle und Regulierung durch die Umweltbedingungen verdanken, sondern ein zwangsläufiger Effekt rein mechanischer Kräfte sein, der der Spezies irgendwann einmal gefährlich werden könnte.[170]

Den Genen ist das freilich von jeher einerlei: Sie konzentrieren sich zielstrebig auf ihr Programm, lügen und betrügen, ja morden sogar, wann immer es ihren Zwecken nützt.

Neben Altruismus und Egoismus steht den Genen zur Verbesserung ihrer Gewinn- und Verlustrechnung noch ein anderes Manöver zu Gebote. Vergegenwärtigen wir uns nochmals das Verhältnis zwischen Brüdern, so können wir jetzt feststellen, daß ich meinem Bruder indirekt auch nützen kann, indem ich einem seiner Rivalen außerhalb des Verwandtenkreises schade. Ich selbst ziehe keinen Gewinn daraus. Ja, es kann sogar sein, daß mir Kosten entstehen, und trotzdem mache ich weiter, vielleicht in der Hoffnung, die Fitneß meines Bruders zu steigern. Dieses eigenartige Verhaltensmuster heißt »Boshaftigkeit«. Es ist nur allzu menschlich, was größtenteils daran liegen dürfte, daß es eine gewisse Kenntnis der Verwandtschaftsrechnung sowie Intriganz voraussetzt. Dennoch wäre es falsch, zu meinen, daß nur wir Menschen boshaft sein könnten.

Die Frage ist, ob wir von einem Tier erwarten können, daß es einen Nachteil für sich selbst in Kauf nimmt, sofern es nur im selben Zuge einem anderen Tier einen noch größeren Nachteil zufügen kann. Und die Antwort lautet offenbar: Aber gewiß doch. Mit der Entscheidung für eine Verhaltensstrategie kann ein Tier seine Gesamtfitneß steigern, indem es entweder nett zu nahen Verwandten ist oder sich indifferent gegen entfernte Verwandte verhält oder aber Fremde feindselig behandelt. Falls die Feindseligkeiten wenig Zeit und Mühe erfordern und das Tier sich damit keine weiteren Kosten auflädt, dürfen wir davon ausgehen, daß es sie eifrig ausübt. Sind sie jedoch nur mit größerem Aufwand an Zeit und Mühe zu bewerkstelligen und muß das Tier obendrein Nachteile für sie in Kauf nehmen, können wir ebenso sicher davon ausgehen, daß es zurückhaltender zu Werke geht und seine Bosheiten gezielter plaziert.[169]

Amerikanische Sumpfzaunkönige, die sich das Territorium mit einer Vielzahl anderer Singvögel teilten, wurden beobachtet, wie sie in Stärlingnester schlüpften und dort mit dem Schnabel auf die Eier einhackten, bis die Schale zerbrach oder einen Sprung bekam, was für den Embryo den Tod bedeutete.[294] Australische Laubenvögel spazieren häufig zu den Reiserlauben ihrer Nachbarn hinüber, in denen die Balzspiele und die Paarung stattfinden, um die kunstvollen Bauten, wenn die Besitzer nicht zugegen sind, gründlich zu demolieren.[263] See-Elefanten fallen in ihren überfüllten Landkolonien oft den augenscheinlich mutwilligen Überfällen erwachsener Weibchen zum Opfer, die sich sogar zu regelrechten Banden zusammentun, um das Junge einer Artgenossin zu töten.[239]

An Boshaftigkeit herrscht kein Mangel. Ein Teil davon dürfte einfach nur eine Form von Egoismus sein, insofern sie dem, der sie begeht, einen Selektionsvorteil verschafft: mehr Nahrung, mehr Raum, eine Rangerhöhung oder bessere Fortpflanzungschancen; selbst für die mordlustigen See-Elefanten-Weibchen bedeutet es vielleicht einen Gewinn, wenn im Leben ihrer Nachkommen ein kleines Quantum Konkurrenz weniger da ist. Nichtsdestominder hat auch die reine Boshaftigkeit ihren Platz in der Praxis der Evolution. Was immer ich tun kann, um meinem Bruder zu helfen, ist gut, und was immer ich tun kann, um Konkurrenten jenseits der Verwandtschafts- oder der Artgrenze zu sabotieren, ist unter Umständen von Vorteil sowohl für mich wie für meinen Bruder. Daß die Gene so viel Toleranz für boshaftes Verhalten aufbringen – und das selbst in Fällen, wo es mit einem erheblichen Aufwand an Zeit und Energie verbunden ist –, liegt meines Erachtens daran, daß es ihren egoistischen Zwecken nützt. Zumindest schränkt es tendenziell die Möglichkeit von Ad-libitum-Sexualpartnerschaften und damit der Verwässerung von Erbmasse ein. Wir gesellen uns am liebsten zu unseresgleichen. Würden Sie einem boshaften Mann die Hand Ihrer Tochter geben? Möglicherweise. Immerhin ist Boshaftigkeit eine klare Sache. Sie ist, was sie ist, und will nichts anderes sein. Schwieriger ist der theoretische wie der praktische Umgang mit Verhaltensweisen, die auf Täuschung abzielen. Die bekannteste ist die Lüge, die zweckmäßigerweise als »Übermittlung von Fehlinformation an Artgenossen« definiert werden kann. Die genetische Verhaltensmaßregel Nummer zwei gebietet Nettigkeit gegenüber Nahestehenden, weswegen wir die Täuschung von jemandem aus diesem Personenkreis mißbilligen. Maßregel Nummer eins indessen hält zu gemeinem Verhalten gegen Fernstehende an, und deshalb ist es völlig in Ordnung, sie zu belügen. Sie sind Freiwild. Das weiß jeder.

Nehmen wir zum Beispiel die Mimikry. Funktional gesehen stellt sie eine Art aktiver Tarnung dar – ein Bestreben, für den beobachtenden Blick nicht einfach nur mit dem Hintergrund zu verschmelzen, sondern wie etwas ganz anderes auszusehen, als man in Wirklichkeit ist. Wirbellose verstehen sich sehr gut auf solcherlei Täuschung. Auf Madagaskar sah ich eine Gruppe von leuchtend gefärbten Weichwanzen, die so ineinander verklammert auf einem Zweig saßen, daß sie das vollkommene Ebenbild einer rosa Blütenähre waren, und grüne Wespen klumpten so regungslos an ihrem hängenden Nest, daß ich sie noch aus der Nähe für eine in der Gegend verbreitete knubbelige Frucht hielt und beinahe die Hand danach ausgestreckt hätte, um sie zu pflücken. In demselben Trockenwald gibt es Springspinnen, die sich als Wespen tarnen, und wie welke Blätter geformte größere Radnetzspinnen, die harmlos tuend im Zentrum ihrer filigranen Fallen baumeln. In diesem Garten der Täuschungen findet man Langhornböcke, die sich listig so hindrapieren, daß sie wie ein Klacks Vogelkot aussehen, und Baumwanzenlarven, die sich um ihren Eierbeutel versammeln, um im Kollektiv mit den Beinen wedelnd das sehr überzeugende Bild einer giftigen Raupe hervorzubringen. Alle diese Aussagen – ich bin eine Blüte, ich bin eine Frucht, ich bin keine Spinne, ich bin ein Blatt, ich bin tote Materie, ich bin giftig – sind Unwahrheiten. Sie sind auf Irreführung und Fehlinformation von Arten angelegt, die Freßfeinde oder Beutetiere der Übermittler jener kunstreichen Nachrichten sind.

In Brasilien schießt dieser Erfindungsreichtum richtig ins Kraut und sattelt eine Täuschung auf die andere. Dort gibt es eine Zikade, deren Kopf sich zu einem mächtigen länglichen Wulst entwickelt hat; er endet in einer Pseudo-Schnauze mit zwei großen Augenhöckern hinten, auf denen ein weißer Fleck genau an der richtigen Stelle den Lichtreflex in einem Wirbeltierauge simuliert. Längs der »Schnauze« zieht sich beiderseits eine Einkerbung, die ihr das Aussehen zweier leicht geöffneter Kiefer verleiht, und nicht nur in Farbe, sondern auch in Basrelief ausgeführte Markierungen in der Einkerbung täuschen zwei unregelmäßige Reihen bluttriefender Zähne vor. Alles zusammen ergibt die unglaublich lebensechte Nachbildung eines Alligators, zwar klein, aber formvollendet in jeder Einzelheit. Schon oft bin ich am Ufer irgendeines verschlammten Amazonaszuflusses auf verschlafene Exemplare dieser aufwendig maskierten Zikaden gestoßen, und obwohl ich weiß, was sich hinter der Maske verbirgt, und überdies auch von einem Zehn-Zentimeter-Alligator nicht viel zu befürchten hätte, kostet es mich jedesmal ein bißchen Überwindung, eines der Tiere am Kopf zu packen. Und wenn ich das geschafft habe, muß ich sofort gegen den nächsten hinterhältigen Bluff gewappnet sein. Denn wenn es erschreckt wird, öffnet dieses gleisnerische Insekt die Flügel und enthüllt blitzartig zwei Flecken: ein großes Augenpaar, das einen durchdringend anstarrt, als säße es im Gesicht einer wütenden Eule.

Es fällt mir schwer, zu glauben, daß dieses Aufgebot von Täuschungsmanövern ein reines Zufallsprodukt sein soll. Die Wirkung ist so realistisch und so eindringlich, und beides, Realismus wie Eindringlichkeit, ist so präzise kalkuliert, daß der Mechanismus, der hier am Werk war, nicht von der Zikade allein herstammen kann. Es handelt sich hier ohne Zweifel um ein Gemeinschaftswerk, an dem auch Räuber beteiligt waren, wahrscheinlich Vögel wie Reiher und Fliegenschnäpper, die sich auf verschiedenen Etappen der langen Evolutionsreihe gleichsam als objektive Kunstkritiker einschalteten, um die unzulänglichen Entwürfe auszusondern und durch Vertilgen aus dem Genpool zu beseitigen. Es ist jedoch schwer vorstellbar, wie dermaßen kunstvolle Konstruktionen in der zur Verfügung stehenden Zeit ohne irgendwelchen direkten Bezug zu Eule und Alligator hätten vollendet werden können – ohne einen über ungewöhnliche Kanäle laufenden Informationsfluß zwischen den Arten in jener Waldregion, ohne einen Austausch von Bauplänen und Instruktionen, mit dem die normale natürliche Selektion à la Darwin konkretes Material zur Bearbeitung erhält. Meiner Ansicht nach setzt eine derartige Desinformationsstrategie, die eine so sinnvolle, zweckmäßige und originelle evolutionäre Anpassung darstellt, die Existenz einer Einflußgröße voraus, die die Grenzen und Fähigkeiten sowohl des Individuums wie der Spezies weit überschreitet. Und ich kann mir kein System denken, das besser geeignet wäre, jene Baupläne und Instruktionen zu liefern, als die Gene selbst, diese gewitzten Strategen, deren Existenzform etwas so Ätherisches sein kann wie der Code in einem Virus, das von Körper zu Körper schlüpft und mit dem Informationen so schnell und gründlich die Runde machen wie der neueste Klatsch auf einer Cocktailparty.

Wie anders soll man sich Kommunikation nicht nur über Artgrenzen, sondern auch über die Grenzen der Naturreiche hinweg erklären? In Algerien gibt es eine Orchidee, deren kleine Blüten wie goldgerändertes und in Samt gefaßtes stahlblaues Spiegelglas leuchten. Für ein Pflanzenkostüm sind das eher ausgefallene Motive, aber zusammengenommen verleihen sie der Blüte eine unheimliche Ähnlichkeit mit dem Weibchen einer lokalen Wespenart, wenn es irgendwo sitzt, wo seine gefalteten Flügel den blauen Himmel über Nordafrika reflektieren. Den dichten roten Haarpelz auf dem Hinterleib des Insekts bildet die Pflanze mit vollkommen gleich aussehenden Borsten nach, und die Fühler der Wespe wiederholen sich in den fadenförmigen obersten Blütenblättern der Orchidee. Und das alles zu dem Zweck, eine männliche Wespe anzulocken, damit sie versucht, mit dem scheinbar willigen falschen Weibchen zu kopulieren, und dann mit Pollen beladen wieder abzieht.[234]

Nun sind derlei Irreführungen gang und gäbe zwischen den Arten. Doch sollte man nicht von Artgenossen erwarten dürfen, daß sie im Verkehr miteinander mehr Ehrlichkeit an den Tag legen und sich gegenseitig wahrheitsgemäß Auskunft geben über Dinge wie Geschlechtszugehörigkeit, Paarungsbereitschaft, Aufenthaltsort und Grenzen des beanspruchten Territoriums? Mitnichten. Kein einziges artspezifisches Kommunikationssystem ist dazu da, die Wahrheit, die ganze Wahrheit und nichts als die Wahrheit zu übermitteln. Die Verständigungssignale können vom Sender so gewählt werden, daß sie eine zutreffende Information transportieren, aber ebensogut können sie auch eine Fehlinformation oder eine raffinierte Mischung aus beidem übertragen. Wenn ein mit dem üblichen Brautgeschenk (einem eßbaren Insekt) versehenes Skorpionsfliegenmännchen etwas erblickt, das wie eine paarungsbereite Artgenossin aussieht, muß es entscheiden, ob es tatsächlich eine seiner Werbung würdige potentielle Paarungspartnerin vor sich hat oder nur einen rivalisierenden Geschlechtsgenossen, der sich als Weibchen ausgibt und nur darauf aus ist, sich das Brautgeschenk zu ergaunern. Und ein Weibchen, das einem akzeptablen Freier begegnet, steht vor dem nicht minder schwierigen Problem, daß es entscheiden muß, ob sein Gegenüber sich mit ehrlichen Absichten naht oder ob es lediglich eines jener skrupellosen Skorpionsfliegenmännchen ist, die nichts als einen Speicheltropfen, der einem Insekt ähnelt, anbieten in der Hoffnung, das Objekt ihrer Begierde damit so lange täuschen zu können, bis die Paarung vollzogen ist. Die traurige Wahrheit ist, daß jedes Individuum im Tierreich, das mittels Betrugs einen unverdienten Vorteil erlangen kann, den Betrug auch begehen wird.[374]

Lügen macht sich bezahlt, und nichts trägt so reichlich Zinsen wie die »faustdicke Lüge«.[374] Politische Propaganda findet in vieler Hinsicht in der Evolutionstheorie einen festen Rückhalt. Der erforderliche Aufwand an Zeit und Energie dürfte für Täuschungen hohen wie geringen Schweregrads mehr oder minder der gleiche sein, und wenn die Wahrscheinlichkeit, daß eine kleine Lüge geglaubt wird, nicht höher als 50:50 ist, dann kann man genausogut auch in die vollen gehen und eine krasse Entstellung der Wahrheit auftischen. Sich Flecken auf den Flügeln zu schaffen ist harte Arbeit, aber wenn man sich schon darauf einläßt, hat man am Ende doch mehr davon, wenn man sie wie Eulenaugen gestaltet, als wenn sie lediglich vortäuschen, man gehöre einer anderen Insektenspezies an. Die Botschaft »Ich meine es ehrlich mit euch« oder »Ich bin nicht die Zikade, für die du mich hältst« hat längst nicht die gleiche Wirkung wie »Hütet euch vor aktiven Kommunisten« oder das durchschlagende »Vorsicht, Eule!«

Dian Fossey beobachtete einmal einen Gorillatrupp, der unter der Führung eines erwachsenen Weibchens einen Gebirgspfad entlangzog. Die Anführerin bemerkte in einem Baum eine blühende Kletterpflanze – für Gorillas ein besonderer Leckerbissen. Ohne sich nach den anderen auch nur umzusehen, ließ sie sich neben dem Pfad nieder und begann sich in die Pflege ihres Fells zu versenken. Der Rest des Trupps zog an ihr vorüber und weiter, aber kaum war die letzte Gefährtin außer Sichtweite, kletterte die Zurückgebliebene auf den Baum, verspeiste die Blüten und hastete dann davon, um den Pulk wieder einzuholen.[129] Solche taktischen Täuschungsmanöver sind bei Primaten gang und gäbe. Bei dem geschilderten Fall handelte es sich um das willentliche Verheimlichen eines Informationsvorsprungs, eine Art indirekter, passiver Irreführung, aus der die Akteurin Profit schlug. Es sind aber auch zahlreiche komplexer gelagerte Fälle bekannt, in denen ein Akteur andere Individuen direkt und aktiv hinters Licht führte, indem er ihre Aufmerksamkeit und ihren Sozialinstinkt zu seinem eigenen Vorteil manipulierte.

Ein plastisches Beispiel lieferte eine von Richard Byrne und Andrew Whiten in Afrika durchgeführte Feldstudie von Bärenpavianen.[58] Die Beobachtung erstreckte sich über einen kritischen Zeitraum, in dem ein älteres Alpha-Männchen von einem jüngeren, kräftigeren Rivalen abgelöst wurde, der die geschlechtsreifen Weibchen für sich monopolisierte. Nun ist aber der Aktionsraum von Pavianen riesengroß und in seiner ganzen Ausdehnung und mit allen Möglichkeiten, die er bietet, nur älteren Mitgliedern der Herde bekannt und geläufig, weshalb bei Standortwechseln in der Regel ein solches die Führerrolle übernimmt. Im bewußten Fall hatte der entthronte Alpha unweit des derzeitigen Aufenthaltsgebiets einen ergiebigen neuen Futterplatz entdeckt und die Herde dorthin geführt, doch bevor sich die Allgemeinheit den Herrlichkeiten zuwenden konnte, bahnte sich der rabiate junge Ranghöchste mit Muskelspielen den Weg in den Mittelpunkt der Aufmerksamkeit und erneuerte seinen Machtanspruch. Statt sich dem zu widersetzen, inszenierte der Veteran ein geschicktes Täuschungsmanöver. Unvermittelt erhob er sich und verließ den Schauplatz, um sich für alle klar erkennbar in eine bestimmte Richtung in Marsch zu setzen. Die anderen bewegten sich zunächst unschlüssig durcheinander, schlossen sich jedoch binnen Minuten allesamt, der junge Despot nicht ausgenommen, dem Aufbruch an – wie sie es eben nicht anders gewohnt waren. Zwei Minuten später erschien der weise alte Pavian, der einmal im Kreis herumgewandert war, wieder auf der leergefegten Szene und ließ sich nieder, um ungestört und ohne lästigen Rivalen das reichhaltige Nahrungsangebot zu genießen.

Lügen ist lediglich die augenfälligste Art des täuschenden Sozialverhaltens und überdies so verbreitet, daß man es als universales Phänomen betrachten muß. Als ein Element unserer Umwelt, das so natürlich ist wie der Wind und das Wasser. Zugleich aber ist seine Existenzgrundlage die Tatsache, daß eine noch elementarere Komponente desselben Systems die »Ehrlichkeit« ist. Täuschung kann nur funktionieren, wenn sie die *seltene* Variante einer ehrlichen Reaktion ist, nur wenn sie ein vorhandenes Erscheinungsbild oder Verhaltensmuster kopiert und dabei die Neigung der Individuen, dem Anschein zu glauben, ausnutzt. In sozialen Gruppen, deren Mitglieder durch ein sehr engmaschiges Beziehungsgeflecht verbunden sind, sich untereinander alle kennen und oft miteinander interagieren, sind Täuschungen schwerer ins Werk zu setzen und leichter aufzudecken. Deshalb müssen sie hier noch raffinierter angelegt werden, und es muß im Gegenzug dazu das Gespür für sie immer schärfer werden. Die drei von den Genen ausgegebenen Handlungsmaximen sind ja nur Grundregeln; sie reichen zwar aus, um das Spiel der Vergesellschaftung in Gang zu bringen, dessen Erfolg hängt jedoch letzten Endes von jener Art Feinjustierung ab, ohne die eine komplexe Gesellschaft überhaupt nicht möglich wäre.

In einer Gesellschaft, die menschlichen Wert nach technischem Wissen und Können bemißt, wird soziale Intelligenz stark unterbewertet. Selbst unsere Bemühungen, die relative Intelligenz anderer Arten zu bestimmen, kranken an einem Hang zu Experimenten, die das Leistungsvermögen der Individuen im Umgang mit physikalischen Apparaturen, aber nicht im Umgang miteinander testen. Das soziale Umfeld ist insofern etwas Besonderes und eine besondere Herausforderung, als es Reaktivität besitzt. Es erhebt Einrede und verlangt nach sehr viel ausgeklügelteren Problemlösungsstrategien. Es setzt die Art von sozialer Gewandtheit voraus und leistet ihr wahrscheinlich Vorschub, für die sich der Name »Machiavellismus« eingebürgert hat – nach jenem berüchtigten Florentiner Schriftsteller, der in seinem Fürstenspiegel den Wert der Verstellung und der Manipulation in sozialen und politischen Geschäften beleuchtete. »Ein Herrscher braucht also alle … guten Eigenschaften nicht in Wirklichkeit zu besitzen«, schrieb er, »doch muß er sich den Anschein geben, als ob er sie besäße ..., aber er muß auch die Seelenstärke besitzen, im Fall der Not alles ins Gegenteil wenden zu können.«[255]

Dieser Typus der sozialen Intelligenz ist stammesgeschichtlich älter als die technische Intelligenz. Es könnte sogar sein, daß, wie der Psychologe Nicholas Humphrey meint, der schöpferische Verstand direkt aus dem Umstand hervorgegangen ist, daß wir einander zum Manipulieren und Ausforschen hatten.

Für die Berggorillas in Ruanda oder die Schimpansen in den Wäldern am Kongo ist das Leben verhältnismäßig einfach. Nahrung ist reichlich da und leicht zu beschaffen; Freßfeinde sind nur in geringer Zahl da und leicht zu meiden. Es gibt wenig zu tun außer Fressen, Schlafen und Spielen. Aber die Ruhe trügt; alles sieht nur so einfach aus, weil die Mitglieder dieser Gruppen herausgefunden haben, wie man eine stabile Gesellschaft ins Dasein ruft und am Leben erhält. Körperlich sind sie vielleicht träge, aber geistig sind sie hyperaktiv. Der Urwald macht ihnen vielleicht keine Probleme, aber dafür tun das ganz bestimmt die anderen Gorillas oder Schimpansen. Soziales Überleben verlangt von ihnen (wie übrigens auch von uns) den Einsatz von allem, was sie (beziehungsweise was wir) an Können und Geschicklichkeit aufzubieten vermögen, und zwar größtenteils deswegen, weil ihre (unsere) Gesellschaft ein logisches Paradox verkörpert. Einerseits schafft sie Vergünstigungen für die Individuen, die ihr Gefüge sichern und für den Zusammenhalt der Gruppe sorgen. Andererseits ermutigt und belohnt sie Individuen, die sich als erfinderisch beim Ausbeuten und Austricksen ihrer Genossen erweisen. Eine komplexe Gesellschaft kann ihrer ureigensten Natur nach nur berechnende Wesen hervorbringen – Wesen, die Einsicht in die Folgen ihres Handelns haben, die Reaktionen anderer prognostizieren und für alles, was geschieht, eine Gewinn- und Verlustrechnung aufstellen.[202]

Nehmen wir zu dem allen den durch Interessenkonflikte zwischen den Generationen in jeder Fortpflanzungsgemeinschaft erzeugten genetischen Druck sowie ferner die Möglichkeit der Konkurrenz zwischen den einzelnen Fortpflanzungslinien hinzu, so haben wir alle Zutaten zu einem System beisammen, das eine gesicherte Existenzgrundlage für Egoismus einschließt. Jedes vererbbare Merkmal, das die Fähigkeit des Individuums, andere zu überlisten, verbessert, wird sich in kurzer Zeit im ganzen Genpool ausbreiten. Im unsrigen hat sich diese Fähigkeit eindeutig durchgesetzt und beflügelt die Spezies Mensch zu machiavellistischen Spielen ausgefallenster Art.

Dem allen liegt ein unumstößliches Axiom zugrunde, ein Fundamentalprinzip, das der gemeinsame Nenner aller drei von den Genen dekretierten Maßregeln ist. Und dessen Quintessenz lautet, daß die Gene alles tun, was im Interesse ihrer Sicherheit und ihres Fortbestands liegt, selbst wenn das bedeutet, einzelne Individuen der Spezies zu opfern.

Languren sind langgeschwänzte Schlankaffen, die dank steil gebogener Augenbrauen permanent verwundert dreinsschauen. Ihr Verbreitungsgebiet reicht von Südindien bis zu den Ausläufern des Himalaja. Sie leben in Horden von bis zu siebzig oder achtzig Individuen, in denen es jeweils nur ein geschlechtsreifes Männchen gibt. Die anderen verlassen die Horde oder werden ausgestoßen und bilden Junggesellenbanden, die der Horde wie ein Schatten folgen, deren Kampfkraft taxieren, nach Anzeichen von Schwäche ausspähen und auf die Gelegenheit warten, die Position des Haremshalters an sich zu reißen.

Der Kampf um die Herrschaft über den Harem ist hitzig, und unter Umständen greifen die untereinander allesamt eng verwandten erwachsenen Weibchen ein, um die Angreifer mit vereinten Kräften zurückzuschlagen. Doch alle zwei oder drei Jahre behalten diese die Oberhand, und einer aus ihren Reihen überwindet den derzeitigen Haremshalter. Der gelungene Umsturz ist der Auftakt zu einem Terrorregime des neuen Herrschers, der sämtliche noch nicht entwöhnten Babys in der Horde umbringt. Die Weibchen setzen sich gegen das Abschlachten ihrer Jungen zur Wehr, aber schließlich übt der eigene Körper Verrat an ihnen, indem er nur wenige Tage nach dem Verlust des Säuglings wieder in Brunst gerät. Und dieses Inferno von Kindesmord nimmt erst nach sieben Monaten ein Ende, wenn die ersten der von dem Usurpator geschwängerten Weibchen Junge gebären, die dessen Gene und nicht die seines Vorgängers besitzen.[196]

Der genetische Imperativ tritt hier nackt und brutal, aber nicht einsinnig in Erscheinung. Durch die Tötungen wird der Fortpflanzungserfolg der Langurenweibchen beeinträchtigt, und *deren* Gene setzen nun Gegenmaßnahmen ins Werk, unter anderem etwa gemeinschaftlichen Widerstand gegen die Tötungen oder das Abwandern aus der

Gruppe, um sich dem alten Herrscher, dem Vater der eigenen Jungen, anzuschließen oder eventuell sogar das Risiko der solitären Lebensweise auf sich zu nehmen. Von allen vergleichbaren Strategien beeindruckt jedoch am meisten die, welche darin besteht, daß ein trächtiges Weibchen »so tut«, als ob es in der Brunst wäre, was so weit geht, daß hormonale Veränderungen eintreten, die geeignet sind, den neuen Haremsbesitzer von der Empfängnisbereitschaft seiner Sexualpartnerin zu überzeugen, und daß diese oft genug mit ihm kopuliert, um den Argwohn zu beschwichtigen, der sich bei ihm einstellen könnte, wenn ihr Junges lange vor Ablauf der normalen Tragzeit zur Welt kommt. In den meisten Fällen funktioniert der Trick, und der Schreckensherrscher nimmt das Junge des vertriebenen Männchens als sein eigenes an.[197]

Derlei Taktiken mögen zwar nicht Teil einer bewußten Strategie, keine wohlüberlegten Schachzüge innerhalb langfristiger Planung sein, aber sie sehen so aus, als wären sie es. Serengeti-Löwen verfahren nach der gleichen Regel: Sie töten die Jungen in einem Rudel, wenn es ihnen gelungen ist, den Haremsherrn zu vertreiben.[335] Und für Dutzende weiterer Arten ist die Kindestötung unter vergleichbaren Umständen belegt, so zum Beispiel für Neuweltaffen, Menschenaffen und den Menschen. Diese Übereinstimmung der Handlungsmaximen ist kein Zufall, sondern das Resultat komplexer Kalkulationen, bei welchen im Laufe der Evolution konkurrierende Programme gegeneinander antreten, unter denen die natürliche Selektion dasjenige auswählt, das unterm Strich die höchste Rendite für die Gene abwirft.

Wenngleich bei den sozialen Interaktionen der Spezies Mensch der Input an zufälligen, eigenwilligen, erratischen Interventionen höher ist als bei Löwen und Languren, ist menschliches Verhalten der mathematischen Analyse nicht weniger zugänglich als das Verhalten jener Tiere. Aus dieser Einsicht ist im Umfeld der Evolutionsgenetik ein ganzer Wissenschaftszweig neu entstanden. Dessen mathematische Methodik wurde in den zwanziger und dreißiger Jahren dieses Jahrhunderts in der Wirtschaftswissenschaft zur Untersuchung und Optimierung ökonomischer Planungs- und Entscheidungsprozesse entwickelt, bereitwillig aber auch von der Biologie und zumal der Evolutionsforschung übernommen.[397]

Am Ursprung dieses methodologischen Neuansatzes steht eines der ältesten Rätsel der menschlichen Natur. Wir wissen, daß die Menschen mit Vorliebe für sich selbst und das, was sie angeht, also für ihren Besitz, ihre Verwandten und Freunde sorgen – und es fällt uns nicht schwer, zu verstehen, warum das so ist. Aus eigener Erfahrung kennen wir aber auch Nutzen und Vergnügen des kooperativen Verhaltens. Wir sehen die Wichtigkeit von Edelmut und Großzügigkeit ein, und wenn man uns um unsere Meinung fragte, würden wir mehrheitlich dem zustimmen, daß alles, was den Wert unserer Zivilisation ausmacht, in uneigennützigem Verhalten gründet. Aber wie kommt es zu Uneigennützigkeit? In unserer Erfahrung findet sich nichts, was zu der Erwartung berechtigen würde, daß es in Situationen, wo für Individuen ein Anreiz zu egoistischem Verhalten besteht, zur Kooperation kommen könnte. Aber dennoch geschieht das immer wieder. Immer wieder überraschen wir uns selbst und andere mit unerklärlichen Akten des reinsten Altruismus.

Der Ursprung dieser sonderbaren Selbstlosigkeit war ein ziemliches Rätsel, bis William Hamilton 1963 ein Modell ihrer möglichen Entstehung im Lauf der Evolution entwickelte. Seitdem wird das Bewußtsein immer stärker, daß nicht unbedingt alles Handeln auf dem genetischen Imperativ gründen muß, der da lautet »Alles immer nur für mich und um meinetwillen«. Dessen Einfluß ist zwar bedeutend, aber es sind noch andere Kräfte im Spiel, und dies sind zur allgemeinen Verblüffung solche, die auf Kooperation hinwirken. Sie berechtigen zu dem Schluß, daß selbst die selbstsüchtigsten Systeme zu echter Gegenseitigkeit gravitieren, ohne daß ihnen von einer außenstehenden Autoritätsinstanz ein Fernziel gesetzt oder ein Verhaltenskodex vorgeschrieben würde. Diese Entdeckung ist etwas so Ausgefallenes, daß es in einer Welt, die am Rand epidemischer Anarchie steht, schwerfällt, sie auf Treu und Glauben zu akzeptieren. Aber zum Glück sind die neuen Offenbarungen mit harten Zahlen untermauert – und die überzeugendsten stammen ausgerechnet aus Computerspielen.

Die *Spieltheorie* bildet soziale Interaktionen als strategische Spiele ab, die die Mitglieder einer Population mit- und gegeneinander spielen, und kalkuliert die strategischen Optionen, die den Spielern zur Verfügung stehen, sowie die Gleichgewichtslagen, die sich ergeben können. Sie geht dabei von einer einzigen Prämisse aus, und die lautet, daß der Eigennutz sich im Streben nach größtmöglicher Fitneß artikuliert, die den beteiligten Genen die besten Überlebenschancen sichert. Der Biologe John Maynard Smith hat für diese Ideallösung – den Kurs, den jedes Individuum in jeder Lebenslage verfolgen sollte – die Bezeichnung »evolutionär stabile Strategie« geprägt. In einer vollkommenen Welt, in der jedes Individuum einer Population sich der evolutionär stabilen Strategie bedient, vermag keine abweichende Strategie, kein mutantes Gen weit genug in das System einzudringen, um hier Fuß fassen zu können. Ein solcher Grad der Vollkommenheit existiert natürlich nirgends, und wenn er irgendwo existierte, würde es dort ziemlich langweilig zugehen; und in keinem evolutionären System ist ein einmal erreichtes Gleichgewicht von langer Dauer. Nichtsdestotrotz führt die Spieltheorie zu hochinteressanten kontraintuitiven Resultaten.[268]

Stellen wir uns vor, zwei Mitglieder einer Jugendgang werden wegen des Verdachts auf Einbruchsdiebstahl festgenommen; falls es gelingt, sie des Delikts zu überführen, droht als Mindeststrafe eine Geldstrafe von 100 Dollar, als Höchststrafe ein Jahr Haft. Es gibt keine Tatzeugen, deswegen werden die beiden in getrennten Zellen untergebracht und getrennt verhört, wobei wie üblich zwecks Aufbesserung der polizeilichen Erfolgsstatistik der Versuch gemacht wird, jeden der beiden Beschuldigten dazu zu bringen, seinen Kumpan zu belasten. Falls keiner von beiden singt, wenn sie beide dichthalten, wie der Ehrenkodex der Gang es verlangt, müssen sie auf freien Fuß gesetzt werden und haben obendrein jeder das Anrecht auf die 300-Dollar-Prämie, die die Gang in solchen Fällen vergibt. Bei der Polizei weiß man darüber Bescheid und versucht daher, den beiden die Zunge und damit den ganzen Fall zu lösen, indem man jedem für den Fall, daß er den Kronzeugen gegen den anderen spielt und dieser daraufhin verurteilt wird, Straffreiheit sowie eine Belohnung von 500 Dollar zusichert; sollten jedoch beide der Versuchung nachgeben, den Komplizen zu verraten, würde man die Kronzeugenregelung nicht anwenden, sondern beide vor Gericht bringen, wo sie allerdings mit der 100-Dollar-Mindeststrafe davonkämen. Sollte nur einer der beiden den Köder schlucken, würde er als Kronzeuge straflos ausgehen und die zugesagte Belohnung erhalten, sein Kumpan jedoch zu der Höchststrafe von einem Jahr Haft verurteilt werden.

Dies ist die Ausgangslage des sogenannten Gefangenendilemmas. Es hat vier mögliche Resultate. Nehmen wir an, Sie sind einer der beiden Beschuldigten. Sie wissen, daß Sie Ihrem Kumpan vertrauen können, und halten auch selbst den Mund; darauf werden Sie beide auf freien Fuß gesetzt und kassieren jeder die 300-Dollar-Prämie Ihrer Gang. Oder aber Sie singen, gehen straffrei aus und nehmen obendrein auch noch die 500-Dollar-Belohnung der Polizei mit: Treubruch schlägt in diesem Fall mit einem Plus von 200 Dollar zu Buche. Kennen Sie jedoch Ihren Kumpan gut genug, um zu wissen, daß er wahrscheinlich plaudern wird, und entschließen sich, ebenfalls den Mund aufzumachen, wird jeder von Ihnen lediglich mit einer Geldstrafe von 100 Dollar belegt. Aber wenn er redet und Sie schweigen, kommt er, mit 500 Dollar Belohnung in der Tasche, frei, und Sie landen für ein Jahr im Knast. Wieder lohnt sich für Sie der Treubruch. Er ist das einzig Logische, wofür Sie sich entscheiden können.

Ihr Verteidiger kennt das Pro und Contra und rät Ihnen, auszupacken. Aber der Verteidiger Ihres Kumpans ist auch nicht auf den Kopf gefallen, und deshalb kann man davon ausgehen, daß er seinem Mandanten den gleichen Rat gibt; die Wahrscheinlichkeit spricht also dafür, daß Sie beide in die Bredouille geraten. Unter diesen Umständen ist es für jeden von Ihnen beiden evidentermaßen das beste, die Treue aufzukündigen. Sich dafür zu entscheiden, den Gewinn aus einem möglichen altruistischen Verhalten des anderen ohne Gegenleistung einzuheimsen. Wenn Ihr Spekulieren auf die große Belohnung sich am Ende als Fehlspekulation erweist, ist das Schlimmste, was passieren kann, daß jeder von Ihnen eine 100-Dollar-Geldstrafe aufgebrummt bekommt. Haben Sie jedoch richtig spekuliert – hält Ihr Kumpan entgegen dem Rat seines Anwalts dicht –, dann sind Sie derjenige, der hinterher mit 500 Dollar Belohnung in der Tasche in die Freiheit entlassen wird. Sie *müssen* einfach Ihren Kumpan verraten. Alles andere ergibt bei dieser Konstellation keinen Sinn.

Die Sache hat allerdings einen Haken. Das Leben ist keine Abfolge einmaliger Konstellationen. Nicht nur wiederholen sich Umstände in gleicher oder ähnlicher Form, sondern vielfach treffen dieselben Gegenspieler erneut zusammen; der Ausgang einer solchen Begegnung ist auch im Wiederholungsfall ungewiß, hängt jedoch mit davon ab, wie vorausgegangene »Spielrunden« verliefen. Um bei unserem

Beispielfall zu bleiben: Das Gericht könnte nicht mehr bereit sein, ein geringes Strafmaß überhaupt in Erwägung zu ziehen, sondern von vornherein die Höchststrafe anpeilen; oder die Gang könnte für den Bruch ihres Schweigegebots Rache nehmen. So werden auf längere Sicht – mit zunehmender Zahl der »Spielrunden« oder »Spielzüge« – neue Strategien angewandt werden müssen, und diese könnten dann auch so aussehen, daß Kooperationsbereitschaft bei den Entscheidungen der Spieler die Präferenz genießt und daß auf die Kronzeugen-Option nur mehr als *ultima ratio* zurückgegriffen wird.

Natürlich ist da immer auch die Option des »reziproken Altruismus«: Beide Spieler entscheiden sich dafür, dem anderen zu vertrauen und die ihnen beiden bekannten Kosten der wechselseitigen Hilfeleistung hinzunehmen. Das heißt für unseren Fall: Beide Jugendliche wahren Schweigen, lassen die Polizei im dunkeln tappen, stellen damit die Gang zufrieden und kassieren für die Mühe am Ende jeder 300 Dollar. Das wäre die Lösung nach dem Herzen von Maître Pangloss, jener Romanfigur Voltaires, der zufolge wir in der »besten aller möglichen Welten« leben; das Dumme ist nur, daß nicht recht zu begreifen ist, wie diese Verhaltensweise sich im Lauf der Evolution herausgebildet haben könnte. Wie sie, um zuerst davon zu sprechen, in der darwinistischen Kosten-Nutzen-Rechnung eine gute Figur machen könnte. Aber dennoch tritt sie immer wieder auf – sogar bei Vampiren.

Vampire leben, entgegen einem verbreiteten Vorurteil, nicht in Transsilvanien oder Siebenbürgen, sondern in Süd- und Mittelamerika. Hier fliegen sie nachts aus und suchen nach Opfern, die sie mit ihren rasiermesserscharfen Zähnen und ihrer geriffelten Zunge anzapfen können, um ihnen Blut auszusaugen; heutzutage sind das in den wenigsten Fällen Menschen, sondern zumeist Kühe, Pferde oder anderes Stallvieh. Das Blutsaugen ist eine hohe Kunst, und schon sehr früh müssen die jungen Fledermäuse anfangen, die nötige Taschendieb-Geschicklichkeit zu erlernen, aber selbst erwachsenen Tieren passiert es recht oft, daß sie bei der Nahrungssuche Pech haben, weil sie von ihrem Opfer bemerkt und weggewedelt werden und dann ungesättigt zum Ruheplatz der Gruppe zurückkehren müssen. Daraus kann ein ernstes Problem erwachsen. Blut ist eine sehr hochwertige Nahrung, aber bekanntlich auch leicht verderblich und wird darum so schnell verdaut, daß Vampire verhältnismäßig häufig Nahrung aufnehmen müssen. Sie gieren buchstäblich nach Blut, und schon dreitägiges Fasten kann für sie den Hungertod bedeuten.

Infolge dieser Gegebenheiten stehen die Vampire bei der Nahrungssuche unter hohem Erfolgsdruck. Im reziproken Altruismus haben sie jedoch eine offenbar glückliche Lösung für ihr Problem gefunden. Die Fledermäuse leben in stabilen Gruppen mit festen Ruheplätzen; die Gruppenmitglieder können, müssen jedoch nicht untereinander verwandt sein, aber auch unter Nichtverwandten wird Nahrungsteilung praktiziert: Vampire, die mit leerem Magen von der Nahrungssuche heimkehren, werden von Genossen mit ausgewürgtem Blut gefüttert. Und da Fortuna eine launische Göttin ist, wechseln bei diesen Nahrungsteilungsaktionen die Rollen des Gebenden und des Nehmenden mit dem Jagdglück recht häufig. Geteilt wird, wie gesagt, nicht nur unter Verwandten, sondern auch innerhalb einer partnerschaftlichen Koalition von zwei oder mehr genetisch nicht verwandten Individuen, die sich gegenseitig mittels unverwechselbarer »Kontaktrufe« identifizieren. Bei alldem achten die Vampire streng auf das Prinzip der Gegenseitigkeit; jede Fledermaus, die in diesem Punkt mogelt – indem sie die Wohltat einer Bluttransfusion in Anspruch nimmt, ohne sich je zu revanchieren –, wird zur Zielscheibe der mit »heiligem« Zorn gepaarten »moralischen« Entrüstung ihrer Genossen.[416]

Derartige auf Verwandtschaft oder individuellem Wiedererkennen beruhende Wechselbeziehungen sind für einen gelingenden reziproken Altruismus offenbar wesentlich. Sie setzen Unterscheidungsvermögen und Langzeitgedächtnis voraus und dürften in der Evolutionsgeschichte nicht nur der Vampire, sondern auch der Menschen eine bedeutende Rolle gespielt haben. Der Biologe Robert Trivers meint, daß es nicht damit getan war, zu erlernen, wie man andere betrügt, sondern daß zum unerläßlichen evolutionären Lernpensum auch die Fähigkeit zählte, die Betrugsmanöver anderer zu durchschauen, und ebenso die, sich selber mit allen möglichen raffinierten Schlichen von jedwedem Betrugsverdacht frei zu halten.

Wir Menschen teilen unser Essen miteinander, sorgen für die Unmündigen, die Kranken, die Armen, die Verwundeten. Und das alles tun wir heute routinemäßig, wobei sich unsere Hilfsbereitschaft auch auf Personen erstreckt, mit denen wir nicht einmal entfernt verwandt sind. Die Wurzeln solcher Nächstenliebe liegen tief in der Vergangenheit, in einer Zeit, als unser Leben noch so lange währte, unser Sozialverband noch so klein, die elterliche Fürsorge bei uns noch so umfassend und unsere Mobilität noch so eingeschränkt war, daß wir zwangsläufig die ausgedehnten Kontakte mit nah verwandten und uns eindeutig bekannten Menschen hatten, die zum Nährboden des Altruismus werden konnten. Wir sprechen von einer Zeit, die eine Million Jahre oder noch weiter in der Vergangenheit liegt, aber Trivers zufolge machten wir damals erste Bekanntschaft mit der »Freundschaft«: einer Disposition, für andere ausreichend Zuneigung zu empfinden, um in eine Wechselbeziehung mit ihnen eintreten zu wollen; mit der »Fairneß«: einem Gefühl, das im Verein mit moralischer Streitbarkeit den Betrug aus reziproken – auf Gegenseitigkeit gegründeten – Beziehungen fernhielt; mit der »Dankbarkeit«: einer Würdigung des Kosten-Nutzen-Verhältnisses reziprok altruistischer Akte; mit dem »Schuldgefühl«: einem Affekt, der dazu dient, eine Beziehung zu kitten, in der ein Betrug aufgedeckt wurde oder unmittelbar vor der Aufdeckung steht; und mit der »Gerechtigkeit«: einem Gefühl, das zur Einführung allgemeiner Normen drängt, anhand deren Altruismus in Interaktionen zwischen mehr als zwei Parteien qualitativ und quantitativ bestimmt werden kann.[386]

Einige Indizien sprechen dafür, daß der Antrieb zu altruistischem Verhalten mit der Gruppengröße variieren kann. So speist zum Beispiel ein Trupp Ausflügler in einem Restaurant auf gemeinsame Rechnung unter der stillschweigenden Voraussetzung, daß die Kosten hinterher zu gleichen Teilen gesplittet werden, und jemand in der Runde kann der Versuchung nicht widerstehen, statt des bescheidenen Tagesmenüs das teure Hummergericht zu bestellen. Skrupellosigkeit und Egoismus der betreffenden Person melden sich desto ungenierter zu Wort, je größer die umgebende Gruppe ist, weil die zusätzliche Kostenbelastung in entsprechendem Grad nivelliert und deswegen womöglich am Ende von niemandem bemerkt wird. Die gleiche Logik gilt auch für öffentliche Programme zur Abfallvermeidung und Bekämpfung der Umweltverschutzung. Der einzelne beweist als Mitglied von Kleingruppen in der Regel mehr Gemeinsinn, mehr Rücksicht auf das Gemeinwohl, als wenn er als einer von vielen agiert.[147]

Das alles ist logisch und psychologisch durchaus schlüssig, doch hat man damit immer noch kein klares Bild davon, was genau denn nun so etwas wie den reziproken Altruismus überhaupt möglich gemacht hat. Die von den Genen dekretierte Verhaltensmaßregel Nummer zwei – SEI NETT ZU NAHESTEHENDEN – ist eine gute Ausgangsbasis, aber warum und wieso wurde das Gendekret Nummer drei – BETRÜGE, WO DU NUR KANNST – außer Kraft gesetzt? Was hat den gewaltigen Vorteil, den Betrug gegenüber Ehrlichkeit hat, ausgestochen? Diese Fragen lassen sich nicht im Handumdrehen beantworten, aber wenn nicht alles täuscht, hat sich vor nicht allzu langer Zeit (im Zuge der Erkundung von Strategien zur Bewältigung des »wiederholten Gefangenendilemmas«) immerhin eine Indizienkette ergeben, die Rückschlüsse darauf erlaubt, was sich abgespielt haben könnte.

Robert Axelrod ist ein amerikanischer Politologe mit einem ausgeprägten Interesse für machiavellistische Taktiken und die moderne Spieltheorie. Er schaltete sich in die evolutionstheoretische Diskussion mit der simplen Frage ein: »Wann sollte ein Individuum sich in einer anhaltenden Interaktion mit einem anderen für Kooperation und wann sollte es sich für egoistisches Verhalten entscheiden?« Die Antwort suchte er, indem er im Computer eine Welt simulierte, die im Zeichen einer erweiterten Form des Gefangenendilemmas – nämlich des »wiederholten Gefangenendilemmas« – stand. Einer glücklichen Eingebung folgend, veranstaltete er ein »Gefangenendilemma-Computerturnier«: In Anzeigen forderte er Spieltheorie-Experten in Wirtschaftswissenschaft, Psychologie, Soziologie, Politologie, Mathematik und Biologie auf, ihm jeweils ein Computerspielprogramm einzureichen, das eine Umsetzung der nach Meinung des Programmierers optimalen Strategie zur dauerhaften Bewältigung des wiederholten Gefangenendilemmas darstellte. Das heißt, daß die einzelnen Programme einen Algorithmus enthielten, nach dem sie bei der Konfrontation mit den Spielzügen eines anderen Programms sich entweder für die Option »Zusammenarbeit« oder für die Option »Zusammenarbeit verweigern« entschieden; zudem besaßen sie die Fähigkeit, »sich zu erinnern«, welches gegnerische Programm bei zurückliegenden Begegnungen wie reagiert hatte. Unter den eingereichten Strategien wählte Axelrod 62 als Wettkampfkandidaten aus, die er in eine gemeinsame Programmiersprache übersetzte und dann im Computer gegeneinander antreten ließ. Nachdem alle Strategien jeweils zweihundertmal mit allen anderen (einschließlich Kopien ihrer selbst) konfrontiert worden waren, bilanzierte Axelrod die nach einem bestimmten Schlüssel vergebenen Plus- und Minuspunkte – und stellte zu seiner Überraschung fest, daß ausgerechnet die einfachste Strategie von allen den Sieg davongetragen hatte.[21]

Es handelt sich um ein Programm mit dem Namen »Wie du mir, so ich dir«, das auf lediglich zwei Regeln basiert: Beim ersten Zug optiert es für Zusammenarbeit, bei allen späteren Zügen kopiert es den vorausgegangenen Zug des Gegenspielers. In der Praxis läuft das auf eine Strategie hinaus, deren Anwender niemals illoyal ist – niemals von sich aus die Zusammenarbeit aufkündigt –, jedoch dem Gegenspieler jede Illoyalität in gleicher Münze heimzahlt, ihm allerdings nach einmaligem Vergeltungsakt sofort wieder vollkommen unvoreingenommen begegnet. Kurz, es ist ein optimistisches Programm, das jede ihm geltende altruistische Handlung mit einer altruistischen Handlung vergilt. Es verlangt Vertrauen, was unrealistisch zu sein scheint, aber das Erstaunliche an der Wie-du-mir-so-ich-dir-Strategie ist, daß sie nicht nur zur Gegenseitigkeit einlädt, sondern auch den idealen Mechanismus bietet, der mit Sicherheit Gegenseitigkeit schafft. »Wie du mir, so ich dir« ist ein robustes Programm, das, ist es erst einmal ins Laufen gekommen, fast unmöglich zu stoppen ist. Und da es einem so einfachen Funktionsprinzip gehorcht, ist es auch das perfekte Vehikel für die Ausbreitung der Gene im Genpool. Selbst Bakterien sind zur unmittelbaren Reaktion auf ihre Umwelt befähigt, und ganz sicher können sie auch genetische Instruktionen ausführen, die sinngemäß lauten: »Zuerst tue anderen, wie du wünschst, daß sie dir tun, aber danach tue ihnen, wie sie dir getan haben.«[388]

»Wie du mir, so ich dir« ist Altruismus, der die Zähne zeigen kann. Und er funktioniert auf Dauer, weil er tätige Reue anerkennt und mit Verzeihen honoriert. Das alles hört sich unglaublich redlich und rechtschaffen an, aber die eigentliche Schönheit und Stärke des Programms liegt darin, daß es den Keim seines Erfolgs in sich selber trägt. Es ist ein Selbstverwirklichungsprogramm. Ein automatischer Prozeß, der unaufhaltsam einem prägnanten Ziel zustrebt und auf dem Weg dahin Böses in Gutes verwandelt, wie die egoistischen Fische, von denen jeder nur am eigenen Überleben interessiert ist, sich unweigerlich zu einem Schwarm mit ganz anderen Eigenschaften als die Einzeltiere zusammenballen.

Der Ausgang von Axelrods Experiment widerspricht all jenen, die da meinen, in seinem natürlichen Zustand sei das Leben »einsam, arm, häßlich, brutal und kurz«.[187] Mit dieser Charakterisierung untermauerte der Staatstheoretiker Thomas Hobbes (1588–1679) seine Ansicht, daß Zusammenarbeit unter den Menschen sich nicht ohne Vermittlung einer Zentralgewalt in Gestalt einer starken Regierung und einer schlagkräftigen Polizei entwickeln könne. Es gibt noch heute Politiker, die solche Ideen als tragfähige politische Plattform offerieren und daraufhin sogar in Machtpositionen gewählt werden. Dank »Wie du mir, so ich dir« haben wir jedoch den Beweis dafür, daß wir nicht ausschließlich mit den drei Verhaltensmaßregeln des Gen-Egoismus arbeiten müssen. Es gibt Strategien, die eine Entwicklung von Kooperation ohne Vermittlung der Gene ermöglichen können. Für Individuen wie Arten ist die Möglichkeit gegeben, daß sie, jeweils eifrig auf die Durchsetzung ihrer eigennützigen Interessen bedacht, zu Gegenseitigkeit und wechselseitigem Nutzen hin gravitieren. Axelrod erwähnt den US-Senat als exemplarischen Fall eines sozialen Subsystems, in dem zwar alle bemüht sind, sich auf Kosten aller anderen zu profilieren, in dem aber auch »dank spezifischen Sitten und Gepflogenheiten, die unter anderem vorsehen, daß man einem Kollegen zu Hilfe kommt und sich das in gleicher Münze entgelten läßt«, so viel an wechselseitig nutzbringender Aktivität (wie etwa Stimmenhandel) entfaltet wird, daß man inzwischen mit Fug und Recht von einem im wesentlichen kooperativ funktionierenden Organ sprechen kann.[20]

Wie es scheint, kann Kooperation in kleinem Maßstab anfangen und sich mittels einer einfachen Verhaltensregel durchsetzen, die im wesentlichen auf »Nettsein« hinausläuft, allerdings auch die Bereitschaft zum Gegenschlag bei Sabotage sowie dann wiederum die Bereitschaft zu verzeihen einschließt. Es scheint ferner, daß Systeme, die ein solches Anfangsverhalten zeigen, sich in der Regel höher entwickeln; an ihrem Räderwerk sitzt eine »Sperrklinke«, die verhindert, daß ein einmal erreichtes Niveau der Kooperation je wieder unterschritten wird, während der Weg für die Aufwärtsentwicklung immer offenbleibt. Wieder nennt der Politologe Axelrod ein amerikanisches Verfassungsorgan als Beispiel, diesmal den Kongreß, über den er schreibt: »In der Frühzeit der Republik waren die Mitglieder für ihre Falschheit und Hinterlist bekannt. Sie waren ziemlich skrupellos und belogen einander häufig. Im Laufe der Jahre bildeten sich indessen Strukturen kooperativen Verhaltens heraus und erwiesen sich als stabil.« Mag sein, daß er in diesem Fall die Dinge in allzu rosigem Licht sieht, aber im Kernpunkt liegt er mit seiner Argumentation richtig. Kooperation gedeiht am besten im Rahmen von Beziehungen, die auf Kontinuität gestellt sind und es den Beteiligten nahelegen, auf Gegenseitigkeit beruhende Transaktionen in der Zukunft vorauszusehen. Und eine solche Voraussicht ist durchaus nicht das Privileg der Spezies Mensch. Vielleicht die einzige unerläßliche Voraussetzung dafür ist eine elementare Bewußtheit einer simplen und ernüchternden Einzelheit des Soziallebens: »Wir sehen uns vielleicht einmal wieder.«

1976 bemerkte ich auf einem Törn zwischen den Dry Tortuga Islands westlich der Florida Keys im sandigen Flachwasser vor der Küste eine Unruhe, die von etwas ausging, das wie ein vielköpfiges schwarzes Ungeheuer aussah. Über diese Hydra wehten in Intervallen Schleier von Wasserstaub hin, aber die See war ruhig, und ich konnte die Fahrrinne verlassen und nahe genug an das Ding heranfahren, um erkennen zu können, daß es sich um eine Schule von kleinen Walen handelte, die gerade noch so viel Wasser unter sich hatten, daß sie nicht auf Grund liefen. Gegen Abend sah ich mich dann in eine kleine Flotte von Booten integriert, deren Mannschaften dem Personal der Küstenwache und der Nationalparkverwaltung verhindern halfen, daß eine Walstrandung, die noch aus heutiger Sicht zu den bestdokumentierten und aufschlußreichsten Vorfällen dieser Art zählt, sich zur vollendeten Katastrophe auswuchs.

Es handelte sich um Kleine Schwertwale (auch Kleiner Mörderwal oder Pseudomörderwal, *Pseudorca crassidens*, ebenso wie der Große Mörderwal ein Delphin), schlanke, bis zu etwa fünf Meter lange Räuber der tieferen Wasserschichten, die von Fischen und Tintenfischen leben und von Zeit zu Zeit in dichten Gruppen am Ufer stranden. Über die Ursachen des Strandens gibt es viele Theorien; was an Faktoren namhaft gemacht wird, reicht vom Navigationsfehler über

Panik bis zur Selbstzerstörungstendenz. In diesem Fall war jedoch klar, wo das Problem lag: Ein großes Männchen, wahrscheinlich das älteste Tier der Schule, blutete aus einem Ohr und hatte so große Mühe, sich in Normallage zu halten, daß es wahrscheinlich ertrunken wäre, hätte es nicht mit dem Bauch auf dem weichen Sand aufgeruht und wäre es nicht zusätzlich von den anderen Mitgliedern der Gruppe, die sich von allen Seiten gegen es preßten, so abgestützt worden, daß es sich, das Nasenloch über Wasser, in stabiler Lage befand.

Wir versuchten zuerst, ein paar von den neunundzwanzig offensichtlich gesunden Tieren vom Rand dieser »Krankenstation« weg in tieferes Wasser zu lotsen, aber sie gerieten in höchste Erregung, und wir stellten fest, daß noch so große menschliche Anstrengung zwei Tonnen Wal nicht davon abhalten konnte, schnurstracks dorthin zurückzukehren, wo sie hergekommen waren, und sich von neuem in das Stützsystem im Flachwasser einzugliedern. Hier ebbten, sobald der Kontakt wieder hergestellt war, die schrillen Alarmlaute ab und wurden von einem Wechselgespräch in tieferer Tonlage abgelöst, das Tag und Nacht ununterbrochen anhielt. Wir blieben drei volle Tage bei den Tieren, hörten ihrer Unterhaltung zu, versuchten zu verstehen, was gesprochen wurde, und taten unser möglichstes, um bei Niedrigwasser ihre Rücken naß zu halten und sie vor Sonnenbrand zu schützen; doch mehr zu tun vermochte niemand von uns, weder Mensch noch Wal, bis das Männchen, das der Anlaß der ganzen Veranstaltung war, in der dritten Nacht verendete. Bis zum Tagesanbruch hatte sich das Knäuel von Leibern entflochten und aufgelöst, das beständige Schwätzen und Quieken zur Selbstberuhigung hatte sich gelegt, und sobald die Flut hoch genug gestiegen war, machten sich die Überlebenden von selbst davon – genau wie wir waren sie sich im klaren darüber, daß für das leidende Männchen jetzt mit Fürsorglichkeit nichts mehr zu erreichen war.[407]

Ich gebrauche das Wort »Fürsorglichkeit« hier mit gutem Grund, denn ich glaube, daß es das Verhalten der Wale genau wiedergibt. Jedesmal nämlich, wenn einer von uns sich den Tieren schwimmend näherte und dabei einen Schnorchel trug – aus dem manchmal ähnliche Laute dringen wie aus dem mit Wasser verstopften Nasenloch eines Wals –, wurde der Betreffende prompt »gerettet«. Einer der Wale löste sich von der Gruppe, glitt unter den menschlichen Schwimmer und stieg langsam wieder auf, bis er seine Last schon fast über die Wasseroberfläche hinausgehoben hatte, und beförderte sie dann weiter ins Flachwasser. Es war eine demütigende Erfahrung, so abgeschleppt zu werden, ohne viel dagegen tun zu können, bis man schließlich wieder Grund unter den Füßen hatte, sich aufrichten und das Schnorchelmundstück ausspucken konnte, womit dann endlich die gequälten und quälenden Laute aufhörten.[306]

Während der gesamten siebzig und etwas mehr Stunden, die wir bei den Walen verbrachten, war nicht zu verkennen, daß die Tiere Altruismus gegenüber einem der Ihren praktizierten, dem der Tod des Ertrinkens drohte, falls ihm nicht zum Atmenkönnen verholfen wurde. Es war offenkundig, daß jeder der anderen Wale das angeschlagene Männchen jederzeit hätte verlassen können, dies aber unterließ, obwohl er damit sein eigenes Leben gefährdete. Und daß es sich um echten und reziproken Altruismus handelte, zeigte sich darin, daß die Wale, denen wir zu helfen suchten, uns ebenso prompt zu Hilfe kamen, wenn auch wir Probleme mit der Atmung zu haben schienen. Hilfeleistung über die Artgrenze hinweg spricht sehr gegen eine einfache genetische Erklärung des Altruismus. Zwischen mir und einem Kleinen Schwertwal besteht nicht einmal eine entfernte Verwandtschaft, aber ich scheue mich absolut nicht, zu sagen, daß ich aufgrund meines Erlebnisses dieser Spezies so wohlgesinnt bin, daß ich alles in meiner Macht Stehende tun würde, um mich gegen jeden ihrer Vertreter, wann und wo immer ich ihm begegne, kooperativ zu bezeigen. Angesichts von altruistischem Verhalten fällt es sehr schwer, sich *nicht* erkenntlich zu zeigen und gutes »Wie du mir, so ich dir« zu spielen. Es ist ein Verhaltensmuster mit eindeutigem Überlebenswert.

Mag sein, daß Egoismus in der Natur des Lebens liegt. Wer überlebt, überlebt – und kann weiter seine Härte und Abgebrühtheit in der Welt verbreiten. So funktioniert die Evolution à la Darwin und baut dabei immer komplexere und eigennützigere Gesellschaften auf. In ihr Räderwerk ist jedoch eine Sperrklinke eingebaut, dank der aus Gleichgültigkeit etwas Edelmütigeres hervorzuwachsen vermag, etwas »Gutes« anstelle von etwas »Schlechtem«, etwas, das im Sinne der Goldlöckchen-Lösung wirkt. Etwas Ähnliches wie jene »Leben und leben lassen«-Gegenseitigkeit zwischen den feindlichen Truppen, die sich im Ersten Weltkrieg an der Westfront herausbildete.

Der Stellungskrieg brachte Soldaten der feindlichen Heere über einen längeren Zeitraum in sehr enge Berührung miteinander und schuf damit eine der essentiellen Voraussetzungen von Kooperation, nämlich das Wissen, daß man sich in Zukunft wiederbegegnen werde. Entlang der gesamten Front kam es zu Ad-hoc-Kampfpausen und Perioden des beiderseitigen Stillhaltens, zu von beiden Seiten eingehaltenen Waffenruhen, während deren man Verwundete versorgen, Proviant in die Gräben verbringen und sogar Gefallene begraben konnte, ohne befürchten zu müssen, von einem Scharfschützen aufs Korn genommen zu werden. In den Führungsstäben war man natürlich alles andere als erbaut über diese Entwicklung und gab Befehle aus, die klarstellten, daß die Soldaten zum Kämpfen und nicht zum Fraternisieren mit dem Gegner da waren. Die Oberkommandos beider Heere befürchteten, diese stillschweigend vereinbarten Waffenruhen könnten die Kampfmoral ihrer Truppen schwächen, die sich mit der Zeit besser auf das Friedenschließen als auf das Kriegführen verstanden; deshalb wurde die bestehende Praxis mit der Einführung der Taktik des permanenten Angriffs abgewürgt. Die Kommandierenden setzten ihren Willen durch – aber als das geschah, hatte sich bereits gezeigt, daß sich selbst zwischen geschworenen Feinden Kooperation entwickeln kann. Inoffizielle Kontakte und informelle Abkommen dieser Art trugen mit dazu bei, daß nach Kriegsende jenes Klima entstand, das die Gründung des Völkerbunds möglich machte.

Die Spieltheorie hat sich als brauchbar für die Bearbeitung evolutionstheoretischer Fragen erwiesen, weil sie die Interaktionen zwischen den Mitgliedern einer Population oder einer Art als Züge in einem strategischen Spiel namens »Kampf ums Überleben« abbildet. Aber das seit einiger Zeit vorhandene Bewußtsein von Wert und Unausweichlichkeit des Altruismus verlangt unabweislich, daß wir uns nach einem Spiel anderen Typs umsehen, das als Modell brauchbar ist. Und zwar, wie ich denke, nach einem, dessen Regeln nicht auf Rivalität, sondern auf Kooperation abzielen. Und wie es sich trifft, gibt es tatsächlich ein solches Spiel. Es heißt *kemari* und war einst ein beliebter Zeitvertreib im japanischen Kaiserhaus. Als Requisit diente ein weicher Ball, den sich die im Kreis aufgestellten Spieler reihum mit dem Fuß zuspielten, wobei jeder seine ganze Kraft und sein ganzes Geschick darauf konzentrierte, den Ball nicht zu Boden fallen zu lassen. Bei diesem Spiel gibt es keine Gewinner, sondern nur Verlierer, deren Strafe darin besteht, daß sie ausscheiden müssen.[118]

Auf das Leben übertragen, heißt das: ein für allemal ausscheiden. Aussterben zu müssen scheint die geziemende Strafe für alle, die nicht willens oder fähig sind, den Ball im Spiel zu halten. Und überleben zu dürfen mit dem Privileg des Bewußtseins – des Wissens, daß man am Leben ist – der passende Lohn für das Transzendieren der Diktate des Gens.

Die Gene sind egoistisch, keine Frage, aber deswegen müssen es nicht unbedingt auch die Organismen sein. Mögen wir auch feige Kreaturen sein, geboren als Egoisten und als Lakaien der Interessen von Genen, die zum Lügen und Betrügen anstiften – wir sind zugleich Teil von Verwandtschaftssystemen, die das Nettsein zu Angehörigen prämiieren. Den Genen ist es in erster Linie um Gesamtfitneß, um das Gesamtbild, zu tun; zum Elternverhalten und zum Sozialverhalten gehört jedoch ein gewisses Maß an Selbstlosigkeit, das uns auf individueller Ebene die Erfahrung von Großzügigkeit und Sympathie beschert. Durch Täuschung sind eindeutige Vorteile zu erlangen, doch eben die Tatsache, daß unter Menschen Tricks und Kniffe angewandt werden, erzeugt das Bedürfnis, sie zu durchschauen, das uns zu kühl kalkulierenden und intelligenten Wesen mit einem Sinn für Gerechtigkeit und Fair play gemacht hat. Eigennutz mag die selbstverständlichste Sache der Welt sein; aber Verwandtschaft, individuelles Wiedererkennen und ausgedehnter Kontakt – das alles schafft die notwendigen Voraussetzungen dafür, daß, entgegen den drei Maßregeln der Gene, Altruismus auftreten kann, und wenn das erst einmal der Fall ist, kommen einfache mathematische Prinzipien zum Zug, universale Regeln, die unfehlbar auf die Stärkung und Ausweitung von Kooperation statt Konflikt hinwirken.

Langsam sieht es so aus, als ob etwas dran wäre an der Idee der »Erbsünde«. Es gibt in der Tat ein genetisch basiertes System, das unerbittlich egoistisch, brutal und grausam ist. Und der heilige Augustinus hat recht: Wir werden es niemals los. Keiner von uns ist unschuldig, nicht einmal das neugeborene Kind. Wir sind von Geburt an »schlecht«, nicht anders als die übrige Natur. Es ist wichtig, daß wir so sind, weil die natürliche Selektion nicht nach moralischen Kriterien verfährt. Sie erkennt nur den Erfolg an, und der bemißt sich für sie nur nach dem Besitz der überlebensnotwendigsten Eigenschaften. Die sind überwiegend auf Härte abgestellt und damit zwangsläufig unedel. Doch hören wir dazu Richard Dawkins, der sich in seinem Vorwort zu Robert Axelrods Buch über die Evolution der Kooperation reumütig zeigte: »Als Darwinisten fangen wir pessimistisch an, indem wir von tiefsitzendem Egoismus, erbarmungsloser Gleichgültigkeit gegenüber fremdem Leiden, skrupelloser Fixierung auf den eigenen Erfolg ausgehen. Und doch kann aus derlei belasteten Anfängen etwas hervorgehen, das zwar nicht unbedingt in der Intention, aber im Effekt friedvoller Brüderlichkeit nahekommt.«[21]

Man beachte das einschränkende »nicht unbedingt in der Intention«. Diese Einschränkung ist wichtig. Der Übergang von roher Naturhaftigkeit zu altruistischer menschlicher Fürsorglichkeit enthält nichts, das auf Erlösung hindeutete. Kein Zeichen eines bewußten Richtungswechsels, hervorgebracht durch das Aufoktroyieren eines neuen Plans, der die Löschung alter Schulden und einen totalen Neubeginn einschlösse. Wenn wir zuweilen »gut« sind, dann allein und einfach deshalb, weil wir auch »schlecht« sind. Wenn wir netter als die Hyänen sind, haben wir es ihnen zu danken, denn sie und ihresgleichen sind Bestandteil unserer Geschichte und unseres komplexen Erbes.

In diesen Einführungskapiteln haben wir den biologischen Horizont unseres Themas abgeschritten und wissen nun ein wenig besser Bescheid, wie es kommt, daß die Welt und wir selbst in einem so prekären Gleichgewichtszustand, so fein justiert sind; nachdem wir solchermaßen gerüstet sind, ist es, denke ich, an der Zeit, daß wir der ganzen Ökologie und Arithmetik den Rücken kehren – und der menschlichen Schwachheit voll ins niederträchtige Auge blicken.

Ist das »Böse« lediglich die Summe dessen, womit wir bei einer Spezies mit dem Hintergrund der unseren rechnen müssen? Liegt es in der Natur des Menschen, die Nachtseite des Gen-Egoismus ins unerquickliche Extrem zu steigern? Oder geht da etwas anderes vor? Liegt da vielleicht, ungeachtet eines Trends zur Kooperation, »was Übles« in der Luft? Etwas, das, wie die Dinge liegen, nicht »gerade richtig«, sondern in überlegter, zerstörerischer Weise »falsch« ist?

Etwas, das seinem eigenen und eigenartigen Aktionsprogramm folgt...

Zweiter Teil
Die menschliche Natur

Wir haben die Befähigung zur Tugend in uns.
Aber wir haben auch eine Befähigung zum Laster in uns,
die einem das Blut in den Adern erstarren läßt.
Ralph Waldo Emerson

Der Sohn des Müllers Harmen Gerritszoon van Rijn malte Porträts, ungefähr zehn jedes Jahr, sein ganzes Arbeitsleben lang. Er bewies nicht nur vollkommene Meisterschaft in der Verteilung von Licht und Schatten, in der Farbgebung und der Maltechnik, sondern auch eine profunde Kenntnis der menschlichen Mimik, Gestik und Körperhaltung. Er drang unter die Haut seiner Modelle in einer Weise, auf die sich heute nur wenige Fotografen verstehen, schuf Gemälde, die das innerste Wesen der Porträtierten einfangen, sie in ihrem ganzen Menschsein erfassen, Bilder, die mehr an psychologischer Einsicht vermitteln, als jemals ein anderer Maler dies mit seinen Werken vermochte. Nach alledem wird es niemanden überraschen, zu erfahren, daß der Taufname des Müllerssohns Rembrandt lautet; interessant ist jedoch die Tatsache, daß diese Bilder mehr Informationen enthalten, als selbst ihr Schöpfer wußte oder wollte.

Porträtisten zeigen ihre Modelle selten *en face*, sondern lieber im Profil oder Halbprofil, um die plastische Wirkung und den Eindruck des Charakteristischen zu erhöhen. Es macht in mechanischer oder ästhetischer Hinsicht keinen Unterschied, ob der Kopf des Modells beim Malen nach links oder nach rechts gewandt ist; es ist nicht bekannt, daß sich aus den Bedingungen des Modellsitzens oder -stehens ein Prä für eine bestimmte Seite ergäbe; es gibt keine Tradition, die diktatorisch festlegte, welche Seite als die »Schokoladenseite« eines Modells zu betrachten ist. Trotzdem sind Rembrandts Entscheidungen in dieser Frage alles andere als beliebig.

Der Psychologe Nicholas Humphrey untersuchte 335 Porträts von Rembrandt, darunter 57 Selbstbildnisse. Nur auf 9 der letzteren wendet der Künstler dem Betrachter die linke Seite zu; auf allen übrigen – über 80 Prozent – bietet er die andere Gesichtshälfte dar. Wir alle haben unser ganz persönliches Körperbild, und man könnte vermuten, daß Rembrandt sich eines Knubbels wegen genierte, den er über dem linken Auge hatte, aber die auf den restlichen 278 Porträts festgestellte Tendenz legt eine andere Schlußfolgerung nahe. Auf 56 dieser Bildnisse sind Familienangehörige des Künstlers dargestellt; teilt man nun die Porträtierten in Blutsverwandte einerseits und angeheiratete beziehungsweise verschwägerte Familienangehörige beziehungsweise Familienangehörige nach Gewohnheitsrecht andererseits ein, so zeigt sich ein faszinierender Gegensatz. Über 70 Prozent der Porträts von Rembrandts Vater, seiner Mutter, seiner Schwester, seinem Bruder und seinem Sohn zeigen die Dargestellten von rechts gesehen. Dagegen ist dies nur bei weniger als 30 Prozent der Bilder von seiner Frau und seinen Geliebten der Fall. Und lediglich 20 Prozent der Bildnisse von Frauen, mit denen den Porträtisten keinerlei Verwandtschaft verband, sind »rechtsseitig«.[201]

Eine direkte oder indirekte moralische Bewertung ist in der jeweiligen Sachlage nicht enthalten, doch scheint es, als hätte Rembrandt in seinen Porträts unter anderem auch – möglicherweise unbewußt – den sozialen Abstand zwischen sich und seinem Modell reflektiert. Es besteht eine klare Korrelation zwischen der Häufigkeit, mit der die Modelle zum rechten Bildrand blicken und so dem Betrachter die rechte Gesichtshälfte zuwenden – die vom Künstler in Selbstbildnissen bevorzugte Kopfhaltung –, und dem Grad der Genverwandtschaft zwischen Maler und Modell. Unter den Familienangehörigen sind es in der großen Mehrzahl die nächsten Blutsverwandten – die Menschen, mit denen Rembrandt 50 Prozent der Gene gemeinsam hat –, die als Modell so postiert sind. Ehefrau und Geliebte, mit denen auf genetischer Ebene keine Gemeinsamkeit besteht, blicken fast immer in die entgegengesetzte Richtung.

Rembrandt-Porträts von Cousins oder Cousinen, Großeltern oder Enkeln des Künstlers – Menschen mit 25 Prozent seiner Gene – sind nicht bekannt, aber für den Fall, daß solche eines Tages entdeckt werden, darf man voraussagen, daß sie in der geschilderten Beziehung etwa die Mittelstellung einnehmen zwischen den Bildnissen der nächsten Blutsverwandten und den Bildnissen von Ehefrau Saskia und den Geliebten. Mit anderen Worten, die Porträtierten müßten zu jeweils 50 Prozent nach recht wie nach links blicken.

Nick Humphrey, immer darauf aus, hinter solchen Dingen größere

Zusammenhänge aufzuspüren, meint, daß wir in Rembrandts Gemälden möglicherweise das Material für eine Art »Paläopsychologie« besitzen. Er verweist darauf, daß in dem berühmten Gruppenporträt *Die Anatomie des Dr. Tulp* (1632; Mauritshuis, Den Haag) der dozierende Chirurg dem Betrachter die linke Gesichtshälfte zuwendet, während die zuhörenden Studenten ausnahmslos von rechts zu sehen sind. Möglicherweise identifizierte sich Rembrandt, von einfacher Herkunft, wie er war, unbewußt mit den Studenten, die wie er nach Belehrung über die Welt verlangten und nicht dazu geboren waren, anderen derlei Belehrung zu erteilen.

In der Bildgrammatik von Rembrandts Porträts verrät sich zweifellos ein hochraffinierter Sinn für Beziehungen. Vielleicht ist er nicht mehr als das, was bei sensiblen Menschen seiner gesellschaftlichen Stellung im Holland des siebzehnten Jahrhunderts üblich war. Vielleicht ist er aber auch etwas Elementareres, sehr viel Tieferes. Die Manifestation eines feinen biologischen Gespürs, das wir alle füreinander haben, eines natürlichen Empfindens für die Feinheiten der Vergesellschaftung, das einem Porträtmaler besonders nützlich sein müßte. Vielleicht besitzen alle Porträtgemälde, deren beste die Frucht eines Übereinkommens zwischen Künstler und Modell sind, eine solche Kraft. Sie gewähren tiefste Einblicke in ihren Gegenstand, weil sie echte »Bildnisse« sind und etwas erfassen, das üblicherweise nur im Rahmen einer engen Gemeinschaft zugänglich ist. Und sprechen Bände über den Charakter und die gesellschaftliche Stellung der dargestellten Person sowie über ihre genetische Verwandtschaft mit dem Künstler – und das zu einem großen Teil mit nicht mehr Aufwand als einer leichten Drehung des Kopfes.

Für eine Erhebung auf breiterer Basis tat sich Humphrey mit Christopher McManus zusammen: Gemeinsam untersuchten die beiden 1474 Werke der europäischen Porträtmalerei aus der Zeit vom vierzehnten bis zum zwanzigsten Jahrhundert. Eine aussagefähige Analyse der Verwandtschaftsverhältnisse war in diesem Fall nicht möglich, indes wenden auf der klaren Mehrheit der Bilder – über 60 Prozent – die Porträtierten dem Betrachter die linke Gesichtshälfte zu, was dafür spricht, daß in den meisten Fällen zwischen Maler und Modell nur eine schwache oder gar keine soziale oder genetische Verbindung bestand. Eine Disparität zeigte sich allerdings bei der Trennung der

Befunde nach dem Geschlecht: Bei den nach links blickenden Modellen war der Anteil der Frauen höher als der der Männer, was die Frage aufwirft, ob die Maler, allesamt männlichen Geschlechts, sich vielleicht den männlichen Modellen sozial näherstehend fühlten als den weiblichen. Daß die Künstler individuell verschiedene Auffassungen von persönlicher und sozialer Nähe und Ferne hatten, kann man wohl ohne weiteres voraussetzen, daß jedoch in der Gesamtheit ihrer Arbeiten dasselbe 60:40-Verhältnis von linksgewandtem zu rechtsgewandtem Profil auftritt wie in Rembrandts Porträt-Œuvre, legt den Gedanken nahe, daß dieser Drall eher biologisch als logisch, eher intuitiv als intellektuell begründet ist.[253]

So oder so ist dies eine Sache von Bedeutung. 1885, während der Arbeit an dem eindrucksvollen Bild, das zwei Paare in einer einfachen Kate beim Essen zeigt, schrieb Vincent van Gogh seinem jüngeren Bruder, daß er von einer Vorstudie zu den *Kartoffelessern* eine Lithographie angefertigt habe. Er hatte die Skizze direkt auf den Stein übertragen, so daß der Druck sie spiegelverkehrt wiedergab, aber das irritierte ihn so sehr, daß er Theo schrieb: »Wenn ich die Skizze zu einem Bild umarbeite, dann mache ich gleichzeitig ein neues Litho davon, und zwar so, daß die Figuren, die jetzt zu meinem Ärger umgekehrt stehen, wieder richtig werden.«[395]

Es ist nicht zu verkennen, daß es in der Komposition dieses Bildes (das sich heute im Rijksmuseum, Amsterdam, befindet) nichts gibt, das indifferent wäre. Es funktioniert nicht so recht, seine Aussage ist verworren, wenn es gespiegelt wird, so daß die zwei männlichen Figuren scheinbar die linke Gesichtshälfte und die weiblichen Figuren die rechte Gesichtshälfte dem Betrachter zuwenden statt umgekehrt. Bei Tests hat sich gezeigt, daß selbst einfache Leute ohne Kunstkenntnisse in der Lage sind, die spiegelbildliche Wiedergabe und die Originalversion eines ihnen unbekannten Gemäldes zu identifizieren, wenn ihnen beide Ansichten zusammen vorgelegt werden. Irgend etwas ist »falsch« an dem Spiegelbild und nicht selten ganz besonders falsch, wenn es sich um ein gutes Porträt handelt. Van Gogh, so scheint es, arbeitete unter den gleichen Zwängen, mit der gleichen Sensibilität und dem gleichen Zeichensystem wie vor ihm Rembrandt – konnte nicht anders, als sich im Selbstbildnis von der »rechten« Seite zu zeigen, selbst nachdem er sich 1888 auf dieser Seite das Ohr abgeschnitten hatte.

Die wenigsten von uns besitzen ein gleiches Maß an Begabung wie diese Menschen, doch haben wir wohl alle den Instinkt für das soziale Umfeld mit ihnen gemein. Wir schnappen sehr viel mehr auf, als uns selbst bewußt wird. Eines unserer besonderen Talente, vielleicht das wichtigste von allen, ist die Gewandtheit, mit der wir einer im anderen lesen und Werturteile übereinander fällen, die sich auf unser Zusammenleben auswirken.

Bei oberflächlichem Hinsehen erscheinen die Menschen symmetrisch wie die meisten frei beweglichen Tiere. Die Umwelt begünstigt derartige Formen, scheint jedoch indifferent in Fragen der lateralen Dominanz zu sein, das heißt, es gibt keinen natürlichen Druck, der auf die Vorrangstellung von Rechts vor Links hinwirken oder für die eine Seite empfänglicher als für die andere machen würde. Beine und Flügel sind in gerader Anzahl schön symmetrisch auf die beiden Körperhälften verteilt, so daß Laufen, Schwimmen oder Fliegen auf der gewählten Bahn vorwärts und nicht gezwungenermaßen im Kreis herum führt. Die Sinnesorgane sind in der Regel ebenfalls ambilateral vorhanden, was gleiche Aufgeschlossenheit für Informationen von der einen wie von der anderen Seite her bewirkt. Das alles hat seinen guten Sinn und läßt daher den Rückschluß zu, daß Leben auf anderen Planeten, wenn es denn existiert – und sollte es auch unter sehr anderen Bedingungen existieren müssen –, durch dieselben natürlichen Erfordernisse geformt worden sein dürfte. Bei genauerer Betrachtung zeigt sich jedoch, daß dieser äußere Anschein von Symmetrie nur eine Sinnestäuschung und nicht selten eine vorsätzliche »Lüge« ist.

Symmetrie ist keine natürliche Eigenschaft des Lebendigen. Unsere wesentlichen Moleküle, insbesondere die Bausteine der Proteine, die Aminosäuren, sind asymmetrisch. Sie existieren in zwei spiegelungsgleichen Varianten, aber die Natur verwendet nur eine von ihnen. Die schraubenförmig gewundenen Genstränge der DNA könnten theoretisch ebensogut ein Links- wie ein Rechtsgewinde darstellen, in der Praxis ist die Steigung jedoch immer rechts. Es ist nicht zu übersehen, daß die Natur sich Umstände gemacht haben muß, um aus klar asymmetrischen Bauteilen weitgehend symmetrische Organismen zu schaffen. Diese Mühe diente dem Zweck, die Vorteile der Spiegelsymmetrie für Motorik und Verhalten nutzbar zu machen, den Lebewesen eine für die auf Mobilität gegründete Lebensform optimierte Gestalt zu geben; aber daneben gibt es noch einen anderen und sogar höheren Zweck, und dem dient es, die Dinge auch ein wenig ungenau einzustellen.

Wir sind Lebewesen mit Schlagseite. Zwar nicht so unsymmetrisch wie die Flunder, die auf einer abgeplatteten Seite liegt, so daß ein Auge gezwungen war, auf die andere Seite des Kopfs zu wandern, um nicht ewig auf den dunklen Meeresgrund starren zu müssen. Aber nichtsdestotrotz unsymmetrisch: Das rechte Ohr sitzt bei den meisten von uns tiefer als das linke, und die Augen sind unterschiedlich groß. Bei den meisten Männern ist der rechte Hoden größer als der linke und hängt etwas tiefer, während bei den Frauen meist die rechte Brust größer ist und tiefer herabhängt. Im Leibesinneren wird gar nicht erst der Anschein erweckt, als wäre es hier um Symmetrie zu tun. Zwecks optimaler Raumausnutzung sind Herz und Milz in der linken, die Leber in der rechten Körperhälfte untergebracht. Vollkommene Symmetrie ist nicht nur unmöglich, sondern auch unnatürlich und uninteressant. Porträtmaler wissen das und nutzen jeden Unterschied aufs beste aus, aber rätselhaft bleibt ihre statistisch belegte Vorliebe dafür, es von der linken Seite des Modells her zu tun.

Einen Ansatzpunkt zur Erklärung dieses Ungleichgewichts bietet vielleicht der Umstand, daß wir nicht nur im Körperbau asymmetrisch sind, sondern auch psychologische und Verhaltensasymmetrien an den Tag legen. Jedesmal, wenn Sie jemandem zuwinken oder zuzwinkern, in die Hände klatschen oder die Faust schütteln, die Arme kreuzen oder die Beine übereinanderschlagen, bekunden Sie zugleich eine gewisse Präferenz für die eine oder die andere Körperseite, eine »laterale Dominanz«. Und das fängt schon sehr früh im Leben an. Mit drei Monaten benutzt der Säugling rechte und linke Gliedmaßen mit gleicher Agilität. Mit vier Monaten zeigt sich eine Dominanz der linken Seite, die beim Siebenmonatigen nach rechts wechselt. Mit neun und dann wieder mit elf Monaten manifestiert sich erneut die Links-Präferenz, während im zehnten und zwölften Lebensmonat die rechte Körperhälfte dominiert. Dieses Hin und Her hält an, bis es im vierten Lebensjahr von einer relativen lateralen Dominanz abgelöst wird, die sich schließlich beim Achtjährigen dauerhaft fixiert: Neun von zehn Menschen werden in diesem Lebensalter definitiv zum Rechtshänder, acht von zehn werden zum Rechtsfüßer, bei sieben von zehn wird die rechtsseitige okulare und bei sechs von zehn die rechtsseitige auditive Dominanz irreversibel.[305]

Diese Zahlen gelten universal, unabhängig von Rasse, Geschlecht oder kulturellem Hintergrund. Ganz egal, was unser oberflächlich gesehen symmetrischer Körperbau suggerieren mag – wir denken und empfinden »rechtslastig«. Nicht in dem Sinne, daß wir eine Gehirnhemisphäre stärker ausnutzten als die andere, sondern insofern wir in fast allem eine durchgängige und stereotype Bevorzugung der rechten Seite an den Tag legen.

Rechts ist »recht«, hab ich nicht recht? Und links ist, *per se* und automatisch, eindeutig »falsch«. So will es jedenfalls der Sprachgebrauch wissen, voran der englische. Ein *right-hand man* (jemand, der für mich so etwas wie »meine rechte Hand« ist) ist ein normaler, wichtiger, nützlicher Mann. Eine *left-hand woman* (»Frau linker Hand«) ist eine Geliebte oder Mätresse. Ein *left-handed compliment* ist eine Beleidigung, eine *left-handed diagnosis* ist eine Fehldiagnose, und jemand, der *on the left side* oder *bent to the left* geboren wurde, ist entweder ein illegitimes Kind oder homosexuell. Ich besaß einmal ein Boot, dem sein Vorbesitzer den Namen *Lefty* gegeben hatte, bevor er es mir zu einem Spottpreis überließ. Ehe ich überhaupt Gelegenheit gehabt hatte, es in Benutzung zu nehmen, sank es. Der Kauf war ein *left-handed deal*, ein »dubioses Geschäft«, gewesen, etwas, wovon man besser die Finger läßt.

Derlei Abwertungen sind keine Besonderheit der englischen Sprache und Folklore. Das französische Wort für »links«, *gauche*, kann auch »krumm und schief« oder »unbeholfen« bedeuten, und für »unbeholfen« oder »täppisch« hat man im Deutschen auch das Wort »linkisch«. Das italienische *mancino*, »Linkshänder«, ist von einer Wurzel abgeleitet, die »unzulänglich«, aber auch »tückisch« bedeutet. Das spanische *zurdo*, »Linkshänder«, ist eine Ableitung von *azurdos*, das so viel wie »den falschen Weg gehen« bedeutet. Und das Wort *bongo* der Zigeunersprache hat nicht nur die Bedeutung »linkshändig«, sondern dient auch zur Charakterisierung eines Spiels mit gezinkten Karten, eines abgekarteten Pferderennens und eines schurkischen Menschen. Und die Wurzel dieses Wusts von üblen Nachreden liegt wahrscheinlich in dem lateinischen Wort für »links«, das *sinister* lautet – und das bedeutet klipp und klar »böse«.[82]

Über die Ursachen der lateralen Dominanz sind die Fachleute geteilter Meinung, wobei die meisten dazu neigen, die in der Minderzahl vorkommende linksseitige Dominanz als erklärungsbedürftige Anomalie anzusehen. Auf die Tatsache, daß Linkshändigkeit bei älteren Menschen heute weniger häufig ist, gründet sich eine Theorie, der zufolge Rechtshändigkeit die Frucht kulturellen Drucks ist, der in der Kinderzeit der Alten von heute noch erheblich stärker gewesen sei als in der Gegenwart. Diese Argumentation wurde jedoch ihrer Grundlagen beraubt, als sich bei einschlägigen Untersuchungen herausstellte, daß Linkshänder eine geringere durchschnittliche Lebenserwartung haben als der Rest der Bevölkerung. Andererseits konnte auch die vielfach geäußerte Vermutung, daß die Lateralität im Erbgut verankert sei, von den Genforschern bis jetzt nicht erhärtet werden. Zu keinerlei greifbarem Ergebnis führten Bemühungen, bei Linkshändern typische neurologische Defekte oder Abweichungen im Bau oder in der Funktion des Gehirns auszumachen. Und evolutionsgeschichtlich argumentierende Erklärungsversuche schließlich wurden durch die Entdeckung widerlegt, daß Lateralität bei anderen Spezies, sofern sie überhaupt beobachtet werden konnte, offenbar nicht als rechtsseitige, sondern als linksseitige Dominanz in Erscheinung tritt.[80]

Die Herkunft der Händigkeit bleibt rätselhaft, aber an der Tatsache als solcher gibt es keinen Zweifel. Ein Zehntel aller Menschen unterscheidet sich in bemerkenswerter Weise vom Rest der Menschheit, und allein schon dieser Umstand rief zwangsläufig Negativreaktionen hervor. Überall wird die linke Seite als Unglücksseite angesehen. Wer Salz verschüttet, sollte schnellstens eine Prise über die linke Schulter werfen, weil hinter ihr gern Teufel und Dämonen lauern. Sein neues Heim sollte man tunlichst mit dem rechten, dem Glücksfuß zuerst betreten und auch Sorge dafür tragen, daß die Gäste das gleiche tun. Die Römer postierten sogar einen Sklaven an die Schwelle ihrer Villa, dessen einzige Aufgabe darin bestand, auf die Einhaltung dieser Sitte zu achten. Die Gesten des Segnens und Weihens führt in den meisten Kulttraditionen die rechte Hand aus, der linken bleiben unreine und unheilige Verrichtungen vorbehalten. Der jüdisch-christliche Teufel ist selbstverständlich Linkshänder, und das »Hexenmal«

drückt er seinen Anbeterinnen auf die teuflische Seite des Körpers. Der Hexerei bezichtigte Frauen wurden stets nackt ausgezogen, damit dieser Makel gegebenenfalls vor aller Augen sichtbar werden könne, und zuweilen wurde aufgrund von nicht mehr Beweismaterial als einem Muttermal auf der linken, der schlimmen Körperseite der Stab über sie gebrochen. Der Argwohn richtete sich naturgemäß am ehesten auf Frauen, die schon als Linkshänderinnen bekannt waren.[29]

Der französische Humanist Michel de Montaigne (1533–1592) verurteilte diese selbstherrliche Intoleranz mit den Worten: »Es heißt ... seine Vermutungen allzu hoch veranschlagen, wenn man um ihretwillen einen Menschen lebendig verbrennen läßt.«[275] Doch so funktioniert nun einmal das Vorurteil; es ist mit Gründen für die Bestrafung anderer schnell bei der Hand, macht sie umstandslos zum Freiwild, wenn sich irgendwelche Zweifel in bezug auf die Gemeinsamkeiten mit ihnen ergeben. »Wer anders ist, ist schlecht« ist nur eine andere Formulierung der zweiten Verhaltensmaßregel der Gene: »Sei gemein zu Fernstehenden.« Nach dieser Regel geht es in der Natur zu. Die Mißgeburt oder »Monstrosität« wird aus der Herde ausgestoßen, *weil* sie anders ist – und weil, sofern sie nur anders *genug* ist, die Wahrscheinlichkeit besteht, daß sie eine Mutation und damit eine echte Gefahr für den vorhandenen Genpool darstellt. Sie wird nach dem gleichen Gesetz eliminiert, nach dem auch der auf die Reinheit des Typus bedachte Tierzüchter einzelne Katzen mit einem Knick in der Schwanzlinie oder Hunde mit unfreundlichem Wesen aussondert.

Von Vertretern der Hereditätstheorie der Linkshändigkeit wurde der Gedanke geäußert, daß die verantwortlichen Gene auch den Code für eine erhöhte Neigung zu Unfallanfälligkeit, Schizophrenie, Depression, Suizid und Kriminalität enthalten – doch genausogut ist es möglich, daß die Korrelation zwischen Linkshändigkeit und den genannten Dispositionen schlicht und einfach die unmittelbare Folge des Umstands ist, als Linkshänder in einer Welt leben zu müssen, die ganz auf die Bedürfnisse und die Bequemlichkeit der Rechtshänder zugeschnitten ist. Scheren, Dosenöffner, Kaffeemühlen, Brotmesser, Brotschneidemaschinen, Bohrmaschinen, Bandsägen, Richtscheite, Notizhefte mit Daumenregister, Computertastaturen, Angeln, Autoarmaturen und selbst Hemdenknöpfe sind in den Händen von 10 Prozent der Menschheit frustrierende, nicht selten quälende und mitunter gefährliche Dinge. Aber diese Minderheit hat auch – vielleicht gerade infolge des dauernden Zwangs zur Selbstbehauptung gegenüber derlei Diskriminierung – ein Übersoll an Spitzenkönnern auf entlegensten Gebieten hervorgebracht, so zum Beispiel Leonardo da Vinci, Charlie Chaplin, Julius Caesar, den legendären Baseballstar Babe Ruth, zwei der vier Beatles und nicht weniger als vier der letzten fünf Präsidenten der Vereinigten Staaten.

Die Linkshändigkeit des reservierten George Bush und des vom Unfallpech verfolgten Gerald Ford dürfte niemanden überraschen, und auch Bill Clinton entsprach als langmähniger Jugendlicher zum Teil dem Klischee vom rebellischen Linkshänder, aber hätten Sie darauf getippt, daß Ronald Reagan nach links tendierte? Wohl nicht. Aber Stanley Coren, wahrscheinlich die führende Autorität, was Ursachen und Folgen der Linkshändigkeit angeht, erinnert sich an ein Gespräch mit einem Angestellten des Weißen Hauses, aus dem sich der Schluß ziehen ließ, daß Reagan von Natur aus Linkshänder ist, wenngleich er sich in der Öffentlichkeit immer die größte Mühe gab, es zu verheimlichen. Könnte es sein, daß er damit ganz bewußt das Ziel verfolgte, als einer, der »dazugehört«, einer von uns, ein Mann des »Rechts« und der »Rechten« gesehen zu werden, nicht als Vertreter einer zehnprozentigen Minderheit im Volk?[82]

Wir haben unsere dezidierten Ansichten darüber, was die »Qualität« eines Menschen ausmacht, was das »rechte Zeug« ist, das jemand in und an sich haben muß. Und wir zollen denjenigen besondere Anerkennung, die von der Natur und vom Glück am großzügigsten ausgestattet zu sein scheinen. Wir heißen sie »schön«, zählen sie zu den *happy few* und setzen voraus, daß wahre Schönheit eine Ausnahmeerscheinung ist. Oder etwa nicht? Abermals nein, wahrscheinlich nicht.

Die Evolution ist, recht besehen, sehr demokratisch. Sie setzt die Extremformen jeder Population unter Druck und wirkt allem entgegen, was in unseren Augen über oder unter Normalmaß ist. Am Ende zeigt sich, daß Individuen mit durchschnittlichen Qualitäten die besten Überlebenschancen haben. Und der Gesamtfitneß dient am besten, wer sich von einem Sexualpartner, der in seinem Merkmalsprofil den durchschnittlichen Werten denkbar nahe kommt, angesprochen fühlt und sich für ihn entscheidet.

Einen ersten Beleg für diese Tendenz lieferte 1878 eine bahnbrechende Studie des britischen Naturforschers und Anthropologen Francis Galton. Mit Hilfe eines Stereoskops projizierte er *en face* aufgenommene Porträtfotos exakt aufeinander, so daß etwas entstand, was er als Kompositporträts oder generalisierte Bilder bezeichnete. Diese waren, wie er zu seiner Überraschung feststellte, absolut nicht undeutlich oder verworren. Sie stellten zwar niemand Bestimmtes dar, hatten aber eindeutig die Aura des Realen. »Niemand, der zum erstenmal eins sah, bezweifelte, daß er das Abbild eines lebenden Menschen vor sich habe.«[137]

Galton arbeitete mit ganzen Familien und schuf Kompositporträts, die gewissermaßen das Steckbriefbild eines genetischen Typus darstellen. Er kombinierte Bilder von inhaftierten Mördern und Straßenräubern und stellte fest, daß dabei die auffällig derbe Gesichtsbildung eine Sänftigung und Glättung erfuhr, mit dem Erfolg, daß »die Gesichtszüge sich auf den Komposita sehr viel ansprechender ausnehmen als auf den einzelnen Komponenten«. Und er zitiert eine – ihm von Charles Darwin zur Kenntnis gebrachte – Studie, der zufolge die Behandlung von Porträtaufnahmen vornehmer Damen nach einem ähnlichen Verfahren »in jedem Einzelfall eine deutliche Verbesserung *in puncto* Schönheit« erbracht habe.[19]

Die auffälligste Eigenschaft der Kompositporträts ist ihre Symmetrie – eine geisterhafte Perfektion, die zwar etwas fad, aber irgendwie auch anziehend wirkt. Diese Anziehungskraft mag ein Relikt aus Zeiten sein, als asymmetrische Gesichtsbildung noch ein stärkeres Indiz für eine Verletzung oder Krankheit war und mögliche Mängel in der Fortpflanzungstauglichkeit der Genausstattung signalisierte. Daß »die Schönheit im Auge des Betrachters liegt«, haben wir so oft gehört, daß wir die Aussage für eine Selbstverständlichkeit halten, und mit der gleichen Selbstverständlichkeit gehen wir davon aus, daß jeder Versuch, universale Maßstäbe für die Schönheit zu finden, zum Scheitern verurteilt sei, weil die Kriterien der Schönheit kulturspezifisch seien und im Spektrum der Kulturen gewaltigen Schwankungen unterlägen.[203] Aber dem ist vielleicht gar nicht so. An der University of Texas in Austin hat man über fünfhundert Fotografien vornehmlich kaukasischer Studenten in zwei Pools von männlichen und weiblichen Porträts geteilt, die Bilder mit Hilfe von Scannern digitalisiert und das Material schließlich vom Computer nach dem Zufallsprinzip zu Kompositporträts verarbeiten lassen, die jeweils aus vier, acht, sechzehn oder zweiunddreißig verschiedenen Gesichtern kombiniert waren. Bei der Bewertung nach dem Kriterium »Attraktivität« erhielten die Mischbilder von den Versuchspersonen durchweg weit höhere Noten als die Bilder von konkreten Individuen beiderlei Geschlechts, wobei die Benotung desto besser war, aus je mehr Komponenten die Mischung bestand.[237] Je durchschnittlicher das Gesicht – je mehr Einzelporträts in seine Zusammensetzung eingegangen sind –, desto attraktiver wirkt es. Und bei Vergleichsuntersuchungen in Schottland und Japan bekundeten die einheimischen Studenten die gleichen Präferenzen, selbst wenn ihnen Mischbilder von Menschen anderer Rasse oder eines anderen Kulturkreises vorgelegt wurden.[299]

Zudem ergab sich bei allen einschlägigen Experimenten mit – zum Teil erst zwei Monate alten – Säuglingen, daß die Allerkleinsten hier derselben Meinung sind wie die Erwachsenen. Säuglinge, denen jeweils zwei Bilder vorgelegt wurden, verwandten durchweg längere Zeit auf das Betrachten desjenigen, das bei erwachsenen Versuchspersonen als das »attraktivere« abgeschnitten hatte, und zeigten das höchste Interesse für computererzeugte Kompositporträts.[237] Danach scheint außer Zweifel zu stehen, daß Schönheit nicht notwendig ein auf Rasse, Ort und Zeit beschränktes Phänomen ist. Die Unternehmen der Kosmetikindustrie, die das Forschungsprojekt teilweise finanzierten, waren entzückt über die Nachricht, daß die Menschen sich weltweit einig darüber sind, was schön ist, und daß der allgemeinmenschliche Geschmack beim menschlichen Gesicht ganz klar das Gewöhnliche dem Außergewöhnlichen vorzieht. Wahre Schönheit besteht offenbar darin, bloßer Durchschnitt zu sein.

Wie es scheint, sind wir, zumindest was die Wahl des Sexualpartners angeht, darauf programmiert, dem Gewöhnlichen, der gefahrlosen Normalität, den Vorzug zu geben. Aber jeder und jede, der/die einmal wegen eines/r exotischer wirkenden und riskanteren Rivalen/in – des motorradfahrenden Bürgerschrecks im Lederoutfit, der männermordenden Sirene in der engen Seidenhose – beim Rendezvous versetzt oder ganz fallengelassen wurde, kann aus eigener Erfahrung bezeugen, daß wir auch das »falsche« Objekt, »üble« Leute anziehend finden. Vielleicht weil sie, ähnlich wie der Pfauhahn mit seinem eindrucksvollen Rad, eine ganz neue, plakative Botschaft von erhöhter Fitneß aussenden, die sinngemäß lautet: »Ich kann es mir erlauben, so hoch zu reizen, weil ich, anders als andere, auch die Trümpfe auf der Hand habe, mit denen ich mein Spiel machen und es gewinnen kann.« Wer sich mit ihnen einläßt, läuft natürlich Gefahr, daß sie (oder ihre Gene) lügen. Und oft ist das auch der Fall.

Täuschung findet jedoch nicht nur im Verhältnis zu anderen statt. Wir, die wir andere betrügen, besitzen auch die Fähigkeit zum Selbstbetrug. Es ist wichtig, daß die Wahrheit irgendwo protokolliert ist, aber genauso unerläßlich kann es zuweilen sein, andere erfolgreich zu bluffen, und um das wirklich virtuos ausführen zu können, müssen wir die Wahrheit unserem eigenen Bewußtsein vorenthalten und simultan zwei manchmal widerstreitende Protokolle der Wirklichkeit führen. Unter sozialem Druck geraten wir oft in einen »inneren Zwiespalt«. Um dieses Gespaltensein erträglicher zu machen, haben wir zwei getrennte und sehr verschiedene innere Bühnen entwickelt, und das ist von all unseren Asymmetrien vielleicht die wichtigste.

Seit den sechziger Jahren ist es Mode, über zwei mehr oder weniger voneinander unabhängige Gehirne im menschlichen Schädel zu spekulieren, die man gewöhnlich mit den beiden Großhirnhemisphären identifiziert. Die linke Hemisphäre, so heißt es, zählt und rechnet und führt Buch über die Zeit; sie ist der Sitz des logisch-analytischen Denkens sowie der gesprochenen und geschriebenen Sprache. Sie beherbergt den leidenschaftslos-nüchtern kalkulierenden männlichen Geist, der die rechte Hand kontrolliert. Die linke Körperhälfte hingegen untersteht der Kontrolle der rechten Großhirnhemisphäre, die der Ort der Träume und Phantasien und der intuitiven Wahrnehmung ist, die Quelle der Kunst und der Musik. Sie ist der Sitz des schöpferischen, emotionalen, weiblichen Geistes. Und weil die Vorstellung von einer Dichotomie im Gehirn einerseits so gut zu unseren Ambivalenzgefühlen paßt und andererseits so schön mit fernöstlichen Ideen von einer durch Gegensätze wie Yin und Yang bestimmten Welt harmoniert, hat sie beim Publikum großen Anklang gefunden; die Folgen dieser Popularität sind eine wahre Flut von Publikationen über die zweierlei Geistesverfassungen in uns und ein im Kielwasser von New-Age-Theorien segelndes massenhaftes Bedürfnis, unser angeblich unterentwickeltes »rechtes Gehirn« mit allerlei

Kraftnahrung und Krafttraining zur verdienten vitalen Hochform aufzupäppeln.

Die Wahrheit über die Großhirnhemisphären ist, daß sie durch eine Masse von 200 Millionen Nervenfasern, den sogenannten Balken *(Corpus callosum)*, miteinander verbunden sind und sowohl im Leistungsvermögen wie in ihren Funktionen stark überlappen. Es gibt keinen stichhaltigen Beweis dafür, daß die Sprachzentren bei Linkshändern in der rechten Hemisphäre lokalisiert sind oder daß Linkshänder weniger logisch denken als Rechtshänder. Und aus der Arbeit mit Menschen, die an einem Funktionsausfall einer ganzen Gehirnhälfte leiden, ergibt sich aller Grund zu der Annahme, daß jede der zwei Großhirnhemisphären in der Lage ist, sämtliche Funktionen, die normalerweise von beiden gemeinsam ausgeführt werden, allein zu bewältigen.

Ich will damit die Existenz einer mentalen Dichotomie im Menschen nicht rundweg in Abrede stellen. Nach meiner Überzeugung sprechen sehr starke Indizien für diesen Gedanken. Aber in Anbetracht der Schwierigkeit, Geist und Seele im Körper zu lokalisieren, scheint es mir nutzbringender, sich die Asymmetrie in funktionalen, nicht in räumlichen Kategorien zu denken, sie in unterschiedlichen Komplexitätsgraden realisiert zu sehen und nicht in unterschiedlichen räumlichen Positionen in einer Gehirnlandschaft, wo jedes menschliche Vermögen seinen »Sitz« an einer genau bezeichneten Stelle hat. Diese Gehirnatlanten finde ich allmählich genauso mißlich und anachronistisch wie die kahlen Porzellanköpfe mit ihrem aufgemalten Flickenteppich menschlicher Charaktereigenschaften, die einst die viktorianischen Salons schmückten.

Die meines Erachtens produktivste Hypothese zu diesem Fragenkreis stammt von dem neuseeländischen Psychologen Michael Corballis. In einem Buch, in dem er den Menschen als den »einseitigen Affen« darstellt, führt er aus, daß mit dem – weitgehend durch die Entwicklung des Menschen zum Rechtshänder und deren Niederschlag in der Komplexität des »linken Gehirns« bedingten – Aufkommen der auf den aufrechten Gang, die Werkzeugherstellung und die Kommunikation mittels Sprache gegründeten Lebensform eine qualitative Veränderung der Geistesverfassung einhergegangen sein muß. Unsere Gehirnstruktur bleibt im wesentlichen die eines Anthropoiden, aber es ist ein Entwicklungssprung eingetreten, der sich im Auftauchen einer neuen Eigenschaft manifestiert, nämlich in der (von Corballis als »Generativität« bezeichneten) Fähigkeit, alte Informationen auf ganz neue Weise zusammenzustellen, miteinander zu verbinden und darzustellen, woraus dann in direkter Folge Mathematik, schlußfolgerndes Denken, Musik und Kunst hervorgehen. Wenn wir diese Möglichkeit akzeptieren, müssen wir uns allerdings auch mit der Unvermeidlichkeit von Hervorbringungen anderer Art abfinden: mit den Auswirkungen von industrieller Produktionsweise, Besitzgier, Umweltverschmutzung und Krieg. Beide Ströme entspringen derselben Quelle.[81]

Für unsere Untersuchung der Ursprünge des Bösen heißt dies, daß wir den Zeitpunkt einer Wende in der Evolution bezeichnen können, die mindestens so wichtig war wie das Aufkommen des Flugvermögens bei den Vögeln. Einer Wende, die, so könnte man sagen, auch dem Menschen die Flugfähigkeit bescherte. Durch die Ausbildung von Federn zum Zweck der Wärmeregulierung waren die Vögel schon im voraus an das Fliegen angepaßt, so wie wir durch die Ausbildung der Greifhand zum Zweck effizienterer Nahrungsaufnahme bereits für die Vollform des menschlichen Bewußtseins gerüstet waren. Aber weder Federn noch Finger zielten auf solche Errungenschaften ab.

Ich möchte die Idee der Generativität um den Gedanken ergänzen, daß wir als die Geschöpfe von Einseitigkeit, die wir sind, schon lange ein sehr starkes Empfinden für die Asymmetrie an uns und anderen besitzen. Und wie Rembrandts Porträts beweisen, sind wir zu Meistern in der Kunst geworden, dieses uns eigentümliche Rechts-Links-Ungleichgewicht zu artikulieren und zu einem bedeutungstragenden Faktum zu machen. Es dient uns zur Kennzeichnung von richtig und falsch, des Brauchbaren und des Unbrauchbaren, dessen, was dem Leben nützt und unmittelbar zum sozialen und ökologischen Gleichgewicht beiträgt, und dessen, was dem System schadet und zu chaotischen Zuständen führt.

Es ist ein lebenswichtiges Können, womit wir es hier zu tun haben, und in der jüdisch-christlichen Mythologie ist es zu Recht als ein Wendepunkt der menschlichen Evolution dargestellt – als Augenblick des Erwachens, des Dämmerns der Erkenntnis von Gut und Böse.

Zugleich mit ihm stellt sich ein anderes entscheidend wichtiges Bewußtsein ein. »Da wurden ihrer beider Augen aufgetan, und sie wurden gewahr, daß sie nackt waren, und flochten Feigenblätter zusammen und machten sich Schürzen.«[190] Dieses Bewußtsein, so erfahren wir, zeitigte als erste Folge die Scham – eine erstaunliche Reaktion. Ein nackter Affe zu sein ist tatsächlich nicht einfach. Man fühlt sich preisgegeben und verletzlich gegenüber den Elementen und natürlichen Feinden, aber auch gegenüber seinesgleichen – daher die Feigenblätter. Es sind symbolische Kleider, die nicht zur Wärmeregulierung und nicht zum Schutz dienen, sondern dazu da sind, das Selbstwertgefühl aufzumöbeln. Nach unserer Kenntnis empfindet kein Tier Scham oder das Bedürfnis, sich in dieser Weise vor sich selbst zu verstecken. Aber wie immer es dazu gekommen ist, derlei Empfindungen gehören heute mit zu unserer Natur. Wir müssen »gut dastehen«, und wir fühlen uns schlecht, wenn das nicht der Fall ist. Nichts ärgert uns mehr, als wenn wir »ein schlechtes Bild abgeben«. Ein schlechtes Bild abzugeben bedeutet, als »anders« wahrgenommen zu werden, vielleicht sogar als abartig dazustehen – biologisch gesprochen: als schlecht angepaßt. Und das beschämt uns, weil es das Scheinwerferlicht der Aufmerksamkeit auf persönliche oder evolutionäre Defizite richtet; es bringt uns zu Bewußtsein, wo bei uns etwas im argen liegt, macht uns begierig, es abzustellen, uns dem gesellschaftlichen Komment anzupassen. Die Scham ist mithin ein soziales Gefühl, ein Gefühl von großem Nutzen für das Gemeinwesen, und daß wir uns schämen können, daß wir Konventionen beachten, bedeutet vielleicht, daß wir im Kern moralische Wesen sind.[222]

Ich hoffe es jedenfalls. Doch bevor wir uns jetzt vorschnell auf die eigene Schulter klopfen, sollten wir erst einmal unser Augenmerk darauf richten, was alles an wahrhaft Beschämendem wir fortwährend tun – Dinge, die gegen die Gebote der sozialen und ökologischen Vernunft verstoßen und die verraten, daß wir neben unseren Tugenden auch ein enormes Potential an Untugend besitzen.

Drittes Kapitel
Aggression
Die Ethologie des Bösen

Als Biologe sehe ich keinen Grund, den Menschen aus meinem Studium der Natur auszuschließen. Wir sind Tiere, und solange kein wahrhaft unparteiischer Beobachter – irgendein außerirdischer Darwin nach einer Forschungreise in seiner Zeitmaschine »Beagle« – die definitive Naturgeschichte des Menschen publiziert, müssen wir unsere eigenen Feldforschungen anstellen und protokollieren.

Genau das tun Biologen. Wir beobachten und hören hin, wir machen uns systematisch Notizen und teilen sie anderen mit. Und zusammen mit Fachgenossen, die in gleicher Weise tätig sind, bemühen wir uns, das biologische Äquivalent eines Kompositporträts zu schaffen. Wir suchen nach allgemeinen Strukturen, nach artspezifischen Verhaltensmustern und Einstellungen, die uns etwas über die Gesamtfitneß einer Art verraten. Wir wollen in Erfahrung bringen, was die Art gesund erhält und erfolgreich macht. Kurz, wir rücken sie in die biologische Perspektive und versuchen, ihren Platz innnerhalb der biologischen Totalität des Planeten zu bestimmen. Und wer auch nur die geringste Erfahrung auf diesem Gebiet hat, weiß, daß wir unser Geschäft mit den üblichen elementaren Fragen beginnen müssen. Welches Verhalten zeigt das fragliche Tier? Wie löst es die universalen Aufgaben und Probleme der Nahrungsbeschaffung und des Kampfs mit Feinden, der Paarung und der Aufzucht von Jungen?

Schon der flüchtigste Blick auf das Tier Mensch, einerlei an welchem Standort oder in welcher Erscheinungsform, führt im Handumdrehen zu *einem* klaren Befund. Das Thema, mit dem das Riesengehirn des nackten Affen sich am ausgiebigsten beschäftigt, auf das er die meiste Zeit und den größten Teil seiner Geisteskräfte verwendet und das in fast all seine sonstigen Unternehmungen hineinspielt – dieses Thema ist die Sexualität. In diesem Punkt hatte Freud recht. In der Evolution zum Menschen ist die Sexualität eine Sache von zentraler

Bedeutung. Unser Schönheitsempfinden, unsere Liebesfähigkeit, die in unserer Spezies weitverbreitete Neigung zur Eifersucht und zur Aggressivität, ja sogar unsere hoch gerühmte Intelligenz – all diese Dinge, die unsere Spezies zu etwas ganz Besonderem zu machen scheinen, sind natürliche Folgen unserer Sexbesessenheit. Und Nebenprodukte dieser Obsession sind Scham, Sündenbewußtsein und der verbreitete Gebrauch des Generalalibis für alle Übeltaten: »Das war nicht ich – der Teufel hat mich dazu angestiftet.«

Warum Sexbesessenheit? Die Antwort ist ziemlich einfach. Die Menschheit verdankt ihr Dasein den Wandlungen, die die belebte Materie in dem langen Gang der Evolution des Organischen durchlaufen hat. Und die Evolution scheint sich auf den komplexeren Stufen fast ausschließlich im Medium der mit Konkurrenz einhergehenden Fortpflanzung zu vollziehen. Diese liefert das Material für die natürliche Auslese und leitet das Leben mit jeder Generation in neue Bahnen, mischt und kombiniert Erbinformationen immer wieder neu, schafft neue Stämme mit neuen Vorzügen, gibt weiter, was am besten funktioniert, begünstigt es auf Kosten minder effektiver Strategien und tut ihr möglichstes, um sich in immer neuen Reproduktionsvorgängen zu wiederholen. Alles andere ist nur Mittel zu diesem Zweck. Und da Fortpflanzung beim Menschen, von sehr wenigen und doch wohl eher apokryphen Ausnahmefällen abgesehen, geschlechtliche Fortpflanzung ist, hat die Natur für uns eine besondere Lustprämie auf die Sexualität ausgesetzt und sie zur verbotenen Frucht gemacht. Die erste Erkenntnis, die wir von jenem Baum im Garten Eden pflückten, war die Erkenntnis im Fleische, und die hat uns mehr als alles andere zu dem gemacht, was wir sind.

Wir sind Menschen, und wie immer wir sind, es ist menschlich. Die berufsmäßigen Erforscher des Menschlichen, die Anthropologen (einschließlich der Ethnologen), heben mit Nachdruck die Unterschiede in Sitte und Ritual zwischen den einzelnen Rassen und Völkern hervor. Die Biologen hingegen sind am stärksten beeindruckt davon, wie ähnlich wir doch alle sind, wie genau wir allesamt die artspezifischen Strukturen und Muster wiederholen. In seinem umfassenden und brillant geschriebenen Überblick über die Rolle der Sexualität in der Evolution des Menschen legte der Zoologe Matt Ridley mit der folgenden Bemerkung seinen Finger genau auf diesen entscheidend wichtigen Punkt: »Die menschliche Kultur könnte einen sehr viel größeren Reichtum an Formen und Überraschungsmomenten aufweisen, als es gegenwärtig der Fall ist. Unsere nächsten Verwandten, die Schimpansen, leben in promiskuitiven Gesellschaften, in denen das Weibchen mit so vielen Sexualpartnern wie nur möglich zu kopulieren sucht und das Männchen die Kleinen fremder Weibchen, mit denen es nicht kopuliert hat, tötet. Es gibt keine menschliche Gesellschaft, in der ein auch nur entfernt ähnliches Muster vorkäme.«[321]

Warum nicht? Wo es doch unschwer möglich wäre. Klug und wendig, wie wir sind, würden wir wahrscheinlich auch dafür eine Rechtfertigung finden. Wir können uns fast alles einreden, was uns gefällt, und haben eine besondere Vorliebe für Lösungen, für die es historische Vorbilder gibt. Tatsache ist aber auch, daß wir eigenartigen Beschränkungen unterliegen, die zum Teil rein anatomischer Art sind. Mit einem Hodengewicht weit unter dem der meisten Schimpansen sind die Männchen der Spezies Mensch für eine zügellose Promiskuität nicht eben besonders gut gerüstet.

Die Polygynie, eine Vergesellschaftungsform, bei der ein dominierendes männliches Individuum mehr als ein fortpflanzungsfähiges weibliches Individuum für sich beansprucht – einen »Harem« um sich schart –, ist im Tierreich die gebräuchlichste Lösung des Fortpflanzungsproblems. Die »Vielweiberei«, wie sie früher genannt wurde, ist noch heute bei drei Vierteln der Menschheit die Norm, allerdings in einer gegenüber der Polygynie der übrigen Säuger erheblich abgewandelten Form, wofür die geringe Größendifferenz zwischen den Geschlechtern der Spezies Mensch verantwortlich ist. Bei den Gorillas vermag ein fünfeinhalb Zentner schwerer »Silberrücken« leicht bis zu einem Dutzend Weibchen, die jedes nur ein Viertel seines Gewichts haben, in respektvoller Hörigkeit zu halten. Aber ein Siebzig-Kilo-Mann der Spezies Mensch muß seinen Mangel an eindrucksvoller Körperlichkeit mit anderen Mitteln ausgleichen.

Einigen wenigen Glücklichen geben ihr Reichtum und ihr sozialer Rang die Möglichkeit, sich einen Harem zu halten. Vom Inka-Sonnenkönig Atahualpa ist überliefert, daß er für sein persönliches Vergnügen in mehreren an strategischen Punkten seines Reichs gelegenen Häusern jeweils 1500 Frauen gehalten habe. Jeder Mann, der seine

Herrschaft über diese Frauen und sein alleiniges Recht, mit ihnen zu verkehren, in Zweifel zog, wurde mit dem Tod bestraft, und zusammen mit ihm wurden seine gesamte Familie, seine Freunde, die Bewohner seines Dorfes und seine Lamas getötet. Eine solche Maßlosigkeit, die den größten Teil der anderen Inka-Männer zum Zölibat verurteilte, stand ersichtlich auf sehr unsicherem Boden.

Die in der Spezies Mensch gebräuchlichere Lösung ist gemäßigter; sie ist durch Tradition und Stammessitte geheiligt und vom Gesetz abgesegnet. Es ist die Polygamie (»Vielehe«), eine Institution, die manchen Männern noch immer die Möglichkeit gibt, mehr als eine reguläre Sexualpartnerin zu haben, allerdings unter der Voraussetzung, daß sie jeder von ihnen durch Ehevertrag formell Schutz und Fürsorge zusichern. Solche Arrangements geraten mehr und mehr in Verruf, gedeihen jedoch überall dort weiter, wo eine Frau als eine von mehreren Ehefrauen im Haushalt eines erfolgreichen, wohlhabenden Mannes ein besseres Leben führt und bessere Fortpflanzungschancen hat, als wenn sie die einzige legitime Ehefrau eines erfolglosen armen Schluckers wäre. Welche Frau, so fragte einmal jemand, wäre nicht lieber in Vielehe mit John F. Kennedy als in Einehe mit Lee Harvey Oswald verheiratet gewesen?

In Afrika ist die Polygamie noch so verbreitet, daß in vielen Ländern die Vorrangstellung der Hauptfrau gesetzlich gesichert ist und das Erbrecht ihr 70 Prozent des Vermögens ihres verstorbenen Mannes zuspricht. Im größten Teil der Ersten Welt ist es den Männern zwar durch Gesetz verboten, mehr als eine Ehefrau zu haben, aber diese Regelung dient weniger dem Schutz der Frauenrechte als vielmehr dem Schutz der Männer, und zwar der Mehrheit der männlichen Bevölkerung – für die wäre es nämlich in einer polygamen Gesellschaft schwer, eine Ehepartnerin zu finden. Die Vielehe als solche widerspricht nicht der biologischen Natur der Menschen und ist auch nicht notwendigerweise unattraktiv. Im Mormonenstaat Utah, wo unter Willigen die Polygamie inoffiziell noch heute praktiziert wird, ohne daß die Gesetzesmacht dagegen einschreitet, machen dem Vernehmen nach gewichtige soziale Faktoren – darunter nicht zuletzt die Möglichkeit, auf diese Weise eine zuverlässige Hilfe bei der Kinderaufzucht im Haus zu haben – die Vielehe »für moderne Karrierefrauen sogar sehr attraktiv«.[157]

Einer unserer nahen Verwandten im Tierreich kultiviert das andere Extrem. Bei den Gibbons beschränkt sich der Sozialverband auf zwei erwachsene Tiere, ein Männchen und ein Weibchen, die abgesondert von allen Artgenossen eine auf unverbrüchliche Treue gegründete Einehe führen. Den Kontakt mit den anderen Gibbons, aber zugleich auch die Distanz zu ihnen wahrt das Pärchen mittels eines allmorgendlich im Duett vorgetragenen kunstvollen Abwehrgesangs, der in etwa zum Ausdruck bringt: »Wir sind die Hulocks und wohnen hier, bitten aber dringend, von Besuchen Abstand nehmen zu wollen.«

Auch wir hätten diesen Weg gehen können, haben es aber nicht getan, und die Zwänge, denen wir in diesem Fall gehorchten, waren weitgehend sozialer und psychologischer Art. Unsere spezifische Vorgeschichte begünstigt Paarbildung und Territorialität, aber wir waren einst auch in Trupps ihrer Beute nachstellende Jäger, zu Fleischessern gewandelte Vegetarier, die in Verbänden auf Nahrungssuche umherschweiften, ihre Beute untereinander teilten und eine kollektive Verteidigung organisierten. Diese Erfahrung von Kooperation, die 98 Prozent unserer Vorgeschichte beherrscht, hat ihre Spuren in unserer Psyche und unseren Genen hinterlassen. Unsere Kultur ist nach wie vor unmittelbar von unseren animalischen Ursprüngen beeinflußt. Wir legen großen Wert auf unsere Privatsphäre, aber wir teilen unsere private Umgebung gern mit unserer Familie und Freunden. Wir haben einen natürlichen Hang zu Geselligkeit auch außerhalb unserer eigenen vier Wände, und aus der wichtigen Rolle, die dieser in unserem Leben spielt, dem Eifer, mit dem wir bei jeder Gelegenheit uns Gruppierungen anschließen, in Clubs, Vereine und sonstige Organisationen eintreten – aus diesen Dingen ist zu ersehen, wie neu und künstlich wir den Traum von der Kernfamilie im »Einfamilien-Eigenheim« finden müssen, den uns die Strategen der Werbeindustrie einzuhämmern suchen.

Das menschliche Paarungssystem ist komplex. Als einzelne tun wir in der Regel mehr oder minder – und seit einigen Generationen zunehmend eher mehr als minder –, was uns gefällt. Aber das Kollektiv kennt noch ein bestimmtes Muster. Die Disposition zu monogamer Ehe und langfristiger Bindung ist nach wie vor da; ihre Basis ist die uns eigene Tendenz zur Paarbildung, und sei es auch lediglich eine

Paarbildung »der Kinder wegen«. Gleichzeitig ist aber auch – zumal bei Männern – die Tendenz vorhanden, die Grenzen der Einzelbindung zu überschreiten, sei es, indem man sich, wo die Gesetze es erlauben und man es sich ökonomisch leisten kann, weitere Ehefrauen nimmt, oder sei es, indem man so oft, wie die Sitten im lokalen Milieu und die Umstände es erlauben, »Seitensprünge« macht.

Derlei Verhaltensmuster können Beziehungen zerrütten, gar keine Frage, aber sie haben tiefreichende biologische Wurzeln. Die Sexualität ist, wie das Leben selbst, asymmetrisch. Sie schließt eine fundamentale Ungleichheit ein, die schon mit dem Größen- und Wertverhältnis zwischen Ei und Spermium anfängt. Der Mann produziert mehrere hundert Millionen Spermien täglich, die Frau dagegen nur ein Ei pro Monat, rund vierhundert in ihrem ganzen Leben – das sind weniger Keimzellen, als ihr Sexualpartner in jeder Sekunde produziert. Ein Spermium ist gerade mal 50–60 Mikrometer lang (1 Mikrometer = 1 millionstel Meter), und den größten Teil dieser Länge macht der Schwanz aus. Der wichtigste Teil des Ganzen, der Kopf, der 23 Chromosomen mit 75 000 Genen enthält, ist noch um eine Größenordnung kleiner: Sein Durchmesser beträgt etwa fünf Mikrometer. Das Ei ist 85 000mal so groß wie der Kopf des Spermiums und hält infolgedessen seine 23 Chromosomen in besserer Hut – und tut dies obendrein mit erstaunlicher Ausdauer und Geduld. Von Geburt an lagern bei der Frau sämtliche während der Fertilitätsphase nacheinander zur Befruchtungsfähigkeit ausreifenden Eier abgezählt im Eierstock und warten, bis sie jeweils an der Reihe sind, die Wanderung durch den Eileiter anzutreten, möglicherweise einem Rendezvous entgegen.

In ökonomischer Terminologie kann man von Frauen sagen, daß sie *in puncto* genetische Fitneß vom Kapital zehren. In sexueller Hinsicht haben sie kein Einkommen. Männer hingegen sind Unternehmer, die jedes neue Vorhaben bei Null beginnen, indem sie die benötigten Hilfsmittel produzieren und dazu, je nachdem, Kapital riskieren oder eine Anleihe aufnehmen. Frauen wenden im Mittel 277 Tage an das Austragen der Leibesfrucht, die im Vergleich zur Nachkommenschaft der meisten anderen Primaten enorm groß und belastend wird. Männer werden in nur ebenso vielen Sekunden zum biologischen Vater. Ein Mann kann seine Gesamtfitneß steigern, indem er mit weiteren Sexualpartnerinnen Kinder zeugt. Eine Frau kann, vom Ausnahmefall der Mehrlingsgeburt abgesehen, über große Zeiträume nur jeweils ein Kind haben, und auch das nur innerhalb eines gegenüber der Fertilitätsphase des Mannes erheblich verkürzten Lebensabschnitts. Allerdings genießen Frauen den Vorzug, daß sie immer mit Sicherheit wissen, wer ihr eigenes Kind ist, und deshalb mit ungetrübter Überzeugung ihre ganze Energie in den Prozeß der Kinderaufzucht investieren können. Für Männer ist die Wahrscheinlichkeit weit geringer, daß sie zweifelsfrei sagen können, wer wohl ihr Fleisch und Blut ist, weswegen sie sich auch schwerer tun, eine Bindung an Kinder zu entwickeln.[198]

Allein schon diese Verschiedenheiten dürften ausgereicht haben, um bei der Spezies Mensch einen Keil zwischen die Geschlechter zu treiben, für die heute auf genetischer Ebene sehr unterschiedliche Interessenlagen bestehen und die entsprechend unterschiedliche Reproduktionsstrategien verfolgen. Das eine Geschlecht hat eine große Investition abzusichern und achtet deshalb auf Qualität und Stabilität. Das andere Geschlecht hat nicht viel zu verlieren und ist daher sehr viel stärker an Quantität und Abwechslung interessiert. Für Männer zahlt sich also eine draufgängerische, ungestüme, flatterhafte und wahllose Vorgehensweise aus. Sie »gehen ran«, übernehmen im allgemeinen die erotische Initiative und zeigen von Anfang an mehr Feuer. Für Frauen dagegen ist es einträglicher, spröde zu sein, im Vorfeld einer eventuellen Beziehung erst einmal möglichst viele Informationen zu sammeln und sich im übrigen abwartend zu verhalten. Sie spielen die schwer zu Erobernde und verlegen sich auf hinhaltendes Kokettieren, um Zeit zu gewinnen. Alles Taktiken mit einer soliden evolutionspsychologischen Basis.

Gene, die Frauen ein enthemmteres Verhalten gestatten, verfrachten im Effekt weniger Kopien von sich in die Folgegenerationen als Gene, die ihre Trägerin zu hochgradig wählerischem Verhalten bestimmen. Beim anderen Geschlecht verhält es sich gerade umgekehrt. Den größten Fortpflanzungsvorteil haben die Männer mit den geringsten Hemmungen. Die erotische »Ex und hopp«-Mentalität mag ein besonders mieser Zug des männlichen Chauvinismus sein, ist aber gleichzeitig auch ein getreues Spiegelbild biologischer Realitäten.

In einem sehr realen Sinn gilt für jedes der Geschlechter noch immer der Befund, daß es sich lohnt, das andere als vitale Ressource auszubeuten. Männer ähneln ein wenig den egoistischen Genen: immer auf der Suche nach einem geeigneten Transportmittel, das ihr Erbe in die nächste Generation trägt. Frauen gehen, darin einem besonnenen Investor oder Unternehmensplaner ähnlich, vorsichtiger zu Werke; Männer sind für sie eine lästige Quelle jener Samensubstanz, ohne die nun einmal die Realisierung des Potentials ihrer kostbaren Eier nicht möglich ist.

Diese dürftige Beschreibung wird weder dem einen noch dem anderen Geschlecht voll gerecht; Tatsache ist jedoch, daß zwischen diesen zweien, die in ihren Interessen und Zielen so weit auseinander sind, programmatische Differerenzen und Interessenkonflikte gar nicht ausbleiben können. Daß sie sich überhaupt über irgend etwas einig werden können, ist ein Wunder. Aber es geschieht. Die nackten Affen verlieben sich ineinander, entwickeln Paarbindungen und erfahren eine sexuelle Prägung auf einen einzelnen Partner – und das großenteils dank einem radikalen Wandel in der Dauer der weiblichen Paarungsbereitschaft. Nach wie vor ist die Frau nur während einer begrenzten Phase ihres Monatszyklus empfängnisbereit, aber sie ist im Prinzip jederzeit paarungsbereit, weil jederzeit sexuell erregbar. Die überwältigende Mehrheit der in unserer Spezies ausgeführten Geschlechtsakte hat herzlich wenig mit Fortpflanzung, aber um so mehr mit Zweisamkeit und dem Aufbau von Bindung zu tun. Wir sind von allen Primatenspezies die am stärksten »sexualisierte« – was uns zwar manchmal ein modernes Dekadenzphänomen zu sein scheint, aber, und das verdient festgehalten zu werden, ein Jahrmillionen alter Sachverhalt ist. Ein Sachverhalt, der Zeit gehabt hat, nicht nur eine außerordentliche Vielfalt von Werbe- und Präliminarritualen und -zeremonien hervorzubringen, sondern ebenso auch eine verblüffend breite und bunte Palette von Anomalien und Pathologien, die auf irgendeine Weise mit der Sexualität zusammenhängen.

Die verbotene Frucht war eine süßsaure Sorte, voller Geschmack von Gut und von Böse, von Sex wie von Sünde. Und nicht die unbedeutendste Folge der Bekanntschaft mit einer so lustvollen und erquicklichen Sache ist, daß manche Menschen fast alles zu tun bereit sind, um mehr von ihr zu bekommen.

Der Ackerbau hat da so einiges bewegt. Mit der Bodenbestellung kam ein neues Element in die Gesellschaft der auf das Sammler- und Jagdglück angewiesenen Wildbeuter. Um es mit Lionel Tiger und Michael Fox zu sagen (Namen, wie man sie sich passender nicht wünschen könnte für zwei Vertreter der Wissenschaft vom Leben, die sich mit unserem Fleischfresser-Erbe beschäftigen): Der Ackerbau brachte den »großen Sprung nach hinten« mit sich, riß uns heraus aus dem Jäger-und-Sammler-Leben mit seinem Gleichmaß und den Zufriedenheiten, die es gewährte.[379]

Die Bodenbearbeitung schuf einen Überschuß an Nahrungsmitteln – lagerfähigen Nahrungsmitteln, wohlgemerkt –, und das eröffnete die Möglichkeit für einen einzelnen, die Verfügungsgewalt über ein solches Lager in seine Hand zu bringen und das Kollektiv von ihr abzuschneiden. Unversehens erwuchsen in relativ kurzer Zeit – kurz nach menschheitsgeschichtlichen Maßstäben – aus einem demokratisch teilenden Kollektiv wenige autokratische Besitzer. Sie häuften genügend Ressourcen an, um sich die Gunst anderer kaufen zu können, und in dem Maße, wie diese Ressorcen umfangreicher wurden und ihr Besitz auf gesicherter Grundlage zu stehen kam, hatten sie keinen Bedarf mehr an anderer Leute Gunst – jedenfalls nicht an der anderer Männer.

Reichtum, auch solcher an Korn oder Schafen, schuf Macht. Macht ermöglichte es manchen Menschen, eine primitive Form von Politik zu betreiben, sich andere gefügig zu machen. Und Macht ist, wie Henry Kissinger einmal bemerkte, ein großartiges Aphrodisiakum. Die ganze Menschheitsgeschichte hindurch haben Männer die Macht nicht als Selbstzweck behandelt, sondern als Mittel zum Zweck – und mit größter Selbstverständlichkeit auch als Mittel zu sexuellen Erfolgen und Fortpflanzungserfolg.

Laura Betzig, Repräsentantin eines neuen Schlags von darwinistischen Historikern, wollte herausfinden, ob die sexuellen Anpassungen des Menschen dazu ausgenutzt werden, einzelnen Individuen einen Selektionsvorteil zu verschaffen – und entdeckte, daß just dies eines unserer verläßlichsten Merkmale ist.[36] In allen sechs der voneinander unabhängigen frühen Hochkulturen waren die – ausnahmslos männlichen – Herrscher Despoten, die ihre Macht unmittelbar in exorbitante sexuelle Produktivität umsetzten. Das Wort »Produktivität«, sonst vorwiegend als Erfolgskategorie der Industrie gebraucht, ist hier vollauf angemessen. Jeder Herrscher schuf eine sorgfältig kontrollierte Fortpflanzungsmaschinerie, deren einziger Sinn und Zweck die rapide Verbreitung und Vorherrschaft seiner eigenen Gene war.

In Babylon hielt Hammurabi sich Tausende von Sklavinnen als »Ehefrauen«. In Ägypten fühlte Pharao Amenophis IV. (später Echnaton genannt), obschon Gatte der blendend schönen Nofretete, den Drang, sich eine Schar von mindestens 317 Konkubinen zuzulegen. Montezuma (Motecuhzoma II. Xocoyotzin), der letzte selbständige Aztekenherrscher, genoß die Gunst von viertausend jungen Frauen. Von den chinesischen Kaisern der T'ang-Dynastie beanspruchten mehrere für sich das Recht zum Verkehr mit einem Minimum von zehntausend halbwüchsigen Mädchen. In Indien hielt Udajama sechzehntausend Gefährtinnen in Palästen, die von Feuern eingeschlossen waren und von Eunuchen bewacht wurden. Und all diese Herrscher betrieben ihre Gen-Maschine in ganz ähnlicher Weise: Sie holten sich präpubertäre Mädchen zusammen, stellten sie in luxuriöser Umgebung unter strengste Bewachung und besprangen sie so oft wie nur möglich – nicht ohne sich zuweilen sogar zu beklagen ob solch beschwerlicher »Pflichten«.

Die Zurüstungen, die hier getroffen wurden, scheinen die Behauptung, man habe Pflichten erfüllt und nicht seiner Lust gefrönt, auf jeden Fall zu bekräftigen, aber bei einer 104 weitere Gesellschaften erfassenden Erhebung kam Betzig zu dem Befund, daß selbst da, wo keine derartige Super-Polygamie praktiziert wurde, stets eine direkte Korrelation zwischen Macht und Sexualbetätigung bestand. »In fast allen Fällen«, konstatierte sie, »kann man aus der Macht, die ein Mann besitzt, auf die Größe seines Harems schließen.« Das heißt: hundert Frauen für einen König, tausend für einen Großkönig. Man ist versucht zu spekulieren, welchen Platz US-Präsidenten auf der Punktetabelle dieser internationalen Erotik-Oberliga beanspruchen dürfen.

Römische Kaiser stellten ihre Manneskraft nicht unter den Scheffel, was ihren Biographen oft Anlaß zu symbolischer Mißbilligung gab. Julius Caesars Affären wurden als »ausschweifend« benotet, die des Tiberius als »eines orientalischen Despoten würdig«. Bei Claudius und Augustus half die eigene Ehefrau mit, Jungfrauen zur Befriedigung der »verbrecherischen Gelüste« des Gatten herbeizuschaffen.

Nero freilich mußte selber für die Erfüllung seiner speziellen Wünsche sorgen; jedesmal, wenn er in amtlicher Eigenschaft eine Fahrt den Tiber hinab zu machen hatte, richtete er für die Dauer seiner Reise längs der Ufer eine Kette von Bordellen ein. Und jedesmal, wenn in Rom junge Sklaven, mit einem großzügigen Geschenk versehen, in hellen Scharen freigelassen wurden, ging man allgemein davon aus, daß es sich um die mit jungen Sklavinnen gezeugten illegitimen Söhne der noblen Besitzer handelte und daß die Väter nun auf diese Weise dafür bezahlen mußten, daß sie dem Beispiel ihrer Herrscher nachgeeifert hatten.[37]

Und wer da meint, derlei Gepflogenheiten habe man wohl nur im »dekadenten« Orient zu erwarten oder allenfalls noch als Symptome von Verfall und Untergang des alten Rom zu betrachten, den dürfte es interessieren, zu erfahren, daß Macht und Sexualität im Christentum nicht minder fest miteinander verflochten waren. Volkszählungsergebnisse aus dem mittelalterlichen Frankreich und England weisen eine große Zahl von Frauen aus, die in Herrenhäusern, Schlössern, Burgen, ja sogar Klöstern beschäftigt waren. Nominell handelte es sich um Dienstmägde verschiedenster Kategorien, doch aus zeitgenössischen Berichten geht ziemlich klar hervor, daß dieses Personal im Einzelfall eine Art Harem darstellte; dessen Mitglieder waren zuweilen sogar in Räumlichkeiten untergebracht, die – mit einem Namen, der heute allgemein für die weiblichen Geschlechtsteile von Pflanzenblüten in Gebrauch ist – zärtlich als »Gynözeum« bezeichnet wurden.[38]

Der sexuelle Despotismus führt in allen genannten Fällen zur selben Konsequenz: Die Gene einer Minderheit, der Reichtum und Rangstellung einen unschlagbaren Selektionsvorteil verschaffen, durchdringen rapide den Genpool einer Population. Männliche Macht wurde mit weiblichem Fortpflanzungspotential vergütet und die Kinder so mit dem potentiellen Vorzug ausgestattet, genetische Freunde in hoher Position zu haben. Das Ganze hat sogar einen wissenschaftlichen Namen: »Hypergynie«, zu deutsch: die Praxis, mit einem Sexualpartner in höherer sozialer Stellung zu verkehren. Das bleibt gewöhnlich Frauen vorbehalten, weil meist sie es sind, die vom anderen Geschlecht als begrenzte Ressource und wertvoller Besitz angesehen werden. Männer machen Jagd und schaffen Besitz an,

Frauen werden sicher verwahrt und als Tauschobjekt benutzt. Und mächtige Männer können es sich erlauben, am eifrigsten zu jagen, und sie können sich auch den mitunter hohen Anschaffungspreis leisten. Wer hat, dem wird gegeben...

Für die Männer der armen unteren Volksschicht, die Männer des Bauern- und Gesindestands, hatte das verhängnisvolle Folgen. Im Mittelalter kamen sie selten vor dem Erreichen des mittleren Lebensalters und manchmal überhaupt nicht zur Verehelichung. Und selbst wenn sie heirateten, hatte oft der Grundherr das Recht auf die Brautnacht. Dieses *jus primae noctis* oder *droit de seigneur* war für den Herrn eine patente, kostenfreie und biologisch absolut zweckdienliche Methode, seine Gesamtfitneß zu verbessern. Mir ist nicht bekannt, daß es jemals ein Gemeinwesen gegeben hätte, in dem ein *droit de madame* praktiziert wurde. Mit dem Stallknecht zu schlafen konnte der Fitneß der Gutsherrin nur abträglich sein. Vor- oder außerehelichen Sexualkontakt konnte ein Armer in der Regel nur mit Prostituierten haben oder in einer sonstigen Form, die das Risiko der Erkrankung und damit der weiteren Verschlechterung seines Gesundheitszustands und seiner Lebensumstände einschloß. In der Tat ein Teufelskreis – »teuflisch« im wahrsten Sinne des Wortes: unmoralisch und obendrein schädlich.

Die weibliche Prostitution ist eine spezielle Form der Polygynie. Und zwar eine ehrliche, insofern nämlich bei ihr unmittelbar für eine als solche anerkannte Dienstleistung bezahlt wird. Wo mit Geschlechtsgenuß gehandelt wird, sind es gewöhnlich die Männer, die als Käufer auftreten. Die Verkäuferinnen – als »Huren« und »Nutten« geschmäht – erfreuen sich in der Öffentlichkeit keines guten Rufs, was vom biologischen Standpunkt aus gesehen nicht überraschen kann. Man glaubt fast das Verdammungsurteil hören zu können, das die Gene über diejenigen aussprechen, die ihr wertvolles reproduktives Anlagekapital Fremden zur Nutzung überlassen – es sei denn, der Preis stimmt.

Auf der Karibikinsel Dominica stimmt er oft. Dort lebt im Trockenwald des Tieflands ein dunkel gefärbter großer Kolibri, der Granatkolibri, der sich vom Nektar der reichlich vorhandenen Baumblüten ernährt. Die Männchen verteidigen ein so viele Bäume wie nur möglich umfassendes Territorium, indem sie wie geflügelte Torpedos zwischen den Bäumen hin und her schießen und rivalisierende Männchen mit angriffslustig klingenen knackenden Lauten vertreiben. Mit Weibchen verfahren sie genauso ruppig, es sei denn, die ungebetene Besucherin läßt das Signal hören, das Paarungsbereitschaft anzeigt. Kommt sie ihm so, kommt er ihr ebenso, und nach der Kopulation läßt er sie in seinem Revier unbehelligt Nahrung sammeln, während er seine Grenzschutzpatrouille fortsetzt. Der Ornithologe Larry Wolf, der dieses Verhalten beobachtete, gab seinem Bericht darüber den Titel »Prostitutionsverhalten bei einer tropischen Kolibri-Art«, und das wohl zu Recht. Denn was hier geschieht, ist ein Austausch von sexueller Gunstbezeigung gegen Entlohnung, wenn auch mit dem Unterschied zu dem analogen Vorgang in der Menschenwelt, daß das Kolibriweibchen es sich noch erlauben kann, dem Freier so weit zu trauen, daß es auf Vorauskasse verzichtet.[432]

Man muß allerdings dazusagen, daß die Bereitschaft des Weibchens, eine Vorleistung zu erbringen, nicht ganz selbstlos und genetisch durchaus nicht unvernünftig ist. Wenn alles gutgeht, bekommt es nicht nur zu fressen, sondern wird auch befruchtet. Und zwar nicht von irgendeinem Feld-Wald-Wiesen-Galan, sondern von einem Vogelmännchen, das gesund und kräftig genug ist, um ein derart reiches Territorium verteidigen zu können. Das Weibchen kann es sich erlauben, sich seine Tugend abhandeln zu lassen, denn indem das Männchen sich zum Herrn über so üppige Futterplätze gemacht hat, hat es bewiesen, daß es einer der besten Paarungspartner ist, die in der Umgebung zu finden sind. Sich mit ihm einzulassen ist nicht Sünde, sondern das einzig Sinnvolle. Ähnlich argumentierte in der noch nicht lange zurückliegenden öffentlichen Kontroverse über den Kinofilm *Ein unmoralisches Angebot* (*Indecent Proposal*, 1993) ein großer Teil des Publikums, der es richtig fand, daß Demi Moore in der Rolle der verheirateten Protagonistin Diana Murphy auf das Angebot des (von Robert Redford verkörperten) charismatischen Einzelgängers und Selfmade-Milliardärs John Gage einging, für ein *petit cadeau* von einer Million Dollar eine Nacht in seinen Armen zu verbringen.

Es ist kein Zufall, daß mehr Frauen als Männer die Prostitution ausüben. Die Differenz ist weitgehend eine Sache von Angebot und Nachfrage. Natürlich gibt es ein Dienstleistungsangebot für Frauen, die bereit sind, für Sex zu bezahlen, Gigolos und Begleiter sind leicht zu finden, aber die meisten männlichen Prostituierten sind hauptsächlich an männlichen Freiern interessiert. Und bevor Aids zur Bedrohung wurde, waren homosexuelle Männer bei weitem promiskuitiver als heterosexuelle. Bei einer 1975 unter Schwulen der Region San Francisco durchgeführten Befragung gaben 25 Prozent der Befragten an, mehr als tausend Partner gehabt zu haben.[371] Ein derart exzessives und gefährliches Verhalten mag seinen Grund darin haben, daß Schwule von den gleichen biologischen Triebkräften beherrscht werden wie Heteros. Wie beim männlichen Geschlecht insgesamt genießt der Sex mit wechselnden Partnern bei ihnen einen besonderen Bonus; hinzu kommt nun allerdings, daß Schwule unter sich in einer Welt ohne die Fesseln der weiblichen Vorsicht leben, wo sich dem Abwechslungsbedürfnis beispiellose Befriedigungsmöglichkeiten auftun. Man ähnelt da ein wenig dem Fuchs im Hühnerstall. Der Vergleich mag nicht gerade schmeichelhaft sein, ist aber auch nicht unpassend oder weit hergeholt. Ein »Overkill« tritt ein, wenn – aus welchem Grund auch immer – die normalen Hemmungen gedämpft oder unterdrückt werden. Dann fällt die Ordnung der Maßlosigkeit zum Opfer, und das Verhalten wird pathologisch. In den Zeiten von Aids eine Sache von sehr akuter Bedeutung.

Die Prostitution – da wir schon einmal bei diesem Thema sind – lenkt den Blick auf einen weiteren wichtigen Gegenstand der Verhaltensbiologie: die Eigenreklame durch Aussenden sexueller Signale, die den Zweck erfüllen, Paarungspartner oder Freier anzulocken.

Bei der Spezies Mensch trifft gewöhnlich das männliche Individuum die Partnerwahl (jedenfalls macht man uns das glauben). Der Mann kann es sich leisten, ja ist geradezu verpflichtet, dabei Wagnisse einzugehen. Die Evolution hat ihn für riskante Lebenssituationen und -formen präpariert, denn Tapferkeit und »Männlichkeit« zu beweisen erhöht seine Anziehungskraft und seine Chancen, sexuelle Eroberungen zu machen. Nicht von ungefähr verwenden wir zur Beschreibung der sexuellen Konkurrenz Ausdrücke aus dem militärischen Wortschatz, und nicht von ungefähr schmückte man einstmals Militäruniformen mit so vielen bunten Federn, daß ein Paradiesvogel hätte neidisch werden können. Hier wie da geht es darum, männliche Rivalen einzuschüchtern und so viele weibliche Artgenossen wie möglich anzulocken. Von Frauen wird erwartet, daß sie sich von riskanten Lebensformen fernhalten. Aufreizende weibliche Kleidung ist verpönt, mancherorts sogar vom Gesetz verboten, und zwar weniger aus Rücksicht auf die Sittsamkeit als vielmehr aus einem biologisch verankerten Wissen heraus, daß eine Frau mit provozierendem Auftreten nicht nur das eigene Leben, sondern auch das der Kinder, die sie vielleicht hat, gefährden kann.

Eine Prostituierte jedoch ist *per definitionem* nicht an Fortpflanzungserfolg interessiert. Sie kann es sich erlauben, sich in riskante Situationen zu begeben und sich so aufzumachen, daß sie die Aufmerksamkeit sexuell interessierter Männer auf sich zieht. Das ist ihre Arbeit, und die Könnerinnen machen sie außerordentlich gut, wobei sie die Grenzen des Erlaubten bewußt überdehnen und allen Kleiderordnungen den Kampf ansagen, weil sie auf diese Weise ihr Gewerbe am besten annoncieren. Reklame zahlt sich aus. Im übrigen Tierreich gelten jedoch ganz andere Regeln und Gesetze: Hier sind es die Männer, die auf guten Geschmack und Augenmaß pfeifen, und zu dieserart gigantomanischer Gebarung sehen sie sich durch eine Frauenwelt genötigt, die anscheinend immer dann am glücklichsten ist, wenn sie in einen Großkotz investieren kann.

Meine erste Lektion in dieser elementaren Sexualökonomie erhielt ich von einer Witwe. Es war keine von den »rechten Witwen« im Sinne des heiligen Paulus, nämlich eine, »die einsam ist«, sondern sie zählte, wie man gleich sehen wird, zu der Sorte, welche, zum Abscheu des Apostels, »ihren Lüsten lebt« (1. Timotheus 5, 3–6). Die Rede ist hier nämlich von jenen Vögeln namens »Witwen«, die in zwei Unterfamilien mit jeweils mehreren verschiedenen Arten in Afrika heimisch sind; ihren Namen haben sie von den vier langen schwarzen Mittelschwanzfedern, die an einen viktorianischen Witwenschleier erinnern. Es ist das Männchen, das während der Brutzeit zu seinem Prachtgefieder noch diese Schleppe von vier- bis fünffacher Körperlänge hinter sich herzieht, wenn es gemessenen Flügelschlags über einen Streifen sommerlichen Graslands hinwegfliegt, um sich von der Weiblichkeit seiner Spezies bestaunen zu lassen; und es tut dabei, als wäre es ein Kinderspiel, am hinteren Ende diese Last mit sich herumzuschleppen, die ihm die Aufmerksamkeit und Anhänglichkeit eines Harems von Weibchen im sand- bis dunkelbraunen Schlichtkleid sichert.

Das Witwenmännchen ist der Pfau unter den Singvögeln, ein natürlicher Geck, dem selbst die roten Epauletten an der Paradeuniform nicht fehlen. Wenn es sich Mühe gibt, kann es ein Territorium mit bis zu einem halben Dutzend Weibchen verteidigen, von denen jedes drei gesprenkelte Eier in ein raffiniert camoufliertes Nest aus frischem Gras legt. Dem leidenschaftlichen kleinen Hobby-Vogelforscher, der ich in Südafrika war, schien es selbstverständlich, daß das bestausgestattete Männchen den größten Harem hätte, wohingegen Männchen mit gelichtetem oder beschädigtem Federkleid oft überhaupt nicht zum Fortpflanzungserfolg kämen. Ich nahm an, daß die Haremshalter einfach die größten und angriffslustigsten Männchen wären, die aufgrund dieser Eigenschaften beim Kampf um die Brutterritorien mit den anderen Männchen am besten abgeschnitten hätten, aber von diesem Irrtum wurde ich kuriert, als in der Umgebung unseres Anwesens ein ungewöhnlicher Zufall einen der Wettbewerber in der Paarungskonkurrenz mit außergewöhnlichem Sex-Appeal ausstattete.

Die Straße durch das Grasland, die in der Nähe unserer Farm vorüberführte, bekam eine Teermakadamdecke, das Wetter war für Anfang Frühjahr ungewöhnlich warm, und der Teer lag, langsam einziehend und erhärtend, aber noch nicht fest, in Lachen auf dem frischen Untergrund und sah in der flirrenden Glutatmosphäre des Frühnachmittags haargenau wie ein Streifen Wasser aus. Tatsächlich dachte ich zuerst, es *wäre* Wasser und ein Witwenmännchen hätte sich darin zum Baden niedergelassen, bis mir klar wurde, daß der Hahn mit den Füßen und dem Schwanz in der klebrigen Masse festsaß und verzweifelt loszukommen suchte. Ich gab mir beim Losmachen größte Mühe, die feinen Zehen nicht zu verletzen, aber zwei Mittelschwanzfedern waren arg verklebt und lösten sich aus ihren Hautfollikeln, ehe ich den Vogel vollends freibekam. Er flog sofort davon, so wie er war, geteert und gefedert, im übrigen aber mit allem Anschein nach unversehrtem Federkleid, wenn man davon absieht, daß die zwei ausgegangenen Federn am Schwanz kleben blieben und ihn ein bißchen schwerfällig machten, so daß er etwas von einem zu stark beschwerten Spielzeugdrachen hatte.

In den darauffolgenden Wochen sah ich den Hahn etliche Male wieder. Er schlug sich noch immer mit seinem verlängerten Schwanz herum, der jetzt vielleicht das Sieben- oder Achtfache der Körperlänge hatte, und tat sein möglichstes, um in der Konkurrenz mit seinen Rivalen bestehen zu können, was ihm schwerfiel, denn jeder Windstoß trieb ihn vom Kurs ab, und einige Male war er sogar zum Notlanden gezwungen. Er hatte mein ganzes Mitleid – das freilich absolut fehl am Platze war, denn als die Nistperiode begann, zeigte sich, daß er den größten Harem um sich geschart hatte, der jemals in der Gegend beobachtet worden war. Seine Entourage muß zu dem Zeitpunkt, da sein Prunkstück schließlich abfiel und es aus war mit der Hochstapelei, an die zwanzig Hennen gezählt haben, aber bis dahin hatte er längst seine Schäfchen ins Trockene gebracht: In einem Dutzend Nestern lagen insgesamt mehr als dreißig von ihm befruchtete Eier – ein imposanter Genpool.

Die Moral von der Geschicht': Nichts ist erfolgreicher als Extravaganz. Der Hahn mit der Schwanzprothese war vielleicht nicht das »beste« verfügbare Männchen, aber er war auf jeden Fall das am schicksten aufgemotzte. Dieser gefiederte Pfingstochse konnte seinen Konkurrenten in keiner anderen Beziehung das Wasser reichen, war aber in weiblichen Augen so attraktiv und hatte da ein so »schönes Gehänge«, daß überhaupt keine Konkurrenz stattfand. Indem die Hennen in Scharen zu ihm überliefen, zeigten sie sich eindeutig bestochen von dem übermäßig verlängerten Schwanz und legten zugleich den Grund für eine tyrannische neue Mode, die, wäre sie in der Folge bekräftigt worden, zu noch groteskeren pfauenhaften Schwanzlängen hätte führen können. Logischerweise müßte eine solche »durchgegangene sexuelle Selektion« ein Ende nehmen, sobald das unter dem Einfluß weiblichen Interesses hypertrophierte männliche Merkmal (der Pfauenschwanz zum Beispiel) eine solche Größe erreicht hat, daß es die Mobilität seines Trägers in Gefahrensituationen einschränkt, so daß er, unfähig zur Flucht, von dankbaren Räubern gefressen wird, noch bevor er Gelegenheit zur Fortpflanzung hatte. Doch das Beispiel der Witwen und anderer Arten läßt darauf schließen, daß hier ein neuer Faktor mit ins Spiel gekommen ist. Gerade der Umstand, daß hier Männchen ein offensichtliches Handikap im Kampf ums Dasein (überladenes Gefieder, grellbunte und damit für Freßfeinde auffällige Färbung, Formen von Riesenwuchs) verkraften müssen und dennoch überleben, zählt als Pluspunkt. Und je übermäßiger das Handikap ist, je kostspieliger es sich vor dem Hintergrund des Überlebenskampfs ausnimmt, desto anziehender wirkt es auf die weiblichen Individuen der Spezies, für die das teure Schaustück ein Qualitätsmaß der Genausstattung ist.[437] Der Ferrari der Vogelwelt.

Mit einer Reihe eleganter Experimente mit kenianischen Witwen erbrachte der schwedische Ornithologe Malte Andersson vor kurzem mathematisch stichhaltigere Belege für solcherlei Präferenzen bei Vogelweibchen. Er fing Männchen, die das Brutkleid angelegt hatten, kürzte einem Teil von ihnen die Schwänze und verlängerte mit Hilfe der abgeschnittenen Federn und eines Kunstharzleims die Schwänze der anderen. Er stellte fest, daß die Zahl der Hennen, die ein Witwenhahn anzulocken vermochte, direkt proportional zur Länge seines Schwanzes war. Zumindest bei der fraglichen Spezies läßt sich also sexueller Erfolg tatsächlich in Zentimetern messen.[9]

Bei unserer Spezies war es wahrscheinlich einmal genauso. Allen entgegengesetzten Bemühungen zum Trotz neigen junge Frauen nach wie vor dazu, nicht am ganzen Körper gleichmäßig zuzunehmen; vielmehr lagern unerwünschte Fettpolster sich vorwiegend an den Brüsten und dem Gesäß an. Und das scheint aus dem gleichen Grund so zu sein, aus dem der Schwanz des Witwenhahns lang ist: Es ist sexy. In urtümlicheren Zeiten wollte ein Mann, der sich nach einer Sexualpartnerin umtat, über zwei Dinge Gewißheit haben: daß ihr Becken seine Kinder austragen konnte und daß ihre Brüste sie stillen konnten. Daher entwickelten Männer eine Vorliebe für Frauen mit breiten Hüften und großen Brüsten, und die Frauen bemühten sich, Entgegenkommen zu zeigen. Wer der gewünschten Eigenschaften ermangelte, täuschte sie vor. Üppige Brüste produzieren natürlich auch nicht mehr Milch als kleiner gewachsene, und ausladende Hüften umschließen bei gleichem Beckenbau natürlich auch nicht mehr Bauchraum als schlanke. Aber der Trick funktionierte. Die Männer fuhren darauf ab, und manche tun es heute noch.[247]

Niemand hat je behauptet, Reklame müsse ehrlich sein – sie muß nur ins Auge fallen.

Nachdem er in den siebziger Jahren mit dem Konzept der Verwandtschaftsselektion und in den Achtzigern mit dem des reziproken Altruismus Aufsehen erregt hatte, wirbelte William Hamilton – der ein unheimliches Talent dafür hat, das Gravitationszentrum der biologischen Diskussion festzusetzen – 1982 zum drittenmal mit einer überraschenden neuen Idee Staub auf. Er erinnerte daran, daß die geschlechtliche Fortpflanzung etwas Unnötiges und Belangloses ist.[171] Viele Arten kommen sehr gut ohne sie aus. Der normale Rasen kommt nie dazu, Samen auszustreuen, und die einfachen Organismen, die sich durch Teilung oder über Ableger vermehren, geben nicht nur einen kläglichen Bruchteil, sondern hundert Prozent ihrer Erbsubstanz weiter. Der einzige echte Vorteil, den die Sexualität mit sich bringt, ist die genetische Variation. Sie sorgt dafür, daß die in einer Population vorhandenen Gene in jeder Generation neu kombiniert werden, und ein Resultat dieser Unrast könnte darin bestehen, daß potentielle Parasiten desorientiert werden. Die Sexualität, so Hamilton, ist vielleicht im Endeffekt eine Art Schutzimpfung gegen Krankheitserreger. Und wenn dem so sei, dann gelte die Voraussage, daß die sexuelle Selektion in einer Spezies um so höheren Stellenwert habe, je ärger diese von Parasiten geplagt sei. Hier sei es für die werbenden Individuen wichtig, eine Vielfalt von Paarungspartnern mit unterschiedlicher Genausstattung anzulocken, damit die Art als ganze mit jeder neuen Generation den Invasoren wieder einen Schritt voraus sei. Die Bewerber seien gezwungen, Eigenreklame zu machen und vor allem Gesundheit zu annoncieren. Die Arten mit dem plakativsten, grellsten Erscheinungsbild, so Hamiltons Prognose, müßten sich bei näherer Betrachtung als die am stärksten von Parasiten bedrohten erweisen, und innerhalb dieser Arten müßte der Parasitenbefall bei den auffälligsten Männchen am geringsten sein. Denn nur die gesündesten Individuen könnten sich den für derlei Extravaganz nötigen Aufwand an Zeit und Energie leisten.[172]

Hamilton und ein Kollege nahmen mehr als sechshundert Arten von Vögeln mit »leuchtendem Gefieder« unter die Lupe; der Befund: Je mehr Parasiten eine Art hat, desto prachtvoller ihr Federkleid.[438] *Mutatis mutandis* gilt das gleiche für tropische Fische – einerlei ob Süß- oder Salzwasserbewohner – und eventuell sogar für die Spezies Mensch, insofern Männer unter Bedingungen der »Polygynie«, die *in puncto* Krankheitsgefährdung nicht astrein sind, sich gern möglichst effektvoll gewanden. Man vergegenwärtige sich nur einen Moment lang den Aufputz der jungen Strizzis an bestimmten großstädtischen Straßenecken.[246]

In den Zeiten von Aids braucht die Vorstellung von der Sexualität als Waffe *gegen* Krankheit etwas Gewöhnung. Unter historischem und biologischem Blickwinkel freilich ist der Befund einleuchtend. Wir befinden uns in einem immerwährenden Abwehrkampf gegen Parasiten, und sie aussperren heißt schneller die Türschlösser auswechseln, als sie sich Nachschlüssel zurechtfeilen können. Die Sexualität verschafft jeder neuen der in diesen Kampf verwickelten Generationen erneut einen Vorteil, indem sie die Gene neu kombiniert, und das geschieht in einem Tempo, das gerade hoch genug ist, um einen Vorsprung von einem Schritt aufrechterhalten zu können. Oft ist das alles, was eine erfolgreiche Art von einer scheiternden unterscheidet – die Fähigkeit, wie die Schwarze Königin in Lewis Carrolls *Alice hinter den Spiegeln* am selben Fleck zu bleiben, indem man rennt, so schnell man kann.[321] Jeder Sieg bedeutet nur eine Kampfpause. Ein dauerndes Ende der Feindseligkeiten ist nicht in Sicht, ebensowenig wie es eine perfekte Strategie gibt, die die Evolution an ihr Endziel bringen könnte. Der Kampf geht weiter.

Man darf jedoch nicht vergessen, daß die Konkurrenz nicht zwischen Arten, sondern zwischen Individuen stattfindet. Wenn zwei Massai-Krieger vor einem Löwen davonlaufen, versuchen sie nicht den Löwen abzuhängen. Sie wissen beide, daß ein Mensch das nicht schaffen kann. Sie versuchen schlicht und einfach, sich gegenseitig abzuhängen, weil keiner derjenige sein will, der von dem Löwen eingeholt und gefressen wird. Genaugenommen allerdings ist es, da die Geschichte unter Massai spielt, wahrscheinlicher, daß die *moran* stehenbleiben, sich dem Löwen stellen und damit in eine andere Form von Konkurrenzkampf eintreten. Eine Konkurrenz, bei der sich erweisen soll, wer von den beiden der bessere Krieger, der bessere Löwentöter und damit auch für eine Frau der erstrebenswertere Partner ist. Ob so oder so, flüchtend oder standhaltend, der Sieger verbessert in jedem Fall seine persönliche Fitneß und die Chancen für eine stärkere Repräsentation seiner Erbinformation im Genpool des Stammes. Auch wenn dabei im Endeffekt nicht mehr aus ihm wird als der Versicherungsschutz, den sich eine Massai-Frau zulegt – Schutz weniger gegen Löwen als vielmehr gegen das Risiko, daß ihre Kinder mit neuen Stämmen von Malaria-Parasiten oder Schistosoma infiziert werden.

In der Werbung wie in der Sexualität hat alles seine zwei Seiten. Es gibt die Verkäufer, und es gibt die Käufer, und für letztere ist es aus gutem Grund ratsam, auf der Hut zu sein. Es liegt im Interesse des Verkäufers, zumal wenn er selbst der angebotene Artikel ist, die Qualität des Stücks übertrieben darzustellen, die in der Familiengeschichte vorkommende angeborene Herzkrankheit herunterzuspielen oder den Umstand, daß er möglicherweise von Parasiten befallen ist, ganz zu verheimlichen. Wenn die Käuferin ganz sichergehen will, daß sie nicht übers Ohr gehauen wird, tut sie gut daran, auf einer »Probefahrt« zu bestehen oder sonstwie Sorge dafür zu treffen, daß sie den angebotenen Artikel einmal unter den Bedingungen des Ernstfalls in Aktion sehen kann. Die effektivste und mit dem geringsten Kostenrisiko verbundene Strategie besteht für sie darin, den Aspiranten in direkter Konkurrenz mit einem anderen männlichen Individuum, das ja ein Alternativangebot verkörpert, zu beobachten. Bevor sie kauft, muß sie die Angebote vergleichen, und oft ist das bestürzend einfach zu bewerkstelligen.

Alle Biologen, die je ethologische Feldforschung getrieben haben, können da mit eigenen Beispielen aufwarten. Eines der besten freilich stammt aus einer ausführlichen Studie über den Nördlichen See-Elefanten. Der Verfasser beobachtete bei vielen Gelegenheiten, wie ein rangniederer Bulle, während die stärkeren Rivalen schliefen, heimlich mit einer Kuh zu kopulieren versuchte. Der Vorstoß führt in den seltensten Fällen zu dem gewünschten Erfolg. Meistens bewirkt er nichts weiter, als daß die Kuh mit lautem Quäken, mit Sich-Winden und Sand-in-die-Luft-Schleudern Protest erhebt. »Ihr Verhalten aktiviert die Sozialhierarchie: Es weckt buchstäblich schlafende Hunde* und veranlaßt sie, sich ihrer sozialen Rangstellung würdig zu erweisen.« Das bedeutet, daß sie zum Unruheherd stürzen, nicht etwa um der bedrängten Kuh zu Hilfe zu kommen, sondern um an Ort und Stelle eine allgemeine Keilerei unter dem Motto »jeder gegen jeden« anzufangen. Das erste Ergebnis dieser Generalmobilmachung ist die Vertreibung des jungen Möchtegern-Verführers, ihr wichtigstes, daß der siegreiche Bulle – unfehlbar das dominierende Männchen – zur Feier

* See-Elefanten zählen im zoologischen System zur Familie der Seehunde; Anm. d. Übers.

seines Triumphs mit der Drahtzieherin kopuliert. Indem sie die Männer zur Konkurrenz um sie anstachelt, bekommt die Frau genau, was sie will: die besten verfügbaren Gene.[83]

Und wenn die besten, die zur Verfügung stehen, ihr noch nicht gut genug erscheinen, versucht sie nicht selten, Verbesserungen an dem Angebot vorzunehmen, und schreckt dabei auch vor der Überlastung des Systems nicht zurück. Denken wir an Eva, die Adam verführt, an Salome, die den Herodes dazu verleitet, Johannes den Täufer enthaupten zu lassen, oder an Macbeth, den der Ehrgeiz seiner Frau zugrunde richtet. All diesen Episoden liegt ein vertrautes Szenario zugrunde; es wurzelt in der Rolle des Weibchens, das bei der Partnerwahl auf höchste Ansprüche pocht, und wiederholt sich bis in unsere Zeit hinein.

In Martin Ritts Westernklassiker *Man nannte ihn Hombre* aus dem Jahr 1966 drängt Diane Cilento als Jessie Bendow die von Paul Newmann verkörperte Figur, den »weißen Indianer« John Russell, hartnäckig, sich mehr wie sie selbst, nämlich menschenfreundlicher, zu verhalten, und verlangt damit mehr, als der Angesprochene geben kann. Am Ende geht sie in verzweifelter Lage einen Schritt zu weit und hetzt ihn in ein aussichtsloses Samariterunternehmen, das ihn seinem skrupellosen Gegenspieler Cicero Grimes (gespielt von Richard Boone) ausliefert. Bevor er seinem sicheren Tod entgegengeht, tut Russell Jessies vordergründige Behauptung, alles, was sie von ihm wolle, sei ein Messer, um selber die gefesselte Geisel losschneiden zu können, mit Worten ab, in denen sich die archetypische männliche Erbitterung über die archetypische weibliche Forderungshaltung artikuliert: »Nein, Lady. Das ist *nicht* alles, was Sie von mir wollen …«

Von Ausnahmen wie den Gibbons abgesehen, ist Monogamie bei Mammaliern selten; mit der Praxis der Einehe setzen wir uns von den meisten unserer Verwandten ab. Und das ist in mancher Hinsicht ganz gut so, denn wir haben alle ein wenig vom Langur in uns. Für Stiefkinder ist die Wahrscheinlichkeit, eines gewaltsamen Todes zu sterben, 65mal so hoch wie für Kinder, die in der Obhut beider leiblichen Eltern leben.[94] Die Furcht vor einem neuen Stiefvater ist bei Kindern normal, begründet und schwer auszuräumen. Schimpansen lösen das sehr reale Problem der Kindestötung durch Verunklarung der Sachlage. Schimpansinnen neigen zur Promiskuität; sie paaren sich mit so vielen Männchen wie nur möglich und streuen damit die Vaterschaftsvermutung so weit, daß ein Schimpansenmann nicht wissen kann, welche Jungen in der Gruppe von ihm sind, und alle mit gebührender Rücksichtnahme behandelt.

Wir sind ganz ohne Frage keine Schimpansen. Wir sind, um nur das zu erwähnen, in ganz anderem Grad auf dem Planeten verbreitet, und das nicht zuletzt infolge erstaunlicher Modifikationen unseres Sozial- und Sexuallebens. Wir haben die Monogamie für uns entdeckt, und zwar weitgehend darum, weil die Frauen es so mögen und selbst in polygamen Gesellschaften eine ausgeprägte Vorliebe für den Monopolbesitz an einem Mann erkennen lassen. Doch wir haben uns nicht, gibbonartig, paarweise in die Isolation zurückgezogen, sondern leben in großen Kolonien zusammen, wo beide Geschlechter häufig mit Mitgliedern des anderen Geschlechts in Kontakt kommen, was zu Weiterungen in Form von heimlichen Beziehungen führen kann, die am häufigsten zwischen einem ranghohen Mann und einer Frau unterhalb seines Ranges zustande kommen. Der Ehebruch ist so alt wie die Ehe und Anlaß für mehr lüsterne Neugier und heuchlerische Entrüstung als fast jeder andere Aspekt des menschlichen Verhaltens. Doch ungeachtet Alfred Kinseys dauerte es bis zu den achtziger Jahren unseres Jahrhunderts, ehe jemand erkannte, wie verbreitet das Phänomen Ehebruch unter Menschen ist und wie es hier Verhalten und Vererbung beeinflußt.

Robin Baker ist ein zweiter britischer Zoologe mit einem Talent dafür, traditionsgeheiligte Gemeinplätze mit neuen und interessanten Fragestellungen zu unterminieren.[24] Frauen heiraten einen netten jungen Burschen und betrügen ihn mit einem älteren Lebemann; oder sie heiraten einen häßlichen Geldsack und betrügen ihn mit einem gutaussehenden jungen Liebhaber. Ist es nicht so? Nicht alle kennen das literarische Paradebeispiel Madame Bovary, aber jeder kennt im wirklichen Leben irgend jemanden dieses Schlags – einen Menschen, der seinen Kuchen aufheben, ihn aber gleichzeitig auch aufessen möchte. Das ist doch nur menschlich-allzumenschlich ...

Ist es nicht. Die meisten Vogelarten sind monogam, und die Geschlechter teilen sich bei ihnen die Arbeit des Ausbrütens und Fütterns der Nachkommen. Es ist ein anrührendes Bild, wie sie unaufhörlich Futter herbeischaffen und in die aufgerissenen Schnäbel stopfen, die sich ihnen aus dem Nest entgegenrecken – genau die Art Genreszene, die sich in unserer Vorstellung mit Worten wie Familiensinn, Zukunftsinvestition und Arbeit für die kommenden Generationen verbindet. Aber sobald erst einmal der Gentest dank inzwischen erreichter Zuverlässigkeit und Wirtschaftlichkeit in das Standardinstrumentarium der Zoologie aufgenommen worden war, erfuhren wir zu unserer nicht geringen Überraschung, daß fast in jedem Vogelnest gut verkappte Kuckucke sitzen und daß bei einer exorbitanten Zahl von Vogelarten die Männchen unausweichlich zum Hahnreitum verurteilt sind.[39]

Diese Entdeckung rief einen kompletten neuen Forschungszweig ins Leben, der sich mit der heute so genannten »Spermienkonkurrenz« beschäftigt. Man bewegt sich hier auf faszinierendem Terrain, bevölkert von Spermien, die einen Wettlauf zum Ei veranstalten, von Kamikazespermien, die einen Pfropf bilden, der den Scheideneingang für Nachkommende verschließt, und von Tieren, die das Ejakulat rivalisierender Männchen verdünnen, auskratzen oder sogar mit chemischer Kriegführung bekämpfen. Was alles nicht nötig wäre, wenn die Monogamie funktionierte, wenn alle ihrem Partner treu wären. Bei den Vögeln ist das eindeutig nicht der Fall. Für viele Vogelweibchen scheint die optimale Fortpflanzungsstrategie darin zu bestehen, sich mit einem mittelmäßigen, aber zuverlässigen Ehepartner zusammenzutun und mit einem aus der Sicht der Gene erstrebenswerteren Männchen aus der Nachbarschaft – der gewöhnlich der Ehepartner eines anderen Weibchens ist – fremdzugehen. Bei den monogamen Rauchschwalben ist diese Praxis die Regel, und aus sehr guten Gründen wird sie das auch bleiben: Die Männchen erzielen mit ihr *mehr* Nachkommen und die Weibchen *bessere*.[274]

Baker vermutete hinter dem Ehebruch beim Menschen dieselbe genetische Logik und hatte den Mut zum Nachforschen und Nachfragen. Das Nachforschen schloß Gentests in London und Liverpool ein, wobei sich an beiden Orten herausstellte, daß 20 Prozent der Kinder in augenscheinlich stabilen Familien nicht von dem Mann gezeugt waren, der nach dem Gesetz ihr Vater war. Jedes fünfte Kind ein Kuckuck! Daß hier Ehebruch im Spiel war, stand außer Zweifel, und so begann Baker sich zu fragen, ob das Phänomen der Spermienkonkurrenz auch beim Menschen auftritt. Er ging dieser Frage nach und stellte nicht nur fest, daß dies tatsächlich der Fall ist, sondern auch, daß sowohl Männer wie Frauen über erstaunliche einschlägige Mechanismen verfügen.[22]

Wie es scheint, gibt es zweierlei Formen des weiblichen Orgasmus. Die eine – in hohem Maße konzeptionsfördernde – Variante ist von starken Kontraktionen begleitet, die das Ejakulat nach dem Verkehr längere Zeit in der Scheide zurückhalten. In der anderen Variante tritt der Orgasmus früher ein und ist von geringerer Muskelaktivität begleitet, so daß das Ejakulat ebenso leicht wieder ausfließt, wie wenn überhaupt kein Orgasmus stattgefunden hätte. Treue Ehefrauen haben beide Formen des Orgasmus annähernd gleich oft. Bei untreuen Ehefrauen steigt die Häufigkeit des »einbehaltenden« Orgasmus auf über 70 Prozent beim Verkehr mit dem Liebhaber und sinkt auf unter 40 Prozent beim Verkehr mit dem Ehemann – was, bei sonst gleichen Umständen, ein Chancenverhältnis von fast 2:1 bedeutet. Und sei es nun Zufall oder Planung – ehebrüchige Frauen zeigen die Tendenz, mit dem Liebhaber zum Zeitpunkt des Konzeptionsoptimums zu verkehren beziehungsweise zu dem Zeitpunkt ihres Monatszyklus, der das Maximum sexueller Appetenz markiert. Nimmt man alles zusammen, ergibt sich, daß selbst ehebrüchige Frauen, die zweimal so oft legitimen wie illegitimen Geschlechtsverkehr haben, mit höherer Wahrscheinlichkeit vom Liebhaber als vom Ehemann empfangen. »Das frauenspezifische Muster von Untreue und Orgasmus entspricht genau dem, was man in einer Situation erwarten würde, die so aussieht, daß die Frau unbewußt versucht, von ihrem Liebhaber schwanger zu werden, aber ihren Mann nicht verlassen will.«[321]

Und die Biologie des männlichen Individuums der Spezies Mensch ist auf die Bekämpfung just einer solchen Neigung eingestellt. Baker fand heraus, daß Männer, die den ganzen Tag mit ihrer Frau zusammen waren, weniger Sperma ejakulieren als Männer, die den Tag getrennt von ihrer Frau verbrachten. Bei letzteren verhält sich der Körper so, als ob sie unbewußt für den Eventualfall vorsorgten, daß ihre Frau ihnen während ihrer Abwesenheit untreu wurde, und nun eifrig darauf bedacht wären, ihren eigenen Spermien in einer möglicherweise bestehenden Konkurrenzsituation nach Kräften Vorteile zu verschaffen. Kannst du deine Ehefrau nicht vierundzwanzig Stunden am Tag im Auge behalten, dann schlafe wenigstens mit ihr, sooft es nur geht – und wundere dich nicht, wenn du den Liebesakt nach einer Periode der Trennung hitziger vollziehst. Im Herzen wie in anderen wichtigen Körperteilen wächst die Liebesglut im Quadrat der Entfernung und der Dauer der Abwesenheit. Familiäres Zusammenleben dagegen führt, wenn nicht gerade zum Überdruß, so auf jeden Fall zu einem gewissen Desinteresse ...[23]

Die Kinder israelischer Kibbuzniks wachsen in einer der Geschwisterbeziehung ähnelnden Gemeinschaft mit nichtverwandten Kindern auf; einschlägige Untersuchungen gelangten nun zu dem Befund, daß bei den so Erzogenen, wenn sie erwachsen sind, eine Sperre gegen erotische Beziehungen zu ihren einstigen Kameraden wirksam zu sein scheint, obwohl keinerlei gegen solche Beziehungen gerichtete kulturelle Sanktionen existieren.[104] Offenbar beruht zumindest bei unserer Spezies die Inzuchthemmung nicht auf einem instinktiven Gewahrsein genetischer Verwandtschaft, sondern auf einer Tendenz, sich von Personen, die man von klein auf als zum engeren Familienkreis gehörig erlebt hat, nicht sexuell angezogen zu fühlen. In den meisten Fällen reicht diese Disposition aus, um eine wirksame Inzestschranke zwischen Menschen zu errichten, die zu eng verwandt sind, als daß ihre Gene ohne gravierendes Krankheitsrisiko für ihre Nachkommen gemischt werden könnten. Ödipus hatte nur Pech. Ein Pech, das jeden treffen könnte, für den nicht das kulturelle Umfeld jederzeit das sorgfältig geführte Protokoll seiner Verwandtschaftsbeziehungen bereithält. Und Freud hatte allem Anschein nach unrecht mit seiner These, daß auf archaischer Kulturstufe strenge Inzesttabus aufgerichtet werden mußten, um die Menschen davon abzuhalten, tief verdrängten Triebwünschen nachzugeben. Die Wahrheit ist, daß in den meisten Kulturen eine Durchsetzung des Inzestverbots mit rigorosen Mitteln aus dem einfachen Grund nicht nötig war, weil offenbar kaum jemand an sexuellen Beziehungen zu Mutter, Bruder, Vater oder Tochter interessiert war.

Dem Ornithologen Stephen Emlin wurde während elf Jahren intensiven Studiums sorgfältig beringter Bienenfresser in Kenia kein einziger Fall von Paarung zwischen Geschwistern oder zwischen Eltern und unmittelbaren Nachkommen bekannt.[332] Der genetische Imperativ ist wohl nicht zu übersehen, ebensowenig sein beträchtlicher Überlebenswert. Bei Studien an Labortieren und Haustieren, die zur Inzucht gezwungen wurden, zeigte sich, daß die Wahrscheinlichkeit von Gendefekten und sogar Lebensunfähigkeit in Inzuchtstämmen so rapide zunimmt, daß selbst Taufliegen, die zur Paarung zwischen Vollgeschwistern gezwungen werden, vor Erreichen der siebten Generation aussterben. Nur in Herrscherfamilien der Maya und der alten Ägypter scheint man das Tabu willentlich verletzt zu haben, doch findet der Verdacht immer neue Nahrung, daß selbst in diesen Fällen die Verbindung zwischen Bruder und Schwester höchstwahrscheinlich eine Zweckheirat war, mit der eine hinter den Kulissen vorgenommene wohlüberlegte Blutauffrischung vertuscht wurde. Kleopatra scheint jedenfalls nicht mit irgendwelchen erkennbaren körperlichen oder geistigen Mängeln behaftet gewesen zu sein.

Ein Erbstück, das wir der sexuellen Selektion verdanken, ist die uns allen eigene ausgeprägte Neigung zu bestimmten Formen von Aggression. Bis jetzt hat noch niemand eine menschliche Gesellschaft ohne sexuelle Eifersucht entdeckt, und ohne zumindest einen Schuß von jener kreativen Spannung, die sich aus ihr ergibt, könnte allerorten auf der Welt kaum eine Paarbindung überdauern. Selbst Enten machen da keine Ausnahme. Bei einer Reihe von Meeresenten, so zum Beispiel bei den Eiderenten, gehen Männchen und Weibchen eine dauerhafte Paarbindung ein. Diese Paare teilen sich ihr Winterquartier mit Artgenossen, doch im Sommer, auf den Brutplätzen, werden sie *in puncto* Umgang heikler. Den Anstoß gibt im konkreten Fall die weibliche Ente: Sie wird sichtlich verärgert, wenn sich ein fremder Erpel nähert, und beginnt zu »hetzen« (wie Konrad Lorenz das genannt hat[245]); mit lang und niedrig vorgestrecktem Hals reckt sie dem unerwünschten Besucher ihren Schnabel mit dem typischen »griechischen Profil« entgegen, den sie dann anhebt, um ein zänkisches Keifen hören zu lassen. Was immer ihr Lebensgefährte in diesem Augenblick tut – ob er frißt, döst oder sein Gefieder putzt –, er bricht es auf dieses Signal hin sofort ab und greift den Fremdling an. Und dieses Reaktionsmuster funktioniert so zuverlässig und präzise, daß er, sobald seine Gefährtin ihren Unmut an einen neuen Adressaten richtet, seine Kampfeslust umgehend auf dieses Ziel umleitet.[382]

Derartige Verhaltensformen, die das weibliche Geschlecht in nicht gerade einnehmender Beleuchtung zeigen, erscheinen dem Laien beim

Menschen nicht weniger untypisch als bei den Enten. Verhaltensbiologen sind jedoch auf solche Einflüsse von weiblicher Seite gefaßt, seit Darwin das Konzept der sexuellen Selektion formulierte, das die gewichtige Rolle des weiblichen Geschlechts beim Zustandekommen von Paarungskonstellationen und damit bei der Evolution insgesamt unterstreicht. Falsche Vorstellungen von der Partnerwerbung ergaben sich aus dem Studium von Tieren in Gefangenschaft, wo Weibchen überhaupt keine Wahlmöglichkeit haben. Es kann sogar fatale Folgen haben, wenn man einem einzelnen Männchen kontinuierlichen Zugang zu einem Weibchen einräumt, das keine Fluchtmöglichkeit hat, und wenn man dann das Paar sich selbst überläßt unter Bedingungen, die sich durch das Fehlen jener Verhaltenskontrollen auszeichnen, die der Druck von seiten der sozialen Gruppe und die sexuelle Rivalität ausüben. Bei Laborratten und in Gehegen gehaltenen Weißwedelhirschen führt das manchmal dazu, daß die Männchen ihre Gefährtin töten, und auch bei menschlichen Paaren, die durch gleichermaßen unnatürliche Lebensbedingungen vom Sozialleben abgeschnitten sind, ist eine ähnlich traurige Konsequenz nichts Ungewöhnliches. Die meisten Morde finden in der eigenen Wohnung von Täter und Opfer statt, in manchen Fällen als Folge von Überbelegung und Raumnot, öfter aber unter dem Druck ganz anderer Umstände, nämlich eines akuten Mangels an menschlichen Kontakten. Der Zweite Hauptsatz der Pathik ist ein zweischneidiges Schwert.

Eine ebenfalls von der Theorie der sexuellen Selektion prognostizierte biologische Ungleichheit ist die Wurzel der innerartlichen Aggression zwischen männlichen Individuen, angefangen bei der Schlägerei zwischen menschlichen Halbwüchsigen an irgendeiner städtischen Straßenecke bis hin zu den Paarungskämpfen der Robbenhünen an den Inselstränden vor der kalifornischen Küste. Das Männchen, das andere Männchen bezwingt, setzt mehr Nachkommen in die Welt als die Bezwungenen. Und der Abstand zwischen dem Sieger und den Besiegten ist unter Umständen gewaltig. Le Bœufs Studien an den Stränden von Año Nuevo brachte zutage, daß der ranghöchste See-Elefantenbulle 25mal so viele Kühe befruchtet wie sein rangniederer Rivale, der am Rand der Kolonie zu leben gezwungen ist. Angesichts der Gewinne, die den eigenen Genen dabei winken, nimmt es nicht wunder, daß die Konkurrenz heftig ist und bereits im frühesten Lebensalter beginnt. Sogar neugeborene männliche See-Elefanten mischen schon mit, indem sie nicht nur bei ihrer Mutter, sondern auch bei anderen säugenden Kühen saugen; die Milchdiebe riskieren zwar Leib und Leben, wachsen dafür aber auch schneller als weibliche Junge, denen solcherlei faule Tricks fremd sind. Die wohlgenährten »Zweifach-Säuglinge« haben bessere Aussichten, ihren ersten Winter zu überleben und groß und kräftig genug zu werden, um später selber die Rolle des Strandpotentaten übernehmen zu können.[238]

Die Parallelen zum menschlichen Verhalten liegen auf der Hand. In den meisten Kulturen sind Jungen wagemutiger und draufgängerischer als Mädchen. Von dem Augenblick an, wo Kinder als Zweijährige mit dem Spielen in Gruppen beginnen, sind Jungen im Reden und Handeln aggressiver. Ihre Phantasien drehen sich öfter und in deutlicher ausgeprägter Form um Feindseligkeiten. Ihr Spiel enthält sehr viel häufiger stilisierte Drohgebärden, Scheinkämpfe und – überwiegend gegen andere Jungen gerichtete – offene physische Angriffe. Dagegen sind Mädchen in der Regel freundlicher im Umgang und weniger wagemutig. Schon als Neugeborene lächeln sie mehr als die männlichen Erdenbürger, und dabei bleiben sie ihr Leben lang.[429] Manches in unserer Erziehung ist darauf angelegt, die Unterschiede im Verhalten der Geschlechter bis zur Überzeichnung zu verstärken, aber im Kern scheinen sie eine genetisch bedingte Naturgegebenheit zu sein. Sie finden sich in derselben Form auch in Kulturen wie etwa der der San-Buschmänner, wo man bei der Kindererziehung keine geschlechtsspezifischen Unterschiede macht.[248]

Diese biologische Asymmetrie ist elementar und unumgänglich. Der Mann mit seiner geringen Investition in die biologische Seite des Fortpflanzungsprozesses ist gehalten, mit anderen Männern um den Zugang zu Frauen zu konkurrieren, und das häufiger und vehementer, als Frauen um den Zugang zu einem Mann konkurrieren müssen. Frauen erfreuen sich der allerbesten Aussicht auf Fortpflanzungserfolg und haben es nicht nötig, sich auf riskante Unternehmungen einzulassen. Demgegenüber sind Männer angesichts gewaltiger Unterschiede im Ertrag von Erfolg oder Fehlschlag gezwungen, sich weitaus wettbewerbsorientierter und aggressiver zu verhalten. Die Geschlechterdifferenz ist weitgehend eine Sache der Gene oder zumindest von genetisch gesteuerten Geschlechtshormonen – wie eine medizinische Panne in den fünfziger Jahren schockartig vor Augen führte.

Eine Zeitlang war es zumindest in den USA gängige Praxis, von einer Fehlgeburt bedrohte Schwangere mit dem künstlichen Hormon Progestin zu behandeln. Progestin sollte als Substitut für das weibliche Geschlechtshormon Progesteron fungieren, geriet jedoch manchmal aus dem Ruder und produzierte Testosteron. Passierte das bei einer Schwangeren mit weiblicher Leibesfrucht, setzte eine Maskulinisierung ein, und so kam es in einer Anzahl von Fällen zur Geburt eines Mädchens mit pseudomännlichem Geschlechtsteil – gewissermaßen eine menschliche Variante des bei Tüpfelhyänen alltäglichen Quidproquo. Die äußeren Schamlippen waren zu einer Art Skrotum verschmolzen und die Klitoris zu penisähnlicher Form vergrößert. Diese somatischen Abnormitäten konnten operativ korrigiert werden, weitgehend erfolglos blieb jedoch die »Schulung« der Betroffenen mit dem Ziel, sie dazu zu bringen, sich wie gewöhnliche junge Mädchen und Frauen zu betragen. Die meisten zeigten im späteren Leben ein abnorm hohes Interesse an Leistungssport und hatten mehr für Schußwaffen als für Puppen, mehr für Hosen als für Kleider übrig. Und allesamt wurden sie in ihren Jugendjahren als *tomboys* (zu deutsch etwa: »halbe Jungen«) bezeichnet – ein seit der Shakespearezeit gebräuchliches hochinteressantes Etikett für Mädchen, die in dem Ruf stehen, frech, mutwillig und ungestüm zu sein: »ein weiblicher Wildfang, der sich an der Zartheit seines Geschlechts versündigt«.[319]

Studien über diese Mädchen sowie andere, die, ohne erkennbare somatische Folgen, vor der Geburt demselben Hormon ausgesetzt gewesen waren, führten zu dem Befund, daß die Untersuchten ausnahmslos dominierender, aggressiver und abenteuerlustiger als ihre Schulkameradinnen waren. Ein Weg, wie ihn Hyänenweibchen gehen, indem sie sich an die Spitze des Rudels setzen und ihre hormonale Verfassung ungebremst ausleben, stand ihnen nicht offen; kein Wunder also, daß die wenigsten glücklich über ihre Weiblichkeit waren und manche ausgesprochen unzufrieden damit, im Leben eine Frauenrolle ausfüllen zu müssen. Diese mißliche Episode beweist wohl zweifelsfrei, daß die Unterschiede und die Arbeitsteilung zwischen den Geschlechtern nicht einfach nur kulturelle Artefakte sind.

Sie sind biologischen Ursprungs und auf biologischem Wege sehr leicht zu erschüttern. Die Evolution hat dafür gesorgt, daß wir weitgehend so sind, wie wir sein müssen – und die meisten Männer, so scheint es, müssen in gehörigem Maße aggressiv sein. Zumindest in ausreichendem Maße, um das reguläre Chancenangebot nutzen zu können. Erst wenn die normale Gleichgewichtslage in biochemischer, räumlicher oder zahlenmäßiger Hinsicht erschüttert wird, kommt es zu pathologischen Auswüchsen.

Als Fletcher Christian und acht weitere meuternde Matrosen der »Bounty« 1790 auf der Insel Pitcairn anlangten, führten sie einen Troß von sechs Tahitiern und dreizehn Tahitierinnen mit sich. Die fünfzehn Männer und dreizehn Frauen wollten gemeinsam eine dauerhafte Kolonie gründen und sich ein neues Leben aufbauen, und um diesen Vorsatz zu besiegeln, brachen sie alle Brücken zur Außenwelt hinter sich ab, indem sie ihre Schiffe verbrannten. Als die Gesellschaft im Jahr 1808 von amerikanischen Walfängern entdeckt wurde, war, von zehn Frauen umgeben, nur noch ein einziger der Männer am Leben. Die anderen waren sämtlich eines gewaltsamen Todes gestorben. »Der Überlebende war schlicht und einfach derjenige, der sich bei einer ausschließlich durch sexuelle Konkurrenz motivierten Orgie der Gewalt bis zuletzt hatte auf den Beinen halten können.«[321] Es war einer der Tahitier; er legte ein Geständnis ab, zeigte sich reuig, vollzog einen strategischen Übertritt zum Christentum und verordnete den Bewohnern von Pitcairn die Einehe als beste Organisationsform des Sexuallebens. Die ungefähr hundert Seelen zählende Inselbevölkerung von heute, die vom Verkauf von Briefmarken an die Passagiere vorüberfahrender Schiffe lebt, hält sich an diese Vorschrift, aber man fragt sich, was wohl geschehen wäre, wenn die Gesellschaft der ersten Kolonisten einen Mann weniger und eine Frau mehr gezählt hätte. So klein kann oftmals der Unterschied zwischen Stabilität und Instabilität, zwischen gut und böse sein.

Gut sein und schlecht sein gehört einfach mit zum Menschsein. Wir sind Produkte unserer Herkunft, und keiner unserer direkten Vorfahren starb kinderlos. Jeder von ihnen hat uns ein Andenken an sich hinterlassen, und die Gesamtheit dieses Erbes bildet den Treibsatz in uns – das, was uns lieben und hassen macht, Neid, Ehrgeiz und Habsucht erzeugt, zu Mord und Selbstmord treibt, aber auch Nächstenliebe,

Sprache, Musik und Kunst gebiert. Menschliche Kulturen sind Nährböden der Ungerechtigkeit, enthalten zugleich aber auch den Keim der Selbstheilung. Meiner Ansicht nach haben wir eine angeborene Neigung zu ausgeglichenen Verhältnissen. Die Asymmetrie identifizieren wir als das, was sie ist: als den Naturzustand der Dinge, dessen Eigenschaften wir kultivieren, solange sie unserem Vorteil dienen. Wir haben sehr gut gelernt, aneinander Symptome drohenden Ungleichgewichts zu diagnostizieren und gegen deren Ausufern ins Extrem einzuschreiten. Die menschlichen Gesellschaften haben diese natürliche Tendenz in Regeln und Gesetzen kodifiziert, die angeben und definieren, was geht und was nicht geht, was moralisch und was unmoralisch, was gut und was böse ist. Die wirksamsten Hemmnisse bleiben jedoch diejenigen, die wir tief im eigenen Inneren tragen und die bei Bedarf an die Oberfläche kommen, um soziale Brandsätze zu ersticken.

Mag die Natur auch »Zähne und Klauen blutigrot« haben – sie ist zugleich realistisch. Der Kampf ums Dasein ist eine unleugbare Realität, und wir können eine beachtliche Brutalität entfalten, wenn wir für unsere Interessen streiten oder wenn das System der Zwänge, die uns bändigen, zusammenbricht – wie es jüngst in Ruanda geschehen ist. Aber wir können auch erstaunlich freundlich und kooperationsbereit sein, mit Geschick die subtile Kunst der Versöhnung ausüben und potentieller Zwietracht den Boden entziehen, ehe sie sich überhaupt bemerkbar machen kann. Mögen wir auch die Werkzeughersteller sein, die Lebewesen, die das biologische Wettrüsten zum totalen Krieg aufgeheizt haben – wir sind zugleich die Friedensstifter, die von Natur aus erstaunlich geschickten Versöhner und Aussöhner. So geschickt, daß es oft leicht ist, zu verkennen, was eigentlich vorgeht, und augenscheinlich Schlechtes zu verurteilen, ehe sich dann doch zeigt, daß es einem höheren Interesse nützt. Wir sind inzwischen so weit, daß wir viel Verständnis für die Idee des »guten« Kriegs aufbringen, wenn es sich trifft, daß dieser Krieg unseren eigenen Interessen dient. Aber den Menschen, deren Aufgabe es ist, anderen zu verdeutlichen, was moralisches Verhalten ist, und sie dazu anzuhalten, hat gerade erst zu dämmern begonnen, daß es auch so etwas wie einen »schlechten« Frieden gibt – einen wie den, den amerikanische Marineinfanteristen in Somalia schaffen wollten, oder einen wie den,

den die britische Armee nun schon so lange in Nordirland herbeizuführen sucht.

Menschliche »Friedenshüter« könnten noch viel von unseren nächsten Verwandten, den Schimpansen, lernen, sogar von den ruandischen.

Die Ähnlichkeit zwischen den Schimpansen und uns ist größer als der Unterschied. Schimpansen sind denkende Wesen mit einem phänomenalen Gedächtnis und durchaus in der Lage, vorauszuplanen. Zum größten Teil entfaltet sich diese rationale Intelligenz in sozialen Situationen, und aus solchen heraus dürfte sie sich auch entwickelt haben. Schimpansen sind extrem geschickt in den Finessen der Diplomatie und der Imagepflege sowie der Kunst, andere auszustechen und Eintracht in der Gruppe zu schaffen. Sie wissen über vieles Bescheid, wenn sie es vor sich haben. Während meiner Zeit als Zoodirektor hatte ich schon bald heraus, daß die beste Methode, einem Schimpansen einen Gegenstand wegzunehmen, mit dem er sich verletzen konnte, darin bestand, einen Handel mit ihm einzugehen. Geistig beschränkte und rücksichtslose Zoobesucher warfen zuweilen Glasscherben und sogar Messer und Scheren in den Aufenthaltsbereich der Tiere, und wann immer das die Schimpansen betraf, brauchte ich mich nur mit einer Eiswaffel in der Hand vor Ort zu begeben und erst auf das Eis, dann auf den Gegenstand, den ich dafür haben wollte, zu deuten. Schimpansen begreifen schnell, worum es geht, und unsere Einsicht in derlei Feinheiten ihres Verhaltens hat in den letzten zwei Jahrzehnten rasant zugenommen, teils durch ausgedehnte Freilandstudien, ganz besonders jedoch durch die vierundzwanzig Stunden am Tag währende Intensivbeobachtung einer Schimpansenkolonie im Zoo der niederländischen Stadt Arnheim (Arnhem).[398]

»Das Gesetz des Dschungels gilt nicht für Schimpansen«, meint der niederländische Primatologe Frans de Waal. Aber das diplomatische Finassieren, wie man es auf Kinderspielplätzen oder an Straßenecken beobachten kann, scheint auch ihnen durchaus nicht fremd zu sein. Sehen wir uns die folgende Textpassage einmal auf die Frage hin an, ob sie sich auf menschliches oder auf Primatenverhalten bezieht:

»Jeder versucht, sich Beziehungen zu schaffen und sie zum eigenen Vorteil zu nutzen. Wenn ein Kampf aufflammt, kommen Zuschauer herbeigelaufen und lassen anfeuernde Rufe hören. Einige versuchen, zugunsten ihrer Favoriten in das Geschehen einzugreifen. Es bilden sich Ad-hoc-Bündnisse von zwei bis zehn Angreifern, aber auch die Angegriffenen erhalten Unterstützung, und so weitet der Konflikt sich aus. Die Kämpfenden werben aktiv um Beistand, indem sie aus Leibeskräften schreiend auf ihre Lage aufmerksam machen; sie legen den Arm um die Schultern eines Freundes, um ihn zum Mitmachen zu bewegen; sie betteln Umstehende um Hilfe an; sie flüchten sich zu einem älteren oder stärkeren Beschützer und schreien und gestikulieren von diesem sicheren Hort aus zu ihren Gegnern hin.«

So weit dieses Zitat aus de Waals Aufzeichnungen über das Austragen von Konflikten bei Schimpansen – wortwörtlich wiedergegeben bis auf die Kleinigkeit, daß ich alle Hinweise auf die in Rede stehende Spezies getilgt habe. Und so, wie er nun da steht, könnte dieser Text genausogut auch aus einem Werk Jean Piagets über den Ursprung der Aggression beim menschlichen Kind stammen.

Bei den Beobachtungen in Arnheim hat sich gezeigt, daß mit dem Ende eines Kampfes oder eines sonstigen Rencontres die Angelegenheit nicht abgeschlossen ist. Gelegentlich folgen hinterher Rachehandlungen, weit häufiger jedoch wird zwischen den Kontrahenten ein differenziertes Aussöhnungsritual abgewickelt. Man sucht bald nach dem Zusammenstoß die Begegnung, wobei mit ausgestrecktem Arm und geöffneter Hand die charakteristische Geste gemacht wird, mit der Schimpansen zu beruhigendem Körperkontakt auffordern. Man nimmt in höherem Maß als üblich Blickkontakt auf, gibt ein leises Blaffen von sich, appliziert Handküsse und Mundküsse und fährt mit diesen Friedensangeboten so lange fort, bis sie erwidert werden und die Versöhnung besiegelt ist. Erreicht man dieses Ziel nicht, sucht man unter Umständen den Körperkontakt mit einem Dritten, der dann mehr die Form von Umarmungen als von Küssen hat und offenbar das direkte Äquivalent des menschlichen Trostsuchens und Trostspendens ist. Mit Recht vergleicht de Waal einen solchen Vorgang zwischen vor kurzem noch zerstrittenen Schimpansen einmal mit der in den Fernsehnachrichten gezeigten Zusammenkunft von Prälaten der argentinischen und der britischen katholischen Kirche nach dem Falklandkrieg, bei der im Rahmen eines gemeinsam zelebrierten

Hochamts eine zeremonielle Geste der offiziellen Versöhnung in Form eines »Friedenskusses« ausgetauscht wurde.

Friedensangebote unter Schimpansen gehen anscheinend nur dann ins Leere, wenn die Kontrahenten in eine langwierige Auseinandersetzung verwickelt sind, etwa in einen Machtkampf um die Alpha-Position in der Gruppe. Dann läßt der zukünftige Ranghöchste den anderen einfach links liegen und fährt mit dieserart Brüskierung so lange fort, bis der, auf den die Deklassierung wartet, mit japsendem Grunzen und zeremoniellen tiefen Verbeugungen Unterwerfung und Ehrerbietung demonstriert. Die Körpersprache ist klar und deutlich und im übrigen für jedermann leicht wiederzuerkennen, der jemals beobachtet hat, wie es auf Politikertagungen in China oder auf Aufsichtsratssitzungen in Japan zugeht. Man sieht sich hier Mustern sozialer Integration gegenüber, die eine eindringliche Botschaft in Gestalt eines bedingten Friedensangebots transportieren: »Es ist alles paletti, solange du weiterhin klar zu erkennen gibst, daß du weißt, wo dein Platz ist.« In jeder Militärhierarchie braucht man nur vor seinen Vorgesetzten vorschriftsmäßig zu salutieren. Wir und die Schimpansen scheinen die gleiche Furcht vor einer Störung im sozialen Beziehungsnetz zu haben und gleichermaßen empfindlich für alle subtilen Anzeichen einer bevorstehenden Panne zu sein. Solche Warnsignale bereiten uns oft mehr Sorgen als nackte physische Aggression, die gewöhnlich viel leichter zu interpretieren und viel einfacher zu bewältigen ist.

Um gegen unverhoffte Pannen in ihrer sorgfältig strukturierten Gesellschaft vorzubauen, gehen die Schimpansen ganz wie die Menschen Koalitionen ein, deren innerer Zusammenhalt durch soziale Symbolhandlungen wie Beieinandersitzen und *grooming** verstärkt wird. Diese Zweierbeziehungen bilden ihrerseits integrale Bestandteile übergreifender Allianzen, die mit Hilfe von aufwendigeren und deutlicher als solche erkennbaren politischen Manövern aufrechterhalten werden müssen. Und hier erweisen sich bei den Schimpansen

* In die deutsche ethologische Fachsprache übernommene englische Bezeichnung der unter Schimpansen üblichen »gegenseitigen Fellpflege« mit hohem Gefühls- und Symbolwert; früher als »Lausen« mißverstanden. Anm. d. Übers.

nicht anders als bei den Menschen Männerbindungen im Vergleich zu den auf Dauer gestellten Frauenfreundschaften als disponibler und offener für strategische Revisionen. Der Primatologe Toshisada Nishida, der mit bahnbrechenden Studien über die wildlebenden Schimpansen in den tansanischen Mahale-Bergen hervortrat, berichtete über die Taktik eines alten Männchens, im Machtkampf zwischen zwei jüngeren Thronprätendenten, von denen jeder auf seine Unterstützung angewiesen war, regelmäßig die Fronten zu wechseln. In dieser »Schaukelpolitik« erkannte Nishida ein mit sexuellen Privilegien honoriertes Maklergeschäft mit der Macht, dessen abgewandeltes Gegenbild in der menschlichen politischen Sphäre zu beobachten ist, wenn irgendwo unter prekären Bedingungen mit dem Beistand eines nach wie vor einflußreichen älteren Staatsmanns eine sei's auch brüchige Regierungskoalition zusammengeschmiedet werden muß – Situationen, wie man sie in jüngerer Zeit des öfteren in Japan erlebt hat.[287]

Schimpansen können sich in der geschilderten Weise verhalten, weil sie in der Lage sind, den feinen Unterschied zwischen formellem Rang und realer Macht zu machen. Der Rang ist einfach nur die Position des einzelnen in der hierarchischen Struktur der Gruppe, aufrechterhalten und ausgedrückt mittels ritueller Gesten wie zum Beispiel dem – je nach Status – Fellsträuben oder Sich-Verbeugen, wenn zwei Schimpansen sich begegnen. Diese zahlreichen »antagonistischen« Begegnungen hat man früher als Beweis für einen hohen Aggressionspegel in der Gruppe gedeutet; heute sieht man in ihnen ein hochfunktionales und penibles gestisches Zeremoniell zum Zweck der Aggressionshemmung und -kontrolle. Mehr als alles andere sind sie so etwas wie ein Stück Etikette oder guter Ton im Umgang miteinander – die unerläßliche Voraussetzung entspannter Beziehungen. Diese Dinge gehören mit zum Kitt einer Gesellschaft, in der die wahre Macht oft, wenn auch nicht unbedingt deutlich sichtbar, in den Händen einer grauen Eminenz, eines Königsmachers liegt, eines gerissenen Vertreters der älteren Generation, der hinter den Kulissen die Drähte zieht. Machiavelli hätte seine Freude daran gehabt.

Schimpansenweibchen neigen in ihren Loyalitäten weniger zur Schaukelpolitik. Die Koalitionen, die sie eingehen, sind von Dauer und unabhängig vom sozialen Status und Verwandtschaftsgrad der

Beteiligten. Ihnen scheint es mehr darum zu tun, sich einen kleinen Kreis ausgewählter Freundinnen und etliche klare Feindinnen zuzulegen und diese Verhältnisse aufrechtzuerhalten. Sie schließen nicht so leicht Freundschaften wie die Männchen und sind auch nicht so schnell bereit, eine Feindschaft zu begraben. »Im Laufe der Jahre gewann ich den Eindruck«, schreibt de Waal, »daß in der Kolonie von Arnheim jedes Weibchen eine oder zwei absolute Feindinnen hat, mit denen eine Aussöhnung völlig unmöglich ist.« Was wie männliche Angriffswut aussieht und früher als solche verbucht wurde, entpuppt sich de Waal zufolge bei genauerer Untersuchung des Zusammenhangs in vielen Fällen als eine Aktion, zu der das Männchen von einem Weibchen, das auf diesem Wege eine alte Privatfehde austrug, aufgestachelt wurde.[399]

Läßt man einmal diesbezügliche fromme Wünsche und Hoffnungen beiseite, kann man es nur höchst unwahrscheinlich finden, daß irgendeine Spezies in ein allein streitbares und ein allein friedfertiges Geschlecht zerfallen sollte. Je mehr Erkenntnisse wir beim Studium anderer Spezies sammeln und je besser wir unsere eigene Spezies verstehen lernen, desto wahrscheinlicher wird es in unseren Augen, daß Konkurrenzkampf nicht auf ein einzelnes Geschlecht beschränkt ist. In beiden Geschlechtern wird heftig konkurriert, wenngleich wahrscheinlich aus unterschiedlichen Anlässen. Männliche Individuen konkurrieren untereinander größtenteils um Sexualpartnerinnen und das Sozialprestige, das ihnen den Zugang zu noch mehr Partnerinnen eröffnet; weibliche Individuen konkurrieren um Nahrung, dazu um Vorteile für ihren Nachwuchs. Wenn es in der Form der Konkurrenz einen bedeutsamen Unterschied zwischen den Geschlechtern gibt, dann liegt er in dem »Kumpaneisystem«, der Tendenz zur Bildung rein männlicher Gruppen, innerhalb deren durch Aggression klare hierarchische Verhältnisse geschaffen werden, welche aber im Endeffekt Rivalitäten berechenbarer und weniger entzweiend machen. Für Schimpansen wie für die Spezies Mensch gilt, daß männliche Individuen stärker zu physischer Gewaltanwendung neigen. Männer sind eindeutig die Unruhestifter, die untereinander am unverhohlensten konkurrieren, aber in solcherlei Konkurrenz auch zu einer Art Einigkeit finden. Wohingegen die Wettkämpfe unter Frauen nach Lillian Rubins Einsicht nur selten so unumwunden eingestanden werden und so einfach zu entscheiden sind, sondern oft zu anhaltender Entzweiung führen, da die Rivalinnen ihr möglichstes tun, um einander aus dem Weg zu gehen und Situationen, die eine direkte Konkurrenz unausweichlich machen könnten, zu meiden.[328]

In fünfzehn Jahren intensiver Beobachtung der Schimpansenkolonie von Arnheim erarbeitete Frans de Waal die ohne Frage ausführlichste und aufschlußreichste Studie über politische Machenschaften in einer nichtmenschlichen Spezies, die jemals vorgelegt wurde. Er protokollierte und dokumentierte jede Phase eines Bäumchen-wechsel-dich-Machtspiels dreier erwachsener Männchen, bei dem die Mitspieler in allen zwischen ihnen möglichen Konstellationen versuchen, einen stabilen Zustand herbeizuführen. Die Tatsache, daß dies letzten Endes doch nicht gelingt und einer der Akteure bei der Sache zu Tode kommt, nimmt der Darbietung der drei nichts von ihrer Gewandtheit und Gekonntheit. Und daß die Vorstellung am Ende zur Tragödie gerät, hat allem Anschein nach nichts damit zu tun, daß der Schauplatz eine Gefangenenkolonie ist. Neuerdings gibt es Anhaltspunkte dafür, daß solche Dramen auch unter wildlebenden Schimpansen nichts Außergewöhnliches sind. Die Geschichte ist ein Epos voller Leidenschaft und Intrigen, Streit und Versöhnung, mit Einsichten in psychologische und soziale Zusammenhänge, die eines Dostojewski würdig wären. Es sind *Die Brüder Karamasow* in einer Version für Schimpansen.

Die Protagonisten sind ein ränkevoller alter Herr, der selbst einmal Alpha-Männchen war, und zwei miteinander rivalisierende jüngere Thronprätendenten. Die drei schließen sich eng aneinander an, gewöhnlich in einer Paarkonstellation, mal in dieser, mal in jener, wobei der jeweils ausgeschlossene Dritte nach Kräften zu verhindern sucht, daß die beiden anderen allzu dicke Freunde werden. *Divide et impera!* lautet die Devise, die ergänzt wird durch eine elementare Kenntnis der Regel, daß »Stärke Schwäche gebiert« – daß ein Starker für andere zum Anlaß wird, sich gegen ihn zu verbünden. Jahrelang dreht sich das Dreieck, und wenn es für einige Zeit zur Ruhe kommt, so jedesmal mit einer Spitze oben: mit einem von den dreien in der Position des dominierenden Männchens – aber nur, weil und solange die beiden anderen mitmachen oder wenigstens stillhalten. Führertum, das manchmal so gewollt ist, manchmal aus dem Automatismus der Verhältnisse hervorgeht – wie bei allen Dreierkoalitionen.

In den letzten Monaten kehrte so etwas wie ordnungspolitische Stabilität in der Kolonie ein, freilich nicht ohne eine unbehagliche Unterströmung, die sich aus dem Umstand ergab, daß der machiavellistische ältere Schimpanse – er hieß Yeroen – offenbar endgültig zu der Überzeugung gekommen war, seine besten Zukunftsaussichten, seine besten Chancen, auch weiterhin und noch für lange Zeit sexuelle Sonderrechte in Form von privilegiertem Zugang zu den Weibchen zu genießen, lägen in einer Allianz mit Nikkie, dem unerfahreneren und unselbständigeren der beiden jungen Emporkömmlinge. Es gab Momente, wo er hätte stutzig werden müssen, räumt de Waal im Rückblick auf die Ereignisse ein: jedesmal wenn Luit – der kompetentere der zwei jungen Schimpansen, der in die Position des Ranghöchsten aufgestiegen war – von Yeroen und Nikkie mit Zeichen der Unterwürfigkeit überhäuft wurde und es währenddessen nicht zu übersehen war, daß er den beiden nicht über den Weg traute. Andererseits findet man Argwohn bei gekrönten Häuptern ganz normal, und so registrierten die menschlichen Beobachter zwar, daß Luits gewohntes selbstbewußtes Auftreten zeitweise von einem untypischen Sich-Zusammenrollen zur Fetalhaltung abgelöst wurde, schlossen daraus jedoch nur, daß allenfalls wieder ein neuer Regierungswechsel bevorstand, und sahen keinen Handlungsbedarf.

In der Nacht des 12. September 1980 schlichen die zwei Verschwörer Yeroen und Nikkie wie Brutus und Cassius zu dem schlafenden Ranghöchsten der Sozialhierarchie und machten ihn zum Krüppel, indem sie ihm die Hoden abbissen. Das Gemetzel ging weiter, und als es zu Ende war, hatte Luit Wunden am Kopf, in den Weichen und auf dem Rücken; es fehlten ihm vier Zehen und mehrere Fingernägel. Am nächsten Morgen fand man ihn noch lebend in einer Blutlache, aber schon bald danach erlag er dem Schock und den Verletzungen. Zurück blieb eine verstummte und bedrückte Kolonie, in der man einander verzweifelt »groomte«, um die Nervenanspannung zu mildern. Erst nach dem Abtransport des Leichnams kehrte langsam die übliche lärmende Geschäftigkeit zurück.

De Waal, ein altgedienter Ethologe, der umfangreiche Erfahrungen mit tierischem Verhalten sammeln konnte, gesteht, daß es ihm angesichts dieser Bluttat nicht möglich war, unparteiisch zu bleiben. Er hält den alten Fuchs für den Schuldigen. »Yeroen war und ist noch immer derjenige, der in der Schimpansenkolonie alle Entscheidungen trifft. Nikkie mit seinem Altersrückstand von zehn Jahren war nur eine Puppe in seiner Hand. Ich habe mich dagegen gesträubt, mir diese moralische Verurteilung zu eigen zu machen – aber noch heute kann ich Yeroen nicht ansehen ohne das Bewußtsein, einen Mörder vor mir zu haben.«[399]

De Waal übersiedelte bald darauf von Arnheim an ein Primatenzentrum in Wisconsin, wo er neben seiner Forschungstätigkeit aufmerksam die Arbeit seiner in freier Natur tätigen Fachkollegen verfolgte – die Beobachtung wildlebender Schimpansen mit einer Fülle von Ergebnissen, in denen sich eine unerwartete Nachtseite am Wesen der Menschenaffen offenbart. Es ist bekannt, daß Schimpansen Paviane, Buschschweine und Tschirrantilopen (Buschböcke) jagen und töten, um ihr Fleisch zu fressen. Filmaufnahmen aus jüngerer Zeit zeigen eine Gruppe von Schimpansen, die arbeitsteilig Jagd auf einen Kolobusaffen (Seidenaffen) machen, indem einige sich in den Hinterhalt legen, in den die anderen das Opfer hineintreiben; die Bilder vom Zerreißen des Beutetiers sind erschreckend, weil sie zum erstenmal enthüllen, daß unsere niedlichen Vettern sich bei passender Gelegenheit in eine Meute von heulenden, blutgierigen Lynchern verwandeln können. Fast als hätte vor zwanzig Jahren in der Psychologie der großen Primaten eine große Veränderung stattgefunden, entdecken Freilandforscher seither immer neue Beweise für Gewalttätigkeit im Leben dieser Tiere. Schimpansen töten mitunter ein Kleinkind aus einer fremden Gruppe und fressen es auf.[57] Nachdem die von Jane Goodall am Gombe-Strom in Tansania studierte Schimpansengruppe sich in zwei separate Gesellschaften aufgespalten hatte, beobachteten Mitarbeiter der Forscherin wiederholt, wie Männchen der größeren Untergruppe zu mehreren ausgedehnte brutale Anschläge auf einzelne Männchen der anderen Gruppe verübten, bei denen sie sich leise und rasch durch das Unterholz anpirschten, um dann das überraschte Opfer mit Schlägen, Fußtritten und Bissen so grauenhaft zuzurichten, daß es unweigerlich binnen kurzer Zeit verendete. Einmal wurde bei einer solchen Gelegenheit der Überfallene allem Anschein nach auch entmannt.[152]

Von dieser speziellen Form der Verstümmelung zu hören macht schaudern, wenn man weiß, daß sie manchmal in kriegerischen Auseinandersetzungen zwischen Mitgliedern der Spezies Mensch gängige Praxis ist. Die 1982 der Verschwörung zum Sturz der Regierung von Suriname (dem ehemaligen Niederländisch-Guayana) Beschuldigten wurden hingerichtet und anschließend rituell kastriert. Aus Bosnien und Somalia waren 1993 Berichte zu hören, denen zufolge in diesen Ländern Gefangene in gleicher Weise verstümmelt wurden, zum Teil bei lebendigem Leibe. Und von der Mafia wird behauptet, sie habe ein durchschlagendes Abschreckungsmittel für Männer, die den Kitzel verspüren, die Frau eines Mafioso zu belästigen: Von Zeit zu Zeit werde an einem solchen Übermütigen ein Exempel statuiert, das damit ende, daß man ihn irgendwo tot und mit den eigenen abgeschnittenen Genitalien im Mund finde.

Es ist traurigerweise durchaus nicht abwegig, solchen Berichten über Beispiele von Entmenschtheit Glauben zu schenken. Was die möglichen Taten und Untaten unserer Spezies angeht, lernen wir allmählich, auf fast alles gefaßt zu sein. Doch daß Verhaltensweisen wie die beschriebenen biologische Wurzeln haben könnten, ist ein Gedanke, bei dem ich mich unwohl fühle. Beunruhigt und irritiert bin ich auch durch eine sehr befremdliche Einzelheit eines der von Jane Goodall berichteten Überfälle von Schimpansen auf Artgenossen. Hauptfiguren der Episode waren mehrere erwachsene Männchen, die auf einer Patrouille in der Randzone ihres Wohngebiets ein Weibchen einer benachbarten Gesellschaft mit seinem Kleinkind überraschten. Die fremde Schimpansin tat, was jede Geschlechtsgenossin in ihrer Lage getan hätte: Sie signalisierte mit der Stimme Unterwerfung und streckte die Hand aus, um einen der Ankömmlinge zur Beruhigung sacht zu berühren. Der reagierte höchst sonderbar. Nicht nur verschmähte er das Freundschaftsangebot und zog sich schnell außer Reichweite zurück, sondern er führte auch eine Art Exorzismus aus, eine so reale wie rituelle Reinigungshandlung, die stark an das Verhalten des Landpflegers Pontius Pilatus erinnerte. Der Schimpanse ergriff eine Handvoll Blätter und rieb sich damit heftig das Fell, und zwar genau an der Stelle, wo die Schimpansin ihn berührt hatte.[53]

Die Geste ist ein entscheidender Anhaltspunkt für das Verständnis dessen, was nun geschah. Alle Männchen umringten in konzertierter Aktion das Weibchen, fielen brutal über es her, packten das Junge und töteten es. Der Vorfall schockte die Mitarbeiter der Gombe-Forschungsstation, weil die Angreifer und ihre Opfer früher einmal ein und derselben Gemeinschaft angehört hatten. »Durch die Abspaltung verwirkten sie das Recht, als Mitglieder der eigenen Gruppe behandelt zu werden«, meint Jane Goodall. »Statt dessen wurden sie jetzt als Fremde behandelt.« De Waal, der gerade das Trauma von Arnheim hinter sich hatte, ging noch einen Schritt weiter und äußerte den Gedanken, daß die Begegnung nicht einfach deswegen einen so extremen Verlauf nahm, weil die Beteiligten jetzt Fremde füreinander waren, sondern weil sie *früher Freunde gewesen waren.*[399]

Damit zeigt sich an diesem Zusammentreffen eine neue Dimension, die jeden bekannt anmuten dürfte, der einen erbittert geführten Ehescheidungsprozeß hinter sich hat oder Mitglied einer durch inneren Zwist gespaltenen Familie ist. Feindseligkeit gegen einen Fremden ist ein Stück Normalität, etwas im Erbgut Verwurzeltes, das man nicht nur entschuldigt, sondern auch erwartet, gewissermaßen die »schwache Form des Bösen«. Wenn sich jedoch im Gesamtbild der Situation auch eine abgebrochene Beziehung findet – etwas, das sich weder für einen Schimpansen noch für einen Menschen so leicht vergißt –, dann kommt zu dem Faktorengemisch noch ein Gefühl des Verratenseins hinzu, und damit wird es möglich, ja häufig unvermeidlich, daß alles eine sehr häßliche Physiognomie bekommt – in der sich die furchteinflößenden Züge der »starken Form des Bösen« spiegeln. Daß Bürgerkriege in stärkerem Maße zu Niederträchtigkeiten und Sadismen tendieren als zwischenstaatliche Kriege, ist allgemein bekannt. Und wer es vergessen hatte, wurde durch die Ereignisse im ehemaligen Jugoslawien und in Ruanda erst vor kurzem wieder nachdrücklich daran erinnert.

Kann sein, daß der Schimpanse in Gombe, der »seine Hände in Unschuld wusch«, dieser Gefahr in irgendeiner Schicht seines Wesens gewahr war und die Eskalation zu verhindern suchte. Zwar ist er damit letztlich gescheitert, aber der Versuch als solcher ist immerhin ein ermutigendes Zeichen, insofern er zu der Vermutung berechtigt, daß nicht allein das Böse, sondern auch ein Gefühlskeim der Idee des Guten in unser Nervengewebe eingewirkt ist.

Während des größten Teils der Menschheitsgeschichte lebten wir in kleinen Gruppen zusammen, die weniger als zweihundert Mitglieder zählten. Die meisten Menschen in unserer Umgebung waren Verwandte, mehr oder weniger unser eigen Fleisch und Blut. Was ihnen zustieß, stieß uns zu. Was wir zum Nutzen oder Schaden anderer unternahmen, nützte oder schadete uns selbst. Altruismus war eine sinnvolle Sache und blieb es, bis wir mobiler wurden und häufiger und über größere Entfernungen den Aufenthaltsort wechselten. Bis wir uns unter Fremden bewegten, unter Menschen, zu denen wir keine Familienbeziehung mehr hatten. Damit änderten sich die Verhaltensregeln total. Regeln für den Umgang innerhalb der Familie sind kein Problem; darum kümmern sich unsere Gene. Regeln für den Umgang außerhalb der Familie indessen sind schwer aufzustellen und einzuhalten. Sie befassen sich nicht mit dem, was *ist*, sondern mit dem, was *sein sollte*. Sie stellen Ideale auf und pochen auf die Notwendigkeit einer Ethik, die auf elementarster Ebene vielleicht nichts weiter ist als ein Zeichen von Furcht. Furcht vor dem Unbekannten, aber auch vor dem, was wir kennen und wissen. Eine Furcht ähnlich der des Schimpansen an der Grenze seines Wohngebiets und an der Grenze seiner Selbstbeherrschung: die Furcht, daß wir unser selbst nicht mehr sicher sein können, wenn es darum geht, das Richtige und Notwendige zu tun.

Bindungen zwischen männlichen Individuen, wie sie sich innerhalb von Sozietäten herausbilden, erfüllen offensichtlich ihren Zweck nicht zuletzt bei der Verteidigung des Territoriums. Gewalt zwischen separaten Sozietäten scheint zum Erbe der Anthropoiden zu gehören. Bei dem erwähnten Zwischenfall in Gombe fanden die im Grenzgebiet patrouillierenden Schimpansenmännchen sich nicht einem fremden Männchen gegenüber – ein solcher Eindringling wäre mit der üblichen militärischen Präzision »erledigt« worden –, sondern einem Weibchen, das früher zur selben Sozietät wie die Streife gehört hatte und dessen Junges jetzt nur noch wenige Gene aus dem Pool der Gruppe hatte. Die Kindestötung war ein genetischer Imperativ, die Identität des Weibchens jedoch Ursache fast unerträglicher Konfusion. In den meisten sozialen Situationen ist das Geheimnis der Stabilität das Vorhandensein einer klaren organisatorischen Struktur – in Form einer Hierarchie, eines Verwandtschaftssystems oder von Bündnissen –, die den für Entscheidungsfindungen unerläßlichen Bezugsrahmen abgibt; eine Struktur, aus der den Verhaltensregeln ein leicht verständlicher Sinn und augenfällige Anwendungsmöglichkeiten zuwachsen. Niemand ist sonderlich erbaut von einer Situation, die ihn mit sozialen oder politischen Unklarheiten konfrontiert.

De Waal verbrachte einmal mehrere hundert Stunden damit, einen anhaltenden Rangstreit zwischen zwei Mitgliedern seines Schimpansen-Kleeblatts zu verfolgen. »Ich wollte dabeisein, wenn eines der zwei Männchen sich dem anderen mit dem bekannten Verbeugungs- und Japs-Grunz-Ritual in aller Form unterwarf«, schreibt er, »und ich wollte vergleichen, wie die Beziehung vor und nach diesem Moment war. Nach dreimonatigen täglichen Imponierveranstaltungen und lautstarken Auseinandersetzungen gab der eine schließlich auf. Und ich glaube, ich habe seine ersten Unterwerfungsgrunzer miterlebt, denn die Reaktion des zweiten sah so aus, daß er zu den zwei anderen hinlief und sie alle beide umarmte. Die Gruppe muß genauso gespannt auf den Ausgang der Sache gewartet haben wie ich.«[439]

Unterwerfung, Befriedung und Wiederannäherung gehören zur innerartlichen Aggression mit hinzu und sind häufig der Auftakt zur Erneuerung der Eintracht. Sie sind die unerläßlichen Vorbedingungen der Konfliktlösung und des Friedens. In den seltensten Fällen freilich ist mit diesen Verhaltensformen Friede *per se* angepeilt, dagegen fast immer das Aufrechterhalten von Beziehungen. Wir würden alles tun, um ein wichtiges Beziehungsnetz intakt zu halten: lügen, betrügen, stehlen und sogar töten – alles außer »das Gesicht verlieren«. Der Ausdruck als solcher ist interessant, wenn man bedenkt, daß er sich auf eine Spezies bezieht, deren primäres Kommunikationssystem im und am Gesicht konzentriert ist. Gesichtsverlust ist das größte Unglück für Mitglieder jedweder gesellig lebenden Spezies, in der das Überleben von Geltung abhängt, die Geltung vom sozialen Status, und der soziale Status von dem Erfolg, mit dem man ist, was zu sein man vorgibt. Es kann daher nicht überraschen, daß einzelne sich gelegentlich die größte Mühe geben, Mittel und Wege zu finden, die Wahrheit zu verschleiern, wenn sie auf diese Weise »ihr Gesicht wahren« können.

Primaten verstehen sich meisterhaft auf solche Vernebelungstaktiken. Affen können lebhaftes Interesse für nichtexistierende Gegenstände und Vorgänge heucheln, wobei sie angestrengt in alle Richtungen blicken, nur nicht dorthin, wo sich die Ursache der Verlegenheit befindet, von der sie hoffen, sie werde schon irgendwie verschwinden. Schimpansen garnieren derlei Scharaden zuweilen noch mit kräftigen Huuh-Lauten, was hilfsbereite Dritte herbeiruft und so eine Ablenkung schafft, die es zwei Kontrahenten ermöglicht, von ihrem Zwist abzulassen, ohne daß einer der beiden zurückstecken müßte. Der Ethnologe Colin Turnbull schildert eines der köstlichsten und ingeniösesten Manöver dieser Art, das er bei den Ba'Mbuti-Pygmäen im Ituri-Wald in Zaire beobachtete.

Die Behausungen dieses Volkes sind von primitivster Machart: Hütten aus Zweigen und Blättern, die von den Frauen errichtet werden und deren »Eigentum« sind – ein Sachverhalt, den sich die Eigentümerinnen manchmal bei einem Ehestreit zunutze machen. Wenn die Gegenseite ihnen allzusehr zusetzt, fangen sie an, das traute Heim systematisch zu demolieren, bis der Gatte klein beigibt, um weiteres Unheil zu verhindern. In dem zur Rede stehenden Fall indessen verhielt der Mann sich ungewöhnlich stur; er wartete, bis alle Blätter weg waren, um dann dem ganzen Camp zu verkünden, daß seine Frau heute nacht wohl frieren werde. Damit hatte er die Sache über den *point of no return* hinaus katapultiert. Die Frau sah sich nun gezwungen, obwohl ihr dabei die Tränen über die Wangen liefen, ihr Zerstörungswerk fortzusetzen. Er hockte schweigend dabei, die Arme um die Knie geschlungen, sah genauso unglücklich drein, fand aber keine Möglichkeit, sie zu bremsen, ohne daß einer von ihnen beiden das Gesicht verloren hätte. »Inzwischen war die Spannung im Camp auf den Siedepunkt gestiegen«, berichtet Turnbull, »denn seit langem hatte niemand mehr erlebt, daß ein Streit zwischen Eheleuten so weit getrieben worden war.«

In diesem Augenblick kam dem Mann die Erleuchtung. »Plötzlich hellte sich seine Miene auf, und er blickte sich nach seiner Frau um, um zu sehen, wie weit sie in ihrem Zerstörungswerk gekommen war. Noch hatte sie erst wenige Stecken aus dem Boden gezogen, und er rief ihr jetzt zu, um die Stecken brauche sie sich nicht zu kümmern, schmutzig seien doch nur die Blätter.« Einen Moment lang machte sie ein verdutztes Gesicht, dann hatte sie begriffen; sie forderte ihn auf, ihr zu helfen, und voll Bedacht wuschen die beiden nun die Blätter Stück für Stück im nahen Fluß und brachten sie anschließend vergnügt wieder an der Hütte an. Im Camp glaubte kein Mensch an den Schwindel, aber alle waren froh, daß der Streit vorbei war, und mehrere Tage lang unterhielt man sich noch höflichkeitshalber über schmutzige Blätter und die Probleme, die sie machten, ja, der eine und andere trug sogar selbst ein paar Stellvertreterexemplare zum Fluß und wusch sie, als ob das die selbstverständlichste Sache der Welt wäre. Aber »ich hatte dergleichen niemals zuvor und habe es auch danach nie wieder gesehen«, schreibt Turnbull.[389]

Der Kompromiß schafft eine effektive Lösung, weil er weder Sieger noch Besiegte kennt. Er ist die Kunst, von zwei Gegnern jedem sein Recht werden zu lassen. Eine hochentwickelte Strategie, die sich von der Versöhnung insofern unterscheidet, als sie die Ursache des Zerwürfnisses ignoriert – zumindest vordergründig. Nichtsdestoweniger gehört er ebenso zum Verhaltensspektrum der Aggression wie der Kampf und das Fluchtverhalten. Zu Recht schreibt der deutsche Verhaltensforscher und Nobelpreisträger Konrad Lorenz: »Es gibt ... sehr wohl intraspezifische Aggression ohne ihren Gegenspieler, die Liebe, aber es gibt umgekehrt *keine Liebe ohne Aggression.*«[245] Der Kuß ist lediglich ein gehemmter Biß. Und das internationale Gelehrtengremium, das 1986 die »Erklärung von Sevilla zur Gewalt« aufsetzte, befindet sich wahrscheinlich im Irrtum, wenn es in dem Dokument die Ansicht vertritt: »*Es ist wissenschaftlich falsch* zu behaupten, wir hätten von unseren tierischen Vorfahren eine Tendenz zum Kriegführen geerbt; oder der Krieg oder irgendeine andere Form der Gewalttätigkeit sei in der menschlichen Natur genetisch einprogrammiert; oder es habe im Lauf der menschlichen Evolution eine Selektion für aggressives Verhalten stattgefunden; oder die Menschen hätten ein ›violentes Gehirn‹; oder die Ursache von Krieg sei ein ›Trieb‹ oder irgendeine monokausale Motivation.«[392]

Die Erklärung von Sevilla schließt mit dem optimistischen Credo: »Dieselbe Spezies, die den Krieg erfunden hat, ist auch fähig, den Frieden zu erfinden.« Die stammesgeschichtliche Wahrheit ist jedoch, daß weder jene Schuld noch dieses Verdienst auf unser Konto geht. Kriegführen und Friedenstiften ist beides so alt wie die Ameisen und die großen Menschenaffen. Es nützt nichts, die Realität der Erbanlage herunterzuspielen oder den Grad der Kontinuität zwischen uns und den anderen Tieren verschleiern zu wollen. Das Bild der Natur, das sich aus der aktuellen Forschungslage ergibt, zeigt durchaus kein Panorama unablässigen Wettstreits, niemals abreißender mörderischer

Konkurrenz. Die meisten Arten leben in innerem Frieden; sie tätigen langfristige Investitionen, zu deren Absicherung ihren Mitgliedern eine beeindruckende Disziplin abverlangt wird. Es gilt weithin als ausgemacht, daß die größten Gefahren für das Überleben unseren Gesellschaften nicht von außen, sondern von innen drohen. Vergessen wir die großen weißen Haie und die Mörderbienen. Die Spezies, die zu fürchten wir am meisten Grund haben, ist die Spezies Mensch. Erst mit der Ankunft Freitags auf seiner Insel wird Robinson Crusoes Geschick zum Überleben wirklich auf die Probe gestellt. Und umgekehrt stellte das Erfordernis, sich in sozialer Bewußtheit zu üben, den Selektionsdruck dar, dem sich unser vielgerühmtes großes Gehirn verdankt.[401]

Es gibt eine Fülle von Indizien, die dafür sprechen, daß bei anderen Arten so etwas wie moralisches Verhalten existiert. Finden sich Schimpansen in einer Situation, in der von einer allgemein geschätzten Speise nicht genug zum Sattwerden für alle da ist, teilen sie in der Regel das Vorhandene unter sich auf. Angesichts eines solchen Engpasses vervielfachen sich die Küsse, Berührungen und Umarmungen – also jene Körperkontakte, von denen man annehmen darf, daß sie eine etwaige Aggressionsneigung dämpfen. Und kommt es in diesem Zusammenhang dennoch zur Aggression, dann weit eher zu einer, die »moralisch« fundiert in dem Sinne ist, daß sie die Form von Sanktionen gegen teilungsunwillige Individuen annimmt.[400] Mit anderen unter Druck von außen zu teilen wirkt vielleicht nicht gerade wie die reine Liebenswürdigkeit, ist aber ein ausgezeichnetes Beispiel dafür, wie Aggression zu adaptiven, gemeinnützigen Zwecken eingesetzt werden kann. In der Aggression nur Angriffslust zu sehen wäre genauso falsch, wie die Sexualität auf die Fortpflanzungsfunktion reduzieren zu wollen. Die beiden Funktionskreise überlagern einander und kombinieren sich miteinander zu Verhaltensformen, deren Komplexität im Laufe der Evolution zunimmt und all jene, die sich auch heute noch gegen biologische Erklärungsversuche des menschlichen Handelns sperren, immer wieder vor neue Überraschungen stellt.

Die Faktenlage ist einfach. Menschliche wie tierische Sozietäten sind jeweils ein Netz von interagierenden Individuen. Das Tun des einen Individuums wirkt auf die anderen ein, und das Sozialverhalten ist sehr weitgehend darauf ausgerichtet, das Kosten-Nutzen-Verhältnis dieser Interaktionen zu verbessern. Individuen wie Sozietäten konkurrieren um die jeweils kostengünstigste Lösung. Die Strategien wechseln mit den Umständen. Manchmal stärkt Kooperation die Konkurrenzfähigkeit, manchmal nicht. Und dabei ist es offenbar nicht sonderlich von Belang, ob die fragliche Sozietät eine Schimpansenkolonie oder ein menschliches Staatsgebilde ist. Allianzen werden nicht durch eine gemeinsame Ideologie, sondern durch das Prinzip Eigennutz zusammengehalten.[125]

Nach der Niederlage Napoleons wurde die neue politische Ordnung im Europa des frühen neunzehnten Jahrhunderts von der Heiligen Allianz gestaltet, einem Zweckbündnis zwischen Zar Alexander I. von Rußland, Kaiser Franz I. von Österreich und König Friedrich Wilhelm III. von Preußen. Der Pakt der drei Monarchen, die feierlich gelobten, sie würden »einander wie Brüder behandeln, einander, wann immer möglich, beistehen und zu ihren Untertanen wie Väter zu ihren Kindern sein«, wurde von den Briten umgehend als »mystischer Nonsens« abgetan. Er funktionierte jedoch überraschend gut, weil die drei Bündnispartner bei allem Trennenden in einer entscheidenden Beziehung übereinstimmten: Sie eiferten alle für die Restauration der alten Ordnung, von der der Fortbestand ihrer Herrschaft abhing.

Im Jahr 1907 war die Lage dann eine ganz andere. Rußland hatte im Fernen Osten eine Niederlage gegen Japan erlitten und war glücklich, sich mit England und Frankreich auf der Basis gemeinsamer Furcht vor dem neureichen und rastlosen Deutschland zu einer Tripelentente zusammenschließen zu können. Und dreißig Jahre danach begann der Tanz von neuem, Deutschland rüstete auf, Frankreich erneuerte sein Bündnis mit der Tschechoslowakei, die Beziehung zwischen Hitler und Mussolini wurde enger, Stalin unterschrieb zur Überraschung der westlichen Welt einen deutsch-sowjetischen Nichtangriffspakt, und Churchill bekannte, er würde sich selbst mit dem Teufel auf einen Handel einlassen, wenn er damit den Vormarsch der Nazis stoppen könnte. Unter funktionalem Aspekt unterscheidet sich dieses Karussell opportunistischer Interessenpolitik nicht sehr von den politischen Winkelzügen der rivalisierenden Schimpansen im Zoo von Arnheim.[174]

Im eigentlichen Konfliktverhalten zeigen sich noch viel mehr Parallelen. Menschen wie Tiere sind fremdenfeindlich; das reicht von der simplen angeborenen Neigung zu unfreundlichem Verhalten gegenüber unbekannten Artgenossen über Fehden mit Nachbarn und Übergriffe gegen sie bis hin zu tödlichen Auseinandersetzungen größeren Stils. Nimmt der Konflikt an Schärfe zu, tendieren Menschen wie Tiere gleichermaßen dazu, in wachsendem Umfang ihre Beziehungen auszuschöpfen und immer größere Koalitionen zu bilden. Und beim Menschen wie bei den Tieren sind der Angriffswut durch klar umrissene und wohlverstandene Einschränkungen Grenzen gesetzt. Nicht nur der Krieg wurzelt allem Anschein nach in den Tiefen der Natur, sondern auch der Frieden.[44]

Die Sexualität mag in unserem Leben eine zentrale Rolle spielen, ist aber gleichwohl durch unsere Biologie wie durch die Gesellschaft Einschränkungen unterworfen. Sie ist überdies asymmetrisch, was geschlechtsspezifische Besonderheiten der sexuellen Strategien und Prioritäten bedingt. Und diese Verschiedenheiten können ebenfalls wieder zur Ursache von Entzweiung und Spaltung werden, werden aber zurückgedämmt und einer Neuorientierung unterzogen, die der Sexualität eine soziale Bindungs- und Integrationsfunktion zuweist, die nicht minder wichtig ist als die Fortpflanzungsfunktion.

Sexuelle Konkurrenz ist der Motor der innerartlichen Selektion und reizt zum Exzeß, weil sie den prämiiert, der von seinem Angebot am meisten hermacht. Reklame zahlt sich aus, aber nur allzu leicht läuft sie aus dem Ruder. Auch Aggression spielt bei dieser Konkurrenz mit; sie ist die Frucht einer elementaren biologischen Asymmetrie, die nicht nur den Ehebruch, sondern auch Eifersucht hervorbringt. Und auch die kann außer Kontrolle geraten. Wir haben gelernt, mit diesen Polarisierungen zu leben, haben Mittel und Wege gefunden, die Brände zu zähmen und einzudämmen, die Aggression zu läutern und zu etwas umzugestalten, das von Angriffslust weit entfernt ist. Wir tolerieren und fördern die *sachlich angemessene* Aggression und teilen mit unseren nächsten Verwandten eine Palette friedensstiftender und friedenssichernder Verfahren von wahrhaft erstaunlicher Breite. Wir haben es mit Denken und Ausgleichsstreben geschafft, aus einem Laster eine Tugend zu machen, die Aggression in etwas Produktives und Notwendiges zu verwandeln – in eine »schwache Form des Bösen«, wenn wir sie richtig einsetzen.

Böse zu sein kann gut sein. Selbst die Sprache erlaubt jetzt diese Differenzierung. Aber es gibt Zeiten, da das Wort des Dichters gilt: »Alles zerfällt, die Mitte hält nicht stand, schiere Anarchie ist auf die Welt losgelassen.«[435] Dann erscheint etwas ganz anderes auf der Bildfläche, etwas, das weit schwerer zu verstehen ist. Es ist nicht schön, und es ist nicht leicht in biologischen Kategorien zu definieren. Aber gerade in unserer Zeit scheint eine Menge davon vorhanden zu sein und eifrig dabei, sich in unser Leben hineinzustehlen.

Es ist an der Zeit, uns in *diese* Richtung zu wenden. Wir haben jetzt alles, was wir brauchen, um »die starke Form des Bösen« unter die Lupe zu nehmen.

Viertes Kapitel
Was Menschen Übles tun
Die Anthropologie des Bösen

Andere Menschen zu essen gehört sich nicht, oder? Allerdings nicht, und trotzdem: Einige meiner besten Freunde sind Kannibalen.

Sie leben in einem Flußmündungsdelta an der Casuarina-Küste in West-Irian (dem ehemaligen Niederländisch-Neuguinea, jetzt Teil von Indonesien). Das Gebiet ist ein flacher Mangrovensumpf, nichts als Wasser, Schlamm und üppige Vegetation. Hier herrschen der Regen und die Gezeiten. Bei Niedrigwasser ziehen sich die Schlammbänke meilenweit vor die Küste hinaus, und bei Hochwasser reicht die See bis mitten in den Wald. Unmöglich, zu sagen, wo das Meer endet und das Festland beginnt. Die Menschen, die hier leben, versuchen gar nicht erst, das herauszufinden. Sie haben sich mit ihrer Umwelt arrangiert, gleiten in ihren Einbäumen durch Ebbe und Flut oder lassen, in ihre Pfahlbauten hinaufenternd, die Gezeiten unter sich. Sie haben jedoch eine sehr klare und präzise Vorstellung davon, wer sie selber sind.

Sie zählen etwa zwanzigtausend, und sie nennen sich Asmat, was soviel bedeutet wie »die Menschen«. Die anderen allerorten, alle Außenstehenden, sind für sie schlicht und einfach nur Manowe, »die Eßbaren«. Und daß ich das nicht als Bedrohung empfinde, sondern vielmehr eine Reihe von Asmat zu meinen echten Freunden zähle, liegt einfach nur daran, daß sich zwischen ihnen und mir noch nie die Situation ergeben hat, die es für sie erforderlich gemacht hätte, mich auf die derzeit geltende Liste der akut kopfjagdgefährdeten Personen zu setzen.

Diese Neigung, die Menschenwelt in »wir« und »sie«, Eigengruppe und Fremdgruppe, Freund und Feind einzuteilen und aufzuspalten, ist eine der wenigen echten menschlichen Universalien. Etwas den Menschen aller Völker und Zeiten Gemeinsames. Der *Homo sapiens* ist unter biologischem und taxonomischem Aspekt eine einzige Spezies. Doch die Tendenz, die eigene Gruppe als etwas Besonderes, Höherstehendes zu betrachten, ist so eingefleischt, daß sie das Bedürfnis schafft, die *in-group* zumindest unter kulturellem Vorzeichen für eine eigene Art zu halten. Der deutsche Verhaltensforscher Irenäus Eibl-Eibesfeldt spricht im Hinblick auf dieses Phänomen von einer »Scheinartenbildung« und vertritt die Ansicht, daß die Ausgrenzung von Feinden und Gegnern aus der Menschheit alle Konflikte zwischen klar umrissenen Gruppen in eine neue Verhaltenskategorie verlagere. Man müsse bei solchen Kämpfen immer sehen, daß sie – jedenfalls aus der Sicht der Beteiligten – nicht »*intra*spezifisch«, das heißt innerhalb der Art, sondern »interspezifisch«, auf zwischenartlicher Ebene, ausgetragen werden.[117]

Die »sanften« Buschmänner der Kalahari bezeichnen sich selbst als !Kung, »die Menschen« (das Ausrufezeichen in der Transkription steht für den »Klix«, einen für die Buschmann-Sprache charakteristischen Schnalzlaut, der zum großen Ergötzen der Sprecher für Außenstehende unnachahmlich ist). Fremde sind für sie in wesentlicher Hinsicht keine Menschen und stehen folglich tiefer als sie. Die normalen Regeln für den Umgang mit Menschen gelten für sie einfach nicht. Die Mundurucú-Kopfjäger in Brasilien ergänzen diesen Monopolanspruch auf das Menschentum durch den so durchtriebenen wie durchschlagenden Trick, Fremde zu Tieren zu erklären. Die Stammeskrieger sprechen von *pariwat*, »Freiwild«, und stecken damit Feinde in dieselbe funktionale Kategorie wie Pekaris und Tapire – in die der Wesen, die man jagen darf, und zwar aus dem einfachen Grund, weil sie gefährliche *Tiere* sind.[281]

Sowohl in West-Irian wie in Brasilien bildet eine Knappheit an hochwertigen Proteinen den Hintergrund der Kopfjagd. Ungeachtet des tropischen Ambientes sind die Ressourcen begrenzt und Gegenstand heftiger Konkurrenzkämpfe. Beide Völker haben ein ausgefeiltes System der Reviereinteilung und Nahrungsverteilung, das größtenteils auf dem Natur- und Umweltschutz dienenden Ritualen basiert. Verschwendung gilt bei ihnen ebenso als Todsünde wie Knauserigkeit. Ihre Kulturen sind in sehr hohem Maße das Produkt ihrer Umwelt. Sie fördern ein Handeln, das dem Wohl der Umwelt dient, und schrecken von umweltschädigenden Handlungsweisen ab. Und

Akte krasser ökologischer Unvernunft fallen in ihrem Denksystem ohne weiteres in die Kategorie des »Bösen«.

Nicht so die Kopfjagd. Sie ist zunächst einmal gut und notwendig, weil sie die Konkurrenz in den Jagd- und Fischgründen verringert. Allerdings ist sie auch gefährlich in physischer wie psychischer Beziehung. Sie ist mit dem Risiko der Vergeltung und der Verantwortung für den Geist des Toten verbunden. Selbst für einen Kannibalen ist das Töten keine einfache Sache. Also muß es mit Ritualen und Restriktionen umstellt, mit sozialem und religiösem Dispens versehen werden. Es bedarf der Legitimation, und mit das einfachste Legitimationsverfahren besteht darin, dem Feind auf irgendeine Weise den Makel des Verabscheuungswürdigen anzuheften, indem man ihn zu einem tieferstehenden oder unreinen Lebewesen erklärt und ihn aus einem von »uns«, den menschlichen Wesen, zu einem von »denen«, den Untermenschen, macht. Denen, die eindeutig *nicht wert sind* zu leben.

So weit die Mandurucú-Lösung; die Asmat haben eine weit kreativere Antwort gefunden. Sie haben die Bevölkerungsdynamik zu einem verwickelten Spiel von eigenartigem Reiz umgeformt und dabei eine der kunstvollsten ökologischen Anpassungsleistungen vollbracht, die ich je gesehen habe. Sie essen sich – zum Glück – *gegenseitig* auf.

Das hört sich einfach an, aber die Kopfjagd, wie sie in West-Irian praktiziert wird, ist nicht einfach und hat nichts mit Krieg zu tun. Sie ist der herkömmliche, rituelle Ausdruck der Einsicht in die Notwendigkeit, die Dinge im Gleichgewicht zu halten. Sie ist die Asmat-spezifische Art und Weise, sich zur Verantwortung des Menschen für das Schicksal der Menschheit zu bekennen – eine radikale, aber nichtsdestominder hochgradig realistische Lösung des Übervölkerungsproblems. Und man mag diese Lösung im übrigen beurteilen, wie man will: Daß sie funktioniert, ist nicht zu bestreiten.

Sie beginnt mit der stillschweigenden Anerkennung der Tatsachen, daß der einzelne sterben und daß die Generationenfolge weitergehen muß. »Der Mann ist tot, lang lebe das Kind«, heißt es bei den Asmat. Erreicht ein Asmat die Geschlechtsreife und ist damit die Zeit für seine Initiation gekommen, benötigt er zwei Dinge: einen großen Einbaum mit aufwendig geschnitztem Bug und einen besonderen Namen, einen der Kategorie *owom*, was so viel bedeutet wie nichtalltäglich und geheim.

Jedes Asmat-Kind wird bald nach der Geburt einem »Seher« zugeführt, der es sorgfältig untersucht und dann den Geist benennt, der den kleinen Körper bewohnt. Bis zur Pubertät ist fast ausschließlich dieser »Geistname« in Gebrauch, dann hat das Kind so viel Individualität gewonnen, daß es einen »Menschennamen« erhalten kann, der gewöhnlich vom Vater oder Großvater übernommen wird und als eine Sache von schwerwiegender Bedeutung gilt. Er schließt Macht und Verantwortung ein und ist den Mitgliedern der Gemeinschaft bekannt, wird aber niemals leichtfertig vor fremden Ohren ausgesprochen. Damit die Heiligkeit des Menschennamens nicht verletzt wird, hat jedermann zusätzlich einen »Spitznamen«, der von einem Ehrentitel abgeleitet ist, aber öfter noch auf eine Episode oder eine charakteristische Eigenschaft anspielt, über die die anderen sich amüsieren.

Unter meinen Freunden bei den Asmat gibt es einen Onesmanam: »der, der seine Freunde nur besucht, um ihre Frauen zu beäugen«; einen Asamanampo: »der, der beim Rudern immer nach hinten guckt«; und eine alte Dame, die aufgrund einer einzigen in der Kindheit begangenen Unbedachtheit bis an ihr Lebensende den Namen Aotsjimae behalten wird: »die, die mit den Füßen ein Boot verdreckt, bevor die Kalkverzierung getrocknet ist«.

Das alles ist gut und nützlich, aber noch nicht genug. Ein Asmat kann einen Geistnamen, einen Menschennamen und einen Spitznamen haben und trotzdem keine aktive Rolle in der Gemeinschaft spielen, solange er – oder sie, wie es gelegentlich vorkommt – nicht auch einen *owom*-Namen hat. Das ist derselbe Name, den in einem Nachbardorf jemand, den man kennt, als Menschennamen trägt. Man kann sich diesen Namen nicht ausleihen oder ihn kaufen. Man muß ihn sich nehmen, und er kann von seinem alten auf den neuen Besitzer erst dann übergehen, wenn der alte Besitzer tot ist. Es ist ein Kopfjäger-Name.

Die Zeremonie der Namensübertragung ist fürwahr eindrucksvoll. Der Initiand wird, am Bug des riesigen Zeremonialboots sitzend, von sieben Dorfältesten flußabwärts gepaddelt. Die Fahrt geht durch Sumpfland in das kilometerbreite, an den Rändern mit Mangrovendickicht bewachsene Mündungsdelta. Beiderseits der Mündung ist die Küste von leuchtend weißen Muschelschalenscherben und einem schmalen Streifen wispernder Casuarina-Bäume gesäumt. Das Boot treibt mit der Ebbe durch die Schlammzone aufs Meer hinaus, direkt auf die untergehende Sonne zu, und bleibt die ganze Nacht auf Westkurs, bis es dreißig Kilometer oder mehr Abstand zwischen sich und alles feste Land gebracht hat, das nun völlig außer Sichtweite ist.

In der Morgendämmerung wendet man und richtet den Bug der aufgehenden Sonne entgegen. Wenn die ersten Strahlen das Boot treffen, liegt der Initiand zusammengerollt wie ein Fetus und mit fest geschlossenen Augen auf dem Boden. Dies ist die Stunde seiner zweiten Geburt. Mit gleichmäßigen Zügen paddeln die Ältesten in den neuen Tag hinein zurück, und während die Küste in Sicht kommt, beginnen die Augenlider des Initianden zu flattern. Seine Fäuste öffnen sich, und langsam wälzt er sich in die Bauchlage und stützt sich mit den Ellbogen auf; wenn das Mündungsdelta erreicht ist, hat er seine Sinne wieder so weit beisammen, daß er sich mit den Händen am Bootsrand hochziehen und mit kindlichen Augen die Aussicht bestaunen kann. Sind erst einmal die Mangroven vom Wald abgelöst worden, kauert er schon wieder auf allen vieren, und wenn das Boot jetzt unter das geschlossene Blätterdach eines Seitenarms gleitet, der zum Territorium des Heimatdorfs gehört, schickt er sich an, sich so weit aufzurichten, daß er mit aufrechtem Oberkörper dasitzt. In den folgenden ein, zwei Stunden werden in komprimierter Form fünfzehn Entwicklungsjahre wiederholt, und wenn das Boot dann die letzte Biegung im Flußlauf passiert, hinter der das Dorf in voller Sicht daliegt, ist der Wandlungsprozeß abgeschlossen, und vorn am Bug steht hoch aufgerichtet ein erwachsener Mann und bedankt sich für den Beifall der Dorfbewohner, die sich entlang den verschlammten Ufern versammelt haben, um mit Getrommel, Tanzen und Singen das Eintreffen eines neuen Kriegers zu feiern. Und der Name, mit dem sie ihn begrüßen, ist sein *owom*-Name, der Name eines Mannes, der sein Leben lassen mußte, damit dieser Jugendliche in das Mannesleben eintreten konnte. Ein Name, den mit gleichem Stolz einst der Besitzer des Schädels getragen hatte, den der Novize ehrfurchtsvoll unter den rechten Arm geklemmt hat.

Was diesem Übergangsritus sozialen und ökologischen Gehalt verleiht, ist der Umstand, daß der Junge nicht nur den Namen des Getöteten, sondern dessen Identität und seine sämtlichen sozialen Beziehungen übernimmt. In der Familie des Opfers benutzt man den Namen, wenn man von oder mit dem Novizen spricht, den man im übrigen als Gast mit quasi diplomatischer Immunität bei sich willkommen heißt: Der Novize hat von den Familienmitgliedern des Getöteten nichts zu befürchten, kann sich frei und ungefährdet unter ihnen bewegen, wird von ihnen als Vater, Bruder oder Gatte tituliert und mit der gleichen Zuwendung und Fürsorge bedacht, die dem Getöteten, wäre er noch am Leben, zuteil würde. In der Tat gibt es für die Familie letzten Endes keinen Unterschied. Der Getötete lebt weiter, sicher aufgehoben in dem Körper dieses Fremden, der ein kleines Loch in die linke Schläfe des Schädels gebohrt, das Gehirn seines Namensvetters gegessen und seine Seele in sich aufgenommen hat.

Zu dem System gehört als integraler Bestandteil eine gewichtige Einschränkung. Sie besteht in der Auflage, zum Objekt einer Kopfjagd nur jemanden zu machen, den man zumindest dem Namen und der Reputation nach kennt. Was hätte es für einen Sinn, sich den Kopf eines Fremden ohne *owom*-Namen zu beschaffen? Die Konsequenz dieses Sachverhalts ist, daß das Asmat-Volk in Zweiergruppen von – zumeist benachbarten – Dörfern zerfällt, die jeweils auf dieselben Jagd-, Fisch- und Sammelgründe angewiesen sind. Und innerhalb jedes dieser ökologischen Zwillingspaare herrscht traditionell Rivalität; die Kopfjagd der Bewohner des einen Dorfs richtet sich größtenteils auf die des anderen und umgekehrt. Allen Sanktionsdrohungen von seiten der Regierungsstellen in Jakarta und der örtlichen Missionare zum Trotz kommt es noch häufig zur Menschentötung, die jedoch alles andere als Willkür ist und niemals leichtsinnig, grundlos oder ohne gehörige Vorwarnung unternommen wird.

In jedem der beiden Dörfer weiß man über das Treiben im Nachbardorf so gut Bescheid, daß ein Überfall niemals als vollkommene Überraschung kommt, und niemals dauern die Kampfhandlungen länger, als es für die ein oder zwei vom Zeremoniell verlangten Tötungen unbedingt erforderlich ist. Ein solches Treffen verläuft nach einer rituellen Choreographie von fast bühnenreifer Strenge und schließt eine Menge Gestikulieren und Posieren und lautstarke Großsprecherei ein, die tatsächliche Feindberührung indessen ist auf ein Minimum beschränkt. Man hat es hier weniger mit Krieg als mit der notwendigen und sorgsam kontrollierten Justierung der lokalen Gleichgewichtslage zu tun. Es ist ein Spiel, wenn auch ein tödliches, und die Akteure sind eher Gegenspieler als Feinde. Die Gegnerschaft kann sehr heftig sein, wie es häufig der Fall ist zwischen Parteien, die aus denselben Motiven um dieselben Ressourcen konkurrieren, aber sie wird in höflicher Form ausgetragen. Das Wort höflich mag in diesem Zusammenhang manchem sonderbar vorkommen, ist aber durchaus am Platze. Ich hielt mich einmal bei den Asmat auf, als die Gleichgewichtslage in unnatürlicher Weise gestört wurde; ein Mann tötete versehentlich einen einsamen Fischer aus dem Nachbardorf, den er im dichten Unterholz für einen Kasuar hielt. In beiden Gemeinden breitete sich ob des Vorfalls Entsetzen aus. Die Lage zwischen den zwei Dörfern war stabil, und keine Seite hatte ein Interesse daran, zur Unzeit in eine Spirale der Rache hineingerissen zu werden. Im Sozialsystem der Asmat ist kein Platz für sinnlose Fehden, also fand man eine andere Lösung – dank einem scheinbar unendlichen Vorrat an rigorosen sozialen Kontrollen, die für die Bewältigung fast jeder beliebigen Situation zu Gebote stehen.

Als erstes wurde der Unglücksrabe, der den Tod des Fischers verschuldet hatte, mit einem simplen Trick aus dem Verkehr gezogen. Er wurde zum »Mann, den man nicht sehen kann« erklärt. Damit hörte er auf zu existieren. Er verschwand vollständig aus dem sozialen Raum, durfte allerdings zuvor einen Freund als Mittelsmann benennen. Dieser »Mann, den man sehen kann« suchte stellvertretend für ihn die Familie des Getöteten auf. Und zum vereinbarten Termin stellten sich die Angehörigen des Opfers ein, um die ausgehandelte Entschädigung in Form von Bogen und Pfeilen, Messern und Perlenketten in Empfang zu nehmen – aus den Händen des Schuldigen selbst, die dieser durch die Wand der Hütte, in der er sich verborgen hielt, ins Freie streckte. Den ganzen langen Tag blieb er so in seiner Hütte und reichte ein Geschenk um das andere hinaus, bis alle Angehörigen sich zufriedengestellt erklärten. Jetzt gab er der ganzen Aktion noch eine Asmat-typische Wendung, indem er das wertvollste Geschenk zum Vorschein brachte, eine exquisite Axt aus Bergkristall. Dieses Stück ging eindeutig über die vereinbarte Höhe der Entschädigung hinaus, aber die Angehörigen erkannten, wie es gemeint war, nahmen es an und zogen, nachdem dergestalt die Ehre in gebührender Form wiederhergestellt war, von dannen. Später entdeckte ich, daß dieses letzte Geschenk ein glanzvoller Kunstgriff war, dank dem der Riß zwischen den beiden Dörfern definitiv gekittet werden konnte. Denn tags darauf wurde der »Mann, den man nicht sehen kann« wieder vollständig sichtbar, kehrte in das Sozialleben zurück und komplettierte die Wiederherstellung der zerrütteten Gleichgewichtslage im Verhältnis der beiden Gemeinden, indem er in das Dorf des Opfers hinüberging – wo er als der Vermißte bewillkommnet wurde –, um sich den Kristall wiederzuholen.

Das gesamte Geschehen bei dieser Entsühnungsaktion – wie auch bei allen Präliminarien der Kopfjagd und der Initiation – ist mit Achtung durchsetzt, Achtung vor den Rivalen und vor der Umwelt, denn zu beiden unterhalten die Asmat das beste Verhältnis. Als nahezu die einzigen von allen Menschen, die ich kenne, verhalten sie sich ökologisch sinnvoll. Sie nehmen ihre Umgebung und ihre Stammesgenossen so, wie sie sind, und versuchen nicht, die Welt nach ihren Bedürfnissen umzumodeln, sondern passen sich in ihrem Verhalten den Gegebenheiten an, um das Beste aus ihnen zu machen. Das menschliche Element in ihnen ebenso wie in uns besteht in dieser Komponente: in der Fähigkeit, die genetischen Imperative zu transzendieren, sie zu kanalisieren und umzufunktionieren, so daß sie anderen Zwecken dienen. Mit Hilfe des großen Gehirns, das wir erworben haben, als wir lernten, miteinander umzugehen, können wir die Spielregeln der Gene unterlaufen und das Spiel nach anderen Regeln spielen. Wir sind Produkte unserer Naturgeschichte, keine Frage, aber wir sind auch unsere eigenen Herren – in dem Sinn, daß wir das Klassifikationssystem für uns und unsere Mitmenschen selbst schaffen und umschaffen können, wobei es uns freisteht, neue Abgrenzungen einzuführen oder alte zu beseitigen, natürliche Trennungslinien neu zu definieren und die Landkarte der genetischen Interessen neu zu zeichnen.

Daß die Menschen gelegentlich aggressiv und gewalttätig sind, bereitet den Asmat keine Probleme und ist für sie kein Anlaß zu Gewissenserforschung und Reue. Sie haben diese Tendenz in der Kopfjagd in feste, ritualisierte Form gebracht und damit nicht nur ihr die Möglichkeit zu voller und befriedigender Entfaltung gegeben, sondern zugleich auch ein drängendes Umweltproblem gelöst. Ohne die Natur dieser Tendenz leugnen zu wollen, scheinen die Asmat doch einen Weg gefunden zu haben, auf dem sie nutzbringend zum Tragen kommen kann. Ich habe noch nie andere Menschen kennengelernt, die so durchgängig gutmütig gewesen wären, so wenig zu ungeregelter individueller Gewalttätigkeit geneigt hätten wie sie. Als sie für die Aggression eine sozial ratifizierte Ausdrucksform schufen und ihr ein legitimes Betätigungsfeld zuwiesen, auf dem nach festen Regeln agiert und mit bestimmten theatralischen Imponierveranstaltungen gearbeitet wird, waren sie auf eine höchst effektvolle Strategie gestoßen. Zu den unsere Spezies kennzeichnenden Universalien gehört auch die Liebe zu derlei Ritual und Regelwerk. Und ob nun bei der Kopfjagd oder beim American Football – wo man uns auch nur halbwegs die Chance dazu läßt, verzichten wir oft liebend gern bis auf das unumgängliche Mindestmaß auf die Aggression und das Töten und geben uns mit ihrem Substitut, dem rituellen Imponieren, zufrieden.

In diesem Sachverhalt liegt für uns Grund zur Hoffnung, allerdings nur, sofern wir dem Beispiel der Asmat folgen und lernen, uns selbst zurückzunehmen zugunsten von Dingen, die in unserer Umwelt für eine Gleichgewichtslage sorgen. Den Asmat ist die Entwicklung eines erstaunlich differenzierten und raffinierten Sozialsystems gelungen, das auf Umweltdruck so sensibel reagiert, daß es in einer Region blüht und gedeiht, in der wir ungeachtet all unserer klotzigen Technik mit allergrößter Mühe nur ein mageres Auskommen finden.

Den Unterschied zwischen uns und ihnen veranschaulicht vielleicht am besten eine Episode, die sich während meines jüngsten Aufenthalts in West-Irian zutrug. Die Crozier-Missionsstation in Agats war damals im Bau schon weit fortgeschritten und recht ansehnlich. Zum Fluß hin – er ist der einzige schiffbare an dieser Küste – liegen Lagerschuppen, die Schule und die Sägemühle. Ein Plankenweg, der den Landungssteg und die diversen Missionsgebäude verbindet, sorgt dafür, daß die Patres trockenen Fußes ihren Geschäften nachgehen können, und seitab von dem wie ein Fremdkörper in der Landschaft wirkenden Gebäudekomplex, hinter dem letzten Blechdach, wurde ein Stück sumpfiges Schwemmland gerodet und zum Fußballfeld ausgestaltet. Hier treffen sich jeden Samstag Mannschaften aus den umliegenden Dörfern zu einem auf klitschigem Untergrund geräuschvoll und, ob auch der Schlamm spritzt, begeistert ausgetragenen Fußballmatch.

Diese Lokalturniere finden schon seit geraumer Zeit statt, aber trotz der heftigen Konkurrenz unter den Mannschaften und des entsprechend vehementen Einsatzes der Spieler auf dem Platz endeten im vergangenen Jahrzehnt sämtliche Begegnungen ohne Ausnahme unentschieden. Nach einem Spiel, bei dem ich Zuschauer war, machte der Schiedsrichter – ein vor noch nicht sehr langer Zeit hierher versetzter Priester, dem es offenbar an die Nerven ging, daß er das zigste Spiel ohne klare Entscheidung geleitet hatte – den beiden Mannschaftskapitänen Vorhaltungen.

»Begreift ihr denn nicht, daß es bei diesem Spiel darum geht, die andere Mannschaft zu *schlagen*? Einer muß gewinnen!«

Die beiden sahen ihn mitleidig an: Er war halt jung und hatte noch viel zu lernen. Sie schüttelten energisch den Kopf. »Nein, Pater. So läuft das nicht. Nicht bei uns in Asmat. Wenn einer gewinnt, muß ein anderer verlieren – das geht einfach nicht an.«

Eben.

Klare Prinzipien wie dieses sind im zwischenmenschlichen Verkehr selten. Sehr viel häufiger trifft man auf Faktoren, die eine bedauerliche Verzerrung des Verhaltens bewirken. In manchen Fällen sind dies Kontakt-Deformationen – durch Kolonialisierung oder andere Eingriffe von außen bewirkte Unausgewogenheiten im Handel und in der Gebietsverteilung. So sprechen beispielsweise triftige Gründe dafür, daß die im heutigen Neuguinea von Zeit zu Zeit ausbrechenden blindwütigen Massaker, die beinahe an Völkermordkampagnen heranreichen, weitestgehend einen nichtnatürlichen, nämlich ökonomischen Hintergrund haben. Daß der Brandsatz, der sie entfacht, ebenso die Konkurrenz um neue Handelsgüter ist – Pferde und Schußwaffen zum Beispiel – wie der Neid, den ihr Besitz erweckt. Indes sprechen gleichermaßen triftige Gründe dafür, daß die herkömmlichen Bremsen der Angriffslust auch aus anderen, natürlicheren Gründen versagen können.[42]

Im Grenzgebiet zwischen Venezuela und Brasilien leben die Yanomamö (Yanoama), ein Zehntausend-Seelen-Volk, das sich den Ruf eines »Volks von Wüterichen« erworben hat. Ein sehr berechtigter Titel. Denn so weit ihre Nachbarn zurückdenken können, haben die Yanamamö stets mit sichtlicher Freude an der Sache gemordet und gebrandschatzt, haben bei den häufigen Konflikten innerhalb des Stammes und mit anderen Stämmen – so häufig, daß man sie getrost als Dauerfehden bezeichnen kann – getötet, geraubt und Frauen als Beute weggeführt.[63]

Der amerikanische Ethnologe Napoleon Chagnon machte 1964 eine Forschungsexpedition zu den Yanomamö in der Erwartung, festzustellen, daß die Berichte über ihre »Brutalität, Grausamkeit und Heimtücke« sich als Ergebnisse der oberflächlichen Sicht Außenstehender herausstellen würden, die ihrem Beobachtungsgegenstand nicht nahe genug kamen, um ihn verstehen zu können. Er erlebte eine Enttäuschung. Auch nach mehreren weiteren, über Jahre verteilten Studienaufenthalten bei den Yanomamö mußte er zugeben, daß sie ein ungewöhnlich hohes Wutpotential und eine ungewöhnlich niedrige Hemmschwelle gegen Gewalttätigkeit haben. Chagnons Berichte machen deutlich, daß Feindseligkeit unter Yanomamö-Männern endemisch ist; sie bewerten einander überwiegend nach Gewaltpotential, Heimtücke und Kampfbereitschaft. Ihre Sozialbeziehungen untereinander wie zu Außenstehenden sind ein beständiger Tanz auf dem Vulkan, immer in der Schwebe zwischen Bluff und explosionsartiger Angriffswut. Die Gegebenheiten erinnern so stark an die Lebensweise der jugendlichen Straßenkrieger in vielen amerikanischen Großstädten, daß der Gedanke naheliegt, sich bei den Yanomamö nach Fakten umzusehen, die Aufschluß darüber geben könnten, wie es zu solch destruktiven Verhältnissen kommt.

Chagnon entdeckte, daß Streit und Gewalttätigkeit bei den Yanomamö fast immer einen sexuellen Hintergrund haben. Wenn es zu Kampfhandlungen zwischen Dörfern kam, so nach seiner Beobachtung entweder im unmittelbaren Zusammenhang mit dem Raub einer Frau oder im Zuge einer nachträglichen Vergeltung für einen solchen Raub. Am Ende der Streitigkeiten wechselten jedesmal Frauen in andere Hände wie ein zwar wertvolles, aber nicht sonderlich hoch geachtetes Zahlungsmittel. Kam es zum Streit innerhalb einer Dorfgemeinde, so war die Ursache gewöhnlich Eifersucht infolge sexueller Untreue oder Ehebruchs. Frauen, so scheint es, sind das Gravitationszentrum, um das die Gewalttätigkeit der Yanomamö zirkuliert, und in diese Position gerieten sie aufgrund der Besonderheiten einer Kultur, die sie zum knappen Gut macht.

Die »Verwandtschaftsrechnung« ist eines der ältesten und geschätztesten Instrumente der klassischen Ethnologie, das uns mit

Listen und Baumdiagrammen von Beziehungen beliefert, die zwar ein langweiliger Lesestoff und nicht selten auch fehlerhaft sind, aber immerhin ein zutreffendes Bild von der Komplexität dieser Dinge im Stammesleben vermitteln. Geschlossene Gemeinschaften besitzen ein erstaunlich scharfes Bewußtsein für genealogische Zusammenhänge; das geht so weit, daß selbst so weitläufige und verwickelte Verwandtschaftsbeziehungen wie die zum Vetter des jüngeren Bruders einer Nebenfrau mit einem eigenen Namen bezeichnet werden. Diese Sensibilität für Deszendenzverhältnisse ist wichtig für die Identifikation von Verwandten und die Berechnung des angemessenen Verhaltens ihnen gegenüber. Bei den Yanomamö gerät das System jedoch in Unordnung durch das Hinzutreten von Anpassungen, die zur Lösung eines hausgemachten Problems erforderlich sind. Dieses rührt zunächst einmal daher, daß bei ihnen der Infantizid an weiblichen Nachkommen gängige Praxis ist. Das Ganze beginnt mit dem Brauch, ein Neugeborenes zu töten, wenn die Mutter bereits ein Brustkind hat. So weit nichts Ungewöhnliches. Viele menschliche Gesellschaften haben die im Tierreich vorhandene Praxis beibehalten, die Konkurrenz unter den Nachkommen durch Verhungernlassen oder aktives Töten einiger von ihnen zu verringern. Manchmal geschieht das unter dem Druck der Notwendigkeit. Die Yanomamö verschieben dabei allerdings die Sexualproportion in ihrem Volk, denn sie sind weit eher bereit, weibliche als männliche Säuglinge zu töten. Und diese Einseitigkeit wird später noch verschärft durch den Zusammenschluß erwachsener Männer zu Verteidigungsbünden oder strategischen Familienverbänden, der die Tabuierung eines Teils der Frauen mit sich bringt, also auf eine nochmalige künstliche Verknappung des ohnehin knappen Angebots an fortpflanzungsfähigen Frauen hinausläuft, wobei es unter Umständen schwer ist, aus dem Netz politischer Hilfskonstruktionen die echten Verwandtschaftsbeziehungen zu isolieren.[65]

Chagnon hat gezeigt, daß die Yanomamö durch die Verzerrung der Sexualproportion gezwungen sind, ständig neue Klassifikationen der Verwandtschaftsbeziehungen zu entwickeln, die den Verwandtschaftsgrad zwischen den Generationen einmal erhöhen, ein andermal erniedrigen, per Manipulation an dem Einteilungsschema das erwünschte Resultat produzieren und in einer auch so schon ungefügen und unnatürlichen Gleichung noch sexuelle Faktoren unterbringen. Und diese Wirrnis wird noch verstärkt, wenn Frauen, die als leibliche Schwestern, Nichten und Tanten normalerweise für keinen ihrer Verwandten als Ehefrauen zur Verfügung stehen, in eine zweckdienliche Kategorie verschoben werden, in der sie dem männlichen Fortpflanzungsbegehren zugänglich sind. Chagnon hat ferner gezeigt, wie schnell derlei Künsteleien zu Verstimmungen und Feindseligkeiten führen können und wie oft es auch tatsächlich dazu kommt – alles infolge des herrschenden Frauenmangels.

Bioökonomisch gesprochen, verschärft sich die Konkurrenz um eine Ressource mit deren Verknappung, und das führt gewöhnlich zur Erschließung neuer Versorgungsquellen. Was Frauen angeht, liegt für die Yanomamö die beste Lösung darin, den Komplikationen, die im verworrenen Netz der tribalen Binnenbeziehungen den Frauen des eigenen Stammes anhängen, ganz aus dem Weg zu gehen und sich nach anderen, von dieser Problematik unbelasteten Frauen umzusehen. Daher gehen sie gewohnheitsmäßig bei anderen Stämmen auf Frauenraub. Sie schlagen sich regelrecht um Frauen, und naturgemäß haben unter den gegebenen Umständen die aggressivsten Männer den größten Fortpflanzungserfolg. Männer, die schon einmal einen anderen totgeschlagen haben, haben doppelt so viele Frauen und dreimal so viele Kinder wie Männer, die noch nie getötet haben. Und auf diesem Humus gedeihen neue Totschläger. Drei Viertel der Bewohner eines großen Yanomamö-Dorfs, das Chagnon inspizierte, erwiesen sich als direkte Nachkommen eines einzigen Patriarchen – der im wahrsten Sinne des Wortes »Vater seines Volkes« genannt zu werden verdiente und die natürliche Quelle der fortdauernden Angriffslust unter seinen zahlreichen männlichen Nachkommen war.[64]

Die Gewaltspirale, die hier wirkt, ist ein Faktum und unausweichlich. Mit dem Wachstum der Yanomamö-Dörfer steigern sich die Spannungen bis zu einem Punkt, wo nur noch die Spaltung, die Auflösung der Gemeinde in leichter zu regierende Splittergruppen, als Ausweg bleibt. Aber in einer Welt der unbarmherzigen Konflikte sind solche Gruppen zu klein, als daß sie sich sicher fühlen könnten, und daher müssen sie sich notgedrungen auf noch extremere Ausdrucksformen von Angriffswut verlegen. Kein Wunder also, daß die Yanomamö – auf ihrem schnell rotierenden Karussell von Bevölkerungswachstum und Gebietsausweitung in einen endlosen Kreislauf der Gewalt verstrickt – »Wüteriche« sind. Wer wäre es an ihrer Stelle nicht?

Der einzige Hemmfaktor im Yanomamö-System ist die Existenz einer allgemein anerkannten Gradskala des Antagonismus; sie reicht vom geregelten Zweikampf mit bloßen Fäusten, bei dem nur auf die Brust des Gegners gezielt wird, über Stockkampf- und Speerwurf-Turniere bis zu totaler, nackter Aggression. Doch Aggressionshemmung erscheint den Yanomamö nicht so erstrebenswert wie den Asmat, die denjenigen auszeichnen, der begütigt und Spaltungen heilt, und ihm mindestens ebensoviel Ehre erweisen wie dem, der tötet. Nachdem der »Mann, den man sehen kann« einen hochbedeutsamen Kompromiß ausgehandelt hatte, wurde er bei der Rückkehr in sein Heimatdorf mit dem gleichen Ehrenzeremoniell empfangen, das sonst für erfolgreiche Kopfjäger in Szene gesetzt wird. Das Schauspiel erinnerte mich flüchtig an die Heimkehr Neville Chamberlains aus München im Jahr 1938 – hinterließ freilich nicht den gleichen bitteren Nachgeschmack wie die kurzsichtige und kurzlebige Appeasement-Politik des britischen Premiers. Die Asmat sind Meister in der Kunst der dauerhaften Aussöhnung; sie verfügen über einen riesigen Vorrat an Verbandsmaterial zum Bandagieren individueller wie kollektiver Blessuren. Sie scheinen genau zu wissen, wo und warum es weh tut und wie man die Wunde am besten verarztet. Und was das Wichtigste von allem ist: Sie haben ein feines Gespür für das Angemessene und dafür, wie weit sie im Bevölkerungswachstum gehen können.

Der Evolutionsethnologe Keith Otterbein untersuchte das kriegerische Verhalten von 46 Kulturen, angefangen bei den Jivaro-Kopfjägern bis hin zum Japan der Feudalzeit, und kam zu dem Ergebnis, daß die Menschen sich alle gleichen in der Furcht und dem Mißtrauen, mit denen sie Fremden begegnen, und daß sie alle gleichermaßen dazu neigen, Konfliktlösungen mittels Aggression anzustreben und sich dabei im Regelfall aggressiver zu gebärden, als die Situation es erfordert. Außerdem neigen wir dazu, die anderen in ein Freund-Feind-Schema zu pressen und sie entsprechend unserer Klassifikation und unserer Erbanlage freundlich oder unfreundlich zu behandeln. Und am ehesten sind wir kriegsbereit, wenn die Population, der wir angehören, quantitativ aus dem Lot ist. Wenn wir unter die Herrschaft des Zweiten Hauptsatzes der Pathik geraten, weil der Sozialverband, dessen Mitglied wir sind, unüberschaubar und unregierbar groß geworden ist oder weil er so klein geworden ist, daß er den Individuen kein Gefühl der Sicherheit mehr vermittelt. An diesen Zusammenhängen ist nicht zu rütteln, aber uns stehen noch andere Optionen zur Verfügung, die zum Teil auf ebenso festem und sicherem biologischen Fundament ruhen.[296]

Wenn den Asmat in irgendeinem Sinne Ingrimm nachgesagt werden kann, dann allenfalls in der Art und Weise, wie sie auf dem richtigen Verhalten bestehen. Sie haben sich ihre Umwelt an der Casuarina-Küste angesehen, haben erkannt, worauf der Überfluß an Sagopalmen beruht, die ihr Hauptlieferant von Kohlehydraten sind, und sind zu dem Schluß gekommen, daß menschliches Verhalten in dieselbe disziplinierte Form gebracht werden muß, in der mittels eines ausgeklügelten Systems der Bodennutzung der Bestand an Palmbäumen gesichert wird. Wie sie das Land parzellierten, haben sie auch für das Verhalten Grenzen festgesetzt und sogar eine an die Palmenhege angelehnte Behandlungsmethode für Grenzverletzer und Überzählige gefunden. Eine recht einfache Remedur – die Enthauptung. Und diese dem Anschein nach brutal atavistische Lösung wurde mit einem einzigen entscheidenden, so simplen wie ingeniösen Kunstgriff zu einem wunderbar takt- und rücksichtsvollen System abgemildert und weiterentwickelt. Bei den Asmat ist dafür gesorgt, daß die Tötung eines Menschen direkte persönliche Konsequenzen für den hat, der die Tat ausführt; nicht nur geht der Name des Getöteten auf ihn über, sondern er tritt auch in alle persönlichen Beziehungen und Verpflichtungen seines Opfers ein. Einen anderen Mann zu töten ist infolgedessen in West-Irian eine Sache, die kein Mann leichtnimmt oder unbesonnen ausführt. Wer tötet, tut damit nicht nur einem anderen etwas an. Er tut auch sich selbst etwas an. Er lädt sich eine Bürde auf, und das geschieht nicht ohne vorheriges gründliches Überlegen und Abwägen. In West-Irian ist Kannibalismus nichts Verwerfliches, aber kein Asmat würde jemals vorgeben, er sei etwas Leichtes. Das Richtige zu tun ist niemals leicht.

Es fällt mir sehr schwer, mit den Asmat hart ins Gericht zu gehen. Daß sie Menschen töten, ist mir ein unbehaglicher Gedanke, aber wenn ich sehe, was geschieht und wie und warum es geschieht, bin ich ein wenig neidisch auf ihre Selbstsicherheit und Gelassenheit. Sogar gegen den Neid haben sie ein durchschlagendes Mittel. Wenn in Asmat jemand einen anderen um etwas beneidet oder Begehren nach etwas erkennen läßt, das sich im Besitz eines anderen befindet, dann überläßt ihm der Besitzer die begehrte Sache. Damit gerät der Neider automatisch in ein drängendes Obligo, dessen er sich nur durch eine mindestens gleichwertige Gegengabe oder Gegenleistung entledigen kann. In West-Irian ist Neid eine kostspielige Angelegenheit und infolgedessen sehr selten.

Ebenso selten sind Eifersucht und Ehebruch. Es ist allen Männern strengstens verboten, eine Affäre mit der Frau eines anderen anzufangen, der (a) nicht im selben Dorf wohnt und (b) mit der Sache nicht restlos einverstanden ist. Wer sich also gelüsten läßt seines Nächsten Weibes, der einigt sich mit dem Betreffenden darauf, daß sie beide eine *papisji*-Partnerschaft eingehen, zu der ein ritueller Austausch der Ehefrauen gehört. Aber *papisji* ist sehr viel mehr als nur Frauentausch. Es kann nur mit der vollen Zustimmung der beiden Ehefrauen vereinbart werden und schließt für beide Männer automatisch die unabdingbare Verpflichtung ein, für den Rest ihres Lebens einander in allen Notsituationen beizustehen. Und dem Mann, der den Stein ins Rollen gebracht hat, wird dazu noch eine besondere Last aufgebürdet. Er steht fortan mit seiner Ehre dafür gerade, daß dem Ehemann der Frau, die sein Verlangen gereizt hat, auf dem Schlachtfeld kein Haar gekrümmt wird. Er weiß also von allem Anfang an, daß seine sexuelle Begehrlichkeit ihn am Ende leicht das Leben kosten kann.

Das ganze Arrangement ist schlechterdings ingeniös und ganz typisch für die Asmat, insofern es eine Konstellation, die in anderen Gesellschaften spalterische und zerrüttende Kräfte entbinden würde, zu einer kraftvollen Klammer im Sozialgefüge macht. Neid, Habgier und Wollust sind in der Welt der Asmat keine Todsünden, sondern nur menschliche Schwächen, die mit dem gleichen Fingerspitzengefühl und Geschick angegangen werden müssen, mit denen diese Menschen ihrer ganzen Umwelt begegnen. Völlerei kennt man nicht in einem Gemeinwesen, wo Großzügigkeit die Regel ist, Trägheit verbietet sich hier für jeden, der überleben will, von selbst, und mit dem Zorn wird man fertig, indem man ihn, mit Stolz gepaart, zum Motor der traditionellen Kopfjagd macht.

Wenn ich hier derart leichthändig die »Sieben Todsünden« der christlichen Religion annulliere, will ich damit nicht suggerieren, daß West-Irian die reine Idylle ist. Das ist es mitnichten. Das Leben und die Anpassungen, die es verlangt, können hier genauso schwierig sein wie anderswo auch, aber trotzdem möchte ich ernsthaft die Ansicht vertreten, daß die Kopfjagd – die Praxis der rituellen Menschentötung – nicht immer und unbedingt verwerflich ist. Wenn sie das ökologische Gleichgewicht, stabile Bevölkerungszahlen und den sozialen Zusammenhalt sichert, wie es bei den Asmat der Fall ist, verdient sie es durchaus, daß man sie als wohlfundierte Entscheidung in Sachen Lebensform gelten läßt. Vielleicht ist Menschentötung und selbst Kannibalismus nicht an sich verwerflich. Für beides lassen sich ebenso gute Argumente anführen wie in unseren Gesellschaften für die Abtreibung und die Todesstrafe. Alles hängt, wie immer, vom Kontext ab. Deshalb möchte ich in diesem Kapitel die Umstände erkunden, unter denen wir uns gegenseitig umbringen, und versuchen, sie in biologische und ethische Perspektive zu rücken.

Manche Menschen scheinen überhaupt nichts davon zu halten, sich gegenseitig umzubringen. Menschen wie die rund 13 000 Senoi-Semai auf der Malaiischen Halbinsel zum Beispiel, die das Gegenteil von Wüterichen sind. Als Überrest eines antiken Volkes leben sie in einem von Gebirgszügen und Flußläufen durchschnittenen Regenwald. Gleich anderen Waldbewohnern ernähren sie sich vom Jagen und Sammeln sowie saisonal von einer primitiven Schwendwirtschaft. Was sie jedoch vom größten Teil der übrigen Menschheit unterscheidet, ist ihre beharrliche Selbstverpflichtung auf totale Gewaltlosigkeit.[106]

Semai werden von Kindesbeinen an zu der Überzeugung erzogen, daß Unwetter und Elefanten und fremde Menschen wütend und gefährlich werden können, Semai indessen niemals. »Wir werden niemals zornig«, sagen sie. Da sie Menschen sind, geraten sie natürlich doch in Zorn, empfinden Kränkungen und Groll. Aber der Glaube an die eigene Gewaltlosigkeit ist stärker als diese Empfindungen und hält die Semai davon ab, als Antwort darauf Repressalien gegeneinander zu ergreifen. Ein gewaltloses Volk sind sie schlicht und einfach deshalb, weil sie *glauben*, es zu sein.[322]

Diese glückliche Gemütsbeschaffenheit erlaubt es den Semai, auf

Gewalt mit Flucht zu reagieren. Vor einer Konfrontation davonzulaufen betrachten sie nicht als Feigheit, denn Mut und Tapferkeit genießen bei ihnen nicht das Ansehen großer Tugenden. Die Besonnenheit, die sie in diesen Dingen beweisen, ist lediglich ein weiteres Zeugnis des Charakters, den sie sich erfunden haben. Das Ganze ist ein geschicktes und nützliches Stück sozialer Taschenspielerei, aber es funktioniert. Nicht nur ist der Verbrechenstatbestand des Mordes dem Sittenkodex der Semai unbekannt – er tritt überhaupt nicht in den Bewußtseinshorizont dieser Menschen. Eine solche Untat ist nicht vorstellbar und kommt deshalb niemals vor. Man braucht keine Institutionen zur Verhinderung und Bestrafung von Gewalttaten, keine Stammespolizei und keine Stammesgerichtsbarkeit. Und bei den malaysischen Behörden und Krankenhausverwaltungen wurde noch kein einziger Fall von Mord, versuchtem Mord oder auch nur Körperverletzung, begangen von einem Semai, aktenkundig.

Die Semai beantworten also Angriff mit Rückzug. Gewalttätigkeit schreckt sie, und sie setzen alles daran, sie zu vermeiden; ob andere sie deswegen Feiglinge nennen, ist ihnen gleichgültig, und als »Angsthasen« tituliert zu werden, verstehen sie als das höchste Kompliment. Ermöglicht wird das alles offenbar durch eisernen inneren Selbstzwang und sorgsam kultivierte Selbstzucht, denn als während der Unruhen, die Anfang der fünfziger Jahre auf der Halbinsel ausbrachen, Semai zur britischen Armee eingezogen und in den Kampf gegen kommunistische Aufständische geschickt wurden, verfielen diese Rekruten in eine Raserei, die sie selbst als »Blutrausch« bezeichneten.[323]

»Wir töteten und töteten und töteten«, sagten sie hinterher. »Die Malaien machten gewöhnlich irgendwann Schluß, um den Leuten die Taschen auszuräumen und ihnen Uhren und Geld abzunehmen. Wir dachten keine Sekunde an Uhren oder Geld. Wir dachten nur ans Töten. *Wah* – wir waren wirklich in einem Blutrausch.«[106] Einer gab sogar an, er habe das Blut eines Gegners, den er gerade niedergemacht hatte, getrunken.

Derartiges »rollenwidriges« Handeln ist nichts Ungewöhnliches. Auch die am Sepik-Fluß in Neuguinea lebenden Avatip betrachten sich als ein im wesentlichen friedliebendes Volk – ein Selbstverständnis, das von einer langen Tradition kriegerischer Auseinandersetzungen zwischen den Dorfgemeinden Lügen gestraft wird. Die Avatip führen genausooft und mit dem gleichen Ingrimm Krieg wie ihre Nachbarn, vertreten jedoch beharrlich die Auffassung, dieses Verhalten habe mit Aggressivität nichts zu tun. Sie empfinden nach eigenem Bekunden keinen Zorn auf ihre Gegner oder Feindseligkeit gegen sie, sondern sagen, daß sie ihnen ein anderes oder »böses« Gesicht zeigen. Sie kehren ein *alter ego* gegen sie hervor, dem mit einer Brustplatte in Form eines Gesichts oder mit einer schreckenerregenden Maske sichtbarer Ausdruck gegeben wird. Und dabei wechseln sie die Persönlichkeit, werden »taub« gegen ihre Feinde und unzugänglich für Mitgefühl, Reue und Scham. Das alles bewirken sie mittels Magie, indem ein Ahnen- oder Schutzgeist in sie fährt, der ihnen die Verantwortung für das Töten abnimmt.

Das ist ein gängiger Trick. Aus dem Krieg in ihre Heimatdörfer zurückgekehrt, waren die Semai auf der Malaiischen Halbinsel wieder so sanft und friedfertig wie zuvor. Die Gewaltausbrüche waren schnell vergessen: beiseite geschoben als die Taten von Fremden in einem fremden Land und so vollständig abgespalten von der eigenen Persönlichkeit, daß es für die Heimkehrer kein Problem war, ihr altes Selbstbild vom gewaltfreien Menschen unbeschädigt aufrechtzuerhalten. Dieses machtvolle Selbstgefühl, wenn auch noch so konstruiert, ist eindeutig von Nutzen und scheint mittels einiger simpler kultureller Kunstgriffe herangezüchtet zu sein. Erstens bestrafen oder verurteilen die Semai niemals Aggressivität bei ihren Kindern. Sie unterlassen es einfach, ihr irgendeinen Kurswert als mögliche positive Option zuzuerkennen. Sie weigern sich, sie ernst zu nehmen, und lachen Kinder aus, die aggressiv werden und nach Kameraden oder ihren Eltern schlagen. Und zweitens nehmen sie den Kindern jede Möglichkeit, zu rebellieren, indem sie ihnen das Recht auf das Geltendmachen von *bood* zugestehen. Das Wort läßt sich ungefähr mit »Keinen Bock!« (oder: »Keine Lust!«, »Mir ist nicht danach!«) übersetzen und bedeutet auf praktischer und funktionaler Ebene, daß kein erwachsener Semai einem Kind seinen Willen aufzwingen kann. Wenn das Kind sich für *bood* entscheidet, ist die Sache erledigt. Druck auf das Kind auszuüben wäre nach dem Sittenkodex der Semai ein Fehlverhalten. So etwas tut auch keiner, und infolgedessen hat, was wichtiger ist, kein Kind jemals Grund zu jener Art Ressentiment, die Auflehnung erzeugt und eine bequeme Ausrede liefert für – sofort oder im späteren Leben ausgeführte – Akte fehlgeleiteter Aggressivität oder kriminelle Handlungen.

Das Semai-System hört sich ingeniös an – fast zu schön, um wahr zu sein, ein Sozialsystem, das mit dem der Asmat konkurrieren kann. Unter den Lebensbedingungen der Semai, in ihrer Umwelt, unter ihnen selbst scheint es auf jeden Fall wunderbar zu funktionieren. Es versagt allerdings, wenn die Semai mit Nicht-Semai in Verkehr treten müssen, mit Fremden, die anders denken und sich anders verhalten als sie. In der Semai-Gesellschaft gibt es keine Hierarchie, kein System von Über- und Unterordnungen. Einem anderen zu sagen, was er tun soll, wäre unhöflich, und andere per Befehl dazu zu bringen, daß sie etwas tun, was sie nicht von sich aus tun wollen, ist unmöglich. Darum haben die Semai keine Autoritätspersonen – keine Führer oder Häuptlinge – und keine Möglichkeit, ihre Gesellschaft so zu organisieren, daß sie in der Lage wären, mit Fremden in profitable Geschäftsbeziehungen zu treten. Für den freien Markt mit seinem Konkurrenzkampf sind sie schlecht gerüstet. Aber der ist ohnehin der falsche Ort für sanfte Menschen.

Andererseits hat die Lebensform der Semai für Fremde etwas höchst Verführerisches. Das Fehlen von Gewalttätigkeit, Aggression und Bürokratie, die in reichlichem Maße vorhandene Freundlichkeit, Großzügigkeit und Gutgelauntheit bewogen manche der britischen Ethnologen, die als erste Feldforschung unter den Semai trieben, sich – mit einer reizvollen Semai-Frau an der Seite – auf Dauer bei ihnen niederzulassen. Ähnlich wie in jüngerer Zeit Robert Dentan entwickelten sie äußerst herzliche Gefühle für ihre Studienobjekte – was für Ethnologen nicht immer einfach ist, auch dann nicht, wenn sie die Enttäuschung, die aus der unausweichlichen Erkenntnis fließt, daß der »Edle Wilde« meist nicht viel mehr als ein Mythos ist, längst hinter sich und verarbeitet haben. Die Semai freilich sind tatsächlich mit einem Quantum natürlichen Edelmuts begabt und haben es in bewunderungswürdiger Weise verstanden, der menschlichen Gewalttätigkeit Zügel anzulegen. Sie haben dem Rest der Menschheit in Sachen Gut und Böse Wichtiges zu vermitteln.

Wie viele Völker auf der Ebene der Stammeskultur haben die Semai ein feines Empfinden für die »natürliche Ordnung«. Sie sind überzeugt, daß es für alle Dinge eine Norm gibt, wie sie zu sein haben. Diese Norm bezeichnen sie mit dem malaiischen Wort *patud*, das so viel wie »passend«, »richtig«, »zweckentsprechend«, »angemessen« heißt und genau das meint, was ich weiter vorn in diesem Buch als Goldlöckchen-Prinzip oder Goldlöckchen-Effekt und als den Grundgedanken der Aristotelischen Moralphilosophie vorgestellt habe: die Idee der »goldenen Mitte«. Nicht zuviel und nicht zuwenig, sondern gerade das richtige Quantum von der richtigen Sache – und das ist die, aus der gute Ökologie entsteht.

Die Semai bewerten alle Dinge danach, ob sie diesem Ideal entsprechen oder nicht. Aggression ist in ihren Augen nicht *patud*, ebensowenig ist es aber auch die Anwendung von Disziplinierungsmaßnahmen oder Druckmitteln gegen andere, um sie von aggressivem Handeln abzuhalten. Alles muß sich von selbst auf das richtige Maß einpendeln. Mangelnde Großzügigkeit mit Nahrungsmitteln ist ebensowenig *patud*, wie es die Gepflogenheit wäre, dauernd zu verlangen, daß andere ihr Essen mit einem teilen. Körperliche oder geistige Mängel sind nicht *patud*, aber kein Anlaß zu Besorgnis, solange sie nicht das Glück eines anderen trüben. Nichteinmischung in die Angelegenheiten anderer ist ein wesentlicher Bestandteil der Ethik der Gewaltlosigkeit, wie die Semai sie praktizieren – beide dieser negativ definierten Eigenschaften gelten als *patud* ebenso wie Rückzug oder Passivität angesichts Einmischung oder Aggression. Nicht *patud* sind eheliche Untreue und illegitime sexuelle Beziehungen, aber sie werden auch nicht unbedingt als schlecht oder verwerflich verdammt. Wenn es eine Affäre von kurzer Dauer ist, heißt sie bei den Semai »nur eine kleine Anleihe«, ähnlich wie die moralisch toleranten Seycheller illegitime Kinder so schlicht wie treffend als »Dubletten« bezeichnen.

Alles in allem kann man den Semai zugute halten, daß sie die Augen vor der menschlichen Natur nicht verschließen, aber ihr möglichstes tun, sie, wenn nötig, im Interesse des Gleichgewichts und des Gemeinwohls an die Fessel zu legen. Ihr utopisches Modell taugt allerdings schlecht für den Wettbewerb am freien Markt. Und da alle Ideen, alle Mutationen und letzten Endes auch alle Spezies nach ihrem Erfolg bei der Konkurrenz mit ihresgleichen beurteilt werden müssen, kann man nicht umhin, das Experiment der Semai als hochherzigen Fehlschlag zu bewerten.

Die Asmat schneiden am freien Markt besser ab. Wenn sie einstecken müssen, zahlen sie mit gleicher Münze zurück, und es ist ihnen weniger peinlich, sich eingestehen zu müssen, daß wir die artspezifische Veranlagung haben, gegen Störfaktoren aggressiv zu werden. Sie erweisen sich zudem als die bei weitem besseren Realisten, wenn sie ein Reaktionsschema schaffen, das sich unsere Neigung zum Wettstreit mit anderen zunutze macht, und dieses Reaktionsschema zur Steigerung der Gesamtfitneß einsetzen. Unter soziobiologischem Aspekt müssen sie als erfolgreich beurteilt werden, selbst wenn sie am Ende gegen Ideologien unterliegen, die über mehr Anhänger und bessere Waffen verfügen. Für mich sind sie schlimmstenfalls ein heroischer Fehlschlag.

Demgegenüber ist von den drei genannten im wesentlichen archaischen Kulturen die der Yanomamö unschwer als die in evolutionärer Perspektive am wenigsten erfolgreiche zu diagnostizieren: Im Zuge ihrer »kulturellen Flickschusterei« – um es mit einem von Claude Lévi-Strauss geprägten Begriff zu sagen – erleidet dieser Volksstamm einen Orientierungsverlust, der exzessive Aggressivität und einen regelrechten *overkill* nach sich zieht. Die Yanomamö sind lebende Beispiele dafür, was passieren kann, wenn man den Kräften der Pathik freies Spiel und sie etwas hervorbringen läßt, das man nur als pathologisch bezeichnen kann. Sie bieten ein abschreckendes Bild der Gefahren, die uns drohen, wenn wir irgendeinem unserer genetischen Imperative – in ihrem Fall ist es die Sexualität – die Zügel so weit schießen lassen, daß er, unseren natürlichen Sinn für Ordnung und Fair play überrennend, unser Leben insgesamt in seinen entfesselten Lauf mitreißt.

Ich bin überzeugt, daß wir einen solchen natürlichen Sinn besitzen, der aus reziprok altruistischen Handlungen, aus der in Wildbeuter-Gesellschaften üblichen Art des gemeinschaftlichen Teilens, erwuchs, dann aber unterdrückt wurde von dem Besitzstreben, das aufkam, als die Menschen seßhaft wurden und Überschüsse in einem Maße anzuhäufen begannen, das eine soziale Differenzierung nach Reichtum ermöglichte.

Ich empfinde es als nützlich, den Blick zurück auf unsere Ursprünge zu richten und, wann immer möglich, Menschen wie die Asmat kennenzulernen, die auch heute noch ganz ähnlich leben, wie unsere

Spezies während 99 Prozent ihrer Geschichte gelebt hat. Jede Strategie, die sich mehrere Millionen Jahre lang behaupten konnte, verdient, ernst genommen zu werden. Sie hat die evolutionäre Bewährungsprobe bestanden und erfüllt alle Voraussetzungen dafür, nach der darwinistischen Bewertungstabelle mit dem Prädikat »erfolgreich« ausgezeichnet zu werden. Demgegenüber muß die »Zivilisation«, die Lebensform, mit der wir seit fünftausend Jahren experimentieren – das ist ein Zeitraum, der gerade mal 0,25 Prozent der bisherigen Aufführungsdauer des Menschheitsdramas ausmacht –, als ein zwar interessantes, aber nicht unproblematisches und auch durchaus noch nicht endgültig erprobtes Modell eingestuft werden.

Das Problematische an der Geschichtsschreibung ist, daß sie zumindest insofern eine gewisse Ähnlichkeit mit dem Revolverjournalismus hat, als sie sich gern auf die gräßlichen Aspekte konzentriert. Um es mit Thomas Hardy zu sagen: »Krieg ergibt ein grandioses Stück Geschichte, aber Frieden ist ein langweiliger Lesestoff.«[175] Wüteriche wie die Yanomamö kommen in die Schlagzeilen, aber von den Semai haben nur wenige gehört und noch weniger von den Xinguanos, einer Gruppe von friedfertigen Menschen in Brasilien, die es ungeachtet ihrer unterschiedlichen Volkszugehörigkeit geschafft haben, die Stammeskriege am Oberlauf des Xingú auf ein Minimum zu begrenzen.

Es gibt dort zehn Dörfer mit insgesamt etwa eintausendfünfhundert Einwohnern, die Dialekte vier verschiedener Sprachfamilien sprechen. Das Wohngebiet ist ein Becken am Fuß des Berglands von Mato Grosso, in dem aus altem binnenländischem Grundgestein der Xingú entspringt, im Gegensatz zu Brasiliens Hauptstrom ein klares, von Insektenplagen größtenteils freies Gewässer. Hier lebt es sich verhältnismäßig kommod, der Fluß liefert reichlich Fische, und bis vor kurzem gab es kaum Verbindungen zur Außenwelt. Natürlich sind die Dinge jetzt im Wandel, aber die zehn autonomen Gemeinden besitzen, wenn sie sich auch untereinander oft nicht über den Weg trauen, nach wie vor jede ein ausgeprägtes Bewußtsein ihrer einzigartigen Identität. Das einzige, was sie alle gemeinsam haben, sind die Abneigung gegen Gewalt und ein Brauchtum, das bei den Kindern Aggressivität verhindert und bei den Erwachsenen Friedfertigkeit belohnt. Einzeln betrachtet, sind sie den Semai nicht unähnlich, allerdings haben sie es offenbar einen Schritt weiter gebracht und Mittel und Wege gefunden, auch mit Fremdstämmigen profitable Beziehungen zu unterhalten.

Den zehn Dorfgemeinden, deren jede hier im Xingú-Becken Zuflucht vor einem andernorts erlebten Gewaltausbruch gefunden haben dürfte, ist es gelungen, einen Völkerbund im kleinen aufzubauen, der es ihnen erlaubt, die Vorzüge intertribaler Handelsbeziehungen und Eheschließungen sowie generell intertribaler Beziehungen zu genießen und damit die prekäre Isolation zu vermeiden, die zu durchbrechen den introvertierten Semai unmöglich ist. Und wenn sie auch nach wie vor nicht viele sind, haben die Menschen am Xingú es verstanden, diesen Gemeinschaftsgeist in ihre langsam erstarkenden Beziehungen zur brasilianischen Regierung zu übernehmen und geschlossen ihrer aller Sorgen Ausdruck zu geben, und zwar in Formen, die ihnen mit hoher Wahrscheinlichkeit Anerkennung und mit der Anerkennung die Autonomie des Xingú-Beckens einbringen dürften.[160]

Die zehn Stämme sind sich einig in der Überzeugung, daß zu der Eigenschaft »gut« Friedfertigkeit als Wesenselement mit dazugehört. Ein guter Mensch geht Zusammenstößen aus dem Weg und zeigt sich kaum jemals zornig. Zorn beunruhigt und erschreckt die Xinguanos; er ist für sie so etwas wie eine mit Menschenkräften nicht einzudämmende Feuersbrunst. Ein guter Mensch erlegt sich das notwendige Maß an Beschränkungen auf und gibt einen guten Mitbürger ab, weil er sich auf die Empfindungen anderer einstellt. Er besitzt Einfühlungsvermögen und die Gabe, Freud und Leid der anderen mitzuempfinden. Er besitzt, um es in der Sprache eines jener zehn Stämme, der Mehinaku, auszudrücken, *ketepepai* – eine Eigenschaft, die man zuweilen auch an gut gemachten handwerklichen Gegenständen findet, an Dingen, die Schönheit und Ausgewogenheit besitzen.

Ihre hohe Meinung von der Friedfertigkeit lassen die Xinguanos auch in ihr intertribales Handelssystem einfließen. Muschelgürtel und -halsbänder, Steinbeile, Salz, Baumwolltuch, Bogen aus Hartholz und Keramikgefäße stehen bei allen Mitgliedern der Völkergemeinschaft hoch im Kurs. Für alle ist der Besitz dieser Dinge das Maß des Reichtums, und jedes Volk verfügt über die zu ihrer Herstellung erforderlichen Mittel und Kenntnisse. Aber sie haben im Laufe der Jahrhunderte ein System von Sitten und Sanktionen aufgebaut, das gezielt bestimmte Monopole schützt. Jedem ist klar, daß nur die Carib Muschelschmuck herstellen. Die Salzgewinnung und der Salzhandel sind Sache der Mehinaku, und niemand sonst betätigt sich auf diesem Sektor, weil niemand es mit ihnen verderben will. Und niemand käme auf die Idee, Keramikwaren benutzen zu wollen, die nicht aus der Hand einer der vielbewunderten Töpferinnen der Waura stammen. Derlei bewußte Regulierungen beflügeln den Handel, und Handel bedeutet Vertrauen, und dieses wiederum ist in einer Beziehung ein Wert aus eigenem Recht. Vertrauen wird gleichermaßen bewußt auch durch die Ermunterung zur Heirat über die Stammesgrenzen hinweg gefördert.

Ein weiterer wichtiger Punkt, in dem Einmütigkeit unter den Stämmen herrscht, ist die Ansicht, daß jedweder Autorität gegenüber ein gewisses Maß Argwohn angebracht ist. Jedes Dorf hat seinen Sprecher, einen Ältesten, der die Gemeinde bei Handelsgeschäften vertritt und bei Feierlichkeiten, Kultübungen und Brauchtumspflege eine zentrale Rolle spielt, aber die allgemeine Situation ist in den Worten eines Ethnologen in kürzester Form auf den Punkt gebracht: »Der Häuptling braucht nur ein Wort zu sagen, und schon tut jeder genau das, was ihm selbst am besten gefällt.« Und am besten gefällt den Xinguanos das Singen, Tanzen, Handeltreiben und Ringen. Die letztgenannte Aktivität ist eine der wenigen Formen der Unterhaltung, die die Xinguanos benötigen, um Aggressionen abzuleiten oder zu sublimieren – ihr Ersatz für kriegerische Konflikte. »Wenn wir zornig sind, ringen wir, dann verfliegt der Zorn«, sagen sie.[160] Sie sind tatsächlich ausgezeichnete Ringer.

Der interessanteste Aspekt des Xingú-Modells ist seine Ungewöhnlichkeit. Mir ist nirgendwo sonst in der Welt eine Situation bekannt, die Völkern ganz verschiedener Tradition und Zunge eine ähnlich harmonische Koexistenz ermöglichen würde. Anderswo ist Konflikt die Regel. Überall sonst scheinen nationale, ethnische, rassische und religiöse Differenzen unweigerlich zu Konflikten zu führen. Soziale oder politische Mischgebilde sind meist instabil; die Gene können zu Außenstehenden nicht anders als unfreundlich sein, und Aggressivität ist so leicht zu entflammen und, einmal entfacht, so ansteckend, daß Reibereien zwischen Gruppen epidemischen Charakter haben.

Der Blick in die historischen Annalen von elf europäischen Ländern lehrt, daß diese Länder in den letzten 1025 Jahren im Durchschnitt während 47 Prozent – also nahezu die Hälfte – der Zeit in militärische Aktionen irgendwelcher Art verwickelt waren. Den niedrigsten Platz der Punktetabelle belegt Deutschland mit 28 Prozent, die Spitzenreiterposition hält, mit satten 67 Prozent, Spanien: In dem hinter uns liegenden Jahrtausend war das Land während insgesamt zwei Dritteln der Zeit militärisch aktiv.[361] Eine ähnliche Studie ausschließlich über den Zeitraum seit 1900 gelangte zu dem Befund, daß im zwanzigsten Jahrhundert bisher jederzeit irgendwo in der Welt durchschnittlich drei verlustreiche kriegerische Auseinandersetzungen im Gange waren, was den Verfasser der Studie zu der traurigen Schlußfolgerung brachte, daß Konflikte dieser Art »eine alltägliche, typische und so gesehen eigentlich normale menschliche Aktivität« sind.[410]

Die wissenschaftliche Konfliktforschung hat ihr Augenmerk in den letzten Jahren verstärkt auf die physiologischen und neurologischen Quellen dieser hohen Aggressionsbereitschaft gerichtet. Die Ergebnisse, die dabei zutage kamen, sind zumeist noch umstritten, aber immerhin scheinen einige Punkte gesichert.

Kampfverhalten entspringt, physiologisch gesehen, allem Anschein nach zum größten Teil in einer im Mittelpunkt des Gehirns, zwischen Hirnstamm und Großhirnrinde, lokalisierten Gruppe von Zellstrukturen, dem sogenannten limbischen System. Diese aus mehreren Elementen zusammengesetzte funktionelle Einheit ist bei Säugetieren am höchsten entwickelt und wird darum gelegentlich auch als »Säugerhirn« bezeichnet; in der Tat scheint sie zumindest bei Säugern für die Regulierung wichtiger Funktionen verantwortlich zu sein. Eine Schädigung des limbischen Systems vermindert Furcht und Angriffslust und eliminiert so im Effekt die genetisch fundierte Neigung zu Mißtrauen und Feindseligkeit gegen Fernerstehende. Stimulierung bestimmter Elemente, insbesondere des Hypothalamus, steigert die Angriffslust, so daß die Vermutung naheliegt, man habe es hier mit dem »Sitz der Aggression« zu tun, mit der Stelle, wo sich möglicherweise der Schalter befindet, den die Gene zur Durchsetzung ihrer egoistischen Interessen bedienen. Es scheint sich um einen simplen Ein/Aus-Kippschalter zu handeln, ein Gebilde der Art, die durch eine einzige Mutation hervorgebracht werden kann, und was er in Gang setzt, ist offenbar eine unspezifische, diffuse Angriffslust. Die Zielorientierung und Steuerung des Affekts dürfte in anderen Gehirnschichten stattfinden, etwa in den Stirnlappen, wo dem aggressiven Verhaltensimpuls eine präzise Stoßrichtung gegeben wird, indem er beispielsweise auf in der Sozialhierarchie Tieferstehende oder schlicht auf alle als sozial oder genetisch fernstehend Identifizierten gelenkt wird.[181]

Die Stirnlappen können auf diffuse Angriffslust natürlich auch hemmend einwirken und sie der Bewußtseinskontrolle unterwerfen. Es gibt eindeutige Beweise dafür, daß Schäden in dieser Hirnpartie beim Menschen »unkontrollierbare, explosionsartige Aggressionsausbrüche« bewirken können, die, soweit ersichtlich, von keinerlei Reue oder Bedauern gefolgt werden. Im Jahr 1848 schoß bei einer Explosion eine Eisenstange wie eine Rakete durch den Schädel eines Mannes namens Phineas Gage, zerstörte eine ausgedehnte Partie des Stirnhirns und verwandelte so einen sanftmütigen Menschen in einen unberechenbaren, aggressiven Choleriker, der fortan infolge seiner Unverträglichkeit nicht mehr imstande war, einen Arbeitsplatz über längere Zeit zu behalten oder mit seiner nächsten Umgebung auszukommen: Die medizinische Analyse dieses Falles bezeichnet den Aufbruch zu der Erkenntnis, daß »ältere« und »jüngere« Teile unseres Gehirns aufeinander angewiesen sind und beim Ausstoßen und Lenken von Überträgersubstanzen und Hormonen zusammenarbeiten.[95] Mit rabiaten chirurgischen Techniken wie zum Beispiel der Leukotomie – ein Eingriff, der ungefähr so zartfühlend ist wie das Durchbohren eines Schädels mit einer Eisenstange – gelingt es, den Fluß dieser Substanzen zu unterbrechen und Patienten in stumpfsinnige, aber lenkbare Wesen zu verwandeln. Doch wie die Kontrollmechanismen im einzelnen funktionieren, liegt nach wie vor im dunkeln.

Möglich, daß Serotonin mit im Spiel ist, eine chemische Substanz, die in hoher Konzentration stimulierend auf das Nervensystem wirkt; bis jetzt wurde jedoch noch kein Auslöser entdeckt, der den Ausstoß in Gang setzt. Männliche Geschlechtshormone wie das Testosteron steigern die Männlichkeit und die anscheinend dazugehörige Aggressivität, aber die Geschichte kennt eine Menge gewalttätiger Eunuchen wie zum Beispiel den byzantinischen Feldherrn Narses, der im sechsten Jahrhundert das Ostgotenreich in Italien für Kaiser Justinian eroberte. Was wir mit Sicherheit wissen, ist nicht mehr, als daß Furcht und Wut aus neuraler Quelle fließen, daß diese Quelle wahrscheinlich im älteren Teil des Gehirns lokalisiert ist, daß sie durch Bedrohungen aktiviert wird, die im jüngeren Teil des Gehirns wahrgenommen und identifiziert werden, und daß die zwei Regionen mittels chemischer Überträger in ständiger Verbindung miteinander stehen.

Auch ein Einfluß von seiten der Gene, der sich in der Neigung ausdrückt, auf bestimmte Umstände mit größerer oder geringerer Gewalttätigkeit zu reagieren, scheint mitzuspielen. 1978 wurden Wissenschaftler auf eine niederländische Familie aufmerksam, deren Mitglieder zum Teil eine ungewöhnlich hohe Bereitschaft zu eruptiver Gewalttätigkeit bekundeten, indem sie zum Beispiel in einem Fall einen Vorgesetzten überfuhren, der ihre Arbeitsmoral kritisiert hatte, in anderen Fällen ohne ersichtlichen Grund Gebäude anzündeten oder mit Mistgabeln oder Messern auf andere Menschen losgingen und ähnliches mehr. Insgesamt vierzehn Personen hatten sich in dieser Weise hervorgetan, und bei ihnen allen wurde anhand von Urinproben ein Mangel an einem Enzym festgestellt, das normalerweise Neurotransmitter wie das Serotonin steuert. Auch handelte es sich bei all diesen Personen um Männer; von weiblichen Familienmitgliedern waren vergleichbare Verhaltensformen nicht bekannt geworden. So lag die Vermutung nahe, daß man es mit einem X-gekoppelt rezessiven Gendefekt zu tun hatte – einem Gendefekt, der nur auf einem X-Chromosom liegt. Ein solcher Defekt kommt bei Frauen nicht zum Tragen, weil auf dem zweiten X-Chromosom noch die fehlerfreie Kopie des Gens vorhanden ist. Bei Männern wird er ausgeprägt, denn hier fehlt das zweite X-Chromosom. Nach über zehnjähriger Suche gelang es einer Forschungsgruppe der Universitätsklinik Nimwegen (Nijmegen), das Gen zu lokalisieren, das eine Häufung chemischer Substanzen bewirkt, die es dem Träger des Gens erschweren, mit Streßsituationen fertig zu werden. Es ist nicht gerade das »Aggressionsgen«, dessen Ausmerzung für allgemeine Harmonie und brüderliche Liebe sorgen würde, aber immerhin ein Beweis dafür, daß manche Formen von Aggression bei manchen Menschen unter manchen Umständen tatsächlich genetisch gesteuert sind.[48] Man kann so gut wie sicher davon ausgehen, daß in Zukunft noch mehr solcher Entdeckungen gemacht werden.

Allerdings gibt es jede Menge Anekdoten, die zur Vorsicht bei dieserart Forschung mahnen. Vor nicht allzu langer Zeit glaubte sich Adrian Raine, ein Psychologe der University of Southern California, auf einer heißen Spur, als er bei der elektroenzephalographischen Untersuchung von 44 Langzeit-Strafgefangenen nur bei einem von ihnen, einem Serienmörder, der innerhalb von fünf Jahren 43 Menschen umgebracht hatte, eine merkwürdige Aktivitätsdruse in der Thalamusregion entdeckte. Da er zur Kontrolle auch das EEG nichtkrimineller Probanden benötigte, unterzog er sich selbst einer Untersuchung – und entdeckte bei sich die gleiche Druse, obwohl seine einzige Verbindung zur Welt des Verbrechens, wie er schwört, seine wissenschaftlichen Forschungen zum Zusammenhang zwischen Erbgut und kriminellem Verhalten sind.[270]

Die Suche geht weiter, doch derzeit vermag die Wissenschaft nicht vorherzusagen, wann dieser oder jener Mensch gewalttätig werden wird, oder exakt zu erklären, warum diese und jene Menschen sich zu Gruppen zusammentun, um andere Gruppen zu bekämpfen. Mit Sicherheit wissen wir lediglich, daß die Spezies Mensch aggressiv sein kann, und das zuweilen unter Preisgabe jeglicher Vernunft. Freud führte diese Tendenz auf die Hemmung des Sexualtriebs durch das Ich zurück; Aggressivität war für ihn ein angeborener Drang, der in Abständen immer wieder alle hemmenden Dämme durchbricht.[134] Konrad Lorenz, der Vater der Verhaltensforschung, modernisierte Freuds Auffassung auf der Grundlage umfangreichen neuen Faktenmaterials aus der ausgedehnten Beobachtung tierischen Verhaltens.[245] Er kam zu dem Befund, daß Aggression ein angeborener Trieb ist, ein allgemeiner Instinkt, den wir mit den meisten anderen Lebewesen gemeinsam haben; er werde gewöhnlich durch spezifische Signalreize aktiviert, könne sich aber auch spontan in eruptiver Form äußern, wenn ihm eine angemessene Abfuhrmöglichkeit verweigert werde. Und Wasser auf ihre Mühlen sehen die Verfechter autoritärer Gesellschaftsstrukturen offenbar in der unter Psychologen und Psychiatern weitverbreiteten Annahme, daß der Aggressionstrieb durch Konditionierung und Lernen zwar partiell zu hemmen, im übrigen aber weitgehend prästabiliert und durch soziale Reformen wahrscheinlich nur oberflächlich zu beeinflussen sei.[34]

Ein solcher Pessimismus scheint mir auf brüchigem Fundament zu stehen, und sei's auch nur, weil es nicht möglich ist, von »Aggression« beziehungsweise »Aggressivität« als einem einheitlichen Verhaltensmuster zu sprechen. In der Praxis decken die Begriffe ein breites Spektrum von unterschiedlichen Reaktionen ab – teils territorial, teils hierarchisch, teils sexuell, teils defensiv, teils disziplinarisch und nur zu einem kleinen Teil rundheraus feindselig. Und in sämtlichen genannten Sparten kann das Verhalten unter pathischen Bedingungen in einer Art und Weise denaturieren, die als asozial, ja vielleicht sogar als böse apostrophiert werden könnte. Die meisten Untersuchungen der »Aggression« beim Menschen setzen indessen ihren Gegenstand mit gewalttätigem und feindseligem Verhalten gleich, mit dem anderen Menschen Schmerz und/oder Schaden zugefügt werden soll, und konzentrieren sich in der Regel auf die aus entsprechenden Handlungen erwachsenden Konflikte.

Für mich liegt mehr als nur ein Hauch Ironie darin, daß die einige Absätze weiter oben zitierte Studie, die zu dem Ergebnis kommt, daß kriegerisches Handeln beim Menschen eine normale Aktivität ist, im *Journal of Peace Research* (zu deutsch: Zeitschrift für Friedensforschung) veröffentlicht wurde, das als das führende interdisziplinäre Periodikum auf dem Themensektor Frieden und Friedensordnung gilt. Man braucht allerdings die einzelnen Hefte nur flüchtig durchzublättern, um zweifelsfrei festzustellen, daß die Zeitschrift ganz im Gegenteil Konflikte untersucht und die Ursachen von Kriegen erforscht. Nicht ohne Traurigkeit vermerkt der Herausgeber selber, daß von den über vierhundert Artikeln, die im Laufe ihres zwanzigjährigen Bestehens in seiner Zeitschrift erschienen, sich nur ein einziger mit der »empirischen Untersuchung friedlicher Gesellschaften im Lichte der Frage nach den mutmaßlichen Gründen ihrer Friedfertigkeit« befaßt.[415]

Das hat einen ganz einfachen Grund: Friedliche Gesellschaften sind sehr schwer zu finden. Bei einer Erhebung in 130 Gesellschaftssystemen ergab sich, daß nur sechs von ihnen als friedlich bezeichnet werden konnten – das Wort so verstanden, daß sie sich nicht auf kollektive Gewalttätigkeit einließen und die spezielle soziale Rolle des Kriegers nicht kannten.[357] Und mindestens eine der sechs Gesellschaften hätte eigentlich aus diesem Kreis ausgeschlossen bleiben müssen, weil es in ihr mitunter zu Familienfehden mit Todesopfern kam.

Deren absolute Zahl mag zwar nicht sehr hoch sein, aber für eine Population von »friedlichen« !Kung-Buschmännern sind die aus ihr bekannt gewordenen zweiundzwanzig derartigen Menschentötungen doch ein hoher Prozentsatz, der durchaus in der Größenordnung der Prozentzahlen von Tötungsdelikten liegt, wie sie in unseren »gewalttätigen« Gesellschaften registriert werden. Nimmt man also zu den Kriterien der Friedlichkeit noch die Abwesenheit von Gewalt zwischen Individuen sowie das Vorhandensein von sozialen Sanktionen gegen dieserart Gewalt hinzu, wird die Liste der friedlichen Gesellschaften wirklich sehr kurz. Sie beschränkt sich dann auf die Bewohner von Inseln und Bergeshöhen, Polarwüsten und unzugänglichen Regenwaldzonen, Gebieten, wo es für Menschen möglich ist, der überall sonst anscheinend wie eine Epidemie grassierenden Aggressivität zu entrinnen.

Konflikte sind leicht zu verstehen. Der Friede ist erklärungsbedürftig. Die Semai bewahren ihn sich, indem sie die Wälder und Gebirge der Malaiischen Halbinsel als natürliche Barrieren nutzen und damit einer landläufigen Weisheit folgen, die sich am besten in die Worte fassen läßt: »Ein guter Zaun macht gute Nachbarn.« Auch den Xinguanos ist diese Einsicht nicht fremd, doch haben sie in ihren Zäunen eine Anzahl gut konstruierter Tore angebracht, die nicht nur Kontakte zwischen den Stämmen ermöglichen, sondern auch zur Assimilation anregen. Ihr beeindruckendstes Kunststück besteht darin, bei vielgestaltigen und engen Beziehungen zwischen den verschiedenen Dorfgemeinden auf der interkommunalen Ebene Frieden zu wahren, obwohl bei ihnen auf individueller Ebene gerade zwischen Nächstverwandten Gewalt in Extremform vorkommt. Anderswo wachsen sich in solcher Lage schon die kleinsten Reibereien leicht zu ernsthaften Konfrontationen aus, während man am Xingú dergleichen bis jetzt nie erlebt hat.

Warum? Eine absolut zuverlässige Antwort darauf läßt sich wohl kaum geben, aber mein persönlicher Eindruck an Ort und Stelle war der, daß die Xinguanos zu einem sehr knappen und empfindlichen Gleichgewicht gefunden haben. Zu einem Punkt unschätzbarer und wahrscheinlich bedingter Stabilität genau in der Mitte zwischen »positivem Frieden«, wie er sich aus der für den Austausch von Waren und Menschen unerläßlichen gegenseitigen Aufgeschlossenheit ergibt, und »negativem Frieden«, dem Zustand, bei dem man sich gegenseitig scheu aus dem Weg geht, weil einer den anderen als von sich selbst verschieden und unter Umständen ein wenig bedrohlich wahrnimmt.

Wir benötigen allesamt die Orientierungshilfen, die uns »abschreckende Beispiele« gewähren: Menschen, die das darstellen oder verkörpern, was wir als »schlecht« erkennen und für uns selbst zu vermeiden suchen. Die Stämme am Xingú kamen dahinter, daß das Gute seine Bedeutung verliert und nur sehr schwer zu bewahren ist, wenn es überhaupt nichts Böses mehr gibt. Also machen sie sich zwar für Gewaltlosigkeit und Großzügigkeit stark, haben aber auch eine Antithese dazu geschaffen. Wenn auch jeder stichhaltige Beweis dafür fehlt, daß die fraglichen Menschen und Praktiken wirklich existieren, reden sie von Hexen und Hexerei, von rachsüchtigen Wesen, die an eingebildeten Kränkungen kauen und Groll in sich nähren. Hexerei wird mit dem Tod bestraft, aber die Dorfgemeinschaft scheint im Interesse langfristiger Stabilität bereit, sich damit abzufinden, daß dann und wann ein einzelner für die Sache geopfert wird.[160]

Das Opfer ist ein Eckpfeiler der Menschheitsgeschichte. Es bildet den Kern so vieler Religionen, daß der Religionshistoriker Walter Burkert es nicht für ausgeschlossen hält, daß es der menschlichen Gesellschaft ihre Form gegeben habe. Er schlägt vor, unsere Spezies in *Homo necans*, »Der tötende Mensch«, umzubenennen.[53]

Da ist was dran. Beim Haupteingang von Stonehenge liegt ein mit Pfeilschüssen getöteter Mann begraben. Und nur einige Kilometer entfernt fanden Archäologen im Zentrum des unter dem Namen Woodhenge bekannten Bronzezeit-Steinrings die Leiche eines dreijährigen Mädchens mit gespaltenem Schädel.[54] Der griechische Geschichtsschreiber Pausanias berichtet vom Zerstückeln und gemeinschaftlichen Verspeisen eines geopferten Knaben im Zeusheiligtum auf dem arkadischen Berg Lykaion – und thematisiert damit erstmals die möglichen Konsequenzen der Repräsentation der Götter in menschlicher Gestalt.[298] In ganz Europa, Asien und dem pazifischen Raum wurden in die Fundamente von Brücken, Häusern, Tempeln und Befestigungsanlagen geopferte Menschen eingemauert, womit anscheinend der Bestand der Bauten gesichert werden sollte.[132] Die jüdisch-christliche Überlieferung beginnt mit der Opferung Abels durch seinen Bruder Kain, der abgebrochenen Opferung Isaaks durch seinen Vater Abraham und dem freiwilligen Opfertod von Gottes eigenem Sohn auf Golgatha.[249]

Auch in der Neuen Welt scheint das Menschenopfer der Motor der kulturellen Entwicklung gewesen zu sein. Die Maya der klassischen Epoche verfügten über eine raffinierte sakrale Grammatik mit einer Fülle von Verben für die Akte des Enthauptens und des Ausreißens von noch zuckenden Herzen. Blut war der Mörtel ihres Kultlebens und Menschenblut die vornehmste aller möglichen Opfergaben.[336] Indes waren es die Azteken, die dieses grausige Stück historischer Realität in der »Blumenschlacht«, die einzig den Zweck verfolgte, zur Opferung geeignete ranghohe Gefangene zu machen, zu seinem blutigen Höhepunkt führten. Jeder dieser Erwählten stand dann, nur mit einem Federschwert bewaffnet, auf einem Opferstein und wurde von vier Kriegern bedrängt, die ihm mit rasiermesserscharfen Klingen »Streifen« beibrachten, bis der Blutverlust ihn so geschwächt hatte, daß einer der Angreifer ihm bei lebendigem Leib die Haut abziehen konnte, die der Schinder später zu dem Festmahl vom Fleisch des Geopferten trug.[72] Und die Inka errichteten Altäre oben auf den höchsten Andengipfeln, dort, wo sie schöne Königskinder lebendig begruben.[378]

Für den Religionswissenschaftler René Girard ist das Opfer »der zentralste und fundamentalste aller Riten ... und zugleich einer der abgedroschensten«.[145] Auf jeden Fall ist es etwas, das noch heute vorkommt. Im Anschluß an eine Sturmflut an der Südküste von Chile ertränkten Mapuche-Indianer 1960 einen fünfjährigen Knaben im Meer, um den Meergeist zu beschwichtigen. 1986 ließen in Peru Kokainhändler, die sich für ihre nächste Unternehmung das Glück günstig stimmen wollten, die antike Zeremonie des »Bezahlens der Erde« wieder aufleben, in deren Rahmen sie einen Angehörigen des Aymara-Indianerstammes enthaupteten. Im selben Jahr trieben in einem Andendorf evangelische Christen einem neunjährigen Jungen einen Pfahl durchs Herz, weil sie glaubten, auf diese Weise einen todkranken Mann heilen zu können.[378]

Auf derartige Ritualmorde kann der Verstand sich nur schwer einen Reim machen. Bei der Betrachtung von Abrahams Bereitschaft, seinem Glauben seinen einzigen Sohn zu opfern, sah der dänische Philosoph Sören Kierkegaard sich außerstande, eine logische Begründung für dieses »ungeheure Paradoxon« beizubringen. Der Zweck rechtfertigt einfach nicht ein solch grauenerregendes Mittel. Also muß etwas anderes im Spiel sein, folgerte Kierkegaard. Etwas, »dessen kein Denken sich bemächtigen kann, weil der Glaube eben da anfängt, wo das Denken aufhört«.[228] Er hatte recht. Was sich uns im Opfer darstellt, ist das Ergebnis eines Kampfes zwischen den Genen und einem jüngeren, weniger berechenbaren menschlichen Programm. Was erklären mag, warum Dichter von Aischylos bis zu Ionesco und Brecht von dem Thema Opfer so fasziniert waren, daß sie es zu kompletten Dramen ausarbeiteten, und warum im Motivkatalog zweier von Steven Spielbergs erfolgreichsten Filmen – in denen sich zweifellos etwas vom Geist unserer Zeit spiegelt – Menschenopferkulte figurieren.[98]

Die Psychiatrie nimmt an, daß Schuldbewußtsein bei derlei Obsessionen eine wichtige Rolle spielt: daß wir insbesondere in Krisensituationen Ängste bewältigen und Sündenschuld abgelten, indem wir einen Sündenbock bestimmen, den wir an unserer Stelle opfern. Bei den Kikuyu in Kenia konnte ein der Blutschande beschuldigter Mann durch die zeremonielle Übertragung der Schuld auf eine Ziege, die dann statt seiner getötet wurde, sein Leben retten. In Marokko hielten sich wohlhabende Mauren vorbeugend einen wilden Eber als ähnlichen Prügelknaben im Stall, der im Bedarfsfall die Verantwortung für die Übeltaten des gesamten Haushalts aufgebürdet bekam.[133] Die Biologie kommt dieser Praxis am nächsten in den Befriedungs- und Unterwerfungshandlungen gegenüber einem Höherstehenden oder Überlegenen, die einen verzweifelten Charakter annehmen können, wenn die soziale Distanz so groß ist, daß sie sich mit normalen Mitteln nicht überbrücken läßt. Auf einfacher Ebene trifft man Eidechsenarten, die ihren Schwanz preisgeben, um den Räuber, der sie bedrängt, damit so lange abzulenken, bis sie entwischen können. In Japan rettet ein Yakuza-Gangster, den die Verantwortung für eine Panne trifft, sein Leben mit der rituellen Opferung eines Körperteils vor den Augen seines Bosses. Er schneidet sich einen Finger ab. Aus der Sicht der Gene ist das sinnvoll; weit schwieriger zu erklären ist dagegen, wieso Agamemnon für einen günstigen Wind, der die griechische Flotte nach Troja bringt, seine Tochter Iphigenie *in toto* opfert.

Ginge es nach Lust und Laune der Gene, wäre nichts dergleichen zu erwarten. Das rechnet sich für sie nicht. Wenige Väter oder Mütter würden sich nicht mit allen Kräften sträuben, einen Packen von 50 Prozent der eigenen Gene in den Kamin schreiben zu müssen. Historische Zeugnisse sprechen gleichwohl dafür, daß zahlreiche hochbedeutsame Opfer ganz à la Abraham dargebracht wurden: auf Initiative oder mit Billigung der Eltern, wahrscheinlich weil das die wirkungsvollste Option war. Wer Entsühnung braucht, hat vielleicht keine andere Wahl, als seinen kostbarsten Besitz – sein einziges Kind – für die Vergebung seiner Sünden hinzugeben.

Im Jahr 1982 wurde im Auftrag der Unesco eine gefriergetrocknete Kinderleiche untersucht, die in einem Grab in 5400 m Höhe auf dem Gipfel des Plomo in den chilenischen Anden gefunden worden war. Der achtjährige Junge war mit einer schwarzen Tunika aus Lamawolle und bestickten Mokassins bekleidet. Sein zu Zöpfen geflochtenes schulterlanges Haar wurde von einem Stirnband gehalten, und auf seiner Wollmütze saß eine Krone aus Kondorfedern. Er trug ein silbernes Armband und eine silberne Brustplatte, beides Abzeichen hoher Geburt, und war von prachtvollen goldenenen Grabbeigaben umgeben. Auf seinem Gesicht lag ein friedliches Lächeln, als wäre er soeben in seinem Grabhügel, unter eineinhalb Metern Steinen und Erde, ruhig eingeschlafen. Und genau das war er auch, vor fünfhundert Jahren. Denn allen Anzeichen von Liebe und Fürsorglichkeit zum Trotz war der mit einem Rauschmittel betäubte Kleine lebendig begraben worden und, bevor er das Bewußtsein wiedererlangen konnte, erfroren.[392]

War Abraham böse? Kierkegaard sah sich außerstande, mit Ja oder Nein zu antworten. Und ich fühle mich um keinen Deut besser legitimiert, über den Vater des Inkajungen den Stab zu brechen. Beiden Vätern wurde Schweres, aber möglicherweise unumgänglich Scheinendes abverlangt, was ihnen allenfalls durch die Überzeugung erleichtert wurde, daß ihr Sohn bei dem Vorgang eine Transfiguration erfahren würde. Das Ganze läßt sich, wie die Kopfjagd, nur aus seinem Kontext heraus beurteilen. Ich muß jedoch wie Kierkegaard bekennen, daß mein Denken wie auch das Programm, das in dieser Problematik steckt, an dem Punkt nicht mehr weiterkommt, wo es offensichtlich wird, daß kein noch so erhabener Zweck die Mittel heiligen kann. Es muß eine andere Lösung geben, die – diesmal auf der Seite der Gene – den Fehlbetrag an Ehrbarkeit in die Gleichung einbringt.

Es gibt mindestens ein zeitgenössisches Beispiel einer Opferung gleichen Stils; geliefert wurde es von einem Terroristen, dem Mitglied einer Gruppe politischer Extremisten, deren Couleur mir entfallen ist. Sie ist in diesem Zusammenhang auch nicht von sonderlich großer Bedeutung, mit Ausnahme des einen Punktes, daß jener Adept an die Gerechtigkeit seines speziellen »heiligen Krieges« immerhin mit solcher Inbrunst glaubte, daß er eine Bombe von beachtlicher Sprengkraft in einem Koffer versteckte, den er von seiner ahnungslosen Lebensgefährtin an Bord eines Flugzeugs bringen ließ, obwohl die Frau von ihm schwanger war. Auf der Genebene haben wir hier das gleiche Opfer: 50 Prozent der eigenen Gene – aber das ist nicht alles. Die Gleichung ist hoffnungslos unausgewogen durch die Opferung sämtlicher anderen Passagiere an Bord der Unglücksmaschine. Das allein unterscheidet den Fall von dem der Inka und spricht der Tat wie dem Täter das Urteil, verdammt jene als unmoralisch und diesen als moralisch korrupt. Er und seine Tat tragen nicht zur Stabilität der Ökologie bei, sondern fügen ihr klar und deutlich Schaden zu.

Es gibt indessen keinen Krieg und keinen Frieden, die nicht jeder ihren Preis hätten. Der Inka mit seinem Opferaltar, der Terrorist mit seiner Bombe und die Xinguanos, denen ihr Gefühl ab und an sagt, daß eine Hexenjagd nötig ist, um ihre zerbrechliche Eintracht intakt zu halten – jeder stellt seine eigene Kosten-Nutzen-Kalkulation an. Und weil sie Menschen sind und daher wissen, daß die genetischen Imperative zumindest teilweise obsolet sind, wissen sie auch, daß ihnen andere Optionen offenstehen.

Es stehen weniger drakonische Vollzugsformen für sachlich angemessene Aggression zur Verfügung, auch weniger drastische Mittel und Wege, unliebsame Aggression zu kanalisieren. Die Hopi-Indianer in Arizona werden gewöhnlich als »friedfertig« apostrophiert. In der Tat unterdrücken sie alle physischen Formen von Aggression und finden sogar das Ringen würde- und geschmacklos. Sie werden von Kindheit an geschult, Feinden ein lächelndes Gesicht zu zeigen und bereitwillig zu teilen, aber sie behalten eine hochwirksame Form der

Aggressionsabfuhr bei. Die Hopi sind wahre Meister in der edlen Kunst, mit Beleidigungen verbale Hiebe und Stiche auszuteilen, und können über Stammesgenossen wie Fremde mit »Zungen so scharf wie Giftpfeile« herfallen.[113]

Und wenn verletzende Worte mit Melodien unterlegt und so mit der kultischen Macht der Musik ausgestattet werden, schlagen sie offenbar noch tiefere Wunden. Die Inuit in Grönland und Alaska und auf den Aleuten müssen während der dunklen Winter viel Zeit in sehr engem Kontakt verbringen; und zwar in jener Form von Zusammengepferchtsein auf eingeschränktem Raum, welche bei Menschen, die auf diesen Aspekt des Lebens im Polargebiet weniger gut vorbereitet sind, den nicht selten mit fatalen Auswirkungen einhergehenden »Polarkoller« hervorruft. Die Einheimischen wissen nur zu gut, wie rasch es unter Eingeschlossenen zu Wutgewittern kommen kann, und beugen allen etwaigen handgreiflichen Streitereien mit Gesangsduellen vor, die häufig mit aufreizenden Tänzen und derben Gesten untermalt werden. Die vorgetragenen Liedtexte sind schonungslos angriffslustig, voll »kleiner Spitzen, scharf wie mit der Axt losgehackte Eissplitter«, und mit dem lautesten Beifall werden die verletzendsten und erfindungsreichsten Texte bedacht, was unter Umständen dazu führt, daß zum Sieger des Wettstreits ein Sänger gekürt wird, dessen Lied von Anfang bis Ende erlogen ist.[188]

Sich auf die Kunst der Konfliktlösung oder, noch besser, -vermeidung zu verstehen ist eindeutig wichtiger, als schlicht nur auf sein Recht zu pochen. Wer aber weder im Recht ist und also nicht darauf pochen kann, noch sich auf jene Kunst versteht, der ist gut beraten, wenn er sich nach einem anderen Ventil umsieht, durch das er Dampf ablassen kann. Die Aborigine-Frauen in Zentralaustralien hauen einander abwechselnd auf den Kopf. Auf Baffinland traktierte man sich gegenseitig mit Ohrfeigen. Deutsche Verbindungsstudenten trugen unter strenger Kontrolle rituelle Säbelduelle aus, deren einziger Zweck es war, eine charakteristische Gesichtsnarbe zu hinterlassen, den »Schmiß«, der in bleibender Form Mut und Selbstbewußtsein seines Trägers plakatierte. Einen Schmiß zu haben bedeutete nicht selten, daß man nie wieder zum Säbel zu greifen brauchte, um einen Kampf auszutragen. Es steckt also Methode in derlei Wahnsinn, zumal wenn er den Eskalationsprozeß zu stoppen vermag, der eine

Meinungsverschiedenheit zum Konflikt aufheizt und den Konflikt zum vollendeten Krieg aufgipfelt.[34]

Der Krieg ist, dem preußischen General Carl von Clausewitz zum Trotz, *nicht* einfach nur die Fortsetzung der Politik mit anderen Mitteln. Der Krieg stellt in der Geschichte der Menschheit eine Wende dar, einen Wechsel von Feindschaft zu etwas in sehr viel höherem Maß Organisiertem und Todbringendem. Den Vorstoß in den Bereich jenseits der Grenze, die der amerikanische Anthropologe und Kavallerist Harry Turney-High als »militärischen Horizont« bezeichnet hat.[391]

1949, vier Jahre nach dem Ende des Zweiten Weltkriegs, ging Turney-High mit seinen anthropologischen Fachgenossen hart ins Gericht, weil sie seiner Meinung nach eine hochbedeutsame Facette des menschlichen Verhaltens bisher übersehen hatten. Er warf ihnen vor, sich dafür zu interessieren, wie die Menschen essen, trinken, spielen, sich paaren, um Partner werben und Verwandtschaftsgrade berechnen, aber nicht dafür, wie sie gegeneinander kämpfen. In seinem Buch *Primitive War* schilderte er, wie Kämpfe tatsächlich aussahen: die Einzelheiten der Kopfjagd, der Folterung von Gefangenen und der rituellen Entdärmung, die Wirkungen von Keule, Speer und Schwert auf den menschlichen Körper. Während er einerseits keinen Zweifel daran ließ, daß schon an den Händen des Urmenschen Blut klebte, betonte er andererseits die Belanglosigkeit dieses Sachverhalts im Zusammenhang mit der Frage nach den Ursprüngen der heutigen militärischen und politischen Systeme. Der Staat, so lautet seine These, entstand erst, als die Gesellschaft von der primitiven Form der Konfliktaustragung zu etwas davon völlig Verschiedenem, dem »echten« oder »modernen« Krieg, überging. Der Übergang vollzog sich mit der Bildung eines stehenden Heeres, das von bestallten Offizieren befehligt wurde. Erst auf dieser Grundlage – und nur auf dieser Grundlage – konnte ein Staat entstehen und die Entscheidung über seine zukünftige Verfassung treffen: sich für die aristokratische, demokratische, theokratische oder monarchische Form entscheiden.

Es besteht ein einfacher funktionaler Unterschied zwischen den Scharmützeln der Yanomamö und den Kriegen der Zulu, zwischen den Raubzügen der Asmat und den Feldzügen des österreichisch-ungarischen Heeres. Den Yanomamö und den Asmat geht es um Frauen und Nahrungsmittel – um einfache Ressourcen also –, und Konflikte tragen sie zwar blutig, aber in einer durch Ritus und Sitte strikt und streng gebändigten Form aus. Die Zulu hingegen kamen zu Beginn des neunzehnten Jahrhunderts am Wendepunkt an, und ihr Häuptling Tschaka, der sämtliche traditionellen Fesseln der kriegerischen Aggression abwarf, führte sie im Schwung über ihn hinaus. Er richtete ein straff organisiertes stehendes Heer ein, dessen einzelne Bataillone von bestallten Offizieren kommandiert wurden; die Krieger wohnten nicht zu Hause, sondern waren in Truppenunterkünften untergebracht und bis zum Erreichen des vierzigsten Lebensjahrs zur Ehelosigkeit verpflichtet. Tschakas Krieger wurden mit einer neuen Waffe, einem Stoßspeer mit Metallspitze, ausgerüstet und trainiert, mit ihrem »Assagai« den Gegner nicht nur zu verwunden, um ihn kampfunfähig zu machen, sondern ihm die Eingeweide zu zerschlitzen. Tschaka ließ sie zu Kampfmaschinen drillen und ihnen einhämmern, daß sie nicht nur die kampffähigen Männer des gegnerischen Volkes zu töten hatten, sondern – wie ein Löwe, der als neuer Herr in das Rudel eines anderen einzieht – auch alle Kinder der Herrschersippe. Kurzum, dieser ungewöhnliche Stammesfürst und Feldherr praktizierte den echten, den modernen Krieg des Typs, den Clausewitz anerkannt und gebilligt hätte: den kriegerischen Konflikt in einer Form, bei der es nicht einfach nur darum geht, Heldentaten zu vollbringen, mit denen man hinterher die eigene Lebensgeschichte ausschmücken kann, sondern die auf Sieg und Territorialgewinne sowie das »Entwaffnen und vollständige Niederwerfen des Gegners« (Clausewitz) abzielt.[295]

Spätestens bis zum Jahr 1976 hatte sich Turney-Highs Unterscheidung zwischen »primitiver« und »moderner« Kriegführung durchgesetzt, und eine neue Generation von jungen Anthropologen machte sich jetzt an die Beantwortung der Frage: »Wie kämpft diese oder jene Gruppe?«, so daß wir nun endlich doch noch einen gewissen Einblick in Sachverhalte bekommen haben, die es uns erlauben, uns eine Vorstellung vom möglichen Ursprung des Krieges zu bilden.

Am einen Ende des Beobachtungsspektrums finden wir Völker wie die Yanomamö, die sich ungeachtet ihres Rufs als Wüteriche *in puncto* Krieg besonnen mit etwas zufriedengeben, das bei weitem nicht an die von Turney-High gesetzte Echtheitsmarke heranreicht. Sie leisten sich rituelle Zusammenstöße, die sich niemals zu Entscheidungsschlachten auswachsen. Bei Volksstämmen wie den Maring in Zentral-Neuguinea haben Streitigkeiten mit Nachbarstämmen insofern in noch höherem Maße symbolischen Charakter, als sie sich auf ungefähr alle zehn Jahre einmal stattfindende größere Konfrontationen beschränken müssen, weil eine unumstößliche Regel Feindseligkeiten verbietet, solange nicht genügend überzählige Schweine für ein angemessenes Dankopfer der Überlebenden zur Verfügung stehen. Damit ist das rituelle Kräftemessen auf Zeitpunkte beschränkt, wo es ökologisch sinnvoll ist.[396]

Anders war das bei den Maori. Erstens waren sie keine Alteingesessenen, sondern kamen erst vor knapp tausend Jahren nach Neuseeland. Ein ohne weitere Indizien sicherer Beweis für diese Einwanderung ergibt sich aus dem Umstand, daß die Immigranten fast sofort nach ihrem Eintreffen achtzehn einheimische Vogelarten ausrotteten. Zweitens waren sie straff organisiert, gewissermaßen die Zulu der Südsee. Sie vertrieben schwächere Volksstämme, führten untereinander wegen Mißhelligkeiten Krieg, machten sich die Auffassung zu eigen, daß eine Beleidigung niemals verziehen werden kann, tradierten das Andenken erlittener Kränkungen über Generationen und steckten die abgeschnittenen Köpfe ihrer Feinde auf Pfähle, um sie desto besser symbolisch entwürdigen zu können. Das alles gehört zur Normalität primitiver Konflikte, aber die Maori waren obendrein gewiefte Taktiker, die ihre Schlachten im »modernen«, ungezügelten Stil schlugen und nicht lediglich auf Einschüchterung, sondern auf Töten aus waren. Sie hatten die militärische Schwelle überschritten und würden sich wahrscheinlich selbst ausgerottet haben, wäre nicht noch ein weiteres Faktum hinzugekommen – sie bauten befestigte Fluchtburgen; mehr als viertausend solcher Anlagen wurden bis heute gefunden, die mit den Veränderungen in Angriff und Verteidigung und den ausgedehnten Belagerungen, welche sie mit sich brachten, das Tempo des Kriegs auf ein überlebenssicherndes Maß zurückschraubten.

Die Steinzeitmenschen hatten furchtbare Waffen – Knüppel, Keulen, Speere, Dolche, Schleudern und Bogen –, die noch in den stilisiertesten rituellen Konflikten zum Einsatz kamen und bis zur Erfindung des Schießpulvers in Gebrauch blieben. Was den Wechsel vom primitiven zum modernen Krieg kennzeichnet, sind jedoch weniger die Veränderungen bei den Waffen als vielmehr die veränderten Organisationsformen und Ziele der kriegführenden Parteien. In seiner glänzenden Darstellung der Evolution des Krieges formuliert der britische Militärhistoriker John Keegan die These, daß eine der bedeutsamsten Wandlungen mit dem Bau der ersten wirklichen *Festungen* einsetzte – von befestigten Plätzen, die nicht nur Schutz gewährten, sondern aktive Abwehr ermöglichten; Anlagen, die sicher genug waren, um als Proviant- und Materiallager fungieren zu können, und zugleich fähig, die für die militärische Kontrolle des Umlands notwendige Kampfkraft zu entfalten.[225]

Solche Operationsbasen waren laut Keegan ein entscheidend wichtiger strategischer Faktor. Die Römer machten sie fast zu etwas Transportablem, indem sie ihren Legionen beibrachten, am Ende jedes Tagesmarschs über feindliches Gelände ein mit Wall und Graben befestigtes Lager aufzuschlagen. Zu viele Forts oder Fluchtburgen indessen waren sichere Zeichen der Schwäche in der militärischen Ökologie. In ihnen verriet sich das Fehlen einer Zentralgewalt. Die großen Reiche hatten ihre Verteidigungsanlagen an der Peripherie, an ihrer äußersten Grenze – siehe Limes, Hadrianswall, Offa's Dyke, Chinesische Mauer. Innerhalb solcher Grenzbefestigungen konnte man sich dann sicherer Straßen und offener Städte wie überhaupt aller Segnungen der *Pax Romana* erfreuen. Wo jedoch lokale Befestigungswerke, Forts und Kastelle ins Kraut schossen, führte das unweigerlich zu endemischen lokalen Konflikten und dem Kollaps der Staatsgewalt.

Keegan macht zudem auf die Mentalitätsunterschiede zwischen Ackerbauern und Viehhirten aufmerksam, die sich aus den unterschiedlichen Lebensformen einschließlich der Ernährungsweise ergaben. Für Hirtenvölker wirkten sich ihre glänzende Schulung in der gemeinschaftlichen Hetzjagd und ihre Vertrautheit mit den Techniken des Schlachtens auf militärischem Gebiet ebenso als Vorteil aus wie ihre unsentimentale Einstellung zu ihren Herden. »Sie wußten, wie man eine Herde in manipulierbare Splittergruppen aufbricht, wie man mit einem Schwenk zur Flanke einen Rückzugsweg abschneidet, wie man versprengte Tiere zu einer kompakten Masse zusammentreibt, wie man Leittiere von der Herde trennt, wie man eine zahlenmäßig überlegene Masse mit Drohen und Einschüchtern in Schach hält, wie man ausgewählte Einzelne tötet, während man die große Masse ihrer Trägheit überläßt, um sie desto besser unter Kontrolle zu halten.« Kurz, sie waren für die meisten Härten des modernen Kriegs bestens gerüstet.[225]

Solche Fertigkeiten pflasterten den Weg in die Ära des Schlachtrosses und des Streitwagens, die Zeit der Hyksos, Churriter und Kassiten; der Assyrer, die »wie der Wolf in die Schafherde einfielen«; der Hunnen, Türken und Tataren.[60] Mit ihrer Schnelligkeit und Wendigkeit, ihrer Geschicklichkeit im Waffenhandwerk waren diese mobilen Krieger im Nahen Osten jahrhundertelang die Stütze aller Herrschaft; ihre Epoche kulminierte in der Bildung des Perserreichs, das erst zugrunde ging, als es mit einer überraschend neuen und noch rabiateren militärischen Taktik konfrontiert wurde.

Sie bedeutete die Rückkehr des Bauern auf das Schlachtfeld und kam in Griechenland auf, wo das gebirgige Terrain dem Einsatz von Pferden entgegenstand. Und getragen wurde sie von einfachen Infanteristen, die im Zivilleben Kleinbauern waren und es sich nicht leisten konnten, ihr bescheidenes Gut allzu lange im Stich zu lassen. Ihnen lag daran, ihre Sache so schnell und durchschlagend wie möglich zu erledigen. So entstand durch sie und für sie die griechische Phalanx – eine auf relativ engem Raum operierende große, geschlossene Masse von schwerbewaffneten Fußsoldaten (»Hopliten«) mit einer regelmäßigen Tiefe von acht Gliedern –, deren Kampfkraft sich in einem kurzen, fürchterlichen Zusammenprall von Körpern und Waffen entlud. Was hier stattfand, war zum ersten Mal in der Geschichte Krieg ohne Pardon, Kampf ohne jegliches Zeremoniell, in dem Fahnen und Uniformen und elegante Manöver absolut nicht zählten. Es war ein kurzes, rüdes Nahkampfgemetzel, gefolgt von einem hastigen Nachspiel mit dem Zweck, den Verwundeten vollends den Garaus zu machen und das umliegende Land zu verwüsten.[173]

Diese Kampfesweise – mit tödlichen Waffen, auf kürzeste Distanz und ohne jegliche Hemmung – widerspricht der Natur. Weder in der Menschheitsgeschichte noch in der Naturgeschichte gab es dazu ein Präzedens, und die persischen Truppen, an einen verzögerten Kampfstil gewöhnt, in dem das hemmende Ritual genausoviel Platz und Zeit beanspruchte wie das effektive Gefecht, wußten dem nichts entgegenzusetzen. Also machten sie kehrt und gaben Fersengeld. Und der verwegene junge Alexander wurde zum »Großen« Alexander, besiegte trotz überwältigender Übermacht des Gegners in drei kurzen Schlachten den Dareios, machte dem Perserreich ein Ende und veränderte für alle Zeit die Physiognomie und den Charakter des Krieges.

Seitdem sind noch andere wesentliche Entwicklungen hinzugekommen: die Erfindung und der Einsatz des Schießpulvers, die Ausweitung des Kriegsschauplatzes auf die Meere und den Luftraum, eine ausgeklügelte Logistik und Versorgung – und alles zusammen hat den Krieg zu einem bedeutenden Industriezweig gemacht, der im Haushalt der meisten Staaten den größten Einzelposten auf der Kostenseite darstellt. Doch abgesehen von der möglichen Ausnahme der Kernwaffen, die einen Konflikt größeren Ausmaßes schwer zu rationalisieren und zu verantworten machen, hat sich die Natur des Krieges nicht mehr verändert, seit die Griechen ihn zu solch einer alptraumartigen Veranstaltung machten. Damals wurde er aus einer glorreichen Unternehmung zu dem, was General Sherman am Ende des Ringens zwischen den Nordstaaten und den Südstaaten der USA mit den bitteren Worten verabschiedete: »Mir hängt der Krieg zum Hals heraus. Die ganze Glorie ist nichts als fauler Zauber. Krieg ist die Hölle.«[354]

Um sich des Ruchs zu entledigen, unmittelbare Aggression ohne den Ausweg der Unterwerfung zu sein, ein Spiel mit dem Tod ohne jede Möglichkeit der Beschwichtigung, mußte der moderne Krieg stets vortäuschen, etwas anderes zu sein, als er tatsächlich ist. Doch überzeugende Rechtfertigungsgründe werden allmählich knapp. Ein technologisches Vernichtungspotential, das den Fortbestand des gesamten Planeten bedroht, hat die Ausflucht, der Krieg sei die Fortsetzung der Politik mit anderen Mitteln, um den letzten Kredit gebracht. Die Ausrede der alten Römer *Si vis pacem para bellum* (Wenn du Frieden willst, mußt du zum Krieg rüsten) schien einstmals ein stichhaltiges Argument für eine Politik der Abschreckung zu sein, wirkt inzwischen jedoch recht fadenscheinig angesichts einer Rüstungssituation, die als einziges die sichere gegenseitige Vernichtung zu garantieren vermag. Und die Idee des guten oder »gerechten« Krieges läßt sich nur schwer oder gar nicht mehr begründen, wenn beide Kontrahenten ein und denselben Gott auf ihrer Seite wähnen.

Schon Anfang des fünften Jahrhunderts machte der heilige Augustinus jenen Versuch, sich gedanklich mit der Unvermeidlichkeit des Krieges zu arrangieren, der bis heute der ehrenwerteste geblieben ist. Einen Krieg zu führen, so der Kirchenvater, sei statthaft und keine Sünde, wenn drei Bedingungen erfüllt seien: Erstens müsse er um einer gerechten Sache willen, zweitens unter Anwendung rechtmäßiger Methoden und drittens »in der rechten Absicht« geführt werden – welch letzteres so viel besagen sollte wie: um Gutes zu bewirken und Böses abzuwenden. Aber seit der Machiavellismus dem Staat die Legitimation zusprach, ganz nach eigenem Gutdünken zu verfahren, konnte niemand, der über Krieg und Frieden entschied, es sich erlauben, Kriterien anzuwenden, die denen des heiligen Augustinus auch nur entfernt entsprachen. »Das nationale Interesse verlangt es«, heißt es heute. »Stellt euch da drüben in Staffeln auf, und dann bomben wir sie zurück in die Steinzeit.« Will sagen: zurück in den militärischen Horizont.

Recht besehen gar keine so schlechte Idee – jedenfalls was das Zurück in den militärischen Horizont angeht, denn bevor der verlassen wurde, war alles viel einfacher. Jetzt ist alles komplexer; indes, die Richtung, die die Entwicklung in Sachen Krieg einschlug, das Evolutionsmuster des Krieges, war so gut wie unvermeidlich. Die Dinge gehorchten hier dem Prinzip der Darwinschen natürlichen Auslese. Unsere ältesten Vorfahren teilten ihre Welt in Freunde und Feinde ein, zogen willkürliche Grenzen um sich herum und reagierten mit starken Affekten auf jede von außerhalb des Genpools oder des lokalen Ökosystems kommende Bedrohung. Die Aggressivität verschaffte sich Ausdruck, wurde formalisiert und fand rasch Eingang in unser Verhaltensrepertoire, da diejenigen, die sie am besten einzusetzen wußten, am erfolgreichsten waren. Niemand hätte diese Flut am Steigen hindern können. Wer es versuchte, kam um, während die Kriegsherren und Kriegstreiber auf Erfolgskurs steuerten. So ist es noch heute, und jetzt stehen wir dicht vor dem Absturz in die von Hobbes geschilderte Katastrophe eines gesetzlosen und chaotischen »Kriegs aller gegen alle«.[187]

Dergleichen ist in kleinerem Maßstab schon früher vorgekommen. Vor tausend Jahren errichtete auf der Osterinsel ein etwa siebentausend Seelen zählendes Polynesiervolk Hunderte von Kolossalstatuen, die von ihren als Sockel dienenden Tempelplattformen direkt aufs

Meer hinausblickten – eine eindrucksvolle Plakatierung der lokalen Kultur und des beneidenswerten Zustands des Friedens und der Ordnung, in dem sie sich befand. Dann lief irgend etwas schief, möglicherweise kam es zu einem Klimawandel, und die Macht fiel in die Hände einer Kriegerkaste, der *tangata rima toto*, »Männer mit den blutigen Händen«. Sie stürzten die Statuen um, hoben Verteidigungsgräben aus, gerieten in Streit und bekämpften sich untereinander mit solcher Ausdauer, daß im Jahr 1722 nur noch 111 Menschen auf der Insel lebten, denen lediglich eine blasse Erinnerung an das goldene Zeitalter ihres Volkes geblieben war.[120]

Mit ihrem Beispiel haben sie uns wenig mehr zu lehren, als wie man untergeht, aber es gibt noch andere relativ unberührte Völker, von denen wir viel über die Weisheit von Ritualisation und Selbstbeschränkung lernen können. Dinge, die uns vielleicht vom Abgrund der Katastrophe wegführen können, bevor es zu spät ist. Die traurige Wahrheit ist jedoch, daß unsere Chancen nicht gut stehen. Wie der damalige israelische Außenminister Abba Eban während des israelisch-arabischen Kriegs 1967 traurig bemerkte: »Wir sind nur Menschen, und unsere Vernunft gebrauchen wir nur, wenn alle Stricke reißen.«[426]

Diese düstere Lagebeurteilung ist nicht ganz ungerechtfertigt. Wir sind instinktgeleitet aggressiv in dem Sinn, daß wir nichtverwandten Artgenossen eher unfreundlich als freundlich begegnen. Die Gene animieren nur zur Kooperation mit nahen Verwandten. Und mit anderen ruppig umzuspringen, sind wir am ehesten in der Phase unseres Lebens bereit, in der unser Fortpflanzungsinteresse am stärksten ist; anders gesagt: in der die Besorgnis der Gene um den eigenen Erfolg sich am entschiedensten artikuliert und die Wahrscheinlichkeit, daß diese Besorgnis sich den Wettstreit um geeignete Paarungspartner als Ausdrucksmedium wählt, am größten ist. Daß dieserart Wettstreit vornehmlich unter den männlichen Individuen der Spezies ausgetragen wird, spiegelt sich deutlich in der Gewaltstatistik menschlicher Gesellschaften wider. Die Sachlage ist nicht zuletzt auch in dem Umstand begründet, daß nur Männer jene Gruppierung von Genen besitzen, die als Y-Chromosom bezeichnet wird (die Tendenz zum aggressiven Selbstausdruck tritt besonders klar bei Trägern von zwei Y-Chromosomen in Erscheinung – einer Mutation, die etwa bei einem Promille aller Männer vorliegt).[258] Kein Zweifel, wie in vielen anderen Spezies sind es auch in der unseren eher die männlichen als die weiblichen Individuen, die Artgenossen tätlich angreifen oder töten. Und wie sie das tun – welche Muster und Rituale aggressiven Verhaltens dabei zum Tragen kommen –, ist in der Regel durch lokale Einflüsse mitbedingt. Unter all diesen bedrückenden Aspekten können wir von der Aggression als einem biologischen Faktor, etwas Ererbtem, nicht Erlerntem sprechen. Doch das ist bei weitem nicht die ganze Geschichte.[30]

Wir wissen auch, daß Aggression in vielerlei Formen auftritt, angefangen bei schlichter individueller Selbstverteidigung bis hin zum erklärten Krieg, und daß sie in all diesen Äußerungsformen zumindest partiell durch die Umstände beeinflußt wird. Wir werden nicht nur von unserer kollektiven Biologie, sondern auch von unserer individuellen Lebensgeschichte beeinflußt. Wenn zwei sich bei ihrer letzten Begegnung gestritten haben, ist die Wahrscheinlichkeit, daß sie es beim nächsten Zusammentreffen wieder tun werden, deutlich erhöht. Zu einem großen Teil schreibt sich Gewalttätigkeit in dieser Weise selbst fort und greift dabei auf andere Mitglieder der Gesellschaft über. Rache ist süß – das Prinzip gilt sogar bei den Javaneraffen, die bekanntermaßen ihre Angriffslust auf Verwandte des Artgenossen umleiten, von dem sie gerade angegriffen wurden.[18] Je größer das Gehirn, je komplexer die Gesellschaftsorganisation, desto höher die Wahrscheinlichkeit, daß solche Strategien sich vervielfachen und die sozialen Gewässer trüben. Doch eben die Tatsache, daß es sich hier um kulturell bedingte Aktionsmuster handelt, rechtfertigt die Annahme, daß sie nicht absolut unvermeidlich sind. Große Gehirne sind auch in der Lage, Mittel und Wege zu finden, um Selbstkontrolle zu praktizieren und zu fördern. Nur die Ameisen sind dazu verdammt, daß rivalisierende Kolonien ihrer Spezies einander mit gedankenloser Automatik bekämpfen.[205]

Die Kriege der Menschen sind vielleicht unvernünftig, finden aber durchaus nicht immer nur deshalb statt, weil es unterlassen worden wäre, den Vernunftstandpunkt zu erkunden. Vielmehr ist Krieg in der Mehrzahl der Fälle das Ergebnis einer bewußten Ablehnung des Vernunftstandpunkts, die Frucht von irgend jemandes rationaler Entscheidung, irgendeine Sache zu verherrlichen und andere zu provozieren, sie anzugreifen, und wieder andere dazu zu bringen, sie zu verteidigen. Das hat wenig mit der biologischen Natur des Menschen zu tun, dafür um so mehr mit wirtschaftlichen, politischen und sozialen Faktoren – mit dem »geistigen Hausrat«, der einen am jeweiligen Ort zur jeweiligen Zeit umgibt.[178] Aggression ist ein Teil unseres Hausrats, ein Teil, dessen Stellenwert wir freilich selbst festsetzen können. Krieg ist sowenig ein konstitutives Element der menschlichen Gesellschaft wie die Sklaverei. Beides kann und sollte man als Verirrungen der menschlichen Natur betrachten.[431] Beides wirft allerdings auch die Frage auf, wie es denn mit den anderen Aspekten des menschlichen Verhaltens bestellt ist, die sich als Fehlanpassungen so schweren Grades präsentieren, daß sie in ökologischer und evolutionärer Optik als »falsch« oder »schlecht«, wenn nicht gar als »böse« eingestuft werden müssen.

Die emotionsgeladenste und brisanteste Variante dieser Frage betrifft das Phänomen der Vergewaltigung: die von männlicher Seite ausgeübte »Nötigung« – das heißt »Bestimmung durch Gewalt oder Drohung mit einem empfindlichen Übel« – »einer Frau zur Duldung des Beischlafs«. Dieses Verhalten ist in unserer Spezies keine Seltenheit, aber durchaus kein menschliches Spezifikum. Das Skorpionsfliegenmännchen, das wir bereits als Hochzeitsgeschenke überreichenden Bräutigam, aber auch als gelegentlichen Trickbetrüger kennengelernt haben, macht sich seine Braut manchmal auch mit Gewalt gefügig. Findet das Männchen kein als Brautgeschenk geeignetes totes Insekt, ist es nicht flink genug, um eines aus einem Spinnennetz stehlen zu können, und hat es in letzter Zeit nicht genügend Nahrung zu sich genommen, um die täuschenden Speicheltröpfchen absondern zu können, dann legt es sich unter Umständen einfach auf die Lauer. Kommt ein unachtsames Weibchen vorbei, peitscht das Männchen mit seinem biegsamen Hinterleibsanhang nach ihm und versucht es an einem Bein oder Flügel zu packen. Meist reißt das Weibchen sich los und fliegt davon. Gelingt es jedoch dem Männchen, einen festen Griff zu landen, wechselt es ihn alsbald, indem es sich an den rechten Vorderflügel des Weibchens klammert und dieses gleichzeitig so zurechtschiebt, daß die Haltezange am Ende seines verlängerten Hinterleibs die Genitalöffnung des Weibchen erfaßt, und in dieser Stellung hält er das Weibchen während der gesamten Dauer der Kopulation fest.[375]

Das ist eine Vergewaltigung in jedem Sinne des Wortes. Aber es ist nichts Pathologisches oder Abnormes. Es ist ein Stück Normalität aus dem regulären Aktionskatalog der Skorpionsfliegen, eine Strategie, die jedem Männchen jederzeit zu Gebote steht, wenn auch in der Regel nur als letzter Ausweg. Am häufigsten wird diese Strategie von kleineren und erfolgloseren Männchen angewandt; bei den Weibchen stößt sie auf erbitterten Widerstand: Sie legen nach einer erzwungenen Kopulation stets weniger Eier. Skorpionsfliegenweibchen geben eindeutig größeren Männchen den Vorzug, die bei der Annäherung den Beweis ihrer Fitneß erbringen; die werden mit allen Anzeichen koketter Willfährigkeit empfangen oder mit glatter Unterwerfung, die eine in aller Ruhe durchgeführte Übertragung des kompletten Spermienvorrats ermöglicht. Die Kombination von männlicher Fitneß und weiblicher Wahlfreiheit ist für die Skorpionsfliegen eindeutig die beste Strategie – diejenige, die optimale Resultate auf genetischer Ebene erzielt und Nachkommen hervorbringt, die die besten Chancen haben, als Männchen gleichermaßen erfolgreich und als Weibchen gleichermaßen wählerisch zu sein. Was dahinter zurückbleibt, ist nur zweit- oder drittrangig und zumindest für das Weibchen ein Debakel; für ein Männchen mit geringer Fitneß ist es allerdings wohl immer noch besser als gar nichts. Für einen *loser* ist es eine akzeptable und praktikable Alternative.

Die Evolution verfolgt generell alle Wege, die sich ihr eröffnen, und bricht nur diejenigen wieder ab, auf denen sich keinerlei Vorteile auftun. In darwinistischer Optik ist etwas zu erkennen, das zugunsten von Vergewaltigung spricht, ein kleiner rechnerischer Gewinnsaldo, der dem Phänomen einen Platz in der Naturgeschichte sichert. Der Sachverhalt stellt natürlich keine Rechtfertigung solchen Verhaltens dar; über ihn Bescheid zu wissen erleichtert es jedoch, zu einer Theorie zu finden, die das Phänomen in einen biologischen Rahmen stellt.

Mutmaßungen, Mythen und Mißverständnisse in Sachen Vergewaltigung gibt es zuhauf.[46] Manche Beobachter verweisen sie in den Bereich der Sozialpathologie und sehen in ihr eine für Industriegesellschaften typische Zivilisationskrankheit. Die Fakten sprechen jedoch dafür, daß Vergewaltigung ein interkulturelles Phänomen, ein bedauerliches menschliches Universale ist. Darüber hinaus ist die Überzeugung verbreitet, Vergewaltigern gehe es einzig darum, ihre Dominanz über Frauen unter Beweis zu stellen; aber nichts deutet darauf hin, daß sie vor allem reiche und mächtige ältere Frauen zum Ziel ihrer Attacken machen. Ganz im Gegenteil: Sie überfallen gewöhnlich arme und hilflose jüngere Frauen. Und wenn die Tendenz zur Vergewaltigung in der Männerwelt gleichmäßig verbreitet wäre, müßten in der Statistik des Verbrechens alle Kategorien von Männern gleichmäßig vertreten sein; die erdrückende Mehrheit der Vergewaltiger sind jedoch ohne jeden Zweifel mittellose junge Männer.[377]

Nach Meinung des Biologen Randy Thornhill liefert das Beispiel der Skorpionsfliegen, wiewohl nicht direkt mit menschlichem Verhalten vergleichbar, einen nützlichen Fingerzeig auf eine in ähnlicher Form auch in unserer Spezies angewandte evolutionäre Strategie. Laut Thornhill hat die Vergewaltigung unbeschadet aller sonstigen Faktoren, die noch im Spiel sein mögen – und auf jeden Fall wird man da eine psychologische, eine politische, eine behaviorale und eine rassische Komponente in Erwägung zu ziehen haben –, einen Bezug zur Fortpflanzung. Es ist kein Zufall, daß die meisten Vergewaltigungsopfer geschlechtsreife junge Frauen in der fruchtbarsten Lebensphase sind, kein Zufall auch, daß Vergewaltigung das einzige Verbrechen ist, das speziell diese Altersgruppe betrifft. Auf diese Fakten gründet Thornhill die Voraussage, daß Vergewaltiger sich mit höchster Wahrscheinlichkeit aus der Sozialkategorie der *loser* rekrutieren – aus der Zahl derjenigen, die es nicht geschafft haben, auf der sozialen oder ökonomischen Rangleiter aufzusteigen, und die größten Schwierigkeiten haben, auf normalem Wege eine begehrenswerte Sexualpartnerin zu finden.[376]

Thornhills Voraussage scheint durch die meisten menschlichen Vergewaltiger erfüllt zu werden, insofern es diesen gleich ihren Pendants im Insektenreich, den kleineren und schwächeren Skorpionsfliegenmännchen, an Fitneß zum Fortpflanzungserfolg und an Selbstwertgefühl mangelt. Für ein Individuum in ihrer Lage kann eine Vergewaltigung sich ungeachtet aller Risiken und Kosten, die sie mit sich bringt, als der einzige gangbare Weg darstellen, trotz Erfolglosigkeit in der Paarungskonkurrenz das Fortpflanzungsdiktat der Gene zu erfüllen. In jeder weniger komplex organisierten Spezies, als die unsere es ist, wäre dies ein vollgültiger und ausreichender Grund für die Ausbildung der Handlungsoption »Vergewaltigung« und deren Überdauern im Aktionskatalog. Aber beim Menschen, bei dem Vergewaltigung vielleicht weniger eine aggressive Manifestation der Sexualität als vielmehr eine sexuelle Manifestation von Aggressivität ist, läßt sich die Sache nicht so einfach auf den Begriff bringen.

Vergewaltigung ist schon durch ihren Namen als Gewalttat definiert, und eine solche ist sie fraglos auch in der Sache: eine Tat, die ihre Opfer erniedrigt und demütigt. Falsch wäre es jedoch, die Tatsache zu übersehen, daß einige der Opfer bei dem Geschehen geschwängert werden. Wo immer die Gene hineinspielen, wäre es verkehrt, irgendeine Möglichkeit außer acht zu lassen, die mit Fortpflanzung zu tun haben könnte. Fortpflanzung ist die Aufgabe der Gene, und sie verstehen sich auf ihre Aufgabe. Es gibt gute Gründe dafür, in der Vergewaltigung das zur Fehlanpassung gewandelte Relikt eines älteren Verhaltensmusters zu sehen, das biologisch gesehen einstmals Überlebenswert hatte. Heute macht es lediglich den Frauenkörper zu einem Schlachtfeld und verurteilt ihn dazu, nicht nur Objekt verdrängter Begierde, sondern auch Zielscheibe der Wut zu sein, die manche Männer auf alle Frauen haben, die sie »im Besitz« anderer, besser ausgestatteter Männer sehen. Und nirgends zeigt sich dies augenfälliger als im Krieg.[47]

Der Krieg ist ein Spiel mit eigenen Regeln, die die Regeln der bürgerlichen Gesellschaft außer Kraft zu setzen scheinen. Es sind größtenteils ungeschriebene Regeln, und die bei weitem geläufigste ist diejenige, derzufolge die Spolien eines siegreichen Feldzugs selbstverständlich auch Frauen einschließen. Die Yanomamö machen keinen Hehl daraus, daß sie kämpfen, um sich Frauen zu beschaffen. »Dem Sieger fällt der Besitz des Feindes als Beute zu« – und die Beutestücke, mit denen die meisten Soldaten auch heute noch fest rechnen, sind weiblichen Geschlechts.[259] Kein Volk und keine Armee ist davon ausgenommen, wenngleich man es da und dort nicht recht wahrhaben will. Das meisterinnerte und am häufigsten reproduzierte Foto aus dem Zweiten Weltkrieg zeigt keine Schlachtszene oder das Aufpflanzen einer Siegesfahne, sondern ist der übermütige Schnappschuß eines *Life*-Fotografen, auf dem zu sehen ist, wie in einer ausgelassen den Sieg der Alliierten bejubelnden Menschenmenge ein Marinesoldat ein ihm vermutlich wildfremdes Mädchen küßt.

Der Krieg ist ein rechtsfreier Raum, eine Zeit des Wahns, in der keine Verbote mehr gelten und Greueltaten häufig ungesühnt bleiben, ja nicht einmal zu Protokoll genommen werden. Eine Verschwörung des Schweigens umgibt viele Vorfälle, die zumindest Schuldgefühl und Scham mit sich bringen müßten, fielen sie nicht in eine Zeit, in der die Moral suspendiert ist und es zur Normalität gehört, daß uniformierte Männer – Männer in Uniformen jeglicher Farbe und Form – Frauen schänden, um sich gegenseitig mit ihrer Männlichkeit zu imponieren. Kollektive Vergewaltigungen, Vergewaltigungen unter Beteiligung einer ganzen Gruppe, eines ganzen Zugs, nehmen jedesmal die geregelte Form einer Übung mit einer natürlichen Waffe an, während deren die Opfer gesichtslos bleiben, ja beinahe zur Nebensache werden gegenüber dem Manöverzweck, das militärische Ideenkonstrukt der bei männlichem Tun vereinten Männer zu bekräftigen.

Die Folgen sind furchtbar. Nach der Einnahme von Nanking durch japanische Truppen im Jahr 1937 wurden innerhalb eines einzigen Monats mehr als zwanzigtausend chinesische Frauen brutal geschändet und ermordet.[135] 1943 erhielten unter französischem Kommando in Italien kämpfende marokkanische Söldner die ausdrückliche Erlaubnis zum Plündern und Vergewaltigen, was auf der Marschroute der Truppe Zehntausende italienischer Frauen zu spüren bekamen.[404] Und im Frühjahr 1945 nahmen Soldaten der Alliierten im befreiten Berlin Abschied nicht nur vom Krieg, sondern auch vom gesunden Menschenverstand und vergewaltigten Hunderttausende deutscher Frauen, darunter auch befreite weibliche KZ-Häftlinge.[342]

Die Haltung amtlicher Stellen gegenüber all diesen Greueln war und ist ambivalent. Die Ausschreitungen spielten bei der Untersuchung der Kriegsverbrechen kaum eine Rolle, und von offizieller Seite wurde niemals etwas vorgetragen oder unternommen, um die Behauptung zu widerlegen, damals hätten die höheren Chargen aller Siegerarmeen vor dem Treiben bewußt die Augen verschlossen. Derlei Dinge sind offenbar Teil der Philosophie des Krieges, Teil eines wohlerwogenen Programms zur Zerstörung der Kultur des Feindes durch Demütigen der Männer und Schwängern der Frauen. Einschlägige Studien kamen zu dem Ergebnis, daß in vielen Fällen der Ehemann eines Opfers der Berliner Exzesse, die sein Land und seinen wertvollsten »Besitz« geschändet hatten, die Vergewaltigung zum Anlaß nahm, sich von seiner Frau zu trennen.

Und das geht auch in unseren Tagen so weiter. 1971 wurden in Ost-Pakistan, dem heutigen Bangladesch, über zweihunderttausend bengalische Frauen im Zuge einer gezielten Aktion des pakistanischen Militärs vergewaltigt. Im ehemaligen Jugoslawien aktivierten die Serben das Prinzip 1992 aufs neue: mit systematischen Vergewaltigungsaktionen in eigens zu diesem Zweck eingerichteten Lagern und vor den Augen der Eltern und laufender Kamera begangenen Grausamkeiten an Kindern von solch viehischer Roheit, daß die bloße Tötung im Vergleich dazu eine Wohltat gewesen wäre. Die Kroaten gaben 1993 in gleicher Münze heraus, und soweit sich das anhand der verfügbaren Informationen beurteilen läßt, gehen zum Zeitpunkt der Niederschrift dieser Zeilen hinter einem Schutzschirm politischer Tarnmanöver, die von der grausigen Wahrheit ablenken sollen, die Greueltaten weiter – und die grausige Wahrheit ist, daß alle in den Konflikt verwickelten ethnischen Gruppen auf Kosten der Frauen ihrer Kontrahenten tausendfach alte Rechnungen begleichen: ein historisches Nebenprodukt des Krieges.[367] Man hat es hier mit einer modernen Neuauflage des langurengemäßen Vorgehens zu tun, zu dem Moses seine Truppen nach dem Sieg über die Midianiter anhielt: »Also tötet alles, was männlich ist, auch die Kinder, und erwürget die Weiber, so Männer erkannt haben im Beischlafe; aber die Mägdlein und alle weiblichen Geschlechtes, so Jungfrauen sind, die lasset für euch leben.«[193]

Hier macht sich der Einfluß der Gene geltend; es artikuliert sich aber auch ein, wenn ich so sagen darf, »Dampfkochtopf«-Konzept der männlichen Natur, das einen unbeherrschbaren Sexualtrieb postuliert, der in Kriegszeiten, wenn er nicht mehr durch zivilisierenden weiblichen Einfluß gezügelt wird, aus dem Ruder läuft. Ein durchaus denkbarer Fall – trotzdem klingt das zu sehr nach einer bequemen Entschuldigung, die einem Freibrief für alles mögliche extrem niederträchtige Verhalten unter Streß gleichkommt. Vergewaltigung und Folter sind zu keiner Zeit und unter keinerlei Umständen entschuldbar, zumindest nicht unter Menschen; denn in denen mögen zwar dieselben Primärantriebe wirksam sein, die Languren und Löwen zum Kindermord bestimmen, sie sind aber inzwischen dem Druck der Gene in ausreichendem Grad entzogen, um erforderlichenfalls zu besserer Einsicht finden zu können. Jedenfalls auf Bewußtseinsebene.

Die Schwierigkeiten, die es uns macht, uns richtig zu verhalten, »das Richtige« im Sinne der Goldlöckchen-Lösung zu tun, werden noch vermehrt durch unsere bei Kriegen und sozialen Umbrüchen eintretende Entfremdung von der Natur. Der »militärische Horizont« deckt sich in meinen Augen mit einem kritischen Wert der Umweltbeschaffenheit, einem bestimmten Grad der Vielfalt und Vernetzung in der Natur, auf den wir zum Leben nicht verzichten können. Wenn wir das preisgeben, den Horizont überschreiten, sind wir ohne Steuerruder dem Wind und den Wellen ausgeliefert, sind zu Verderbtheit und Bosheit verdammt, weil wir die Maßstäbe für Richtig und Falsch aus den Augen verloren haben.

In jener Richtung lauert der Wahnsinn. Mag sein, daß sich die Klippe irgendwie umschiffen läßt, daß es Möglichkeiten gibt, zu altern und erwachsen zu werden, ohne die eine und andere Annehmlichkeit des Reicherwerdens zu opfern. Doch bevor wir nach solchen Rezepten suchen, sollten wir, falls wir uns gegenseitig wie auch unserer eigenen Natur je gerecht werden wollen, erst einmal noch entschlossener einige weitere unangenehme Wahrheiten über uns ins Auge fassen.

Fünftes Kapitel
Der Lohn der Sünde
Die Psychologie des Bösen

Für einen ungeschulten und unbewaffneten Menschen ist es schwierig, einen anderen zu töten. Dafür sind wir nicht gemacht. Unsere Klauen und Zähne sind einer solchen Aufgabe einfach nicht gewachsen. Im Vergleich zu den meisten Raubtieren sind wir in dieser Hinsicht eher jämmerlich ausgestattet, aber trotzdem haben wir es dank unseren technischen Hilfsmitteln, die uns weit über den aktuellen Stand der Evolution des Organischen hinausheben, zum Rang des gefährlichsten Tiers der Erde gebracht. Die Kultur hat den biologischen Unterbau überflutet, sich über biologische Bedingtheiten hinweggesetzt und uns mit einer exorbitanten Fähigkeit, uns gegenseitig zu vernichten, ausgestattet, ohne uns die Hemmungen aufzuerlegen, mit denen der Besitz furchteinflößender Waffen bei den meisten Fleischfressern einhergeht.[368]

Echte Gewalttätigkeit ist in der Natur eine selten eingesetzte *ultima ratio*. Die meisten Arten geben sich mit weniger zufrieden. Manchmal reicht schon eine Drohung aus, sogar eine nur symbolische. Grizzlybären bringen die Klauenspuren an Bäumen, mit denen sie ihr Revier markieren, möglichst hoch an; sie stehen förmlich auf Zehenspitzen, wenn sie mit der hochgereckten Vordertatze die Rinde zerfetzen. Vagabundierenden Männchen, die Lust haben, in das Territorium einzudringen, wird damit signalisiert, daß sie sich das angesichts der Größe des Bewohners besser zweimal überlegen sollten. Und selbst wenn zwei Rivalen einander Auge in Auge begegnen, gibt es bemerkenswert unzweideutige Regeln für den Ablauf des Zusammentreffens. Jeder der beiden weiß, worin Aggression und, was nicht minder wichtig ist, worin Unterwerfung besteht – und jeder weiß Bescheid, wo die Grenzen seines Manövrierraums liegen und was er zu tun hat, um sie nicht zu überschreiten.

Unsere Art ist darauf spezialisiert, nicht spezialisiert zu sein. Das einzige, was wir anderen Arten wirklich voraushaben, sind ein rastloser Forschungseifer und ein in Anbetracht unseres Mangels an natürlichen Waffen erstaunlich hohes Maß an Selbstsicherheit. Wir sind die Affen mit Attitüde – hyperaktive Herrentiere mit gerade genug Aggressivität von der richtigen Sorte, aber nicht mit der richtigen Menge von Hemmungsauslösern, die nötig wäre, um nicht in problematische Situationen zu schlittern. Wir scheinen uns mit Vergnügen ins Risiko zu stürzen und unseren Spaß daran zu haben, zu erproben, wie weit wir die durch die Trennungslinie zwischen Aggression und Unterwerfung definierte Grenze unseres Handlungsspielraums hinausschieben können – selbst wenn das manchmal mit Tränen endet.

»Ein bißchen Gewalt hat noch niemandem geschadet«, will ein Graffito wissen, den ich unlängst auf einer Hauswand in London sah. Und so seltsam es klingen mag: Das könnte durchaus stimmen. Der britische Psychologe Peter Marsh unterscheidet zwischen realer Gewalt und illusionärer Gewalt und trifft damit einen wichtigen Punkt. »Da wir keinen richtigen Begriff von der Aggression haben«, meint er, »und da uns die Einsicht in ihre vielerlei möglichen Folgen – die zum Teil einen sozialen Nutzen haben können – abgeht, sehen wir uns beim Umgang mit der Sache vor wachsende Schwierigkeiten gestellt.« Wir kapieren nicht, was Sache ist, treffen falsche Schuldzuweisungen und haben am Ende einen beängstigenden Popanz aufgebaut. Die konstruktive soziale Gewalt, an die Marsh denkt, ist die *aggro* – dieser nur in Großbritannien gebräuchliche Slangausdruck bezeichnet eine massenhaft verbreitete Methode oder Technik, in verhältnismäßig harmloser Form Aggressivität zu artikulieren beziehungsweise Aggression abzuführen.[262]

Aggro hat ihren Ursprung in jenen Kommentkämpfen unter Schimpansenmännchen, die sich in gesträubten Fellen, Röhren, Gekreische, wütendem Augengefunkel, über dem Kopf geschwungenen Armen und Fußgestampfe erschöpfen. Alles, was in dieser Aufzählung noch fehlt, um sie zu einer adäquaten Beschreibung menschlichen Verhaltens unter vergleichbaren Umständen zu machen, sind ein umfangreiches Repertoire von Beschimpfungen und passende Fahnen oder Spruchbänder.

Im Circus Maximus des alten Rom feuerten zweihunderttausend

mit der Farbe ihrer Partei geschmückte Zuschauer (doppelt so viele, wie das Wembley-Stadion faßt) die Wagenlenker in der Arena auf ihrem Weg zu Sieg oder Niederlage an – eine lautstarke Demonstration, bei der es gelegentlich auch zu Keilereien kam. Die Akteure waren regelrechte »Hooligans« der Antike, die teils der einen, teils der anderen Kampfpartei zujubelten, Clubs und Faktionen bildeten, an separaten Stellen im Stadion jeweils ihr »Revier« besetzt hielten und deren Fehden zu einer Tradition wurden, die bis in die Zeit des Byzantinischen Reichs überdauerte.

Die Reaktion auf sie war seinerzeit genauso vorprogrammiert, wie es im heutigen Großbritannien die Ereiferung konservativer Kreise über das Rowdytum von Fußballfans ist. Allerdings hatten die römischen Behörden vielleicht ein bißchen besser begriffen, daß dieserart *aggro* keine Bedrohung der öffentlichen Sicherheit darstellte. Im Gegenteil: Randale an der Rennstrecke, ein bißchen »Rambazamba« im Zirkus, das waren Ventile zum Dampfablassen und im Ablauf so sorgfältig ritualisiert, daß vergleichsweise wenig Schaden angerichtet wurde. Hinter dem ganzen Klamauk, der Kostümierung und den rüden Sitten stehen ungeschriebene und größtenteils unbewußte Regeln für Zusammenstöße mit gegnerischen Gruppen, und das trifft auch für heutige Formen von *aggro* zu. Wenn Fußballfans sich zu einem Club zusammenschließen wie zum Beispiel in Liverpool oder Millwall, bilden sie trotz spektakulärer Ausrutscher, die sie sich manchmal leisten, keinen Mob, sondern eine echte Gemeinschaft mit einem gemeinsamen Wertesystem und einem erstaunlichen Grad von Selbstzucht und wirken so an einem komplexen sozialen Prozeß mit, der auch Mechanismen für den leidlich sicheren Umgang mit Aggression einschließt. Mitunter kommt es vor, daß die auf dem Spielfeld ausgetragene Rivalität noch während des Geschehens oder danach in einem Teil der Zuschauer einen gefährlicheren Kampfgeist entfacht, aber alles in allem funktioniert das Fanclubwesen ausgezeichnet, indem es die unvermeidliche jugendliche Aggressivität ritualisiert und auf diese Weise in eine mit der öffentlichen Ordnung verträgliche Form überführt.

In den Vereinigten Staaten scheint in diesen Formen von Aggressivität ein fortdauerndes »Grenzerbewußtsein« – einschließlich des Bedürfnisses nach einer der Pionierzeit angemessenen Bewaffnung –

eine stärkere Rolle zu spielen. Von den zwanziger Jahren an teilten in den meisten amerikanischen Großstädten Straßengangs wie die berüchtigten *Vice Lords* in Chicago, die *Spanish Kings* in der New Yorker Bronx und die *Crisps* in Los Angeles die innerstädtischen Wohngebiete in einen Raster von Zonen ein, von denen jede ein zu verteidigendes »Revier« darstellte.[226] Doch im Gegensatz zu Wildtier-Territorien, die speziell dazu da sind, Aggression zu entfachen, scheinen diese Heimatarenen eher den Zweck zu erfüllen, Aggression unter soziale Kontrolle zu bringen. Hinter den Drohungen, mit denen Mauern und Wände im Bezirk verziert sind, und hinter den »Farben«, mit denen sich die Bandenmitglieder schmücken, verbirgt sich eine Art selbstauferlegter Disziplin, die es den Straßenkriegern ermöglicht, ihre Aggressivität auf relativ gefahrlose und zahme Weise auszuleben. Das Revier ist ihr Paradeplatz, die Arena, wo sie voreinander und vor der Mehrzahl der gewöhnlichen Bewohner solcher Viertel eine »gute Figur« machen können.

Die Gangs in diesen Vierteln bekämpften einander noch nie, um das eigene kleine Reich zu schützen; sie grenzen sich ein eigenes Revier überhaupt nur deswegen ab, weil sie schon die Absicht haben, zu kämpfen – und die Leistung der Reviere besteht darin, daß sie einen Bedingungsrahmen setzen, innerhalb dessen das Kämpfen eine gewisse Form annimmt. Eine ritualisierte Form, aufgrund deren es weit weniger tödlichen Charakter hat, als wenn die Aggressivität sich ohne den Vorteil symbolischer Grenzlinien auf dem Großstadtboden Ausdruck verschaffen müßte. In den Bandenkriegen kommt es zu Verwundungen, Mord und Totschlag, das soll gar nicht geleugnet werden, aber man kann mit guten Gründen die Auffassung vertreten, daß es bei dem Gangwesen nicht so sehr um Gewalt um ihrer selbst willen geht als vielmehr um die Domestikation von Gewalt durch Entwicklung von zeremonielleren Formen der Konfliktaustragung.[434]

Die Macht der Gangs ist im Schwinden; selbst die ehemals bestorganisierten unter ihnen fallen zunehmend der Anarchie anheim. Aber noch immer sind die Straßenkrieger, worauf Peter Marsh hinwies, Meister in der Kunst der rituellen Selbstzügelung, »des Schwingers, der *ganz knapp* an irgendeinem möglichen Ziel vorbeigeht«.[262]

In traditionellen Gesellschaften ist die Manifestation von Gewalt seit jeher auf das sorgfältigste reguliert. Auf der windgepeitschten Felseninsel Tory vor der irischen Westküste kam es gewöhnlich mehrmals die Woche vor dem Betsaal der Gemeinde zu einer »Schlägerei«. Die Hauptbeteiligten leiteten den rituellen Zusammenstoß jedesmal mit einem ausgedehnten, von höchstem Erfindungsreichtum zeugenden Austausch von Verbalinjurien ein, bis einer der Kampfhähne die Hitze der Auseinandersetzung just so weit steigerte, daß er im Zuge eines gut gespielten Wutanfalls drohte, wenn man ihn nicht bremse, werde er den anderen totschlagen. Er forderte Freunde und Verwandte auf, ihn zu »halten«, und genau das taten sie auch, mit dem Effekt, daß er trotz vorgetäuschter größter Kraftanstrengung daran gehindert wurde, seine Jacke abzulegen. Damit wäre er nämlich einen Schritt zu weit gegangen: Das Ablegen der Jacke, ein Akt, der jedem echten Faustkampf vorausgeht, hätte nachdrücklich seine feste Absicht, sich zu schlagen, signalisiert. Danach wären die Kontrahenten zum physischen Kräftemessen verpflichtet gewesen – zu etwas, das in einer kleinen Gemeinde sowohl auf sozialer wie auf genetischer Ebene höchst nachteilige Folgen haben kann. Gut eingespielte zuschauende Verwandte verhinderten jedoch meist, daß es soweit kam.[130]

Aus der großstädtischen Umgebung von heute sind solche Hemmungsfaktoren weitgehend verschwunden. Wir haben angemessene soziale Ausdrucksformen von Aggressivität wie *aggro* abgeschafft und nichts an ihre Stelle gesetzt. Wir sind nicht die geborenen Mörder unserer eigenen Art, aber so wie wir heute dastehen: ohne Stammessitten und -rücksichten, ohne den Schutz selbst von Ersatz-Stammesbildungen wie den einstmals mächtigen Straßengangs, haben wir unsere Jacken schon längst abgelegt und uns in einen Krieg aller gegen alle verstrickt – einen Kampf, in dem es keine verbotenen Griffe gibt und niemand Schonung genießt.

Gewalttätigkeit scheint zu einer Epidemie geworden zu sein. Mutwillige Morde in Schulen, Krankenhäusern und Restaurants, Überfälle auf einsam an einer Verkehrsampel haltende Autos, die an jeder Vorstadtstraßenecke passieren können, sinnlose *drive-bys* (Beschießen argloser Fußgänger mit Schnellfeuerwaffen aus dem vorbeifahrenden Auto) ohne erkennbares Motiv – das alles nährt in breiten Bevölkerungskreisen eine neue Form von intensiver Besorgnis um die persönliche Sicherheit. In einer anschauungsgesättigten Erzählung mit dem Titel *The Mugging* (Der Straßenraub) schreibt Morton Hunt: »Was uns beunruhigt und unseren Glauben an die Gesellschaft auf das schwerste erschüttert, ist die stets gegenwärtige Gefahr eines plötzlichen, unvorhersehbaren brutalen Anschlags auf unsere körperliche Unversehrtheit, begangen von irgendeinem wildfremden Menschen – einer gesichtslosen, namenlosen, schnellfüßigen Gestalt, die blitzartig aus der Dunkelheit hervorgeschossen kommt, uns mit den Fäusten, einem Stück Metallrohr oder einem Springmesser attackiert, um anschließend mit unserer Brieftasche oder Geldbörse in einer Seitenstraße zu verschwinden und uns übel zugerichtet und blutend auf dem Bürgersteig liegenzulassen.«[204]

Obwohl Straßenraub im durchschnittlichen Einzelfall gerade mal knapp so viel einbringt, wie eine Mahlzeit in einem billigen Schnellimbiß kostet, ist er heute das häufigste Gewaltdelikt. Der Diebstahl scheint dabei fast eine Nebenrolle zu spielen und für die Täter nur insofern interessant zu sein, als er einen Zielpunkt für jene Gewalt liefert, die sich heute anschickt, die neue Anarchie so nahe an die Wohnung des Bürgers heranzutragen, daß die meisten Einwohner der USA (wo bereits jeder Dreihundertste Opfer eines Straßenraubs geworden ist) ihr Zuhause in eine Festung verwandelt haben, in der sie sich praktisch einer Selbsteinkerkerung unterziehen. Die Furcht ist real, und sie ist realistisch, wenn auch aufgeheizt durch das Medieninteresse, das auf ein Bild von zunehmend chaotischen Zuständen hinwirkt und dafür sorgt, daß der Gedanke an Gewalt für uns genauso zur Obsession wird wie der Gedanke an die Sexualität für unsere viktorianischen Großeltern. Wie diese sind wir »schockiert und entsetzt«, zugleich sind wir aber auch fasziniert und empfinden eine Ersatzerregung, so daß wir nach jeder Erhöhung des Budgets für Filmreportagen neue und drastischere Bilder der Gewalt produzieren und genießen und, wenn es denn sein muß, weil die heimische Szene für das Fernsehen nicht genügend einschlägiges Material hergibt, Nachrichten über Gewalttaten aus dem Ausland importieren. Wir sind im Begriff, eine »Kultur der Gewalt« zu schaffen, in der es schwierig ist, dem Anblick von Bildern der Gewalt auszuweichen. Der Eskapismus ist eine zum Untergang verurteilte Kunst. Niemand, der bei klarem Verstand ist, geht heutzutage ins Kino, sieht sich das Fernsehprogramm an oder hört Popmusik, weil er glaubt, so der Gewalt *aus-*

weichen zu können. Das mindeste, was man tun müßte, um sich dem Anblick der grausamen Realität – oder der kursierenden gewaltgetränkten Bilder von ihr – zu entziehen, wäre, in einen weltflüchtigen geistlichen Orden einzutreten. Doch selbst dann müßte man damit rechnen, daß die Klostergebäude beziehungsweise das Ordenshaus von einem mit Eisenstacheln und Schneiddraht gekrönten Zaun umschlossen sind und von Dobermännern bewacht werden.

Paranoische Furcht vor Gewalt grassiert, aber wie der Soziologe James Wilson erläutert: »Wenn man die Furcht vor dem Verbrechen kartiert und das tatsächliche Aktionsfeld des Verbrechens kartiert, stellt man fest, daß die beiden Landkarten sich nicht decken.«[428] Unmittelbarer Grund dafür könnte sein, daß eben die in den Wohnvororten herrschende Besorgnis zu den Sicherheitsvorkehrungen führt, die an Ort und Stelle das Verbrechen effektiv verhindern. In den meisten großstädtischen Wohnvierteln freilich kann man sich dergleichen nicht leisten; dort hat man aber einen sozialen Kunstgriff entdeckt, mit dessen Hilfe das Sicherheitsbedürfnis in erstaunlichem Grad befriedigt wird. In den Innenstädten hat sich im Rahmen der Kultur der Straße ein spezielles System von Lebens- und Verhaltensregeln herausgebildet: der »Komment der Straße«.[8]

Diese Regeln handeln von Respekt und davon, wie man ihn sich verschafft. Sie liefern Rezepte für korrektes Benehmen, für »richtiges« Verhalten und die allgemein gebilligte Art und Weise, auf das Verhalten anderer zu reagieren. Die Kenntnis des Komments ist überlebenswichtig, und jeder hat selbst dafür zu sorgen, daß er mit ihm vertraut wird. Wer im entscheidenden Moment nicht das Richtige tut, riskiert sein Leben, und von daher gesehen ist der Komment im wesentlichen schützender, ja ritterlicher Natur. Er regelt den Einsatz von Gewalt und verpflichtet zur Gewalttätigkeit neigende Individuen, Gewalt nur in allgemein gebilligter Form zu entbinden. Unter anderem befaßt sich der Komment auch mit dem äußeren Erscheinungsbild des einzelnen und regelt sehr genau alle diesbezüglichen Geschmacksfragen, am intensivsten jedoch das Auftreten und den Habitus – das Mienenspiel, die Sprache, die Gestik –, und zwar prinzipiell in einem zur Gewalttätigkeit nicht ermunternden, sondern von ihr abschreckenden Sinn.

Allem zum Trotz, was die öffentliche Meinung über die Lebenseinstellung von Jugendlichen in den großstädtischen Armenvierteln zu wissen glaubt, die nach »schwieriger Kindheit« von dem Gedanken besessen seien, sozial »nicht für voll« genommen zu werden, haben diese Jugendlichen es offenbar verstanden, sich einen funktionierenden *modus vivendi* für ihr Leben auf der Straße zurechtzuschmieden. Und zwar einen *modus vivendi* weitgehend auf individueller Ebene. Es handelt sich nicht um einen Komment, dessen Autorität auf dem Konformitätsdruck innerhalb einer Gang beruht. Es handelt sich um ein neues System von Lebensregeln – Regeln, die es jedem ermöglichen, sein Leben in anarchischen Verhältnissen zu leben, die zu kontrollieren die Gesellschaft im ganzen nicht mehr die Macht hat.

Wo immer dieser Komment angewandt wird, ob in Kalkutta oder Lagos, Palermo oder Harlem, überall bringt er dasselbe gesteigerte Dringlichkeitsbewußtsein hervor – für Menschen, die bereits am Rande des Abgrunds leben, genau das Richtige. Ihn richtig anzuwenden erfordert Kaltblütigkeit, unausgesetzte Wachsamkeit und ein scharfes Gespür für kleinste Nuancen im Habitus und Verhalten anderer Menschen. Sich in der Öffentlichkeit Respekt zu verschaffen ist ein ebenso diffiziles politisches Unterfangen wie eine gut gespielte Runde von »Wie du mir, so ich dir«. Alles hängt davon ab, daß man zum richtigen Zeitpunkt den richtigen Zug macht, sich verteidigt, wenn man angegriffen wird, und auch einmal zurückschlägt, wenn sich das als richtig und notwendig darstellen sollte.

Das hört sich alles ziemlich schwierig an, Tatsache ist jedoch, daß wir während der Dauer von 99 Prozent der Menschheitsgeschichte für diesen Lebensstil trainiert wurden. Alle veränderlichen Größen im Auge zu behalten und uns auf sie einzustellen, »die Ohren steif zu halten«, das richtige Gleichgewicht zwischen Aggression und Zurückhaltung zu finden – das alles ist uns durch lange Übung geläufig, selbst wenn es uns noch immer in die nervöse Spannung versetzt, mit der Affen nach einer Veränderung in der Sozialhierarchie der Horde die Feinheiten im ständig fließenden Gleichgewicht ihres Beziehungsgefüges austüfteln. Menschen wie Affen werden unter diesen Bedingungen ziemlich dünnhäutig und gieren dann in solchem Maß nach Respekt, daß sie unter Umständen ihr Leben aufs Spiel setzen, um ihn sich zu verschaffen. Doch ungeachtet des offenkundigen Risikos, das mit dieserart Drahtseilakt über dem Abgrund verbunden ist, ungeachtet der Tatsache, daß hier tödliche Fehltritte nie ganz auszuschließen sind und dann und wann auch vorkommen, funktioniert das System *de facto* sehr gut und senkt den Pegel mutwilliger Gewalttätigkeit auf den Straßen eines Chicagoer Ghettos nicht minder effektiv als auf dem Felsen von Gibraltar.

Daß solche Formen sich herausgebildet haben und existieren, daß sie genau da und dann erscheinen und wiedererscheinen, wo und wenn sie die größte Wirksamkeit entfalten können, gibt Anlaß zum Optimismus, denn es berechtigt zu der Hoffnung, daß wir im Arsenal der Naturgeschichte noch genügend Munition finden werden, um mit nahezu jeder Eventualität fertig werden zu können. Die Spezies Mensch ist ungemein erfinderisch, doch gibt es Lebensbereiche, in denen wir uns in eine Klemme manövriert haben, aus der vielleicht die Menschheit insgesamt nicht mehr lebend herauskommt.

Ich sprach bereits davon, daß die Aggression als ein fester, als ein naturgegebener, nützlicher und unvermeidlicher Bestandteil unserer Erbanlage betrachtet werden muß. Sie gehört mit zu den Dingen, die das Wesen des Menschen ausmachen. Sie kann natürlich vielerlei Formen annehmen, die größtenteils »instrumenteller« Natur sind – Mittel zu irgendeinem Zweck, für den sie zielbewußt eingesetzt werden. Selbst die grimmigen Yanomamö gehen nicht so weit, einen bewegungsunfähig gemachten Feind, der keine unmittelbare Bedrohung mehr darstellt, zu töten. Daneben hat sich jedoch ein Restbestand an andersartiger, impulsiverer Aggression erhalten.

Jähzorn scheint im Krieg keine große Rolle zu spielen; hier kämpfen die meisten Kombattanten nicht im Zorn, sondern weil sie ihre Kameraden nicht im Stich lassen wollen. Eine während des Zweiten Weltkriegs unter Angehörigen amerikanischer Kampftruppen durchgeführte Erhebung endete mit dem Ergebnis, daß selbst unter starkem Druck nur 25 Prozent der Befragten bereit waren, die Waffe unmittelbar gegen einen sichtbaren Feind einzusetzen. Für die große Mehrzahl der Todesopfer im modernen Krieg sind Fernkampfwaffen verantwortlich: Für diejenigen, die sie bedienen, ist das Ziel unpersönlich, ja unsichtbar – kaum mehr als eine symbolische Größe.[77]

Diese Kriegführung auf Distanz begann vor ungefähr fünftausend Jahren, als die Sumerer den zusammengesetzten Bogen erfanden, der eine Schußweite von dreihundert Metern hatte, und erlebte vor ungefähr zweitausend Jahren einen neuen Auftrieb, als die Chinesen die panzerbrechende Armbrust zur Perfektion entwickelten. Beides sind todbringende Waffen, die jeweils einen Quantensprung bei der Zahl der Kriegsopfer bewirkten, jedoch von aristokratischen Kriegern vor allem ihres egalitären Charakters wegen als unsportlich und unedel empfunden und auf das energischste abgelehnt wurden.[264] Sie konnten von so gut wie jedermann, sogar von Frauen, geführt werden und entwerteten damit das mit viel Mühe erworbene Geschick im Umgang mit Hieb- und Stichwaffen, das den mittelalterlichen Ritter und den japanische Samurai, beide adeliger Herkunft, zu Schlüsselfiguren der altehrwürdigen Tradition des Kampfs von Mann zu Mann gemacht hatte. Der berühmte Seigneur de Bayard (1475–1524), das Inbild ritterlicher Tapferkeit – die Zeitgenossen nannten ihn *le chevalier sans peur et sans reproche*, den »Ritter ohne Furcht und Tadel« –, ließ Kriegsgefangene regelmäßig enthaupten, sobald er erfuhr, daß es sich um Armbrustschützen handelte: Das seien Feiglinge, die eine heimtückische Waffe einsetzen.[225]

Mit dem Aufkommen des Bogens und später der Feuerwaffen war die Epoche des Rittertums, des nach strengen Regeln ausgetragenen Zweikampfs Mann gegen Mann, effektiv zu Ende. Die ritterliche Regel, niemals als erster anzugreifen, scheint nur noch in Westernfilmen zu überleben. Dafür sind Schußwaffen in unserer Lebenswelt um so massiver präsent und schaffen hier ein echtes Problem: Da Schußwaffen die Schwelle für das Ausarten eines Wutanfalls zur blutigen Tragödie merklich abgesenkt haben, besitzen solche Episoden eruptiver Aggressivität innerhalb des Erfahrungshorizonts der Gegenwart einen gegenüber früheren Epochen beträchtlich erhöhten Stellenwert. Es gibt keine traditionellen Hemmungen, keine biologischen oder sozialen Blockaden, keine natürlichen Abwehrwaffen gegen Schußwaffen; die Folge ist, daß jedes Kind zu einer Super-Bestie werden kann, mit der Macht, nach Belieben zu töten.

Man braucht nur noch den Finger krumm zu machen. Manchmal ist selbst das nicht nötig. Jedes Jahr sterben Hunderte von Menschen bei Unfällen mit Schußwaffen, die von Haustieren verursacht werden. Die Hauptschuld an diesem Blutbad tragen Pistolen oder, allgemeiner gesagt, »Faustfeuerwaffen« – von denen allein in den USA jede Sekunde zwanzig Stück produziert werden, um dann in 71 Millionen Hände und Haushalte zu wandern. All diese Instrumente werden nur zu dem einen Zweck entworfen, feingegossen, feingeschliffen und verkauft: menschliches Leben auszulöschen. Und da leisten sie gute Arbeit. Im Jahr 1992 wurden in den USA 13220 Menschen mit Schüssen aus Faustfeuerwaffen getötet, und nur in 262 Fällen erkannte ein Gericht auf Notwehr. Bei 60 Prozent aller Tötungsdelikte und 73 Prozent der Morde an Kindern unter vierzehn Jahren war das Tötungswerkzeug eine Faustfeuerwaffe. Und von Jahr zu Jahr meldet die Statistik schreckenerregendere und für den Verstand unfaßlichere Zahlen. Waffen und Munition werden technisch immer raffinierter, ihr Tötungspotential immer größer, was in den Händlerkatalogen als Verkaufsargument herausgestellt wird. Und es zieht. Jährlich werden mit Faustfeuerwaffen eine Million Gewaltverbrechen verübt, und innerhalb von nur drei Jahren (1990–1992) kamen durch sie mehr Amerikaner um als in den ganzen sieben Jahren des Vietnamkriegs.[220]

An der Statistik des Jahres 1992 ist nichts Ungewöhnliches; sie ist einfach nur das aktuellste Zahlenwerk, das ich für die USA auftreiben konnte. Die USA selbst allerdings sind im gobalen Rahmen insofern ungewöhnlich, als in diesem Land jeder, der nicht manifest irre oder wegen eines schweren Verbrechens vorbestraft ist, Faustfeuerwaffen erwerben und besitzen darf. In anderen Ländern gelten für Schußwaffenbesitz strengere Richtlinien, und das spiegelt sich unmittelbar in den Zahlen der mit Faustfeuerwaffen verübten Tötungsdelikte des Jahres 1992. Den 13220 in den USA stehen in Kanada 128, in Japan 60, in Schweden 36, in Großbritannien 33 und in Australien sogar nur 13 gegenüber. Das besagt etwas. Doch bevor wir das Gemetzel in den USA in den gehörigen Bezugsrahmen stellen, müssen wir das Phänomen Mord in seiner Eigenschaft als Standardform menschlichen Verhaltens betrachten.

Mord fasziniert. Die Gesellschaft steckt unverhältnismäßig viel Zeit, Geld und Energie in die Aufklärung von Mordfällen mit anschließendem Strafverfahren sowie in die mediale Berichterstattung darüber und zuletzt auch, fast wie zur Entschuldigung, in das Bemühen, dafür zu sorgen, daß nicht noch mehr Menschen sich gegenseitig umbringen. Berichte über »wahre Verbrechen« und in Ich-Form abgefaßte Erinnerungsprotokolle realer Mordfälle sind zur Zeit ein Wachstumssektor im Verlagsgeschäft und werden, wenn die Entwicklung anhält, bald höhere Absatzzahlen erreichen als die herkömmliche Krimi-Literatur. An den meisten größeren Universitäten gibt es Lehrstühle für Kriminologie und Psychopathologie, und sämtliche nationalen Programme zur Verbrechensbekämpfung setzen mit reflexartiger Zuverlässigkeit Finanzmittel für die Intensivierung der einschlägigen Forschung aus. Dennoch haben wir nur einen sehr unvollkommenen Begriff davon, wer wen warum umbringt.

Für die meisten Tiere ist die Tötung eines Artgenossen die *ultima ratio* der Konfliktlösung, ein Akt nackter Verzweiflung; innerartliches Blutvergießen setzt im Tierreich in der Mehrzahl der Fälle die Überwindung starker Widerstände und Hemmungen voraus. Wir Menschen scheinen da weniger zimperlich zu sein, und das nicht etwa nur infolge ausgefallener psychopathischer Störungen. Sehr vereinzelt kommt es in der Tat vor, daß ein Mörder Stücke von seinem Opfer verzehrt; die meisten scheinen jedoch ganz gewöhnliche Leute zu sein, und ihre Tat nimmt sich wie ein »normaler« Bestandteil unseres Aktionskatalogs aus. Und wenn dem wirklich so ist, wäre es wichtig zu wissen, wie es dazu kam.

Ein erheblicher Prozentsatz aller Morde wird in häuslicher Umgebung begangen; Täter und Opfer sind so häufig Mitglieder derselben Kernfamilie, daß eine Studie zu dem Ergebnis kam: »Gewalt in der Familie ist so verbreitet, daß sie für das familiäre Binnenklima genauso typisch ist wie Liebe.«[139] Dieses Bild der Dinge, ein direkter Widerspruch zu der genetischen Direktive »SEI NETT ZU NAHESTEHENDEN!«, ergibt sich wohl zum Teil daraus, daß Familienmitglieder einfach deshalb, weil sie da sind, zur meistbenutzten Zielscheibe von Affektentladungen werden. Wie der Soziologe William Goode erläutert: »Wir sind gewalttätig gegen die uns vertrautesten Menschen – Freunde, Geliebte, Lebenspartner –, weil kaum jemand anders uns so aufzubringen vermag wie sie. Wie sie die Hauptquelle unserer Freuden sind, so auch eine Hauptquelle von Leiden und Enttäuschungen.«[154] Und die Bedingungen des räumlichen Einander-nahe-Seins auf engem Raum und der Abgeschlossenheit nach außen, unter denen das familiäre Zusammenleben heute steht, sind künstlich in dem Sinne, daß die »Ein-Familien-Wohnung« eine sehr moderne Erfindung ist. Aber das interessanteste Ergebnis der Forschungen in dieser Richtung ist die Entdeckung, daß manche Mitglieder des in diesen Wohnungen vorhandenen, sehr begrenzten Personenkreises stärker gefährdet sind als andere.[280]

Zu den gründlichsten, umfassendsten und klügsten Studien, die dem Thema Mord in jüngster Zeit gewidmet wurden, gehören die Arbeiten von Martin Daly und Margo Wilson, zwei Psychologen der McMasters-Universität in Kanada, die ihr Handwerkszeug um das Instrumentarium von Evolutionstheorie und Evolutionsforschung erweitert haben. Neben vielen anderen Einsichten verdanke ich ihnen auch die, daß Mordtaten unter nicht blutsverwandten Familienmitgliedern – zum Beispiel Eheleuten – elfmal so häufig ist wie unter Blutsverwandten.[89] Und der Hauptunterschied zwischen den Familientragödien, die sich in heutigen Wohnungen abspielen, und dem, was in diesem Genre in den Behausungen der in historischen Zeiten üblichen großen, erweiterten Familie stattfand, scheint darin zu bestehen, daß der Mord im Familienkreis früher im typischen Fall nicht das Werk eines einzelnen war, sondern von mehreren gemeinschaftlich ausgeführt wurde.

Aus englischen Gerichtsakten des dreizehnten Jahrhunderts geht hervor, daß sich oft zwei oder mehr erwachsene Personen zusammentaten, wenn es darum ging, ein mißliebiges erwachsenes Familienmitglied umzubringen, und daß diese Verschwörer regelmäßig blutsverwandt untereinander, aber nicht mit ihrem Opfer waren.[146] Das ist ganz im Sinne der Politik der Gene und verankert diese Morde im Familienkreis fest in einer alten menschheitsgeschichtlichen Tradition innerfamiliärer Streitigkeiten und Blutfehden. Unser Tötungsdrang ist zumindest teilweise situationsbedingt. Daß er sich so oft in der eigenen Wohnung regt, hat den gleichen Grund wie der Umstand, daß die Wahrscheinlichkeit eines Verkehrsunfalls 40 Kilometer im Umkreis der eigenen Wohnung am höchsten ist: Dort halten wir uns (mit oder ohne Auto) am häufigsten auf. Und sobald der Drang zum Töten da ist, mischen genetische Faktoren bei der Auswahl des Opfers mit. Wir neigen sehr viel stärker – den meisten einschlägigen Schätzungen zufolge: sechsmal stärker – zu tödlicher Gemeinheit gegen genetisch Fremde als gegen genetisch Verwandte. Und fällt die Wahl des Opfers auf eine genetisch nahestehende Person, spielen dabei häufig Faktoren mit, die zwar moralisch anfechtbar, aber biologisch sinnvoll sind.[94]

Die Spezies Mensch zählt zu den Arten mit der intensivsten Brutpflege; wie bei Walen, Elefanten und Menschenaffen kann die Mutterbindung über Jahrzehnte aufrechterhalten werden. In vorgeschichtlicher Zeit konnte eine Frau von Glück sagen, wenn sie es schaffte, zwei oder drei Nachkommen bis zur Reife großzuziehen, und die Aussicht, so weit zu gelangen, hatte sie nur, wenn sie bereit war, bei der Kinderaufzucht klare Prioritäten zu setzen und erforderlichenfalls auch harte Entscheidungen zu treffen. Das konnte, wie wir gesehen haben, die Vernachlässigung oder sogar Tötung eines Neugeborenen bedeuten, wenn die Wohlfahrt eines älteren Kindes auf dem Spiel stand. Oder die Opferung eines Kindes, das der Ehemann nicht als seines anerkannte, damit der solchermaßen beschwichtigte Mann sich weiterhin um die Familie kümmerte und in die Aufzucht wenigstens *der* Kinder investierte, die er ohne jeden Zweifel als seine Abkömmlinge betrachtete.

Zu den Faktoren, die unter Umständen die Kindestötung nach sich zogen, zählen unter anderem auch: Mißbildung; Zwillingsgeburt; Geburt zum falschen Zeitpunkt im Jahreslauf eines Nomadenvolkes, nämlich just vor dem Aufbruch zu einer größeren Wanderung; weibliches Geschlecht, wo männliches höher geschätzt wurde; männliches Geschlecht, wenn die Geburt unglücklicherweise mit der Geburt des Häuptlingssohns und Erben der Häuptlingswürde zusammenfiel; oder einfach nur der Ledigenstatus der Mutter. Daly und Wilson zählen 112 solcher »infantizidbedingenden Umstände« auf, die in Sozietäten, wo Entscheidungen nach wie vor unter dem Gesichtspunkt der Gesamtfitneß getroffen werden, großenteils noch heute als solche wirken, ohne daß irgendwer etwas dabei finden würde. In diesen Fällen ist der Brauch zwar von der betreffenden Gesellschaft legitimiert, wird jedoch, nicht selten widerwillig, unmittelbar von den Eltern oder einem Elternteil ausgeübt aus der Einsicht heraus, daß damit der Familie und ihrem Erbgut auf lange Sicht am besten gedient ist.[90]

Ein Großteil der frühen Literatur über Kindesmord behandelt das Thema aus ethnozentrischer Perspektive und ergeht sich in unangemessenem Moralisieren. Wenn man die Dinge recht besieht, fällt es sehr schwer, Praktiken zu verdammen, die genetisch so solide fundiert und ökologisch so sinnvoll sind. Wie im Fall der Kopfjagd halte ich es auch hier für ratsam, jeden Einzelfall in seinem spezifischen Kontext zu bewerten, statt ein vorschnelles Pauschalurteil zu fällen und die Kindestötung als solche schlankweg in die Kategorie des Bösen einzuordnen.

In der Nacht des 25. Oktober 1994 legte Susan Smith einen Gang ihres Mazda ein, schlug die Tür von außen zu und ließ den Wagen über die schräge Bootslände in das schwarze Wassers eines Sees in Südkarolina rollen. Auf dem Rücksitz waren zwei Kleinkinder festgeschnallt, ihre Söhne, die mit den Spitznamen »Precious« und »Sugarfoot« gerufen wurden. Eine Stunde später erstattete die Mutter Anzeige gegen einen Schwarzen mit einer Wollmütze auf dem Kopf, der ihr mit vorgehaltener Pistole das Auto geraubt und die Kinder entführt habe; mit tränenreichen Appellen, die landesweit im Fernsehen ausgestrahlt wurden, setzte sie eine Suchaktion in Gang, an der sich Tausende von Menschen beteiligten. Als all dieser Eifer nichts brachte, konzentrierte die Staatsanwaltschaft die Ermittlungen auf den engsten Familienkreis und brachte binnen kurzem Susan zu einem jedermann verblüffenden Geständnis. Sie erzählte der Polizei, wo das Auto mit den Kinderleichen zu finden war.[141]

Das ganze Land zeigte sich schockiert und empört angesichts dieses Doppelmords und des anschließenden Täuschungsmanövers, die eine Nation, die es gewohnt war, ihren Kindern die potentielle Gefährlichkeit fremder Menschen einzuschärfen, unversehens mit dem bei weitem grausigeren statistischen Faktum konfrontierte, daß allein in den Vereinigten Staaten jährlich 1300 Kinder von den eigenen Eltern oder nahen Verwandten getötet werden. Die Hälfte der Opfer ist weniger als ein Jahr alt, und die meisten in dieser Altersgruppe werden von ihrer Mutter umgebracht.[256]

Kindestötung ist nichts historisch Neues, kein Auswuchs des modernen Zeitalters, sondern war schon immer eine der häufigsten Spielarten des Meuchelmords, mit der logischen Folge, daß Säuglinge statistisch gesehen einem höheren Todesrisiko ausgesetzt sind als jede andere Bevölkerungsgruppe. Tatsächlich ist die Mutter, die ihr Kind tötet, im typischen Fall fast eine Durchschnittserscheinung – alles andere als eine Bestie vom Schlag der Lady Macbeth, die von sich sagt: »Ich hab gestillt und weiß, wie süß es ist, das Kind zu lieben, das ich tränke; doch ich hätt', während es mir entgegenlächelte, die Brust gerissen von dem zarten Gaumen und ihm den Kopf geschmettert an die Wand...«[345]

Der Fall Susan Smith ist repräsentativ. Mit neunzehn Schwangerschaft und überstürzte Heirat. Mit dreiundzwanzig Bruch mit dem Ehepartner infolge beiderseitiger außerehelicher Affären. Trotz Unterhaltszahlungen für die Kinder erdrückende Schuldenlast; ein gutbetuchter Liebhaber löst die Beziehung, weil er die Kinder nicht akzeptiert. Nach fehlgeschlagenen Selbstmordversuchen eigentlich mehr ein Fall für eine mitfühlende Psychiatrie als für die Kriminalgerichtsbarkeit und den Strafvollzug. Aber ebendort ist sie nun gelandet, zusammen mit Frauen wie Dora Buenrostro, die in Kalifornien ihre drei Kinder erstach, wie die New Yorkerin Waneta Hoyt, die gestand, alle ihre fünf Kinder im Babyalter erstickt zu haben, wie Renée Aulton, die einen Brand legte, dem nicht nur ihr Haus, sondern auch ihre zwei kleinen Töchter zum Opfer fielen, und wie Elizabeth Dowens, die in Oregon von einem Gericht für schuldig befunden wurde, ihre drei Kinder im Schlaf erschossen zu haben. Die Liste ist lang und wird immer länger, und mit ihr wächst der Verdacht, daß Verwirrtheit, Wahnvorstellungen und radikale Stimmungs- und Wahrnehmungsschwankungen ganz gewöhnliche Begleiterscheinungen der Wochenbettdepression, allerdings mit bisher ungeahnter Persistenz, sein könnten.[250]

Von den erwähnten Fällen kann man nicht behaupten, daß sie zur sozialen Stabilität und zum ökologischen Gleichgewicht beitrügen, doch ebensowenig können oder sollten sie zu Ausbrüchen eines unvordenklich Bösen stilisiert und so in die Sphäre des Unerklärlichen entrückt werden. Wir müssen sehr sorgfältig unterscheiden zwischen Elterninteresse und Kinderinteresse, die in bezug auf optimale Fitneß einander oft widerstreiten können. Kinder stellen fast immer höhere Ansprüche, als ihre Eltern zu befriedigen in der Lage sind, und es bedarf kritischen Urteilsvermögens, hier einen gemeinsamen Nenner zu finden. In vielen Situationen werden eindeutig unbewußte Kalkulationen angestellt, und alle Indizien sprechen dafür, daß sich dabei die evolutionäre Perspektive ins Spiel mischt.

In den meisten Fällen von Abtreibung und Kindestötung sind die betreffenden Frauen noch Teenager. Mit zunehmendem Alter und schwindender Aussicht auf Fortpflanzungserfolg indessen bekunden

Frauen immer stärkeren und deutlicheren Widerwillen gegen einen Schwangerschaftsabbruch und alle Arten von Verhalten, das für ihre Kinder eine Gefährdung bedeutet. Wenn sich dann die Gewichtsverhältnisse verschieben und schließlich die Kinder ihre eigenen harten Entscheidungen zu treffen haben, erhöht sich für alternde Eltern die Wahrscheinlichkeit, von ihrem Nachwuchs umgebracht zu werden. Je älter und hilfsbedürftiger sie werden, desto leichter können sie für ihre Kinder zu einer Belastung werden, die deren Gesamtfitneß schmälert. Natürlich suchen nicht alle Nachkommen den Ausweg im Elternmord, zum Teil können sie sich die Aufwendungen für eine Altenpflegeeinrichtung leisten, aber selbst wer sich dafür entscheidet, die Verantwortung für das Los seiner betagten Eltern zu übernehmen, kommt um die Feststellung nicht herum, daß die Kosten unter Umständen ein bewußtes oder unbewußtes Ressentiment einschließen, das aus dem Bewußtsein der Einschränkungen resultiert, denen diese Konstellation die eigene Familie unterwirft.[92]

Innerhalb dieserart schlecht austarierten Familienkonstellationen zeichnet sich ein weiterer Trend ab, der durchaus keine Überraschung darstellt. Ersatzeltern – Elternteile, die kein Genkapital in die vorhandenen Kinder investiert haben – erfreuen sich keines guten Rufs. Die Vorstellungsklischees von der prinzipiell »bösen«, lieblosen Stiefmutter und vom »grausamen«, lüsternen Stiefvater haben eine lange Tradition. In vielen Kulturen begegnen Kinder diesen beiden Figuren mit größtem Argwohn, und das vielleicht mit gutem Grund. In den Vereinigten Staaten befanden sich 43 Prozent aller Kinder, die an den Folgen elterlicher Mißhandlungen starben, zur fraglichen Zeit in der Obhut von Stiefeltern.[91] Und in England wurden nicht weniger als 52 Prozent aller Kleinkinder, die in der elterlichen Wohnung durch Gewaltanwendung ums Leben kamen, von einem Stiefvater zu Tode geprügelt.[341] Einschlägiges Datenmaterial aus Kanada führt, nach dem Kindesalter aufgeschlüsselt, zu dem Befund, daß die Mißhandlung von Babys und Kleinkindern mit Todesfolge in Familien mit neu hinzugekommenem Stiefvater 65mal so häufig ist wie anderswo, was auf eine langurenhafte Abneigung gegen die Gene eines anderen hindeutet.[50]

Daß die Elternrolle schwierig ist, bedarf keines besonderen Beweises. Die Natur erleichtert sie den leiblichen Eltern insofern, als sie ihnen die innige Liebe zu ihren Kindern mitgibt, die sie antreibt, selbstlos für sie zu sorgen, koste es, was es wolle. Einem Ersatzelternteil gibt diese Rolle unvergleichlich größere Probleme auf. Die Abneigung, in größerem Umfang in das Kind eines anderen Menschen zu investieren, ist ein Naturgesetz, und sie wird nicht gerade besänftigt, wenn dieses Kind einem mit Argwohn begegnet. Aber Gen-Einfluß hin, Gen-Einfluß her, es gibt absolut keine Entschuldigung dafür, daß ein Mann in einer Anwandlung von Wut oder Enttäuschung ein Kind zu Tode prügelt. Das ist nicht zu verstehen und nicht zu verzeihen. Es ist eine verwerfliche Tat, unbestreitbar »böse« – nicht ihrer Natur nach, sondern nach moralischen Maßstäben, an denen, anders als alle anderen Arten, der Mensch sich messen lassen muß. Das ist eine der Bürden, die uns das Selbstbewußtsein auferlegt, ein Sachverhalt, auf den ich später ausführlicher eingehen werde.

Vorerst haben wir noch andere Mordtendenzen zu betrachten, darunter auch eine, mit der man rechnen müßte, wenn Sigmund Freud recht hätte mit seiner These, daß jedem Knaben der Wunsch innewohnt, seinen Vater zu töten und mit seiner Mutter zu schlafen. Wie jedoch Daly und Wilson darlegen, liefert das gesamte Faktenmaterial in Sachen Mord keinerlei Beweis für die Stichhaltigkeit der Freudschen Theorie des Ödipuskomplexes: Unter dem Gesichtspunkt der statistischen Signifikanz sind Morde, die vom Sohn am eigenen Vater begangen werden, nicht häufiger als die von jüngeren Männern (der gewalttätigsten Bevölkerungsgruppe) an älteren Männern im allgemeinen (der Gruppe, bei der es für Diebe und Räuber am meisten zu holen gibt) begangenen Morde.[93]

Es gibt Anhaltspunkte dafür, daß Söhne, aber auch Töchter Ressentiments gegen ihren Vater hegen, was jedoch offenbar schlicht und einfach daran liegt, daß Kleinkinder etwas gegen das Entwöhntwerden und eine neue Schwangerschaft der Mutter haben. »Aus der Sicht des Kindes verfolgt Papi mit Mami seine eigenen Zwecke, und die harmonieren nicht unbedingt mit denen des Kindes. Das Sexualleben der Eltern droht ein neues Geschwister hervorzubringen, und es ist durchaus kein unplausibler Gedanke, daß sogar schon ein kleines Kind in der Lage ist, spezifische adaptive Strategien zur Verzögerung des Ereignisses auszubilden, Strategien, mit deren Hilfe es das sexuelle Interesse der Mutter dämpft und dem Vater den Zugang zu ihr verbaut.«[94]

Das ist nicht gerade das, woran Freud dachte, der Darwin zwar gelesen, aber nicht verstanden hatte. Es ist der ganz normale Konflikt zwischen den Generationen, der nichts mit Sexualität zu tun hat und seinen – von einem kurzen Feuerwerk von Elternmord-Impulsen begleiteten – Höhepunkt erreicht, wenn Eltern sich nicht gesonnen zeigen, familiäre Ressourcen, auf denen sie die Hand haben, an ihre herangereiften Kinder zu übertragen. Nach Ausweis der Statistik nehmen Vatermord und Muttermord rapide zu, wenn die Eltern alt und den Kindern zur Last werden.[92] Dies sind globale Trends, in denen sich *in puncto* Interessen- und Bedürfnislage eine klare und zunehmende Asymmetrie zwischen den Generationen verrät: Nur noch für eine von ihnen bedeutet das Überleben und Wohlbefinden der anderen eine genetische Investition. Daraus erklärt sich der allenthalben auf Kinder ausgeübte Druck, so früh wie möglich zu heiraten und selbst wieder Kinder zu haben, und die unter Eltern weitverbreitete Tendenz, wenn es zum Zwist mit den Kindern kommt, in der Erbfolge eine Generation zu überspringen und ihren materiellen Besitz unmittelbar den Enkeln zu vermachen.

Außerhalb des Familienlebens ist die Faktenlage in Sachen Mord sehr viel einfacher und einheitlicher. Überall geht aus den verfügbaren Daten hervor, daß Morden in erster Linie ein Männergeschäft ist und daß Männer vorzugsweise andere, mit ihnen nicht blutsverwandte Männer umbringen, und zwar gewöhnlich bei Rangstreitigkeiten oder Prestigekämpfen. Es ist keine menschliche Gesellschaft bekannt, für die das nicht zuträfe. Im Vergleich dazu ist solcherlei tödliche Gewalttätigkeit bei Frauen äußerst selten. In den Vereinigten Staaten ist jedes vierte Mordopfer eine Frau, und 90 Prozent aller Morde an Frauen werden von Männern begangen. In 80 Prozent dieser Fälle ist der Tatort die Wohnung des Opfers; 75 Prozent der in der eigenen Wohnung ermordeten Frauen werden vom Ehemann oder einem Geliebten umgebracht. Daß eine Frau von einem wildfremden Menschen ermordet wird, ist eher selten. Wenn der Fall eintritt, daß eine Frau mordet, trifft es fast immer ihren Ehemann, ihren Geliebten oder ihre Kinder: die Menschen, die ihr am nächsten stehen. Und allen antifeministischen Vorurteilen zum Trotz spricht nichts dafür, daß Frauen heute öfter morden als vor der Einführung der Gleichberechtigung. Zwar hat die Zahl der weiblichen Strafgefangenen in den letzten Jahren rapide zugenommen, aber die Betreffenden sitzen in der Regel nicht wegen Gewalttätigkeit oder Mord, sondern wegen Eigentumsdelikten ein und haben ihre Verurteilung dem Umstand zu verdanken, daß die Polizei neuerdings auch solche einfacheren Delikte ohne Rücksicht auf das Geschlecht des Täters konsequent verfolgt.[213]

Tatsache bleibt, daß es im menschlichen Verhalten klare geschlechtsspezifische Unterschiede gibt, die allem Anschein nach nichts mit Umweltbedingungen und kulturellen Erwartungshaltungen, dafür aber um so mehr mit elementaren biologischen Zusammenhängen zu tun haben. Laut Daly und Wilson wird in allen Gesellschaften, über die uns Daten zur Verfügung stehen, der Konkurrenzkampf unter Männern in sehr viel gewalttätigerer Form ausgetragen als der Konkurrenzkampf unter Frauen – im Durchschnitt mit dem vierundzwanzigfachen Aufwand an Gewalt.[94] Und wie gewöhnlich hat die Ungleichheit einen biologischen Hintergrund. Für Männer steht bei dieserart Wettstreit viel auf dem Spiel. Die Gewinner bekommen Frauen, die Verlierer nicht. Und die Gewinner größten Stils bekommen die meisten Frauen und eine Eintragung ins *Guinness Buch der Rekorde* wie Mulai Ismail, Anfang des achtzehnten Jahrhunderts Kaiser von Marokko: Seinen Beinamen »der Blutdürstige« erwarb er sich, indem er mit eigenen Händen schätzungsweise dreißigtausend Menschen umbrachte; zur Unterhaltung seiner Gäste schlug er auch schon mal während eines Gelages kurzerhand einem Sklaven den Kopf ab. Mulai hatte fünfhundert Frauen, die ihm zusammen mehr als tausend Kinder schenkten, von denen er 888 als legitime Nachkommen anerkannte.[254] Nicht aktenkundig wurde, wie viele marokkanische Männer Mulai in die Verliererrolle drängte, indem er sie der Chance beraubte, eine Sexualpartnerin zu finden und sich fortzupflanzen.

Die Chance, den ganz großen Gewinn zu machen, ist bei dieserart Konkurrenz sehr gering, die Aussicht, alles zu verlieren, dagegen sehr groß. Diese Chancenverteilung erhöht die Bereitschaft zum Risiko. Männer stellen sie immer wieder unter Beweis, und zwar in einem Maß, das umgekehrt proportional zu ihrem sozialen Status ist. Je tiefer einer in der Sozialhierarchie rangiert, desto höher der Einsatz, den er für die Teilnahme am reproduktiven Gewinnspiel wagen muß, und desto kürzer die zeitliche Perspektive seines Lebensentwurfs. In Studien über junge Schwarze in amerikanischen Großstädten zeigt sich ganz klar, daß diejenigen, die »die erste Geige spielen« – die von den anderen in ihrer sozialen Gruppe als »tolle Macker« bewundert werden und zudem auch am besten bei jungen Frauen ankommen –, alle am Rande des Abgrunds leben. Sie rechnen selbst nicht damit, besonders alt zu werden, und leben aus einer existentiellen Einstellung heraus, bei der das Dasein anscheinend nur dann einen Sinn hat, wenn man unter der Drohung eines plötzlichen Todes steht. Und daß die Kehrseite dieses markanten Fehlens der Todesfurcht eine relativ große Skrupellosigkeit beim Töten ist, kann kaum überraschen.[8]

Die Folgen sind absehbar. In den Vereinigten Staaten und Kanada sind in mehr als 95 Prozent aller Mordfälle Täter und Opfer Männer, zumeist zwischen zwanzig und dreißig; über 40 Prozent beider Gruppen sind arbeitslos und über 70 Prozent ledig.[430] Als »Motiv« verzeichnet der Polizeibericht gewöhnlich »Streit aus nichtigem Anlaß«, doch wird damit lediglich verunklart, daß es bei diesen Auseinandersetzungen stets um jene Art Anerkennung und Respekt geht, die Voraussetzung für mehr Sozialprestige und Fortpflanzungserfolg ist. Meist spielen die Gene und ihre Ansprüche eine wesentliche Rolle bei derlei Zusammenstößen, die mit Mord und Totschlag enden, jedoch damit beginnen, daß Männer hinter Ressourcen her sind, die über die primären Bedürfnisse nach Nahrung und Schutz vor den Elementen hinausgehen, aber dafür das ebenso unabweisliche Bedürfnis nach Dingen erfüllen, von denen man sich eine Steigerung der sexuellen Anziehungskraft versprechen darf – Dinge wie schnieke Garderobe, ein Auto und andere Luxusgüter.[383]

Das Problem ist natürlich mit sexuellem Kontakt nicht erledigt. Um den Fortpflanzungserfolg nach sexuellem Kontakt abzusichern, haben die meisten menschlichen Gesellschaften die Sexualbeziehung zwischen Mann und Frau zu einem formellen Bündnis institutionalisiert, zur Ehe, die üblicherweise das exklusive sexuelle Anrecht der Partner aufeinander einschließt. Und das führt überall auf der Welt in der Mehrzahl der Fälle dazu, daß der Ehemann das Verhältnis zu seiner Frau mehr oder minder ausdrücklich als Besitzverhältnis interpretiert und im übrigen eine bemerkenswerte Doppelmoral entwickelt.[429] In den romanischen Sprachen und im Englischen ist das Wort, das den Ehebruch bezeichnet, vom lateinischen *adulterium* abgeleitet, das seinerseits – und das ist aufschlußreich – auf das Verbum *adulterare* zurückgeht: »etwas durch Zusatz unpassender oder wertloser Ingredienzien verunreinigen, verfälschen oder verderben«. Mit anderen Worten: Ihre Brisanz gewinnt die Sache – wie auch allenthalben im Tierreich – aus etwaigen Zweifeln des Mannes an der Vaterschaft. Der Zorn und die Eifersucht, die sich zusammen mit solchen Zweifeln einstellen, sind in der großen Mehrzahl aller Fälle der Grund, warum Ehemänner ihre Frauen prügeln, und auch das Motiv der meisten Gattinnenmorde. Und einen zusätzlichen Ausschlag weist die Häufigkeitskurve bei den Ehen auf, in denen der Mann erheblich älter als seine Frau ist und daher allen Grund hat, die Konkurrenz von jüngeren und potenteren Rivalen zu fürchten.

Dieses Verwechseln der Frau mit einem Besitztum wächst sich bei Männern, die eine Partnerin nur schwer loslassen können, zum Rachemord aus. In jedem Polizeiarchiv kann man Akten von Fällen finden, in denen eine Ehefrau oder Freundin, die sich von ihrem Partner abgesetzt hatte, von diesem aufgespürt und ermordet wurde, dagegen sind nur wenige Fälle bekannt, in denen eine sitzengelassene Ehefrau oder Geliebte sich mit einem Mord rächte. Wenn dergleichen, selten genug, einmal gemeldet wird, macht es gleich Schlagzeilen und wird zum Stoff umstrittener Kinofilme wie *Eine verhängnisvolle Affäre* (*Fatal Attraction*, 1987, von Adrian Lyne, mit Glenn Close und Michael Douglas in den Hauptrollen). Bei solchen Morden spielt nicht nur Eifersucht, sondern auch Bosheit mit, was daran zu erkennen ist, daß einer in Kanada durchgeführten Untersuchung zufolge ein Drittel aller Männer, die ihre Ehefrau umbrachten, nachdem diese mit ihnen gebrochen hatte, auch sich selbst töteten. Und eine Reihe von ihnen – offenbar besessen von dem Gedanken an eine mögliche Untreue, die für sie jetzt die Vaterschaft zweifelhaft machte – brachte auch sämtliche gemeinsamen Kinder um.[159]

Die Auslöschung der gesamten Familie ist vielleicht der gräßlichste Zielfehler des genetischen Drucks, der in diesem Fall einen Menschen dazu bringt, sich eine grandios zwecklose und in ruinöser Weise seinen eigenen Interessen zuwiderlaufende Vorgehensweise zu eigen zu machen, nur weil er damit einem anderen Menschen schaden kann, den er verdächtigt, seine Investitionsbereitschaft mißbraucht zu haben. Auf darwinistischer Grundlage ist ein solches Vorgehen sehr schwer plausibel zu machen. Es hat keinerlei biologischen Sinn, übersteigt die normale Vorstellungskraft und scheint in der Naturgeschichte kein Gegenstück zu haben – im Menschen allerdings berührt es irgendeinen Nerv, denn anders ist nicht zu erklären, daß es als »Medea-Syndrom« zu einem so eindringlichen Motiv im Mythos und in der Geschichte des Dramas wurde.

Medea ist bekanntlich die grausam betrogene Ehefrau aus der Argonautensage, die von Jason um der korinthischen Königstochter Glauke willen verlassen wird. Doch anders als Susan Smith ist Medea kein wehrloses Opfer und leidet nicht an mangelndem Selbstwertgefühl; den Ausweg in den Selbstmord verwirft sie mit den Worten: »Nicht das Sterben fürcht' ich, aber den Gedanken, im Tode meinen Feinden ein Gespött zu sein.«[122] Und sie rächt sich, indem sie nicht nur das Herrscherhaus von Korinth auslöscht, sondern noch dazu die eigenen zwei Söhne mit dem Schwert abschlachtet. Allein mit dieser Tat – die sie ausführt, ohne unter dem biologischen Druck zu stehen, der manchmal Kindermord zweckmäßig oder zumindest verständlich machen kann – erstickt Medea einen unserer elementarsten Instinkte, dem die Gene unter allen die höchste Priorität zugeteilt haben, und wird zu einem widernatürlichen Monstrum, einer Hexenmeisterin. Sie wird zu einem Wesen, das vielleicht heroische Züge aufweist, aber dabei ganz entschieden eine Inkarnation des Bösen ist, man mag dieses definieren, wie man will.

Es gibt nur einen Typus des Mordes, der es an evidenter biologischer Nutzlosigkeit mit der Tat Medeas aufnehmen kann, freilich sehr viel häufiger, ja sogar populär ist – populär in dem Sinne, daß er irgendwie zweckmäßig zu sein scheint: Die Rede ist von der Vergeltung. Auge um Auge, Zahn um Zahn – Saldoausgleich. Eine Praxis, über der die besten Taktiker unserer Zeit den Stab gebrochen haben. Winston Churchill sagte über sie: »Nichts ist kostspieliger, nichts ist fruchtloser als Rache.«[70] Und dennoch ist sie in fast allen Kulturen zu finden, die jemals Gegenstand wissenschaftlicher Untersuchung wurden, und hat in vielen sogar den Rang einer heiligen Pflicht. Ein Menschenleben muß mit einem Menschenleben bezahlt werden, selbst wenn die Rechnung erst mit einer Verspätung von etlichen Generationen präsentiert werden kann.

Auf funktionaler Ebene läßt sich Rache als verzögerter Vergeltungsakt verstehen – so als fände ein Kampf statt, bei dem zwischen Schlag und Gegenschlag nicht Sekunden oder Sekundenbruchteile, sondern Monate oder Jahre liegen. So gesehen hat das Ganze einen gewissen Sinn. Einen Gegenschlag kann man als wirksame Abschreckungsmaßnahme begreifen, als ein Warnsignal, daß jeder Angriff heimgezahlt wird, üblicherweise mindestens in gleicher Münze. In einer Spezies mit Langzeitgedächtnis dürfte das Bewußtsein eines irgendwann in der Zukunft – und womöglich zu einem Zeitpunkt, wo man am wenigsten mit ihm rechnet – drohenden Gegenangriffs durchaus ein geeignetes Mittel zur Friedenssicherung sein. Von daher gesehen stellt sich die Tradition des demonstrativen »Auge um Auge« als eine mehr auf das Eindämmen als das Anheizen von Rachefeldzügen angelegte Strategie dar. In diesem Sinne wirkt sie jedenfalls bei den Asmat, die geschult darin sind, in den Kategorien von Recht, Billigkeit und Ausgewogenheit zu denken. In manchen Gesellschaften jedoch laufen Blutfehden schnell aus dem Ruder, weil einzelne oder Sippen das Vergeltungsprinzip als Vorwand benutzen, um weit über das Ziel des gerechten Ausgleichs hinauszuschießen und den Opponenten ins Hintertreffen zu bringen oder in der verblendeten Hoffnung auf eine »Endlösung« den Streit anzuheizen.

Blutfehden sind gewöhnlich Männersache. Eine vor kurzem in ländlichen Regionen der Türkei durchgeführte Untersuchung brachte allerdings zutage, daß Frauen eine zentrale Rolle beim Konservieren und Schüren alter Haßgefühle spielen. Da wird das blutbefleckte Hemd eines erschlagenen Familienmitglieds von einer Matriarchin sorgsam aufbewahrt und bei diversen Gelegenheiten den nachwachsenden männlichen Familienmitgliedern gezeigt, die zugleich Aufklärung darüber erhalten, was für feige und gottlose Hunde die Mörder sind und wie wenig sie es verdienen, am Leben zu sein. Die Knaben wachsen mit dem Gedanken an Rache auf, hören, daß die Seele des Erschlagenen keine Ruhe finden kann, solange sein Tod nicht mehrfach gerächt ist, und werden jedesmal an ihre Pflicht zur Rache erinnert, wenn sie die Alte in den schwarzen Kleidern sehen, die bis zum Tag der Sühne nicht mehr abzulegen sie geschworen hat.[210]

Auf der Insel Zypern machen Griechen- und Türkengemeinden aus tödlichen Auseinandersetzungen zwischen Dörfern internationale Zwischenfälle, indem sie längstvergessene Erinnerungen ausgraben, um damit uralte konfligierende Gebietsansprüche zu legitimieren. Da wird dann aus steinigem Boden »heiliges« Gelände, wo noch heute Heerscharen toter Helden marschieren. Da werden mit unschöner Regelmäßigkeit Friedhöfe aufgewühlt, der Inhalt der Gräber verstreut und die Grabsteine verschandelt. Und da kommt es dann auch so weit, daß ein griechischer Junge, um den Tod seines Freundes zu rächen, mit der Maschinenpistole im Anschlag in ein Haus eindringt, dort die gesamte siebenköpfige Familie einschließlich Frauen und kleinen Kindern abschlachtet und seinen Exzeß hinterher achselzuckend mit der Bemerkung abtut: »Aber das waren doch *Türken*!«[244]

So kommt es dann, daß die Rachespirale sich zur irrwitzigen Blutgier hinaufschraubt, die Generationen überdauert und beide streitenden Parteien bis zur Erschöpfung auszehrt. Den gleichen wahnsinnigen Verlauf nehmen manchmal die Bandenkriege in unseren Großstädten, weil den Straßenkriegern jedwede Tradition sinnvoller Schlichtung abgeht – sie haben nie gelernt, das Spiel nach den richtigen Regeln zu spielen. Sie haben keinen »Mann, den man sehen kann« zum Vermitteln. Aber so müßte es nicht sein. Es gibt ja immer noch »Wie du mir, so ich dir«.

Wir erinnern uns: Die Strategie »Wie du mir, so ich dir« schreibt vor, das Spiel kooperativ zu eröffnen und danach mit jedem eigenen Zug den vorausgegangenen Zug des Gegenspielers zu kopieren. Mit anderen Worten: ihm mit genau gleicher Münze herauszugeben. Nicht mehr, nicht weniger. Mit dieser Strategie verrennt man sich nicht in eine selbstmörderische Eskalation und signalisiert auch nicht jene Art Schwäche, die den Gegenspieler zu Unverschämtheiten provozieren würde. Auf lange Sicht zeigt »Auge um Auge« Wirkung, weil es genau das bedeutet, was der Name sagt. Nimmt man dir ein Auge, nimmst du dem anderen ein Auge; schaut man auf der Gegenseite großzügig durch die Finger, revanchierst du dich mit der gleichen Großzügigkeit. Nettsein oder Garstigsein, beides wird auf der Stelle registriert und mit gleicher Münze heimgezahlt – da weiß jeder stets, woran er ist.

1979 stellte Robert Axelrod bei einem Turnier unter Computerprogrammen fest, daß diese – und nach derzeitigem Kenntnisstand *nur* diese – Strategie eine stabile ist und, wenn sie sich erst einmal in einer Population ausgebreitet hat, das Eindringen jeder anderen Strategie verhindert.[21] Das war eine grundlegende Entdeckung, brachte sie doch zutage, daß wohldosierte Vergeltung eine kumulative positive Wirkung hatte, die stets auf verstärkte Kooperation hinauslief. Und zudem verwies sie auf die faszinierende Möglichkeit, daß wir sozialen Tiere, deren großes Gehirn genährt und stimuliert wurde durch die Volten, Finten und Schliche, die wir brauchen, um mit unseren Artgenossen auskommen zu können, intuitiv den Kostenvorteil eiskalter Vergeltung richtig einzuschätzen wissen. Die Italiener haben ein altes Sprichwort: »Rache ist ein Gericht, das kalt genossen am besten schmeckt.« Damit dürften sie den Nagel auf den Kopf getroffen haben. Vielleicht hat unsere Sympathie für den Gedanken der gerechten Vergeltung ein solides Fundament in einer langen stammesgeschichtlichen Erfahrung. Möglicherweise ist die Genugtuung, die innere Zufriedenheit, die der Vergeltungsakt uns gewährt, eine Anpassungsreaktion. Rache stellt sich schlicht und einfach deswegen als sinnvoll und Rechtens dar, weil irgendwo in unserem Inneren die Erkenntnis vorhanden ist, daß sie auf lange Sicht Rivalitätskämpfen enge und unverrückbare Schranken setzt.

Auge um Auge, Zahn um Zahn? Auf alle Fälle, denn keine Fehde muß sich zwangsläufig endlos hinziehen, und tatsächlich werden Fehden in Stammesgemeinschaften oft nach einem einzigen Revanchemord beigelegt, der gewöhnlich mit einer materiellen Sühneleistung gepaart ist: einem Wergeld (oder Blutgeld), denn in den meisten Gesellschaften hat das Leben einen bezifferbaren Preis. Im Vorkriegssomalia war die versehentliche Tötung eines Mannes mit der Zahlung von hundert, die Tötung einer Frau mit der Zahlung von fünfzig Kamelen zu sühnen.[78] Bei den ugandischen Sebei waren die Preise differenzierter gestaffelt: Zehn Kühe kostete das Leben einer jungen Frau im heiratsfähigen Alter, fünf Kühe das einer Frau, die aus dem gebärfähigen Alter heraus, aber als gute Köchin bekannt war.[150] Solche Entschädigungsmaßstäbe haben wir in unserer Gesellschaft nicht, weil wir in bezug auf unseren präzisen Wert weit weniger mit uns im reinen sind.

Als Quelle für chemische Rohstoffe betrachtet, ist jeder von uns etwa 11,78 Mark wert, als Quelle für Transplantate bis zu 475 000 Mark. Die durchschnittliche Lebensversicherungssumme liegt bei nicht mehr 120 000 Mark, doch bei Bruce Springsteen sind allein die Stimmbänder mit mehr als 6,5 Millionen Mark versichert.

Eine natürliche Schwangerschaft ist meist umsonst zu haben, die Kosten für die Schaffung neuen Lebens auf künstlichem Wege indessen schwanken zwischen 70 Mark für die einmalige Samenspende und mehr als 750 000 Mark für die im Durchschnitt benötigten sechs Anläufe bei der Produktion eines »Retortenbabys«.[283] Solche Berechnungen werden relevant, wenn die Rede davon ist, daß Verbrecher für ihre Verbrechen »bezahlen« sollen. Wenn für einen Mord nicht mehr die Todesstrafe verhängt werden kann, womit kann man dann in angemessenem Umfang aufrechnen? Die Geschworenen könnten am Ende der Gerichtsverhandlung eine Empfehlung für eine massive Schadensersatzzahlung aussprechen, die freilich *in praxi* nur mittels eines jahrelangen kostspieligen Zivilverfahrens durchzusetzen wäre. Möglicherweise ist der Mörder zu diesem Zeitpunkt aufgrund eines hinter den Kulissen getätigten Handels, auf den die Angehörigen des Opfers keinen Einfluß hatten, schon wieder auf freien Fuß gesetzt. Die gängige Strafe für Totschlag sind in den USA heute drei bis fünf Jahre Haft mit der Möglichkeit des bedingten Straferlasses bei guter Führung, sobald achtzehn Monate verbüßt sind. Die Folge davon ist, daß in vielen Fällen eine sinnfällige ausgleichende Gerechtigkeit *nicht* stattfindet und die Angehörigen des Opfers Haß und einen ungestillten Rachedurst zurückbehalten.

Solche Affektstaus zu ignorieren ist nicht ohne Risiko, und wir sollten noch einmal gründlich darüber nachdenken, ob wir wirklich gut beraten sind, wenn wir Rache als »unproduktiv« oder irgendwie ungehörig ablehnen. Wir haben etwas von Wert, ein in evolutionsgeschichtlicher Perspektive sinnvolles Verhaltensschema aufgegeben, als wir die Gerechtigkeit zu etwas Abstraktem und Unpersönlichem machten. Vielleicht sollten wir uns die Sache noch einmal überlegen und uns wieder dem alten Konzept des »wohlverdienten Lohns« zuwenden, der wohlabgewogenen Vergeltung, die vollkommen paßgenau auf das Verbrechen zugeschnitten und daher für alle Beteiligten zufriedenstellend und plausibel ist.

Diese Art Gerechtigkeit würde infolge wechselnder Umstände und wechselnder Einstellungen zum Verbrechen zwangsläufig in jeder Kultur eine andere Form annehmen. In manchen Gesellschaften ist die Gewaltbereitschaft groß, in anderen sind die Menschen schwer aus der Ruhe zu bringen. Doch selbst wo Aggression als asozial verpönt ist, können Mechanismen vorhanden sein, die gelegentliche Ausbrüche sanktionieren. In Südostasien ist das Amoklaufen ein solches kulturelles Konstrukt, das noch heute von Zeit zu Zeit in Erscheinung tritt. Im typischen Fall ist der Hauptakteur ein junger Mann, der in jäher Geistesverwirrung mit gezücktem Dolch losstürmt und jeden niedersticht, den er auf seinem Weg antrifft. Ich selbst habe einmal einen Malaien in diesem, wie mir schien, trancehaften Zustand gesehen: Mit einem Kris bahnte er sich, Tote und Sterbende hinter sich zurücklassend, einen Weg durch das Menschengedränge auf einem Kleinstadtmarktplatz und fuhr immer weiter fort, wahllos draufloszustechen, bis es schließlich einigen Umstehenden gelang, ihn zu stoppen, indem sie ihn kurzerhand mit ihren Stöcken erschlugen.

Niemand ließ einen Vorwurf gegen den Totschläger hören oder beglückwünschte die, die seinem Lauf ein Ende gemacht hatten. Man fand sich einfach damit ab, daß hier wieder einmal einer die Verzweiflung, die das Sozialleben zuweilen hervorbringt, mit dem Leben bezahlt und andere in seinen Untergang mitgerissen hatte. Obschon man die Opfer des Amokläufers bedauerte, war man der Ansicht, daß er sich auf ehrenhafte Weise aus seiner persönlichen Zwangslage befreit habe. Die ganze Angelegenheit war eine Sache von Minuten und wurde in dieser Zeit auch kulturell verarbeitet und *ad acta* gelegt, ohne daß es zu quälerischem Fragen und Reflektieren gekommen wäre, wie es in unserer Gesellschaft nach vergleichbaren Massenmorden an der Tagesordnung ist. Ich hatte Gelegenheit zu einem direkten Kulturvergleich in diesem Punkt, denn bald nachdem ich Mitte 1966 aus Asien zurückgekehrt war, starb auf dem Turm der Universität im texanischen Austin ein ehemaliger Marineinfanterist namens Charles Whitman, der vor seinem Tod vierzehn Menschen erschossen und neununddreißig andere verwundet hatte, und das alles aufgrund seines kurz zuvor gefaßten Entschlusses: »Ich kann den Druck auf mich nicht mehr aushalten. Ich fechte das jetzt allein aus.«[40]

Zwischen dem Malaien und dem Marineinfanteristen scheint kein großer Unterschied zu bestehen außer dem, daß der eine einen Revolver, zwei Pistolen, drei Gewehre und eine Schrotflinte hatte, der andere dagegen lediglich den geheiligten Familiendolch. Beide töteten in geistiger Verwirrung. Whitman hatte sich wegen seiner Aggressionsneigung in psychiatrische Behandlung begeben und seinem Arzt sogar davon berichtet, daß er in Abständen von der Vorstellung heimgesucht wurde, »mit einem Jagdgewehr den Turm zu besteigen und auf Menschen zu schießen«. Über den Malaien wußte man nichts weiter, als daß er allein lebte und Spielschulden hatte. Zu entschuldigen ist weder die Tat des einen noch die des anderen; wenn jedoch der Gradmesser des Bösen tatsächlich das Ausmaß ist, in dem es die lokale Ökologie beeinträchtigt oder zerrüttet, dann war Whitman fraglos der bösere von den beiden. Das kulturelle Umfeld in der malaiischen Kleinstadt bot die Möglichkeit, eine vergleichbare Bluttat zu akzeptieren und in äußerst dezenter Form zu verarbeiten.

Darauf kommt es an. Obwohl ich dabei war und den Blutrausch des Amokläufers mit eigenen Augen gesehen habe, finde ich mich noch heute, fast dreißig Jahre später, durch diese Affektentladung weniger beunruhigt als durch die Berichte über Whitmans kaltblütige Hinrichtung jedes Menschen, den seine Zielfernrohre erfaßten. Die beiden Taten unterscheiden sich im Kontext – und über Gut und Böse, ich sage es noch einmal, läßt sich überall auf der Welt nur unter Berücksichtigung des Kontexts befinden.

Die Mordrate schwankt nicht nur in synchronischer Sicht von einem Land zum anderen, sondern auch in diachronischer Sicht in jedem einzelnen Land. Wir hören viel von Gewalttätigkeit und ihrer relativen Häufigkeit in einzelnen Bevölkerungsgruppen oder Subkulturen; Tatsache ist jedoch, daß Gewalttätigkeit allerorten in der Tendenz unter jungen Männern mit trüben Zukunftsaussichten am verbreitetsten ist, unabhängig von deren ethnischem oder rassischem Hintergrund. Sie haben allen Grund wenn nicht die moralische Legitimation, zu allen Mitteln zu greifen, um mit den Leuten konkurrieren zu können, denen in ihren Augen ein ungerecht hoher Anteil an den lokal verfügbaren Ressourcen zugefallen ist. Und im Auftreten dieser Gewalttätigkeit zeigt sich ein sonderbares Muster, das die Vermutung nahelegt, daß ihre Eskalation möglicherweise mit den Entscheidungen zusammenhängt, die in manchen bei uns als »Kriegsersatz« beliebten Kampfspielen fallen: mit dem Ausgang von Box- und Football-Wettkämpfen.

Tag für Tag geschehen in den Vereinigten Staaten mehr als sechzig Morde, und eine durch diesen Sachverhalt angeregte Studie kam zu dem Ergebnis, daß die Zahl der Morde in den Tagen nach einem

Schwergewichts-Boxmeisterschaftskampf mit starker Medienresonanz erheblich ansteigt. Und wenn es sich um einen Kampf zwischen einem Schwarzen und einem Weißen handelt, rekrutiert sich die über den Durchschnittswert hinausschießende Zahl der Todesopfer vermehrt aus der Rasse des Verlierers des Boxmatchs.[301] Dieser nicht ganz unumstrittene Befund wird anscheinend bestätigt durch eine Nachfolgestudie, bei der das Augenmerk auf die nicht minder Körperkraft und Aggressivität betonende Profiliga des American Football gerichtet war.

In den Tagen nach einem wichtigen Entscheidungsspiel werden regelmäßig mehr Morde registriert als in den letzten Tagen vor dem Spiel, und diese überschießenden Gewalttaten ereignen sich unweigerlich in der Stadt, wo der unterlegene Verein und seine Anhänger zu Hause sind.[412] Doch der Katalysator für die letztlich zum Mord führende Gewalt ist offenbar nicht der aggressive Charakter des Geschehens auf dem Spielfeld. Aus der fraglichen Studie ergibt sich keine Bestätigung der Theorie, der zufolge das Schauspiel der Gewalt zu neuer Gewalt reizt. Vielmehr spricht alles dafür, daß der Ausgang des Spiels der Faktor ist, auf den es ankommt. Bei einer kämpferischen Begegnung zu unterliegen heißt das Gesicht verlieren, und diese Enttäuschung betrifft nicht nur die unterlegene Mannschaft, sondern auch ihre Anhänger, die sich mit ihr identifizieren. Die Anhänger der Siegermannschaft machen sich in Hochstimmung auf den Heimweg, es könnte ihnen besser nicht gehen. Die Anhänger der Verlierermannschaft randalieren auf dem Nachhauseweg, überlassen sich blinder Zerstörungswut und brechen Streit miteinander vom Zaun; zu Hause angekommen, verprügeln sie Frau und Kinder.

Und dennoch ist der Wert des Sports als Kriegsersatz allem Anschein nach nicht zu bestreiten. Bei Fußballweltmeisterschaften kann es zwar vorkommen, daß Verlierermannschaften von ihren Anhängern ohne viel Federlesens *en bloc* in die Pfanne gehauen werden, doch wenn man den tatsächlichen Gewaltpegel an der Zahl der registierten Morde mißt, ist er zu keiner Zeit niedriger als während jener Wochen des allgemeinen Fußballtaumels. Trotz aller Lamentationen über den unaufhaltsamen Zerfall und Untergang der Gesellschaft, die in jedem Jahrhundert von neuen Stimmen vorgetragen wurden, ist in England die Mordrate seit dem Mittelalter stetig gefallen.[32] Es mag so aussehen, als lebten wir in einer Welt der Gewalt, doch selbst bei den sprichwörtlich sanften Buschmännern der Kalahari liegt die Mordrate höher als in den berüchtigtsten amerikanischen Großstädten.[240] Allem Anschein zum Trotz haben wir, die Bürger einer modernen Industrienation, bessere Chancen, friedlich in unserem Bett zu sterben, als alle Menschen, die vor uns auf der Welt waren.

Die natürliche Selektion bestimmt unser Wesen, indem sie uns auf die Bahn des Fortpflanzungserfolgs und der enthusiastischen Vetternwirtschaft führt. Ihre Gebote sind einfach; sie lauten: »Wachset und mehret euch« und »Jeder sei sich selbst der Nächste«. Und die Dinge, die der Eigennutz zu tun uns treibt oder die zu tun wir uns im eigenen Interesse scheinbar frei entscheiden, sind in der Tendenz auch insofern richtig und angemessen, als sie sich im Gang der Evolution zur Maximierung unserer Überlebenstauglichkeit in der Ur-Umwelt herausgebildet haben. Inzwischen haben wir uns zwar um einiges von jenem urgeschichtlichen Lebensraum entfernt, aber wenn wir in Konflikt mit Artgenossen geraten, die mit uns um dieselben Ressourcen konkurrieren, aktivieren wir noch immer gern die dort und damals erfolgreichen Strategien. Wir trumpfen auf, werden nicht selten rundheraus aggressiv, und falls wir anders unsere Fitneß nicht wahren können, töten wir auch, wobei allerdings starke Blockaden gegen das Töten genetisch verwandter Personen in uns wirksam sind. Aber auch diese können überwunden werden, wenn sich ein höheres Interesse zeigt, etwa vermehrte Chancen, zu Fortpflanzungserfolg zu kommen, die sich nur unter Aufopferung eines nahen Verwandten realisieren lassen. Es scheint demnach, daß unsere Spezies, was das Töten von Artgenossen anlangt, kein Tabu, kein absolutes Verbot kennt. Wenn es sein muß, dann töten wir eben, und manchmal sogar mit augenscheinlicher Lust – oder ist es vielleicht bloß Neugier?

Am 12. Februar 1993 trug sich in England etwas zu, das den üblichen Übertreibungen der Presse ausnahmsweise einmal entsprach und mit vollem Recht als »der Vorfall, der die Welt schockierte« bekannt wurde. Die Fakten sind simpel. Genau um 15.38 Uhr an jenem Tag entfernte sich der noch nicht ganz dreijährige James Bulger in einem Einkaufszentrum außerhalb von Liverpool in Lancashire von der Seite seiner Mutter. Drei Minuten später wurde er auf einem anderen Stockwerk des Geschäfts von einer Überwachungskamera erfaßt, jetzt in Gesellschaft zweier älterer Kinder. Wenig später beobachteten ein Taxifahrer und eine Kundin, wie die beiden Jungen den Kleinen über die Straße vor dem Einkaufszentrum zerrten, und weitere 36 Zeugen sahen – ohne einzugreifen, weil sie annahmen, die drei Kinder seien Geschwister – die zwei Jungen und den offensichtlich verschreckten James auf ihrem vier Kilometer langen Weg auf einer vielbefahrenen Busstrecke, über einen Verkehrskreisel hinweg, in einen Heimwerkerladen und ein Zoogeschäft hinein und wieder hinaus und weiter zu einem Eisenbahndamm. Dort quälten die beiden Kidnapper ihr Opfer zwei Stunden nach der Entführung zu Tode. Und das mit voller Absicht: Sie trafen James mit mindestens 27 Ziegelsteinen und einer zehn Kilogramm schweren Eisenstange, dabei verursachten sie vierzig sichtbare Wunden und mehrere Schädelbrüche. Dann zogen sie dem Opfer die Hose aus und beschmierten Gesicht und Körper des Toten teilweise mit blauer Farbe, die sie anscheinend eigens zu diesem Zweck auf dem Weg zu dem Bahndamm gestohlen hatten. Zum Schluß legten sie die Leiche so auf das Schienengleis, daß der nächste Zug sie entzweischneiden mußte. Dann besuchten die beiden Zehnjährigen, die noch die Schuluniform anhatten, einen Videoladen, als ob nichts geschehen wäre.

Knapp eine Woche später wurden Jon Venables und Robert Thompson als Mörder verhaftet. An ihrer Schuld bestand nie auch nur der geringste Zweifel. Die beiden hatten eine breite Spur vernichtender Beweise hinterlassen: So hatten sie sich beispielsweise nicht einmal die Mühe gemacht, Blutflecken von ihren Schuhen oder Flecken der blauen Farbe von ihren Jacken zu entfernen. Im Verhör gab jeder dem anderen die Schuld, doch weder damals noch zu irgendeinem Zeitpunkt des nachfolgenden Sensationsprozesses war einer der beiden in der Lage, eine klare Auskunft über das Tatmotiv zu geben. Das haben dann andere versucht…

Jedermann in Großbritannien fühlte sich von dem Fall persönlich betroffen. Wie konnte so etwas geschehen? Wer war schuld? Wäre es zu verhindern gewesen? Könnte es wieder geschehen? Liegt der Fehler bei der Gesellschaft als solcher? Die quälerische kollektive Gewissenserforschung im Zusammenhang mit dem – laut der Tageszeitung *Independent* – »schlimmsten Mord unserer Zeit«[11] riß monatelang nicht ab. Die ohnehin tief bedrückten Menschen in Merseyside rangen um eine Perspektive, die ihnen ermöglichte, mit dem Schuldgefühl angesichts solchen Grauens in ihrer Mitte zu leben; sie seien »vom Feuer innerer Qual verzehrt«[177], hieß es über sie. Die Regierung und die anglikanische Kirche gerieten in Streit darüber, wen höheren Ortes die Verantwortung treffe, und in dem Maße, wie die Stoßwelle des Abscheus sich ausbreitete, konfrontierten Zeitungen in aller Welt ihre Leser mit der Frage: »Könnte so etwas auch bei uns passieren?«[194]

Die Experten sorgten natürlich mit vereinten Kräften für einen Wolkenbruch von Theoremen: Von »moralischer Entartung und moralischem Niedergang« war die Rede und von einer »Gesellschaft, die im Eiltempo in die Unkontrollierbarkeit unterwegs ist«[302], von dem »gefährlichen psychologischen Prozeß der Dyade« – der Zweiergruppe, die Taten begeht, an die jedes der beiden Mitglieder für sich allein nicht einmal zu denken wagte[300] –, vom »Tod der Unschuld« und von »Verhaltenskontinua, die bei dem Kind, das Schmetterlingen die Flügel ausreißt, beginnen und beim voll ausgebildeten Sadismus enden«.[33] Alles mühte sich um eine sinnvolle Deutung der Tragödie, aber sie blieb bis zuallerletzt undurchsichtig und ließ sich auf keinen Begriff bringen.

Die Kammer, vor der der Fall verhandelt wurde, nannte den Mord an James Bulger in der Urteilsbegründung eine »beispiellos verruchte und barbarische Tat« und das Verhalten der Mörder »hinterlistig und niederträchtig«.[303] Und der für die Ergreifung der Täter verantwortliche Kriminalpolizeichef schilderte diese als »über alles Erwarten verderbt« und »in höchstem Grade arglistig und verschlagen«.[49] Seine Männer kämen noch immer nicht los von dem »entsetzlichen kalten Lächeln«, das Thompson während der Verhandlung einmal mit Venables wechselte. »Es war ein eiskaltes – ein bösartiges Lächeln ... es brachte zum Ausdruck, daß sie wußten, daß sie voll verantwortlich waren, aber dachten, man würde sie nicht kriegen können.«[405] Da sie noch nicht strafmündig waren, wurden Jon Venables und Robert Thompson auf unbestimmte Frist – eine Frist »nach Gutdünken Ihrer Majestät« – in verschiedene Hochsicherheits-Erziehungsanstalten eingewiesen, wo jeweils eine kleine Gruppe gemeingefährlicher Minderjähriger in Sicherungsverwahrung gehalten wird, die in der Praxis auf eine lebenslange Haftstrafe hinausläuft. Venables und Thompson bilden hier jedoch eine Klasse für sich, »die bestürzendsten Exemplare britischer Inhaftierter«.[128]

Während des Prozesses versammelte sich an jedem Verhandlungstag vor dem Gericht eine Menschenmenge, aus der Rufe ertönten wie »Bringt sie um, die Schweinehunde« oder »Wer ein Leben nimmt, soll sein Leben dafür lassen«. Jedem, der die Verstörtheit der Versammelten sah und ihre Verwünschungen hörte, war klar, daß diese biederen, gottesfürchtigen Menschen die beiden Jungen gelyncht hätten, wenn man ihnen Gelegenheit dazu gegeben hätte. Was sie bewegte, war vielleicht das Verlangen nach Rache und lauterer Gerechtigkeit, aber auch eine schreckliche Ernüchterung und das flaue Gefühl, daß ihr eigenes Kind das Mordopfer oder, schlimmer noch, ihre eigenen Kinder die Mörder hätten sein können.

Anscheinend sehen wir uns in solcher Lage vor ein so akutes und zugleich für unseren Verstand so unauflösliches Dilemma gestellt, daß wir in eine Art moralischer Panik geraten. Die Essenz dieses Mordfalls ist die entsetzliche Tatsache, daß die Tat von Kindern an einem noch jüngeren Kind begangen wurde. Die Einweisung in eine Besserungsanstalt scheint für ein solches Vergehen kaum die ausreichende Sühne. Es stellt uns alle unter Bedrohung. Es läßt jeden Kinderstreich, jedes noch so geringfügige kindliche Rebellieren als die Keimstufe einer Entwicklung erscheinen, die mit zwingender Konsequenz zu den schwärzesten Untaten führt. Und wir weigern uns zu glauben, daß der Firnis der Zivilisation so dünn sein kann.[11]

Er ist es wohl doch. Das deutet jedenfalls William Golding in seinem Roman *Herr der Fliegen* (1954) an, in dem er beschreibt, wie eine Gruppe englischer Schuljungen, die als einzige Überlebende eines Flugzeugabsturzes auf einer unbewohnten Pazifikinsel gestrandet sind, von den Fesseln der Erwachsenenwelt befreit, sehr rasch in den Zustand der Wildheit zurückfällt.[149] In einer der bedeutendsten Darstellungen von Kindern und ihrer Welt, die die moderne Literatur hervorgebracht hat, dem Roman *Ein Sturmwind auf Jamaika* (1929), erzählt der Waliser Richard Hughes die Geschichte eines zehnjährigen Mädchens, das in einer Ausnahmesituation einen Mann ersticht und das der Erzähler später auf einem Schulhof beobachtet, wo es ein ganz normales Schulmädchen unter anderen geworden ist: »In diesem sanften, unbeschwerten Gedränge offener, unschuldiger Gesichter und weicher, anmutiger Glieder, aus dem ein sorgloses, kunstloses Geplapper und Gezwitscher aufstieg, hätte vielleicht der Blick und das Gehör Gottes unterscheiden können, wer Emily war – aber ich konnte es ganz sicher nicht.«[200]

Es könnte sehr gut sein, daß gleich unter dem, was wir für Unschuld halten, eine Ader von Verderbtheit lagert. Aber der zweijährige, blonde, blauäugige James Bulger, der war doch unschuldig, oder? Vielleicht. Und vielleicht konnte er es nur deswegen sein, weil er in einer intakten Familie lebte, deren Widerstandskraft sich nach seinem Tod sehr deutlich zeigte. Der Schriftsteller Ian McEwan, in dessen Romanen es von Bildern voll untergründiger Bedrohlichkeit wimmelt, ist überzeugt, daß der Verlust der Unschuld ein Motiv ist, das unser Denken seit unserer mythischen Vertreibung aus dem Garten Eden nicht mehr losläßt. »Das gewalttätige Kind ist das eindrucksvollste Bild der entweihten Unschuld, das wir haben«, meint er. »Wenn die Menschheit dazu imstande ist, dann sind wir vielleicht nicht mehr zu retten.«[33]

Die Kinder, die James Bulger umbrachten, waren Produkte der Armut, zerrütteter Familienverhältnisse und elterlicher Mißhandlung: chronische Schulschwänzer, verbündet in gemeinsamer Leistungsschwäche und mit der Gesellschaft schon vor der Mordtat zerfallen. Aber das gleiche gilt für Hunderttausende sozial benachteiligter Kinder, die trotzdem nicht in Einkaufszentren herumlungern und nach einem geeigneten Mordopfer ausspähen. Bei der Gerichtsverhandlung kam zutage, daß Thompson und Venables an dem Tag, an dem sie es schafften, den kleinen James zu kidnappen, mindestens einen weiteren Versuch machten, ein Kind von seiner Mutter wegzulocken. Sie wollten Ärger, und zwar von einer ganz bestimmten Sorte.

Ein schaudern machender Zufall wollte es, daß das letzte Video, das Jon Venables Vater sich vor der Bulger-Tragödie auslieh, *Child's Play III* war, ein Film über eine dämonische Puppe namens Chucky, einen Mann, der eine blaue Latzhose trägt, blaue Farbspritzer im Gesicht hat und einen kleinen Jungen entführt, den er in einem Vergnügungspark mit Namen »Teufelshorst« umzubringen versucht, indem er ihn vor die Räder der Geisterbahn stößt. Es gibt keinen Beweis dafür, daß einer der beiden Jungen den Videofilm gesehen hat; was jedoch ebenfalls stutzig macht, ist die Tatsache, daß Venables – um es in den Worten seines Anwalts auszudrücken – »sich einzureden vermocht hat, er habe bei dem Mord keine aktive Rolle gespielt. Er spricht über die Sache, als ob es sich um etwas handelte, das er als Zuschauer beobachtet hat.«[286]

Es ist nur allzu leicht, den verderblichen Einfluß der Gewalt in Kino- und Fernsehfilmen und »Schundvideos« aufs Korn zu nehmen. Anthony Burgess, der Verfasser von *Uhrwerk Orange*, wurde es schließlich leid, sich immer wieder gegen den Vorwurf zur Wehr setzen zu müssen, sein Buch und der Film, den Stanley Kubrick danach gedreht hatte, heize die Gewalttätigkeit an.[51] »Die Manifestationen der Erbsünde können weder dem Kino noch der Literatur zur Last gelegt werden. Ein Mann, der seinen Onkel umbringt, kann die Schuld nicht gut auf eine *Hamlet*-Aufführung schieben. Andererseits, wenn der Literatur die Verantwortung für Gewalttaten und Mord anzulasten ist, dann ist das verdammenswerteste Buch überhaupt die Bibel.«[52] Die öffentliche Aufführung des Films *A Clockwork Orange* ist in England noch immer verboten, und das Buch hat inzwischen seinen provokatorischen Charakter eingebüßt. Nachdem er geraubt, vergewaltigt, gefoltert und gemordet hat, reflektiert der Protagonist: »Das war's. Jetzt hatte ich alles durch. Und ich war noch immer erst fünfzehn.« Im Jahr 1962 war das eine schockierende Enthüllung. Inzwischen hat sich das geändert. Heute müßte es schon heißen: »erst zehn«.

Die eigentliche Frage ist, wieso Bilder der Gewalt einen so starken Nachhall haben. Was in uns macht uns so aufnahmebereit für diese Saat des Bösen? Das läßt sich nicht im Handumdrehen beantworten. Schon die Psyche eines Jon Venables oder Robert Thompson scheint sich unserem Verständnis zu entziehen. Indes, ein Satz in Thompsons Einlassung vor Gericht läßt aufhorchen. Als man ihn zum erstenmal mit dem Vorwurf des Mordes an John Bulger konfrontierte, wurde Thompson ungehalten und wischte die Vorhaltung beiseite mit einem trotzigen: »Wenn ich ein Baby hätte umbringen wollen, hätte ich ja unser eigenes umbringen können, oder?« Die meisten Prozeßkommentatoren bewerteten diese Aussage als einen kläglichen Versuch, die Tat mit halbwegs einleuchtender Begründung zu leugnen, und hielten sich nicht weiter bei dem merkwürdigen Argument auf; nur einer hörte hier etwas anderes, Unheimlicheres heraus. Etwas, das erst begreiflich wird, wenn man erfährt, daß Thompson das fünfte von sechs verwahrlosten männlichen Kindern war, deren Rollenvorbild ein dem Trunk verfallener brutaler Familientyrann war, der sich von der Familie absetzte, als Robert fünf Jahre alt war. Sieben Monate vor der Mordtat brachte Roberts Mutter ihren siebten Sohn zur Welt, das Kind eines anderen Mannes, und danach meinte sie einmal: »Die anderen sind mir egal. Der hier wird anders als sie ... besser.«[358]

Mit dem scharfen Gehör des Romanciers für Nuancen entdeckte Piers Paul Read in jener Bemerkung Roberts das Eingeständnis, daß der Sprecher eifersüchtig auf den Säugling war und daß ihm der Gedanke durch den Kopf gegangen war, den neuen Bruder umzubringen. Das kann nicht sonderlich überraschen. Daß Kinder auf ein neues Geschwister einen Groll haben, kommt häufig vor, und in diesem Fall war der Neuankömmling ein Halbbruder, mit dem die anderen Geschwister nur ein Viertel der Gene gemeinsam hatten. Diese 25 Prozent dürften allerdings zum Schutz des Kleinen selbst vor einem Robert Thompson ausgereicht haben. Die sechs älteren Brüder waren es gewohnt, sich allein durchzuschlagen, und praktizierten der außerfamiliären Welt gegenüber regelmäßig den Schulterschluß mit der fatalistischen Bemerkung: »O Mann ... immer sollen wir an allem schuld sein.« Aber, so Read, »daß der zehnjährige Thompson zornig und gekränkt sein würde, war nicht anders zu erwarten. Und wie ein Patient in der Analyse seine Gefühle für ein Elternteil auf den Analytiker übertragen kann, so kam es in Thompsons Psyche zur Übertragung zwischen dem Rivalen in der Zuneigung der Mutter und einem vor einem Metzgerladen wahllos aufgelesenen kleinen Jungen... Wenn wir uns der Meinung der Geschworenen anschließen, daß Thompson der Dominierende von den zweien war und daß er die Dinge, deren er Venables bezichtigte, selbst getan hat, dann wird klar, was das Tatmotiv war. Laut Thompson hat Venables als Grund für den Mord an James angegeben: ›weil er Lust dazu hatte‹. Kein Zweifel, das war der Grund. Thompson folterte und ermordete den Kleinen, weil er Lust dazu hatte, und er hatte Lust dazu, weil er einen Haß auf seinen Bruder hatte.«[313]

Das ist aus der Sicht des Biologen plausibel. Ein Zwiespalt zwischen Haß und Familiensinn, kompliziert und verschärft durch genetische Differenz, könnte sich leicht zu einem Gewaltakt gegen einen völlig Fremden ausgewachsen haben. Die Einzelheiten der Tatausführung wiederum könnten – bewußt oder unbewußt – einem Gewalt-Video entlehnt sein. Indes hat Read recht, wenn er die unter den Briten grassierende moralische Panik auf den Kopf stellt mit der These, daß die Frage, die der Mord an James Bulger aufwirft, nicht »Wie konnte so etwas geschehen?« laute, sondern »Warum geschieht so etwas nicht öfter?«

Das kommt wahrscheinlich noch. Im Durchschnitt wird in Großbritannien jedes Jahr ein Kind unter fünf Jahren ermordet, und von Kindern begangene Morde sind zwar selten, aber durchaus nicht unbekannt. In den vergangenen fünfundzwanzig Jahren hat es sechs solcher Fälle gegeben; der spektakulärste war der Fall Mary Bell, die 1968 im Alter von elf Jahren von einem Gericht des zweifachen Totschlags für schuldig befunden wurde, weil sie in ihrer Heimatstadt Newcastle einen drei- und einen vierjährigen Jungen erdrosselt hatte. Gleich Thompson und Venables wurde sie in den Medien als »verderbt«, als »Ungeheuer«, »kleiner Teufel« und »moralisch Aussätzige« gebrandmarkt. Gleich Thompson war sie intelligent, aufgeweckt und vollkommen gewissenlos. Vier Tage nachdem sie ihr erstes Opfer zu Tode gebracht hatte, klopfte sie an der Wohnungstür seiner Eltern und fragte lächelnd, ob sie den Jungen sehen könne. Die Mutter sagte: »Leider nein, mein Engel, Martin ist tot.« »Oh, ich weiß«, sagte Mary, immer noch lächelnd, »ich wollte ihn im Sarg liegen sehen.«[344] Ähnlich Bobby Thompson: Fünf Tage nach der Ermordung James Bulgers kaufte er eine einzelne rote Rose, trug sie hinaus zum Tatort am Bahndamm und deponierte sie unter den anderen Blumen, die erschütterte Menschen zum Zeichen ihrer Anteilnahme am Schicksal des armen Kindes dort niedergelegt hatten. Gleich Thompson zeigte sich Mary Bell frech und unbußfertig; ihr war klar, daß sie in der Tinte saß, sie konnte jedoch einfach nicht begreifen, warum sich alle Welt so aufregte. Und gleich Thompson war sie ein energiegeladenes Kind, in dessen Leben an entscheidender Stelle eine Lücke klaffte.

Robert Thompson und Mary Bell sind die Produkte von katastrophal zerrütteten Familienverhältnissen, in denen sich der alleinerziehende Elternteil seiner Aufgabe absolut nicht gewachsen zeigte. Marys Mutter war eine psychisch gestörte ledige Teenagerin, die zum Zeitpunkt der Geburt ihres Kindes erst siebzehn Jahre alt und nicht in der Lage war, die Kleine anständig zu ernähren und zu kleiden, sie vielmehr sich selbst überließ oder in die Hände fremder Menschen gab. Roberts Mutter war eine Alkoholikerin, eine Kneipenhockerin, die ihre Kinder mißhandelte und es dem Jugendamt überließ, für sie zu sorgen. Weder Robert noch Mary hatten in ihren ersten Lebensjahren irgendwelche normale Zuneigung, Erziehung oder Disziplin kennengelernt, und beide entwickelten sie sich zu unmenschlicher Grausamkeit. Robert band Katzen an Eisenbahnschienen fest, Mary zwickte und stach Babys zu ihrem Vergnügen: »Weil es mir Spaß macht, weh zu tun«. Das Mißhandeln von Tieren oder Kleinkindern ist eine sehr häufige Komponente im Persönlichkeitsprofil oder der Lebensgeschichte von Mördern. Bei Kindern und Jugendlichen ist es ein Warnsignal, das anzeigt, daß die normale Entwicklung des moralischen Gefühls, der Fähigkeit, zwischen Recht und Unrecht zu unterscheiden, aus irgendeinem Grund unterblieben ist. Mit einem Wort, den Betreffenden fehlt die »Erkenntnis des Guten und des Bösen«.[424]

Die stammesgeschichtlichen Ursprünge der Moral liegen noch immer im dunkeln. Ein Verhaltensmuster bildet sich größtenteils aufgrund des Umstands aus, daß es unmittelbar dem Individuum nützt, das es praktiziert, oder zumindest dessen direkten Verwandten einen signifikanten Überlebensvorteil bringt. In biologischen Kategorien läßt sich die Selektion eines Merkmals, das der Art als solcher nützt, kaum schlüssig darstellen, solange nicht davon ausgegangen werden kann, daß es zunächst einmal dem Individuum als solchem nützt. Daß dies bei der Moralität – dem anständigen Verhalten gegenüber Artgenossen – der Fall sei, leuchtet nicht unmittelbar ein. Und dennoch ist der tierische Aktionskatalog durchsetzt mit Beispielen von Verhaltensmustern, die dem, was wir als gesellschaftliche Mißbilligung bezeichnen würden, sehr nahe kommen.

Eine Dohle, die sich im Nest einer anderen breitmacht, wird von der gesamten Brutkolonie angegriffen.[245] Eine Gans mit lädiertem Gefieder oder ein von Freilandforschern mit einem Peilsenderhalsband versehener Bär wird nicht selten bloß des solchermaßen veränderten Aussehens wegen von Gruppenmitgliedern schikaniert. Ein Kind, das die Schule wechselt, lernt sehr schnell, sich in Kleidung und Ausdrucksweise seinen neuen Kameraden anzupassen, um ja nicht von den anderen abzustechen. Diese Konformität ist der Keim eines Verhaltenskodex, dem Folge zu leisten schlicht das Bestrafungsrisiko ausschaltet. Ein weitaus stärkeres Motiv für angepaßtes Verhalten ist allerdings dessen fortdauernde Belohnung. Manchmal ist es schon Belohnung genug, in einen Sozialverband integriert zu werden, der effektiveren Schutz gegen Raubfeinde gewährt, aber es gibt eine Menge weniger direkter Vorteile – die soziale Fellpflege von Primaten zum Beispiel –, die die Soziabilität verstärken können. Und alle Anzeichen sprechen dafür, daß die Individuen das Wissen von solchen Vorteilen und den Wegen, auf denen sie zu erlangen sind, in einer sehr frühen und eben dafür entscheidend wichtigen Lebensphase erwerben.

Der Primatologe Hans Kummer berichtet von einer Hündin, die ihre neugeborenen Welpen konsequent von einem Teil des Gartens fernhielt, den zu betreten ihr selbst nicht erlaubt war.[235] Menschliche Kinder züchtigen oft ihre Puppe einer Unart wegen, für die sie selbst schon bestraft wurden.[318] Offenbar ist es so, daß wir alle voneinander lernen und einander lehren, wie es in der Welt zugeht – und damit fangen wir schon an, kaum daß wir geboren sind.

Sogar sieben Wochen alte Säuglinge scheinen bereits das dialogische Prinzip zu verstehen und Freude daran zu haben, denn sie »unterhalten« sich mit einem Erwachsenen, indem sie wechselnde Folgen von Glucks- und Juchzlauten mit ihm austauschen.[334] Und mit dem Erreichen des ersten Lebensjahres beginnen Kinder gewöhnlich, anderen Menschen aus eigenem Antrieb Dinge zu zeigen und hinzustrecken – in offenbar spontaner, nicht durch äußeren Ansporn, Dressur oder Lob bewirkter Bereitschaft zum Teilen.[317] Dieses Verhalten trägt natürlich seine Belohnung in sich selbst, insofern es Zuwendung und ein Eingehen auf das Spiel auslöst, doch spielt es zusammen mit anderen »prosozialen« Interaktionen wie Freundlichkeit und Zuneigung auch eine entscheidende Rolle bei der Ausbildung der persönlichen Prioritätenskala: der Disposition des Individuums, eher dies als jenes zu tun, anderen eher zu helfen, als ihnen zu schaden, eher zu kooperieren, als zu konkurrieren. Sogar schon im Säuglingsalter nehmen wir als aktive Partner an Interaktionen mit anderen teil. Wir lernen, ihre Reaktion auf unser eigenes Verhalten verläßlich zu prognostizieren. In einem sehr realen Sinn lehren wir unsere Eltern, mit uns richtig umzugehen; wo jedoch in dieser kritischen Lebensphase die elterliche Fürsorge und Zuwendung zu wünschen übriglassen oder überhaupt fehlen, kommen grundlegende Synthesen des Persönlichkeitsaufbaus gar nicht erst zustande.[316]

Dem in Oxford lehrenden Zoologen Richard Dawkins verdanken wir nicht nur eine brillante Untersuchung des Gen-Egoismus, sondern auch eines der meines Erachtens revolutionärsten und nützlichsten Konzepte der ganzen Ideengeschichte. Sein Gegenstand sind die kulturtragenden Ideen selbst. Gehen wir einmal davon aus, so Dawkins, daß wir eine neue und rapidere Form von Evolution geschaffen haben, die sich nicht auf der Grundlage der physiologischen Chemie, sondern im Medium der Kultur vollzieht: Dieser Prozeß benötigt sein eigenes Vehikel. So wie die Genetik ihre Gene hat, braucht die Kultur ihre spezifischen, sich replizierenden Einheiten oder »Replikatoren« – Dawkins nennt sie »Meme«.[101]

»Beispiele für Meme sind Melodien, Gedanken, Schlagworte, Kleidermoden, die Art, Töpfe zu machen oder Bogen zu bauen. So wie Gene sich im Genpool vermehren, indem sie sich mit Hilfe von Spermien oder Eizellen von Körper zu Körper fortbewegen, verbreiten sich Meme im Mempool, indem sie von Gehirn zu Gehirn überspringen, vermittelt durch einen Prozeß, den man im weitesten Sinne als Imitation bezeichnen kann.« So gesehen werden Meme zu lebendigen Strukturen ähnlich einem Virus. »Wenn jemand ein fruchtbares Mem in meinen Geist einpflanzt, so setzt er mir im wahrsten Sinn des Wortes einen Parasiten ins Gehirn und macht es auf genau die gleiche Weise zu einem Vehikel für die Verbreitung des Mems, wie ein Virus dies mit dem genetischen Mechanismus einer Wirtszelle tut.« Und gleich Viren sind Meme zu einem echt darwinschen Kampf ums Dasein gezwungen, bei dem sie miteinander um den Zugang zu den erfolgreichsten Geistern und Körpern konkurrieren. Um dieses Ziel zu erreichen, müssen sie in der neuartigen Lebenswelt, die die menschliche Kultur darstellt, einen erkennbar hohen Überlebenswert besitzen.

Das Konzept des Mems hat sich als außerordentlich erfolgreich erwiesen – als eine jener Ideen, die sich wie bereits präexistente evolutionäre Anpassungen ausnehmen, welche nur auf den richtigen Zeitpunkt warten, um in die Phänomenalität durchzubrechen. In diesem speziellen Fall leuchtet die fragliche Idee dem Denken unmittelbar ein, weil sie wie eine Goldlöckchen-Lösung das Gefühl erweckt, daß sie »gerade richtig« ist. Sie paßt genau. In Dawkins' Sicht ist sie auf sehr breiter Front wirksam; für ihn ist selbst die Religion ein »geistiges Virus« – das kulturelle Äquivalent zur Grippe- oder Gelbfiebererkrankung. Etwas, das der Mensch sich in jungen Jahren zuzieht, solange er es noch nicht besser weiß, oder im Alter, wenn die Abwehrkräfte des rationalen Denkens geschwächt sind durch irgendeinen Faktor, der die Widerstandsfähigkeit gegen Infektionen mindert.[102]

In Anbetracht der Tatsache, daß in fast allen Kulturen irgendeine Form von Religion existiert, kommt der Anthropologe Mark Ridley zu dem Schluß, daß die Evolution des menschlichen Gehirns in einer Weise erfolgt sein muß, die das Überhöhen der Dinge der äußeren Welt zu symbolischer Bedeutung begünstigt, und daß erst sehr viel später eine Minderheitsfraktion der Spezies Mensch, Individuen wie Richard Dawkins, von der jüngeren Mutante des rationalen wissenschaftlichen Denkens infiziert wurde.[320] Solange die Bekehrung zum religiösen Glauben, die Verbreitung des Religions-Mems, zum großen Teil gewaltsam, mittels Kreuzzügen und heiligen Kriegen, betrieben wurde, hatte das rationale Denken nicht die geringste Chance. Die religiöse Begeisterung verlieh dem Boden einen symbolischen Wert, der über seinen realen Wert als Ressource weit hinausging, und wer vom Fieber des Religions-Mems angesteckt war, nahm in der Gewißheit um so höheren Lohns im Jenseits auf dem Schlachtfeld so irrationale Risiken auf sich, daß die Vernunft im Handumdrehen ausgeschaltet und überwältigt war.

Wie es noch heute oft genug vorkommt. Im Golfkrieg 1990 erlitt Saddam Hussein eine schlimme militärische Niederlage, doch die Weigerung des Diktators, die Realität der Katastrophe anzuerkennen, seine Leugnung der spirituellen Niederlage, brachte den Sieg der Verbündeten zum großen Teil um seinen politischen Sinn. Mag der Irak auch den Raketenkrieg verloren haben, im Krieg der Köpfe hat er noch nicht zurückstecken müssen: Die Idee des militanten Islam ist noch sehr lebendig und in der internationalen Konkurrenz mit Erfolg aktiv – ein Mem von unverminderter Eindrucks- und Begeisterungskraft.

Dispute über Religionsfragen führen selten zu einem befriedigenden Ergebnis, weil das rationale Denken hier letztlich lahmgelegt wird durch den Umstand, daß es für so gut wie alles an objektiven Beweisen fehlt. Auch lassen Gläubige die Welt des rationalen Argumentierens und Beweisens ohnehin weit hinter sich, indem sie aus der Ignoranz geradezu eine Tugend machen und die religiöse Überzeugung zur »Glaubenssache« erklären. Doch Dawkins' Gedanke von der infektiösen Wirkung der Meme ist eine aufregende Sache. Er schafft die Grundlage für eine plausible Erklärung des Wie und Was menschlichen Lernens. Meme können genauso mutieren wie Gene. Tatsächlich verändern sie sich so schnell, daß eine exakte Replikation gar nicht möglich ist. Jeder Geist neigt dazu, die gleiche Melodie etwas anders als ein anderer zu spielen. Das macht ja gerade eine der großen Stärken unserer Art aus; allerdings scheint mir, daß ein Mem die beste Aussicht hat, in brauchbarer Form kopiert zu werden, wenn der Empfänger noch jung ist. Wie frisch geschlüpfte Enten auf jeden bewegten Gegenstand geprägt werden können oder Hühnerküken darauf dressiert werden können, einem blinkenden Licht zu folgen, so durchlaufen auch wir eine Phase hoher Aufnahmebereitschaft, während deren wir Informationen jeglicher Art wie Löschpapier aufsaugen. Wir sind anscheinend daraufhin angelegt.

So kam beispielsweise bei Untersuchungen zum menschlichen Spracherwerb zutage, daß ein Säugling selbst die ausgefallensten Phoneme zu unterscheiden vermag. Jede Sprache trifft für ihr Lautrepertoire aus der großen Zahl der artikulatorisch-akustischen Möglichkeiten eine andere Auswahl, aber jedes Kind unter sechs Monaten kann erkennen, ob es Fetzen in Tschechisch, Hindi oder Inslekampx (einer Inuit-Sprache) zu hören bekommt – was seine Eltern selbst nach fünfhundert Übungsversuchen oder nach einjährigen Universitätskursen in diesen Sprachen nicht können.[233] Babys, so scheint es, kommen mit der Anlage auf die Welt, vermeintlich Unmögliches zu vollbringen, mit allem, was dazugehört, sich die Feinheiten jeder der insgesamt rund sechstausend Sprachen anzueignen, die derzeit auf unserem Planeten in Gebrauch sind – vorausgesetzt, sie lernen sie rechtzeitig kennen. Wo die Bekanntschaft zu spät geschlossen wird, wie es bei den meisten von uns der Fall ist, kann man sich schon freuen, wenn man es zu halbwegs nutzbaren Kenntnissen in einer Zweitsprache bringt. Das Tor zu einer exzeptionellen Gelegenheit steht weit offen, aber nur für sehr begrenzte Zeit. Die Infektionschancen sind groß, aber nur solange die Sonderaktion dauert. Auf eine ähnlich kurze, einmalige Phase könnte meiner Ansicht nach auch die Gelegenheit begrenzt sein, sich die Gewohnheiten anzueignen, die uns zu moralischen Wesen machen.

Wer zugreift, fängt sich eine wichtige Infektion ein – die Ansteckung mit dem Keim der Moralität. Vielleicht ist es belanglos, was genau er da in sich aufnimmt, solange er es nur in ordentlicher Mischung abbekommt – ein bißchen so wie bei den Kombinationsimpfungen, mit denen wir einst auf einen Schlag gegen mehrere Kinderkrankheiten immunisiert wurden. Es ist offenbar nicht mehr erforderlich, als daß man ein hinreichendes Quantum an Außenwelteinflüssen absorbiert, die sich mit dem vermischen können, was die Gene uns schon als unser allgemeinmenschliches Erbteil bereitgestellt haben. Ein Quantum, das ausreicht, um eine Ausgangsbasis, eine Vergleichsbasis abzugeben und eine Art moralischer »Antigen-Antikörper-Reaktions«-System aufzubauen, das uns gegen spätere üblere Infektionen immunisiert. Wie die Sexualität eine Art Schutzimpfung gegen Parasiten darstellt (siehe Kap. 3), so wirken Erkenntnis und Wissen offenbar als Schutzimpfung gegen die Art von Ungleichgewicht und Unausgewogenheit, die ich »das Böse« genannt habe. Wer zum richtigen Termin seine Spritze bekommt, hat eine passable Chance, mit dem Leben klarzukommen. Wer den Termin verpaßt, der kriegt es nicht auf die Reihe, und wenn er sich noch so sehr anstrengt.

Robert Thompson und Mary Bell hatten den Termin für die Spritze verpaßt. Nicht durch Schuleschwänzen – wenngleich beide das ausgiebig genug praktizierten, um sich der Welt, die nominell die ihre war, zu entfremden. Als sie ins Schulalter kamen, war der Schaden, an dem sie laborierten, schon geschehen. Als Fünfjähriger riß Thompson bereits lebenden jungen Tauben den Kopf ab. Man macht es sich allerdings zu einfach, wenn man die zwei als hoffnungslos »böse und verrucht« abtut und es dabei bewenden läßt; damit drückt man sich lediglich vor der Beantwortung der Frage, wie sie so geworden sind.

Teile der britischen Presse waren schnell bei der Hand, James Bulgers Mörder als »entartete jugendliche Ungeheuer« abzustempeln und zu erklären: »Das Ur-Böse existiert.«[362] Das ist ein bequemer Standpunkt; er erinnert an die Art und Weise, wie der Dichter und Literaturkritiker Samuel Taylor Coleridge die Intrige zu erklären suchte, mit der Jago die Existenz Othellos zerstört. Für Coleridge ist

Jagos berühmter Schlußmonolog nichts als die »Motivsuche der unmotivierten Boshaftigkeit«.[76] Soll heißen: Jago handelte ohne Motiv, suchte jedoch nach Motiven, mit denen er sein Handeln vor sich selbst würde rechtfertigen können. Er war lediglich durch und durch böse und schlecht und mithin der Notwendigkeit einer Rechtfertigung oder Erklärung enthoben. Gefühle dieser Art waren es, die eine Schar gewöhnlicher Menschen vor einem Gericht in Lancashire in einen Mob verwandelten, der die mit den beiden »Teufeln« vorfahrenden Gefangenentransporter mit blutdürstigem Gebrüll empfing. Das Rachebedürfnis ist ein machtvoller Affekt, der jedoch durch die Erkenntnis gedämpft werden muß, daß es auch unsere eigenen Kinder hätten gewesen sein können, die mit fremdem Blut an den Schuhen nach Hause kamen.

Daran dachte der Romancier Martin Amis, selbst Vater eines Zehnjährigen, als er sich eine Kassette mit *Child's Play III* auslieh und sich am heimischen Fernsehgerät die Geschichte von der Puppe namens Chucky ansah, die zum Leben erwacht und Menschen umzubringen beginnt. Hinterher meinte er: »Ich verspürte keinen Drang oder Ansporn, die Wohnung zu verlassen und irgendwen zu ermorden. Und ich weiß auch, warum. Es ist nichts, weswegen ich Anlaß hätte, mich selbst zu rühmen, aber in meinem Kopf gehen viel zuviel andere Dinge vor, als daß Chucky hier Einfluß gewinnen könnte ... Wir müssen uns eine Psyche vorstellen, die bei der Begegnung mit Chucky schon randvoll ist mit Chucky und solchen Sachen wie Chucky. Selbst wenn dann noch Psychopathologie, Intelligenzschwäche und moralische Verkommenheit mit hineinspielen, kann Chucky wahrscheinlich nichts weiter als den *Stil* der nachfolgenden Greueltaten beeinflussen. Mörder können nicht ohne ein Schreckbild auskommen, das sie verfolgt, sie brauchen ihr inneres Pandämonium. Vor einem Jahrhundert hätte das der Teufel sein können. Heute ist es Chucky.«[7]

Das ist selbstverständlich richtig. Doch wie ein Fünfzehnjähriger in Birmingham bemerkte: »Hier leben Tausende von Kindern, deren Eltern geschieden sind, und sehen sich diese Gewaltfilme an und bringen trotzdem niemand um.«[209] Und das ist ebenfalls richtig. Der Vernunft und dem gesunden Menschenverstand verpflichtete Standpunkte wie dieser werden jedoch von Robert Thompson und Mary Bell insofern desavouiert, als diese beiden keinen Maßstab für die

Bewertung des eigenen Verhaltens besitzen. Während der Dauer des Lebensabschnitts, in dem wir mit der Information programmiert werden, die wir benötigen, um in unserem späteren Leben moralische Urteile fällen zu können, befolgen wir nur eine einzige Regel: »Glaube alles, was man dir sagt.« Für etwas anderes bleibt uns gar keine Zeit in dieser schnellebigen Phase, während deren Türen und Fenster unserer Aufnahmebereitschaft weit offenstehen. Wir raffen wahllos alles an uns, was wir kriegen können, und unterziehen es erst später einer kritischen Sichtung und Auswahl, mustern rückblickend aus, was uns unsinnig vorkommt, verleiben uns ein, was uns beim Erstellen funktionierender Pläne zu helfen scheint, Strategien, die uns dem Ziel, das uns vorschwebt, näher bringen. Wir können solche Werturteile fällen, weil wir einen moralischen Vergleichsmaßstab haben, etwas, woran wir uns halten können, und sei es auch nur ein abschreckendes Beispiel, das die biblische Geschichte oder ein aus der Art geschlagener Onkel uns vermittelt hat. Robert Thompson und Mary Bell indessen agierten in einem moralischen Vakuum, so scheint mir, wo sie auf Schritt und Tritt improvisierten, nach etwas suchten, das sie nicht erkannt hätten, selbst wenn sie es gefunden hätten, und wild um sich schlugen in ihrer Wut und Enttäuschung darüber, daß sie nicht wußten, in welche Richtung sie sich wenden sollten. Ich will damit nicht entschuldigen, was sie getan haben, sondern lediglich die Aufmerksamkeit auf etwas lenken, was seiner Form nach ein Grund für ihre Verhaltensweise sein könnte.

Was aus dem imposanten Sitzungssaal des Kriminalgerichts Preston über das »Böse« berichtet wurde, überzeugte mich nicht, und so verschaffte ich mir eine Pressekarte, die mich an einem jener sonderbar sonnigen siebzehn Tage im November 1993, über die sich die Verhandlung gegen die seinerzeit nur als »Knabe A« und »Knabe B« bekannten Tatverdächtigen erstreckte, für begrenzte Zeit zum Aufenthalt im Gerichtssaal berechtigte. Die Hauptpersonen saßen, flankiert von Sozialarbeitern, in Sakko und Krawatte und mit frisch geschnittenen, ordentlich gekämmten Haaren auf der Anklagebank. Beide waren jetzt elf Jahre alt, der eine etwas rundlich und teilnahmslos, der andere mit seiner Krawatte beschäftigt, die er unentwegt aufnudelte und wieder abrollen ließ. Der Rundliche – von dem ich heute weiß, daß es Robert Thompson war – hatte etwas an sich, das ihn unverkennbar als denjenigen identifizierte, der die dominierende Rolle in dem Gespann spielte, der immer das Sagen hatte. Aber sonst war da nichts zu bemerken. Keine Hörner, kein Schwanz, kein Kainsmal – und das machte mir Sorgen.

Kaltblütiger Mord ist etwas Widernatürliches und Schreckliches. Er müßte eigentlich an jedem Täter und Komplizen ein Stigma hinterlassen. Da müßte irgendein verräterisches Zeichen sein. Etwas, das wir – wir Lebewesen, deren großes Gehirn sich als unmittelbare Folge der Anforderungen unseres Soziallebens entwickelt hat, Lebewesen, deren jüngstvergangene Evolutionsphase *in toto* auf einer überragenden Fähigkeit beruht, Informationen über den inneren Zustand von Artgenossen zu entziffern und intelligent zu verwenden – ich sage: etwas, das wir auf Anhieb zu erkennen oder zu erspüren in der Lage sein müßten. Man sollte doch meinen, daß dies für einen nackten Affen ohne anderweitige natürliche Waffen eine wesentliche Lebensbedingung ist. Etwas, dessen realer Überlebenswert auf der Hand liegt. Da wir einen »Riecher« dafür haben, wer uns betrügt, wer im Altruismusspiel falschspielt, indem er sich um adäquate Gegenleistungen drückt, ist die Vorstellung nicht abwegig, daß wir im Lauf der Evolution dank natürlicher Selektion auch einen »Riecher« dafür ausgebildet haben müßten, ob an jemandes Händen Blut klebt. Doch nach drei Stunden im Gerichtssaal war ich enttäuscht. Ich begriff aus eigener Anschauung, wie recht Richard Hughes mit der oben zitierten Bemerkung über seine Romanheldin Emily gehabt hatte. An keinem der beiden Jungen konnte ich irgend etwas entdecken, das es mir ermöglicht hätte, sie zu identifizieren, wären sie mir inmitten ihrer Klassenkameraden an der St. Mary's School in Walton entgegengetreten; da war keinerlei besonderes Merkmal, durch das sie sich von Altersgenossen abgehoben hätten, die kein Kind entführt und umgebracht hatten. Robert Thompson und Jon Venables sahen wie ganz gewöhnliche Kinder aus – und das war an und für sich schreckenerregend.

Der Romancier Will Self machte die gleiche Beobachtung an einem Massenmörder, der im Londoner Arbeitsamt bei ihm vorsprach, und schrieb in einem gefühlsbewegten Zeitungsbeitrag über diese Begegnung: »Die Banalität des Bösen, seine schaudern machende Gewöhnlichkeit, ist heute fast schon eine Binsenwahrheit. Es ist und bleibt aber nun einmal Tatsache, daß der Dennis Nilsen, den ich kennenlernte, in meinen Augen wie übrigens auch in den Augen seiner Kollegen und Bekannten absolut nichts Unheimliches, Überspanntes oder Knisterndes an sich hatte und auch keinerlei Ausstrahlung oder Aura hatte. Die fünfzehn Morde, die er begangen hatte, mitsamt ihren Begleiterscheinungen von Nekrophilie, Leichenzerstückelung und Horten von Leichenteilen harrten noch der Entdeckung.«[343]

Ähnlich schwer fiel es der Journalistin Anne Schwartz, sich mit der augenscheinlichen Normalität eines anderen Serienmörders abzufinden: »Viele Leute kamen zur Gerichtsverhandlung, weil sie feststellen wollten, ob Jeffrey Dahmer eine grundsätzliche Bösartigkeit anzusehen sei. Ich erinnere mich, daß ich von eigenartiger Spannung erfüllt im Gerichtssaal darauf wartete zu erfahren, wie ein Serienmörder aussieht. Ich hatte gedacht, daß er vielleicht rotierende Pupillen hätte. Er hatte entsetzliche Dinge getan, aber ich konnte es einfach nicht fassen, wie stinknormal er aussah. Ich sah ihn einige Male aus nächster Nähe, aber es gab nichts zu sehen. Er machte nicht den Eindruck eines Verrückten wie der Massenmörder Charles Manson, und er strahlte nicht den Charme des Serienmörders Ted Bundy aus. Es war nichts an ihm dran.«[340]

Ich kenne das Gefühl. Ein überraschendes Erlebnis. Und Schwartz hatte recht, daß sie nach seinen Augen fragte. Wenn wir uns gegenseitig betrachten, sehen wir nur Totes. Tote Haut, tote Haare, tote Nägel – lauter Stücke des von innen nach außen gewachsenen Panzers, mit dem wir uns umgeben müssen, um unser lebendes Gewebe gegen den zerstörerischen Angriff des atmosphärischen Sauerstoffs zu schützen. Das einzige Stück Leben, auf das wir einen Blick erhaschen, wenn wir jemand anderen ansehen, sitzt in den pigmentierten Zellen der Iris, der »Regenbogenhaut«, die wir durch die durchsichtige Cornea, die »Hornhaut«, des Auges (des »Fensters der Seele«) wahrnehmen. Was Wunder also, daß das Herabziehen des unteren Augenlids eine weltweit verbreitete Geste ist, die überall dasselbe sagen will, nämlich: »Nimm dich in acht! Hier drin ist jemand, der hat dich im Auge.«[279] Und da wir primär visuelle Tiere sind, kann es auch nicht verwundern, daß ein starr auf uns ruhender fremder Blick beim Menschen zu einem solchen Signal der Bedrohung geworden ist, daß manche überzeugt sind, es spüren zu können, wenn sie von hinten angestarrt werden.[351] Und diese Überzeugung ist vielleicht nicht ganz unberechtigt. Neuerdings hat sich bei Laborversuchen gezeigt, daß Probanden in statistisch signifikantem Maß mit diesem Gefühl recht hatten, weil sie *tatsächlich* von hinten angestarrt wurden.[423]

Das Wort »Faszination« ist abgeleitet von dem lateinischen Verbum *fascinare* mit der Bedeutung »jemanden mit dem Blick behexen« – gemeint war dabei im Regelfall der »böse Blick«. Dieser Glaube an eine direkte Beeinflussungsmöglichkeit über den Blick ist erstaunlich weit verbreitet: Man findet ihn in ganz Europa sowie im größten Teil der arabischen Welt, Südostasiens und Zentralamerikas, und überall betrifft er einen in der Regel bösen Einfluß. Allem Anschein nach wurde in den erwähnten Regionen der Verlust eines Auges als eine Störung der sozialen Ordnung aufgefaßt. Könnte es sein, daß der Mann mit der schwarzen Augenklappe mehr zu verbergen hat als eine leere Augenhöhle?[142] Und ebenso gilt in allen genannten Regionen das Auge Gottes – einerlei ob der Name des Gottes Re, Aton, Osiris, Horus oder Jahwe lautet – als wirksamer Abwehrzauber gegen Krankheit und Übel: Es wird als Amulett getragen oder auf einen Schiffsbug oder eine Autostoßstange aufgemalt. Es gibt wenige andere Glaubensüberzeugungen, die räumlich ebenso weit verbreitet sind und sich ebenso kontinuierlich über die Zeiten hinweg gehalten haben, und kein zweiter Körperteil vertritt im Volksglauben gleichermaßen unmittelbar die Kräfte des Guten und des Bösen und ist in gleichem Maß an deren Wirken beteiligt.[207]

Und daß dies so ist, hat vielleicht seinen guten Grund. Wir schirmen uns gewohnheitsmäßig gegen Reizüberflutung ab, indem wir den kürzesten Ausweg aus einer Streßsituation wählen: Wir schließen die Augen, lassen gleichsam die Jalousien vor den Fenstern unserer Seele herunter. Und wir lernen auch, daß wir uns in acht nehmen müssen vor Menschen, die uns nicht direkt in die Augen sehen, Menschen mit einem »ausweichenden« oder »unsteten« Blick; wir fühlen uns irritiert durch Menschen, die mit »blinkernden« und »schweren« Lidern widersprüchliche Signale aussenden, indem sie in allen möglichen unpassenden Momenten die Augen schließen und so in einem Rhythmus, auf den wir selbst keinen Einfluß haben, die Verbindung zwischen uns und der Person hinter den Lidern unterbrechen. Was haben sie zu verbergen? fragen wir uns.[278]

Der Schriftsteller Alec Wilkinson führte mit John Wayne Gacy, der mindestens 33 kleine Jungen sexuell mißbrauchte und ermordete, ein eingehendes Interview, dessen Abdruck er eine konsequent auf den visuellen Aspekt abgestellte Analyse vorausschickte: »Die tiefliegenden kleinen Augen senden einen taxierenden Blick aus ... Er hält die Komplexität seines Charakters gewissenhaft und ausdauernd verborgen, so daß man auf die Vorstellungskraft angewiesen bleibt, wenn man ein Bild von jenem Teil seines Ich gewinnen möchte, das die Morde ausgeführt hat.«[416] Bevor der Doppelmörder Gary Gilmore 1977 in Utah von einem Erschießungspeloton hingerichtet wurde, hatte Norman Mailer rund um das schwarze Loch, das die Psyche des Killers darstellte, eine so gekonnte und im visuellen Aspekt so eindringliche Reportage gewoben, daß sein mit dem Pulitzerpreis ausgezeichnetes Buch *The Executioner's Song* zur Vorlage für den Text eines Rock-Songs mit dem Titel *Gary Gilmore's Eyes* wurde.[257]

Ähnliche Beobachtungen, wenn auch auf kollektiver Ebene, scheinen in jüngerer Zeit in Afrika gemacht worden zu sein, von wo »berichtet wird, daß viele der Hutu, die in einer gewaltigen Flüchtlingswelle zu Tausenden die ruandische Grenze in Richtung Tansania überquerten, einen ›Mörder im Auge‹ hatten. Es war derselbe rasende, erbarmungslose Blick, den sie hatten, wenn sie ihre Buschmesser gegen Männer, Frauen und Kinder der Tutsi-Minderheit und sogar gegen gemäßigte Hutu schwangen, die jenen zu Hilfe kamen oder mit ihnen Gemeinschaft hielten; wenn sie die Arme und Brustkästen ihrer Opfer spalteten, die Klingen in Münder und Geschlechtsteile trieben und Köpfe abschlugen. Es war der Blick, der auch in den Augen derjenigen lag, die keine derartigen Taten begingen, aber dabeistanden und die anderen zum Weitermachen im Genozid anfeuerten ... Sogar heute noch, im Lärm, Rauch und Dreck der Flüchtlingslager, funkelt da und dort aus einem Zelt oder einer Menschenmenge ein Blick voller Wildheit und Gefühlsroheit, der ausreicht, einem alles ins Gedächtnis zu rufen, was sich derzeit zur Ermordung Ruandas verschworen hat.«[325]

Die Augen, Spiegel der Seele. »Satanische« Seelenkräfte oder auch nur dumpfe, atavistische Urtriebe müßten sich im Blick verraten, denkt man. Doch sieht man ab von definitiv Verrückten wie Charles Manson, wird man zumeist vergebens nach der Bestätigung dieser

Erwartung suchen. Was man findet, ist ein elfjähriger Robert Thompson, der nicht die geringste Gefühlsregung zeigt, selbst als er im Gerichtssaal der eigenen Stimme lauscht, die aus dem Lautsprecher James Bulgers letzte Augenblicke schildert und damit alle anderen Anwesenden in eine Art würgendes Schweigen versetzt, ein Schweigen am Rande der Übelkeit, das noch anhält, während der nächste Zeuge die Verbindungslinien zwischen Thompsons kahler Aussage und dem Indizienmaterial in Gestalt seiner Sohlenabdrücke auf dem Gesicht des Toten zieht. Während meines Aufenthalts im Gerichtssaal wurde nicht ein einziges Mal, sei's auch noch so kurz, das Wort an einen der beiden Jungen gerichtet. Tatsächlich wurde im Lauf des gesamten Verfahrens keiner der zwei auch nur einmal zur Stellungnahme aufgerufen. Jon Venables saß die Verhandlungstermine mit gelegentlich bestürzter Miene und zappelnden Händen ab und suchte immer wieder den Blickkontakt mit seinen Eltern, während Robert Thompson »kein Anzeichen von Kummer, Besorgnis oder irgendeiner anderen Gefühlsreaktion erkennen ließ«.[358] Diese Apathie wurde verschiedentlich als »Langeweile aus Gleichgültigkeit« oder »Ungerührtheit eines gefühllosen Psychopathen« apostrophiert. »Roberts Augen wissen nichts von Reue«, schrieb der Journalist Stephen Glover.[148] Das mag alles stimmen, aber als die zwei Jungen einmal zu Beginn einer Verhandlungspause aus dem Saal geführt wurden, sah ich etwas, das mich, wenn ich daran denke, noch heute innerlich nicht zur Ruhe kommen läßt.

Bevor Robert Thompson seinen Platz verließ, blickte er kurz nach hinten zu den Zuschauerbänken, und es war weder Langeweile noch Gleichgültigkeit, was sich dabei in seinen Augen zeigte. Beides ist ja ein Gefühl – ein negatives Gefühl, gewiß, aber gleichwohl ein emotionaler Zustand, der eine Reaktion verrät. In Thompsons Augen lag nichts. Absolut nichts. Keine Spur von dem wilden Blick, von dem einige der Polizeibeamten, die ihn verhört hatten, meinten, er sei »schwer zu erklären«. Das Gesicht war leer, aber nicht von jener Leere, die man einer noch immer nicht aufgelösten Entsetzensstarre hätte zuschreiben können, nein, es war einfach leer, eine Maske ohne Identität, tote Augen, eingefaßt in tote Haut. Bis dahin hatte ich dergleichen noch nie gesehen. Aber es ist mir seitdem noch einmal begegnet, und ich glaube, es gibt da einen Zusammenhang.

Drei Monate vor der Eröffnung des Bulger-Prozesses, am 2. August 1993, führte bei der Kleinstadt Savona im Staat New York ein dreizehnjähriger Junge einen Vierjährigen in ein Gehölz, würgte ihn, bis er bewußtlos war, schlug ihn mit Steinen vollends tot, schändete ihn mit einem Stock und übergoß die Leiche des Kleinen mit dem roten Fruchtsaftgetränk aus dessen eigenem Vesperbeutel. Eric Smith ist ein sommersprossiger, rothaariger Junge mit etwas eng anliegenden Ohren, die den Bügeln einer Brille Halt geben. Er sieht wie eine ältere Ausgabe des Comic-Lausbuben *Dennis the Menace* aus, bis hin zu dessen ganz unbedrohlich verlottertem Aufzug. Den Mord an Derrick Robie gestand er sechs Tage später mit Schilderung aller Einzelheiten, wobei er die Aufmerksamkeit, die ihm als Gesprächspartner des Staatsanwalts zuteil wurde, unverkennbar genoß. Gefragt, warum er das Kind umgebracht hatte, sagte er: »Weiß ich nicht. Ich hab diesen Kleinen da gesehen, den Kleinen mit den blonden Haaren, und ich wollte ihm weh tun.«[62]

Die beiden Jungen kannten einander und hatten dann und wann schon miteinander gespielt. Möglicherweise war die Bekanntschaft eng genug, um Eric, der wegen seines Aussehens und eines Sprachfehlers oft gehänselt wurde, auf den aufgeschlossenen, aufgeweckten, hübschen Jüngeren in seinem T-Shirt mit dem »Partylöwe«-Schriftzug eifersüchtig zu machen. So weit nichts Ungewöhnliches, sondern nur die normalen und unvermeidlichen Wachstumsschmerzen der beginnenden Pubertät mit ihren Unsicherheiten. Ausreichend für Haßgefühle, aber nicht zum Töten. Erics Familie gehört zu einer großen Sippe, vier Generationen, und alle Familien wohnen nicht weit voneinander entfernt. Da wird viel umarmt und geküßt, und soziale Isolation ist ein Fremdwort. Eric war oft zu Besuch bei seinen dreizehn Onkeln nebst Tanten und seinen achtundzwanzig Cousins und Cousinen, mit denen er stets auf das sanfteste umging: »wie ein kleiner Babysitter«. Ein älterer Junge, mit dem Eric zum Angeln ging, sagte über ihn, er »hatte ein so weiches Herz, daß er nicht mal den Köder am Angelhaken anbringen konnte«. Sein Urgroßvater brachte ihn zur Polizei, und sein Großvater und seine Mutter warteten vor dem Büro des Staatsanwalts, während Eric drinnen sein Geständnis ablegte. Urgroßvater wie Großvater charakterisierten ihn später als »sehr liebevoll« und waren in jeder Hinsicht bestürzt über seine Tat. »Mein

Gott«, sagte der Großvater, »ich hätte doch in der Lage sein müssen, das kommen zu sehen. Da müßte doch etwas sein, woran man das sehen kann.«

Ja, da müßte etwas sein. Und da ist auch etwas, aber etwas, das noch sehr schwer zu sehen ist. Hauptsächlich deshalb, weil es genaugenommen nicht etwas, sondern die Abwesenheit von etwas ist – und wer weiß schon, wann er ein Nichts sieht? Es ist schwer, ein Nichtvorhandensein zu erkennen, es sei denn, man ist sich der Differenz von Anwesenheit und Abwesenheit bewußt geworden – wie im Fall des Mannes, dem ich gestern auf der Treppe begegnet bin und der »heute nicht wieder da war«. Und in Savona habe ich noch einmal einen Blick auf das Nichts tun können, das mich schon in Preston beunruhigte.

Das CBS-Fernsehen berichtete eingehend über alle Stadien des einjährigen Strafverfahrens gegen Eric Smith. Der Sonderbericht über den Mord mit dem Titel *Warum tötete Eric Smith?* blieb zwar eine brauchbare Antwort auf diese Frage schuldig, dafür bekam man bei CBS jedoch lange Nahaufnahmen von Erics Gesicht vor und während des Prozesses zu sehen. Er ist ein ganz anderes Kind als Robert Thompson, drei Jahre älter und im Schoß einer allem Anschein nach glücklichen Familie in einer ruhigen bürgerlichen Kleinstadt aufgewachsen. Nach allem, was man über ihn hört, ein »lieber Junge«, der dennoch ebenso tückisch mordete wie der »mißratene Junge« Thompson, und das gleichfalls ohne ersichtlichen Grund, und der »hocherfreut« – so die Polizei über ihn – bei den Ermittlungen mitmachte. Er lachte viel. Thompson soll sich ausgeschüttet haben vor Lachen, während er James Bulger zu Tode trat und prügelte. Und beide, Thompson wie Eric, hatten zuletzt den gleichen eigenartigen Blick.

Es ist nicht die Art Blick, die Abkapselung von der Welt und Zurückgezogenheit in sich selbst signalisiert. Ich habe mit autistischen Kindern gearbeitet und kenne deren Gesichtsausdruck sehr genau. Dies hier ist etwas anderes. Die Augen sind wie die Kameralinsen eines automatischen Sicherheitssystems, wachsam, ohne Andeutung einer Persönlichkeit. Diese Augen sind die Fenster eines leeren Zimmers – der Bewohner ist nicht zu Hause.

Bei jedem besonders brutalen Mord ist es heute so sicher wie das Amen in der Kirche, daß bald nach der Festnahme eines Tatverdächtigen einer von seinen Nachbarn sich mit einem Kommentar des Inhalts vernehmen läßt: »Aber er war doch so ein netter, stiller Bursche. Man kann es fast nicht glauben, daß er so was getan haben könnte.« Natürlich gibt es immer auch die Schlauberger, denen nach geschehener Tat einfällt, daß ihnen ihre innere Stimme schon immer gesagt hat: »Mit dem stimmt was nicht.« Die Alarmsignale, die von Robert Thompson ausgingen, reichten aus, um Anlaß zu höchster Besorgnis zu geben, aber letzten Endes war er doch nur ein Zehnjähriger und auch nur einer unter vielen mißratenen Jungen in einer problembefrachteten Umwelt. Ich bin mir durchaus bewußt, daß ich nun selbst Gefahr laufe, so ein Schlauberger zu werden, der im nachhinein den Propheten spielt, und ich gebe zu, daß ich in der Hoffnung nach Preston fuhr, dort etwas zu entdecken, das mir erlauben würde, eine halbwegs plausible Erklärung für James Bulgers Tod zu konstruieren. Und ich bin alles andere als sicher, daß das, was ich sowohl in Preston wie in Savona entdeckt zu haben glaube, irgendwelche Plausibilität besitzt, aber dieser »Blick« läßt mich nicht mehr los, und ich begegne ihm jetzt immer wieder in Filmen und auf Fotos von John Wayne Gacy, Frank Potts, Henry Louis Wallace, David Berkowitz, Jeffrey Dahmer, Henry Lee Lucas und Robert C. Hansen, um nur einige exemplarisch stehende Namen von erwachsenen Personen zu nennen: Allein die hier Genannten haben zusammengenommen über zweihundert Menschen abgeschlachtet.

Der Blick, den ich hier zu charakterisieren versuche, wurde in mancher Beziehung bereits in einer klassischen Science-fiction-Geschichte von Theodore Thomas beschrieben, in der von Astronauten erzählt wird, die von einer Expedition ins All als Verwandelte zurückkehren: »Sie waren Menschen, aber ihre Augen waren anders. Es lag ein Ausdruck in ihnen, den man in Menschenaugen nicht findet. Ein vollkommen ruhiger, unbewegter Ausdruck. Ein durchdringender, sondierender und zugleich von Mitgefühl erfüllter Ausdruck. Der Blick dieser Augen ruhte auf von tief innen heraus gesehenen Dingen, auf außerhalb des Bereichs normalen Sehvermögens gesehenen Dingen. Es war ein Blick weit hinaus, ein bezwingender Blick, ein machtvoller Blick, eingelassen in die Augen normaler Menschen.«[373] Ist dies einerseits der Blick der vollendeten Menschlichkeit, der Blick des Menschen nach der Realisierung seiner höchsten Möglichkeiten, so braucht man andererseits das Ganze nur umzudrehen, das Gesichtsprofil von der anderen Seite zu betrachten, um Allerschlimmstes zu erblicken. Tilgen wir einmal die Normalität und das Mitgefühl aus dem Bild, und lassen wir den Blick mehr nach innen als nach außen gehen, dann haben wir statt des märchenhaften »Blicks weit hinaus« dessen verkrüppelte Variante, von der ich hier spreche. Ein Blick buchstäblich ohne Charakter, Hoffnung, Erbarmen. Nosferatu. Das Gesicht des *ganz Anderen*.

Mord ist das einzige Verbrechen, für das im Staat New York ein Dreizehnjähriger nach dem allgemeinen Strafrecht zur Verantwortung gezogen werden kann. Also wurde Eric Smith vor einem normalen Strafgericht wegen Mordes zweiten Grades angeklagt und plädierte auf nicht schuldig. Die Geschworenen kamen zu der Überzeugung, daß er genau gewußt hatte, was er tat, und fällten einen Schuldspruch, der eine Haftstrafe von »neun Jahren bis lebenslänglich« nach sich zog. Theoretisch könnte Eric schon mit dreißig wieder auf freien Fuß gesetzt werden.

Die Eltern des kleinen Derrick Robie, der es im Leben nicht einmal bis zum fünften Geburtstag gebracht hatte, begrüßten den Schuldspruch mit Erleichterung, wenn auch ohne große Freude. Jedermann in Savona war mit dem Ausgang des Prozesses einverstanden, sorgte er doch für eine Art legaler Bestrafung als angemessene Buße, womit er ihnen gestattete, ihr Leben wie gewohnt weiterzuführen, wenn er auch keine der aufgeworfenen Fragen beantwortete. Und in Erics Sippe grübelt man nun darüber nach, an welchem Punkt man ins falsche Fahrwasser geraten ist. Das scheint das unabwendbare Los aller Blutsverwandten von Mördern zu sein. Sie können nicht anders, als sich den Kopf über ihre Erbanlage zu zermartern, und die Drangsal ist am größten, wenn Menschen einen Mörder in der Verwandtschaft haben, der nicht nur ein Mal getötet hat – das wäre unter Umständen aus einer Anzahl von Gründen, die ein Abbüßen der Schuld als möglich erscheinen lassen, mit Nachsicht zu beurteilen –, sondern der das Töten nicht lassen kann, der wieder und wieder tötet.[85]

Massenmord ist kein historisches Novum. Es gibt ihn, seit wir uns mit Waffen ausgerüstet haben, die das Töten zu einer einfachen Sache machen. Ein verhältnismäßig modernes Phänomen ist allerdings der über einen längeren Zeitraum ausgedehnte Massenmord, begangen von einem einzelnen Täter, der sich an eine Serie fast willkürlich gewählter Opfer heranmacht, die er in vielen Fällen foltert, bevor er sie tötet. Gilles de Rais, einer der reichsten Männer im Frankreich des fünfzehnten Jahrhunderts, wurde zum Tode verurteilt und hingerichtet, weil er nach eigener Aussage mehr als hundert kleine Kinder sadistisch gequält und umgebracht hatte. Im England des siebzehnten Jahrhunderts wurde Elizabeth Bathtory für schuldig befunden, mit eigener Hand rund 650 junge Frauen getötet zu haben, um in ihrem Blut zu baden. Im neunzehnten Jahrhundert machte sich in Paris Joseph Philippe und in London Jack the Ripper – wer immer er gewesen sein mag – als Prostituiertenmörder einen Namen. Doch die Gewohnheit, unschuldige Menschen in aufsehenerregend langer Serie zu töten, ist eine moderne Abnormität, der »Serienmörder« ein sehr modernes Phänomen.[315]

Serienmörder verkörpern ein globales Problem, dem man auf allen Kontinenten mit Ausnahme von Antarktika begegnet, dessen Verbreitungsmuster freilich Schwerpunkte aufweist. Drei von vier Serienmördern leben und operieren in den USA, wo nach Schätzungen des FBI jährlich 5000 Tötungsdelikte auf ihr Konto gehen – 15 Menschenleben pro Tag, 25 Prozent aller aktenkundigen Mordtaten. England rangiert mit 7 Prozent auf Platz zwei und Deutschland mit 5 Prozent auf Platz drei. Neun von zehn Serienmördern sind Männer, und von diesen wiederum sind acht Weiße – sogar in den Vereinigten Staaten, wo die meisten Tötungsdelikte von Schwarzen begangen werden. Serienmörder sind meist Einzelgänger, etwa jeder zweite operiert in einem eng begrenzten Heimatrevier, wo er unter aller Augen im verborgenen lebt, und mindestens 20 Prozent werden nie gefaßt.[285] Das FBI ist überzeugt, daß allein in den USA derzeit nicht weniger als fünfhundert Serienmörder ihr Unwesen treiben.

Einer, der 1957 gefaßt wurde, war, als er 1984 in einer psychiatrischen Anstalt in Wisconsin starb, noch immer ein weitgehend unbeschriebenes Blatt. In den Akten wurde er als Edward Gein geführt. Seine Psychotikerkarierre begann er mit Plünderungen auf den Friedhöfen seiner Heimatstadt, von denen er Leichenteile mit nach Hause in seine Wohnung brachte. Dort entdeckte die Polizei später dekorative Arrangements von Menschenknochen, Lampenschirme, Papierkörbe und Sesselbezüge aus Menschenhaut sowie auf Schnüre gezogene, als Gürtel oder Halsschmuck zu tragende Nasen, Lippen, Schamlippen und Brustwarzen. Als Geins Rohstoffquellen nicht mehr ausreichten, um einen Mann, der »in bezug auf seine Sexualität voller Ehrgeiz« war, zufriedenzustellen, ging er dazu über, selbst Leichen zu produzieren; die lieferten ihm dann ein weibliches Gesicht mitsamt Skalp, umgearbeitet zur maßgefertigten Maske, eine Weste aus abgezogener Haut mitsamt Brüsten und ein weibliches Geschlechtsteil, das er angeschnallt über dem eigenen trug, wenn ihn in Feststimmung die Lust ankam, unterm Vollmond zu tanzen.[285]

Diese kuriosen Fleißarbeiten lieferten die Anregung zu den eminent erfolgreichen Filmen *Psycho* (*Psycho*, 1960), *Blutgericht in Texas* (*The Texas Chainsaw Massacre*, 1974) und *Das Schweigen der Lämmer* (*Silence of the Lambs*, 1991), die im Lauf von drei Jahrzehnten ein ausgefallenes Persönlichkeitsbild des Serienmörders schufen und bekräftigten und damit ein neues Mem wenn nicht sogar ein neues Krankheitsbild kreierten, das sich anscheinend in so rasantem Tempo durchsetzt, daß es auf dem besten Wege ist, zu einer gefährlichen Bedrohung zu werden. Es gibt keine Regel, die festlegt, daß Meme, um erfolgreich zu sein, etwas Erfreuliches sein müßten. Sie müssen nur das Zeug dazu haben, Aufmerksamkeit zu erregen, und sie müssen sich nachhaltig ins Gedächtnis prägen, und das in Rede stehende Beispiel tut beides sehr effektvoll.

Der als Fachberater für die Ermittlungs- und Strafverfolgungsbehörden in Georgia und Florida tätige Psychologe Joel Norris hat vor kurzem Psyche, Methode und Wahnsinn des Serienmörders in einem theoretischen Modell abgebildet, das zumindest eine gewisse Ordnung in den ganzen Problemkomplex bringt. Norris zufolge stellt das zwanghafte Töten die *en suite*-Aufführung eines Dramas nach Art der spätmittelalterlichen *morality plays* dar, bei der ein und dieselbe Handlung mit wechselnden Opfern immer wieder neu durchgespielt wird. In dem komplizierten Ritual, nach dem er seine obsessive Geschichte ausagiert, schafft sich der Mörder ein »behaviorales Skelett«, ein Exoskelett gleich dem der Insekten, das seinen Phantasmagorien Halt verleiht. Und weil diese Mörder, so Norris weiter, in den seltensten Fällen rational handeln, sondern meist automatisch auf spezifische Reize reagieren, ist es möglich, Gesetzmäßigkeiten ihres Verhaltens zu ermitteln und dieses Verhalten vorauszuberechnen.[189]

Nach Norris gliedert sich das Verlaufsschema des Serienmords typischerweise in sieben Hauptetappen:

1. Die »auratische« Phase: Der Mörder zieht sich aus der Realität zurück und baut in sich eine Phantasmagorie auf, die nach Erfüllung verlangt.

2. Die »Schleppangel«-Phase, die unter anderem die aktive Suche nach einer geeigneten Beute in einem sorgfältig ausgewählten Jagdrevier einschließt. In dieser Phase ist der Mörder äußerst wachsam und konzentriert und pirscht sich wie ein mit allen Wassern gewaschenes Raubtier an ein potentielles Opfer heran.

3. Die Phase des »Werbens«: Das Opfer wird bezaubert, wehrlos gemacht und mit Tricks dazu verführt, sich in Gefahr zu begeben.

4. Das »Zuschlagen der Falle«: ein Moment, der auf der Exekutionsstätte ausgekostet wird.

5. Der »Mord« selbst: in der Regel eine hochgradig symbolische Handlung, die die Reinszenierung einer Episode aus der Kindheit des Mörders darstellt und mit Hochgefühl und der Lösung sexueller Triebspannung verbunden ist.

6. Es folgt die »Totem«-Phase: Der Mörder versucht das ekstatische Erleben zu verlängern, indem er das Opfer fotografiert, es zerstückelt, Leichenteile ißt und/oder konserviert und/oder Besitztümer des Opfers aufbewahrt.

7. Am Ende steht die »depressive« Phase: Die Illusion schwindet, und der Mörder erkennt, daß sich nichts geändert hat.

Während dieser Auslaufphase des Zyklus gewinnt der verkaterte Mörder unter Umständen ausreichend Bewußtseinsklarheit über sich selbst, um sich freiwillig zu stellen und ein Geständnis abzulegen – freilich findet er dann selten Glauben und wird oft wieder auf freien Fuß gesetzt, woraufhin er eine neue Runde des grausigen Spiels einleitet. In den meisten Fällen legt sich jedoch das Schuldgefühl wieder, ohne Konsequenzen gezeitigt zu haben, und der eiserne Zyklus beginnt von neuem – und dieses Rad dreht sich immer weiter, bis der Mörder irgendwann einmal auf frischer Tat ergriffen wird.

Norris' Darstellung der Geschehensfolge klingt überzeugend und stimmt gut mit dem stereotypen Hintergrund von gewalttätigem

Erziehungsmilieu und elterlichem Versagen zusammen, der den meisten Massenmördern gemeinsam zu sein scheint. Norris diagnostiziert den Serienmord als »Krankheit, bei der die traditionellen Polaritäten Belohnung/ Strafe und Liebe/Haß umgekehrt werden«. Auch das ist vielleicht nicht falsch, aber die Vorstellung von einer in eine Kette von Verhaltensschritten gegliederten Appetenzphase, die zwangsläufig in eine Endhandlung mündet, ist ein bißchen altmodisch. Appetenzverhalten wird heute nicht einmal mehr bei Tieren als starre lineare Abfolge von Elementen begriffen, und so taugt denn dieses Denkmodell wahrscheinlich auch nicht unbedingt zur Abbildung der sehr viel komplexeren Verhältnisse auf dem Gebiet der Psychopathologie des Menschen. Und es liefert überhaupt keinen Ansatzpunkt zur Beantwortung der Frage, warum nur eine winzige Minderheit solchermaßen »beschädigter« Menschen zu Serienmördern werden, die große Mehrheit jedoch nicht.

Es scheint beweiskräftige Indizien dafür zu geben, daß bei kriminellem Verhalten eine genetische Komponente mitspielt. In zehn verschiedenen Ländern durchgeführte Untersuchungen an Zwillingspaaren führten zu dem Ergebnis, daß, wenn das eine Glied eines Zwillingspaars ein Verbrechen begeht, eine 52prozentige Wahrscheinlichkeit besteht, daß auch der andere Zwilling zum Verbrecher wird – vorausgesetzt, es handelt sich um eineiige Zwillinge, das heißt Zwillinge mit hundertprozentig identischer Erbinformation.[87] Bei zweieiigen Zwillingen, die lediglich 50 Prozent der Erbinformation gemeinsam haben, ist der entsprechende Wahrscheinlichkeitswert bereits um mehr als die Hälfte auf 21 Prozent vermindert.[69] Und selbst Zwillinge, die gleich nach der Geburt in verschiedene Hände gegeben werden und getrennt voneinander aufwachsen, liefern Belege dafür, daß die Tendenz zu asozialem Verhalten zumindest teilweise erbbedingt ist.[163] Wie man sich den Wirkungsmechanismus vorzustellen hat, ist noch strittig, doch immerhin konnte bis jetzt ein Zusammenhang zwischen verschiedenerlei Formen asozialen Verhaltens einerseits und niedriger Herzfrequenz, Aufmerksamkeitsschwäche und Anomalien in der Stirnregion der Großhirnrinde andererseits festgestellt werden.

Der rivalisierenden Theorie der Milieubedingtheit mißt der Psychologe Adrian Raine erhebliches Gewicht bei; er verweist darauf, daß

Kriminelle mit höherer Wahrscheinlichkeit als andere Menschen kriminelle Eltern haben, eine gestörte Beziehung zu ihrer Ehefrau haben, ihre Ehefrau schlagen und ihre Kinder mißhandeln sowie als Kinder willkürlicher Bestrafung von seiten ihrer Eltern ausgesetzt waren.[308] Raine und seine Mitarbeiter führten eine Erhebung unter 4660 im Zeitraum von 1959 bis 1961 geborenen männlichen Jugendlichen in Kalifornien durch, in deren Ergebnis sich ein klarer Zusammenhang zwischen Gewaltkriminalität und frühen Erfahrungen dokumentierte. Erfaßt wurden unter anderem auch regelwidrige Geburten wie zum Beispiel Steiß- oder Zangengeburten (die zu Hirnschädigungen führen können) sowie Vernachlässigung durch die Eltern während des ersten Lebensjahrs. Bei der Auswertung der Daten zeigte sich, daß 22 Prozent aller von der Gesamtheit der Befragten begangenen schweren Straftaten auf die 3,9 Prozent ausmachende Untergruppe derer entfielen, die *beide* der genannten Traumen erlitten hatten. Raines Fazit: Bessere Fürsorge für Schwangere und Neugeborene ist effektvollere Verbrechensbekämpfung als verschärfte Gesetze gegen den Waffenbesitz oder die Erhöhung des Personalbestands der Polizei. »Die Biologie muß nicht das Schicksal sein«, meint Raine.[309]

Genau so ist es. Unser Verhalten ist zumeist das Ergebnis einer komplexen Wechselwirkung zwischen Natur und Kultur, Erbinformation und Erfahrungen. Wir sind da erstaunlich formbar, wobei wir uns die Richtung von der natürlichen Selektion vorgeben lassen und, wo es um Ressourcen und den Zugang zu Ressourcen geht, zunehmend berechenbar werden. Diebstahl, Einbruch, gewalttätiger Angriff, Mord und sogar Krieg lassen sich oft in soziobiologischen Kategorien und als evolutionsgeschichtlich relevante Phänomene interpretieren. Ich habe mich in dieser Untersuchung des Bösen fast durchgängig bemüht, herauszustellen, daß derlei Dinge häufig klare biologische Wurzeln haben und letzten Endes zum Fortpflanzungserfolg beitragen können. In diesen Fällen kann man vielleicht von einer »schwachen Form des Bösen« sprechen, um auszudrücken, daß man es mit Anpassungsleistungen zu tun hat, wenn auch mit mäßigen. Indes haben wir auch die Tendenz, dann und wann extrem unberechenbare, eindeutig schlecht angepaßte Verhaltensformen an den Tag zu legen. Brandstiftung, Pädophilie und die pathischen Abseitigkeiten des Serienmords sind weder in logischen noch in biologischen Kategorien nachvollziehbar. Sie sperren sich gegen jeden halbwegs vernünftigen Versuch, sie in einen Sinnzusammenhang einzuordnen, wenngleich wir als Wissenschaftler gehalten sind, unbequeme Tatsachen wie zum Beispiel die, daß Serienmörder in der überwältigenden Mehrzahl weiße Männer sind, begreiflich zu machen. Bemühungen in dieser Richtung werden natürlich auch nicht durch die gleichermaßen unersprießliche Tatsache gefördert, daß die Menschen, die derartige Dinge tun, ihren eigenen Taten genauso ratlos gegenüberstehen wie alle anderen.

Ich will und mag nicht bei den sadistischen Greueln verweilen, mit denen Serienmorde großenteils verbunden sind. Dieser Aspekt ist ausführlich dokumentiert in Jack Apsches Gänsehaut erregender Erkundung der Seele von »Bischof« Gary Heidnik, der vor einem Jahrzehnt in Philadelphia seine Opfer entführte, vergewaltigte, folterte, schwängerte, tötete, zerlegte, nach den Regeln der Kochkunst zubereitete und aß.[12] In einem 1987 über ihn erstellten psychiatrischen Gutachten hieß es: »Bei kontinuierlicher psychotherapeutischer Behandlung besteht für Mr. Heidnik eine günstige Prognose.« Zur selben Zeit, als dieses Gutachten formuliert wurde, hielt der Begutachtete drei halbverhungerte nackte mißbrauchte Frauen an die Leitungsrohre im Keller seines Hauses gekettet und hatte die Überreste einer vierten in seiner Tiefkühltruhe verstaut. Wir verfügen über eine skrupulöse Analyse des charismatischen Ted Bundy von Ann Rule[329], des einsamen Dennis Nilsen von Brian Masters[266] und des unersättlichen Jeffrey Dahmer von Anne Schwartz[340]. Aber einerlei, aus welcher Perspektive man diese Dinge betrachtet, mörderischer Frauenhaß und homosexuelle Nekrophilie sind unerquicklich und geben für das Erkenntnisbedürfnis nicht viel her. In allen erwähnten Büchern findet sich wenig, was uns helfen könnte, zu begreifen, was es mit diesen Exzessen denn nun eigentlich auf sich hat. Wobei man allerdings einräumen muß, daß Nilsens Antwort auf die Frage nach dem Motiv für seine fünfzehn Morde möglicherweise das Höchstmaß an Erklärung repräsentiert, das wir wahrscheinlich zu erreichen vermögen: »Na ja, daß man Spaß an der Sache hat, ist vielleicht nicht der schlechteste Grund.«[266]

Viele dieser Mörder scheinen kein Innenleben zu haben. Kurz bevor John Wayne Gacy hingerichtet wurde, führte Alec Wilkinson ein Gespräch mit dem Todeskandidaten; seinen Eindruck von ihm schilderte er so: »Oft hatte ich das Gefühl, einen Schauspieler vor mir zu haben, der sich in eine Rolle eingearbeitet und sein Spiel so perfektioniert hatte, daß er identisch mit seiner Rolle und die Rolle zu seiner Identität geworden war. Was er an Eigenpersönlichkeit einmal besessen haben mag, ist längst zusammengebrochen und durch einen Katalog von Gesten und Posen und Vorspiegelungen der geistigen Normalität ersetzt.«[416] Das klingt absolut zutreffend. Wie eine Beschreibung des Bildes, das Robert Thompson und Eric Smith – vorausgesetzt, sie bleiben so lange am Leben – in zwanzig Jahren abgeben, wenn sie gelernt haben werden, sich zu maskieren und zu verstellen und das »*ganz andere* Gesicht« unter einer dicken Schicht Schminke zu verbergen. In all diesen Fällen dürfte es sich als ergiebiger herausstellen, nicht danach zu fragen, was der einzelne ist oder geworden ist, sondern danach, was er *nicht* ist.

Ich glaube nicht, daß irgendein Mensch mit dem zwanghaften Drang zu töten auf die Welt kommt. Und obwohl ich durchaus nicht verkenne, daß eine beeindruckende Datenfülle für einen Zusammenhang zwischen Armut, brutalem Milieu und sozialer Deprivation einerseits und Gewaltkriminalität andererseits spricht, halte ich es bei weitem nicht für ausgemacht, daß irgendwelche spezifischen *Entstehungsbedingungen* für Mörder existieren. Denn auf jeden, der zum Mörder wird, kommen Hunderte mit demselben genetischen und sozialen Hintergrund, die sich nicht zu Psychopathen entwickeln. Ich sympathisiere allmählich mit allen, die sich veranlaßt fühlen, den Gedanken neu zu erwägen, daß das Böse – die »starke Form des Bösen«, die wir vielleicht als Geisteskrankheit abgetan haben – letzten Endes doch existieren könnte, und wenn das der Fall ist, habe ich ihm, glaube ich, schon ins Gesicht gesehen.

Joel Norris meint, daß Serienmörder im Augenblick der Tat ein »überwältigendes Offenbarungserlebnis« haben. Von Dennis Nilsen stammen die Worte: »Nichts anderes kann mich reizen oder glücklich machen.« Keine Frage, das Morden stellt in dem ansonsten tristen Dasein dieser Killer eine Art Gipfelerfahrung dar. Die Romanschriftstellerin Joyce Carol Oates entdeckt in ihm die Umrisse »einer bizarren Abart der romantischen Liebe, das Unternehmen eines ghulenhaften Don Juan, den noch so viele Leichen und Leichenteile nicht zufriedenzustellen vermögen«.[290]

Mag sein. Aber mich verfolgt noch immer der »Blick«, jenes Phänomen, das keineswegs eine Eigentümlichkeit der zweiten Hälfte des zwanzigsten Jahrhunderts zu sein scheint. Er starrt mir von den Marmorbüsten Caligulas und Neros entgegen, nicht jedoch von der eines Julius Caesar oder Ptolemaios. Ich nehme ihn auf Gemälden Cesare Borgias und Torquemadas wahr, nicht jedoch auf den Porträts Dantes oder Petrarcas. Und er springt mich aus Fotografien von Rasputin und Idi Amin an, während ich auf den zahlreichen existierenden Bildern von Winston Churchill oder John F. Kennedy, welche Fehler die beiden sonst auch gehabt haben mögen, nicht eine Spur von ihm bemerke. Und nach meinem Eindruck hat jeder, der den *ganz anderen Blick* aufweist, es auch geschafft, in höchsteigener Person etwas Unaussprechliches zu vollbringen, etwas, das in so hohem Maße widernatürlich ist, daß es ihn unwiderruflich zum Außenseiter macht, abgeschnitten von Lust und Leid des wahren Menschseins.

Und ich glaube, das alles kam so:

Vor drei Milliarden Jahren passierten wir eine strukturelle Wasserscheide, indem wir der Entropie lange genug widerstanden, um dem anorganischen Chaos die organische Ordnung abringen und so erkennbar lebendig werden zu können. Wir wurden Teil eines Prozesses, der möglicherweise einmalig ist und nur auf diesem Planeten stattfindet, aber gleichwohl universellen Gesetzen gehorcht, wenn er nach einem fließenden Gleichgewicht strebt und in Strukturen mit bestimmten harmonischen Eigenschaften zu ausgewogener Form findet, nachdem er zuvor andere Strukturen, die im Verhältnis zur Ökologie nicht »gerade richtig« waren, umgangen hat. Eben das meint das Wort »gut«. Das in diesem Sinne Gute ist von Natur aus schön, weil es so gut angepaßt ist; und diese Angepaßtheit überdauert, weil der Selektionsdruck für sie und gegen weniger gut funktionierende und damit unvermeidlicherweise häßliche Neuerungen arbeitet.

Das Häßliche, schlecht Angepaßte ist deswegen häßlich und schlecht angepaßt, weil es erstens seinen Ort, zweitens die Ausgewogenheit und drittens den Formenreichtum verloren hat, der dazu nötig ist, die ständig wechselnden Herausforderungen der Evolution erfolgreich zu bestehen. Das *primum movens* in diesem langen Kampf um Selektion sind die Gene, die Replikatoren, die ihrem Vehikel die zum Fortpflanzungserfolg benötigten Instruktionen erteilen. Während

99,99 Prozent unserer Stammesgeschichte führten sie das Kommando: als unsere Stamm- und Gründerväter, die per Fernsteuerung ein höchst erfolgreiches Unternehmen betrieben und dabei Systeme aufbauten, deren Komplexität und Raffinement einem buchstäblich den Atem verschlagen.

Doch vor drei Millionen Jahren geschah etwas Neues, und wir überquerten abermals eine Wasserscheide. Aus dem Geschehen ging eine schwächlich wirkende Abart hervor. Sie verfügte über keinen der üblichen Aktivposten Körperkraft, Schnelligkeit, Sinnesschärfe, wurde aber trotzdem zu einer Siegernatur, weil sie ihren Mangel an körperlichen Talenten durch außerordentliche geistige Wendigkeit ausgleichen konnte. Und das veränderte die Spielregeln total. Die Neuankömmlinge – unsere unmittelbaren Vorfahren – nutzten weiterhin die Vorteile der biologischen Vererbung, verzweigten sich immer erst nach längerer genetischer Entwicklung in einzelne Rassen und kumulierten vorteilhafte Merkmale, bis sie sich von der Meute so weit abgesetzt hatten, daß sie die tonangebende Form des Lebens, die Spitzenspezies *Homo sapiens*, verkörperten.

Unsere eigentliche Geschichte spielt sich zwar innerhalb von nur 0,01 Prozent der Geschichte des Lebens auf diesem Planeten ab, ist aber trotzdem eine erstaunliche Sache. Wenn es auch keinen wirklich objektiven Maßstab gibt, anhand dessen man eine Spezies einer anderen überordnen könnte, so steht doch außer Zweifel, daß die unsere in mindestens einer wichtigen Beziehung einen qualitativen Sprung verkörpert. Wir besitzen die Macht, den Genen Trotz zu bieten. Wir haben ihre Autorität in Frage gestellt, uns gegen chemische Steuerungsmechanismen aufgelehnt und, noch ehe wir wußten, wer oder was die Gene sind, eine Entwicklung in Gang gebracht, die eine echte Alternative zu deren Despotie darstellt. Wir haben die kulturelle Evolution erfunden, die sich, verglichen mit ihrem biologischen Gegenstück, mit Lichtgeschwindigkeit vollzieht.

Es dauert lange, bis aus einem Bein ein Flügel oder eine Flosse geworden ist, aber binnen einer Sekunde können wir unser Wollen und unsere Lebensplanung ändern. Die eminenten Vorteile, die dieser Quantensprung mit sich gebracht hat, sind nicht zu übersehen – zu ihnen gehören alle Segnungen von bildender Kunst und Musik, Dichtung und Philosophie –, aber wie offenbar alles seinen Preis hat, hatten auch sie den ihren. Wir haben die Verbindung zu unseren Wurzeln verloren; unsere Lage gleicht der des mythischen Riesen Antaios, des Sohnes des Poseidon und der Gaia, der aus der Berührung mit seiner Mutter Erde so gewaltige Kräfte zog, daß kein Held ihn im Ringkampf zu besiegen vermochte, solange er festen Boden unter den Füßen hatte. Herakles hob ihn hoch und erwürgte ihn in der Luft – und wie dem in der Luft zappelnden Antaios schwinden auch uns die natürlichen Kräfte. Mag sein, daß wir jetzt obenauf sind, aber wir sind der alten Kontroll- und Regulierungsmechanismen verlustig gegangen, der lebenswichtigen Hemm- und Aktivierungsfaktoren, die für ein problemloses Gleichgewicht sorgen. Und wir stehen offenbar in der Gefahr, unser Gespür für Goldlöckchen-Lösungen ganz zu verlieren.

Der Bruch mit der Evolution der Organismen und der genetischen Steuerung hat sich insgesamt so schnell vollzogen, daß keine Zeit blieb, ersatzweise geeignete kulturelle Steuerungsmechanismen beizubringen. Die Folge ist ein Hauch von Anarchie, eine Schwemme von Aktivitäten, die sich am besten als Ketzerei gegen den Kosmos, Blasphemie gegen die Natur und als Sakrileg an der Ökologie charakterisieren lassen; ein ständig umfangreicher werdender Katalog von Verbrechen gegen die Natur, von denen nicht das geringste der Sturmangriff auf unsere eigene psychische Integrität ist, der manche von uns in etwas Fremdartiges, etwas in menschlichen Kategorien heute kaum noch Faßbares verwandelt. In ein Etwas, das uns aus seinem Nosferatu-Gesicht unheilverkündende Blicke zusendet.

Für dieses *Anderssein* gibt es vielleicht eine ganz einfache psychologische Erklärung. Kaltblütiger Mord ist eine so gräßliche Tat, daß dem Mörder vor deren grausigen Aspekten möglicherweise nur die Ausflucht in eine Realitätsverleugnung bleibt, die so radikal ist, daß sie die ganze Persönlichkeit mit abschafft. Vielleicht kann ein Mörder nur auf diese Weise überleben. Wie bei den Asmat verlangt auch hier das Überleben des einen den Tod des anderen. Nur daß bei dieser Art Menschenopfer offenbar nicht der Mann den Weg für das Kind frei macht, sondern das Kind sterben muß, damit der Mann, sei's auch in schier unfaßbar monströser Gestalt, weitermachen kann. Es könnte sogar sein, daß dies der letzte, verzweifelte Widerstand der Gene gegen unsere Revolution ist.

Wir leben in einer außergewöhnlichen und faszinierenden Zeit, im

Vorfeld einer unvorstellbar wunderbaren oder unausdenkbar schrecklichen Zukunft. Einer Zukunft, die nach allem, was wir vom Leben wissen, wahrscheinlich ein bißchen von beidem sein wird. Indes, das Mischungsverhältnis bleibt entscheidend wichtig und möglicherweise auch weiterhin etwas, das zu steuern in unserer Macht steht. Was mir am meisten Sorgen macht, ist die bei uns vorhandene beunruhigende Neigung, ausbalancierte Verhältnisse in die Richtung von Verkehrtheit und Häßlichkeit zu kippen. Oder wie sonst soll man sich die Tatsache erklären, daß Massenmörder inzwischen zu gefeierten Kultfiguren auf einem widerwärtigen Markt des Killer-Kitsches wurden? Ein Markt der Sammelbilder, Poster und T-Shirts, die so viel Sympathiewerbung für Serienkiller machen, daß Ted Bundy sogar ein Groupie fand, das vertrauensselig genug war, um ihn zu heiraten. Der menschenfressende Jeffrey Dahmer wurde, bis er Ende 1994 im Zuchthaus in Wisconsin ermordet wurde, mit Fan-Post und Geschenken, deren Gesamtwert sich auf Tausende Dollar belief, förmlich überschüttet. Richard Ramirez, »der Jäger der Nacht«, der in Kalifornien auf brutalste Weise dreizehn Menschen umbrachte, hat noch heute eine Gemeinde von Verehrerinnen, die ihm schreiben und ihn sogar im Zuchthaus San Quentin besuchen. Und es gibt sogar Menschen, die sich ratsuchend an Charles Manson wenden.

Zum Teil ist dieses Interesse unvermeidlich. Seit eh und je haben wir unsere Freude am Flirt mit der Gefahr und holen uns gern eine Gänsehaut mittels der Vorstellung von einem Pakt mit dem Teufel oder einem Tanz mit Werwölfen. In gewisser Weise ist solcherart Verdrehtheit sogar ganz gesund. Sie hilft uns, unserer eigenen Identität und der Risiken des *Ganz-anders-sein-Wollens* eingedenk zu bleiben. Aber indem wir so in die Flammen des Höllenfeuers blasen, erwecken wir ein wahrhaft abwegiges Mem zum Leben und flirten mit echten Problemen. Ich weiß nicht, ob Robert Thompson das Video von Chucky gesehen hatte, und ich bezweifle, daß Eric Smith je von James Bulger gehört hatte, doch ein solcher direkter Einfluß ist heute vielleicht gar nicht mehr nötig. Ich habe den Verdacht, daß so etwas wie eine biologische Version des Internet existiert, bei der wir alle als Mitglieder eingetragen sind, und daß mittlerweile schon schlechte Nachrichten genug im System umlaufen, um wen auch immer wo auch immer wann auch immer infizieren zu können.

Dritter Teil
Die bösartige Natur

Sünde ist alles, was die Seele verfinstert.
André Gide

Von dem Regen, der in den »Afrikanischen Graben« fällt, gelangt kein Tropfen je ins Meer. Die Wasser sammeln sich in einer Seenkette, die sich auf der flachen Sohle des sechstausend Kilometer langen Grabenbruchs im Ostteil des Kontinents hinzieht, zwischen hohen, steilen Wänden, die den nachdenklichen Betrachter daran erinnern, daß das Wort Graben dieselbe Wurzel hat wie das Wort Grab. Etwas anderes verstärkt diese Assoziation: Im Afrikanischen Graben birgt die Erde genügend fossile menschliche Gebeine und Knochenreste, um das Herz jedes paläontologischen Ghuls höherschlagen zu lassen. Hier sind aber nicht nur unsere ältesten Vorfahren gestorben und begraben, hier liegt der Ursprung unserer ganzen Deszendenzlinie. Der Afrikanische Graben ist ebensosehr Wiege wie Grab und obendrein ein Ort, der etwas ausgesprochen Freundliches und Anheimelndes hat.

Heute sind hier vor allem Viehzüchtervölker wie die Massai, Samburu, Suk und Turkana zu Hause, die wie ein hamito-nilotischer Keil in das Kernland der auf den kühlen, fruchtbaren Höhen beiderseits des Grabens Ackerbau treibenden Bantustämme vorgedrungen sind. Hirten und Bauern in der Region betrachten sich gegenseitig mit dem unvermeidlichen Argwohn, bewegen sich jedoch in Sprache und Lebensstil schon langsam aufeinander zu, und unabhängig davon gibt es einen Punkt, in dem sie sich auf jeden Fall vollkommen einig sind: Weder die einen noch die anderen haben viel übrig für eine Randgruppe von Jägern und Sammlern, die sie beide mit dem Namen *Wa Ndorobo* bezeichnen.

Ohne Zäsur ausgesprochen, verschmilzt der Name zu dem Laut »Wandorobo«, der, als ich ihn zum erstenmal hörte, in mir Bilder von einem schon in der Zeit vor der Invasion der fremden Stämme hier lebenden Ureinwohnervolk heraufbeschwor, von noch immer mit

Pfeil und Bogen jagenden nomadisierenden Horden, die in Höhlen und einfachen Schutzhütten schliefen, Honig sammelten und nach Lust und Laune über die steilen Hänge streiften. Bilder von einem seit einhunderttausend Jahren unveränderten Naturmenschentum. Wie ich dann bei meinem Aufenthalt an Ort und Stelle entdeckte, ist die Wirklichkeit nicht ganz so romantisch. Ein wenig leben diese Leute tatsächlich noch so, wie ich es mir vorgestellt hatte, aber ihre ethnische Reinheit ist längst dahin, auf der ganzen Länge des Grabens ist Blutmischung mit den örtlichen Ackerbauern- und Viehzüchterstämmen im Gange, man macht sich deren Sprache zu eigen, tauscht mit ihnen Fleisch und Honig gegen Handelsware und gerät dabei immer stärker in die Abhängigkeit von den zweifelhaften Segnungen des zwanzigsten Jahrhunderts. Aber wenn es auch die Dorobo als reales »Buschvolk« nicht mehr gibt, die Rolle, die sie auf symbolischer Ebene spielen, wird in der Phantasie anderer Völker unentwegt fortgeschrieben. Wenn es sie nicht gäbe, müßten sie erfunden werden.

Da die Dorobo weder den Boden bestellen noch Tiere halten, ist es für Ackerbauern- und Viehzüchterstämme fraglich, ob sie überhaupt Menschen sind. Sie leben außerhalb der Zwänge »normaler« Sozial- und Eigentumsstrukturen und sind deshalb schwer zu klassifizieren oder in Regeln zu fassen. »Die Dorobo gleichen Tieren«, heißt es über sie, »aber zugleich haben sie Macht über die Natur. Sie leben im Reich der Hexen und wilden Geister, aber auch bei ihren Ahnen. Sie sind zucht- und sittenlose Narren, aber auch Besitzer geheimen Wissens, die mit Mächten außerhalb unserer Welt in Verbindnug treten können.«[227]

Für praktisch jedermann in Tansania, Kenia und Uganda sind die Dorobo eine wichtige Hintergrundfolie, ein Spiegel im Urwald, ein unentbehrliches Bild des *ganz Anderen*. Jede Gesellschaft, so scheint es, braucht ihre Außenseiter, denn im kontrastiven Vergleich mit ihnen können sich die Mitglieder ihrer eigenen, besseren Eigenschaften vergewissern. Für die Massai, die großen Wert auf die Vermehrung ihres Viehbestands legen, sind die Dorobo jene absolut Wahnwitzigen, die »Kühe aufessen, noch bevor sie gekalbt haben«. In den Augen der Kikuyu, für die Reichtum in Bodenbesitz besteht, sind die Dorobo nichtswürdige Geschöpfe, die »im Wald leben wie die Paviane«. Und für die Kipsigis, bei denen ein Mann um so mehr gilt, je feinere Manieren er hat, sind die Dorobo »Flegel, die sich nicht benehmen können«.[326]

Das alles ist höchst praktisch und zweckdienlich. Wenn wir in unseren eigenen Augen Mitglieder einer modernen, fortgeschrittenen Gesellschaft sind, müssen wir im Verhältnis zu irgendwelchen anderen Menschen, beispielsweise den »primitiven« Dorobo, fortgeschritten sein. Wenn unsere Kultur von empörenden Klassenunterschieden durchfurcht ist, dann tröstet uns zumindest der Gedanke, daß die Dorobo überhaupt keine Gesellschaftsorganisation haben, die der Rede wert wäre. Wenn wir von Wellen der Gewalttätigkeit und mutwilliger Morde überspült werden, wärmt die Erinnerung das Herz, daß wir, wie die »sanften« Dorobo, früher einmal viel netter zueinander waren. Alles, was wir sind – was immer es auch sein mag –, sind die Dorobo dieser Welt nicht.

Von daher gesehen ist es hochinteressant, zu erfahren, daß die berüchtigten Ik – die *Mountain People* des Ethnologen Colin Turnbull – ein Dorobo-Clan sind. Turnbull fand sie nicht nur lieblos, sondern geradezu roh und grausam, egoistisch, zerstörerisch und inhuman: »so unfreundlich, unbarmherzig, ungastlich und durchweg unangenehm, wie ein Volk überhaupt nur sein kann«.[390] Ein Volk, zu dem er nur widerwillig reiste, nachdem zwei andere Forschungsprojekte, die ihm lieber gewesen wären, sich zerschlagen hatten, und das er in einem Zustand außergewöhnlicher Verarmung und Auflösung vorfand – die Folge davon, daß man es aus seinen angestammten Jagdgründen vertrieben hatte, um dort einen neuen Nationalpark einzurichten. Turnbulls Reaktion auf die Ik war, wie er selbst gestand, gedämpft durch Enttäuschung und einen grundsätzlichen Mangel an Enthusiasmus über seinen Aufenthalt bei ihnen. Nachdem er etliche schwierige Monate unter seinen Studienobjekten verbracht hatte, nahm er die Gelegenheit wahr, in einem anderen Buch ein Kapitel über sie zu veröffentlichen. Und dessen Inhalt unterschied sich in so erheblichem Maße von dem, was er später über die Ik zu sagen hatte, daß er mit Blick auf diese Diskrepanz bemerkte: »Sie ist für mich Anlaß, einen großen Teil der Ergebnisse von Feldarbeit, einschließlich meiner eigenen, in Zweifel zu ziehen.« Nüchtern betrachtet, war die Desillusionierung wahrscheinlich unvermeidlich, weil die Ik und alle anderen Dorobo schon so lange in die Außenseiterrolle gedrängt und so radikal negativ dargestellt werden, daß sie inzwischen so geworden sind, wie die meisten Menschen sie sich vorstellen: *anders*-artig.

Hat ein Sozialverband keinen bequem verfügbaren Sündenbock in der Nachbarschaft, schafft er sich mit großem Geschick einen aus seiner eigenen Mitte. Da bietet sich mancher als Opfer förmlich an.

Der Berufsstand des Schmiedes ist in vielen, wenn nicht den meisten Stammesgesellschaften in hohem Maße stigmatisiert. Das Herumwerkeln mit Metallen, Herstellen von Eisen aus Eisenerz, Einleiten der Geburt neuer Materie, bevor ihre Zeit gekommen ist, galt schon immer als eine Herausforderung des Schicksals. Als eine Sache, die man am besten einer besonderen Menschenkaste überließ, den Grobschmieden, deren Beruf sich vom Vater auf den Sohn vererbte, »Schwarzkünstlern«, deren beständiger Umgang mit okkulten Kräften für so gefährlich erachtet wurde, daß man immer Abstand zu ihnen hielt. Und um den Sinn dieses Abstandhaltens noch zu bekräftigen, schufen die Kapsiki in Nordkamerun den zweckdienlichen Mythos vom »schlechten Geruch« der Schmiede.[393] Von da sind es nur zwei kleine Schritte – über die Maxime »Was schlecht riecht, muß schlecht sein« – zu der weitverbreiteten Praxis des »Auswitterns« menschlicher Schlechtigkeit zum Zweck des Aufspürens von Hexen.

Seit es Menschen gibt, gibt es auch menschliches Wünschen, Wollen, Verlangen, Begehren. Was die Menschen sich wünschen, ist von Kultur zu Kultur verschieden, aber allen Menschen auf der Welt ist eines gemeinsam: Ihre Wünsche sind niemals vollständig befriedigt. Wir wollen immer noch mehr. Mehr Essen, mehr Grundbesitz, mehr Frauen, mehr Kinder, mehr Macht, mehr Ansehen, mehr Geld, mehr Freiheit – die Liste ließe sich endlos verlängern. Und wird ein bestimmtes Verlangen zeitweilig befriedigt, regt sich automatisch ein anderes. Bei den meisten Spezies ist dem Bedarf an Ressourcen durch die ökologischen Realitäten eine Grenze gesetzt, und wenn auch der Konkurrenzkampf innerhalb der Sozietäten weitergeht, bildet sich in diesen doch ein mehr oder weniger stabiles Beziehungsgefüge heraus. Beim Menschen ist das alles anders, weil sich hier der naturgegebene Bedarf in die anarchischeren »Bedürfnisse« verwandelt hat und als allgemeinstes Merkmal die Tendenz hervorgetreten ist, in die Ökologie einzugreifen, um sie zu unserem eigenen Vorteil zu lenken.

Unsere ersten Versuche in dieser Richtung dürften eine Steigerung der Produktivität zum Ziel gehabt haben und dem Schema der Projektion unserer inneren Wünsche auf die Außenwelt gefolgt sein. Damit haben wir offenbar sehr früh begonnen, wohl um die Zeit, als wir die Stufe der reinen Sammelwirtschaft überschritten und jagen lernten.

Die Jagd ist ein riskantes Geschäft, das einmal zum Erfolg führt, ein andermal nicht; man kann davon ausgehen, daß alles, was den Eindruck zu erwecken vermochte, daß es die Ungewißheiten der Jagd reduziere, eine hochwillkommene Sache war, die man sich rasch aneignete. Ein amerikanischer Ethnologe mit dem kuriosen Namen Omar Khayyam (d. h. »Omar der Zeltmacher«) Moore formulierte einmal eine Theorie über die möglichen Anfänge einschlägiger Praktiken.[276] Er verwies auf eine Sitte, die von amerikanischen Ureinwohnern in Labrador bei der Karibujagd möglicherweise noch heute gepflegt wird. Wenn Zweifel auftauchen, in welche Richtung die Jagdgesellschaft sich wenden soll, fragt man das Wild selbst um Rat. Man hält das Schulterblatt eines Karibus über Holzkohlenglut und deutet anschließend die von der Hitze in dem Knochen erzeugten Sprünge und Verfärbungen als Landkarte, die den Weg zur Beute weist. Da die Zeichnung auf dem Knochen eine reichlich beliebige Angelegenheit ist, dürfte es eher Zufall sein, wenn sie tatsächlich zu einem Karibu führt, doch auf lange Sicht ergibt sich für die Anwender der Orakelpraxis der Effekt, daß sie mit ihren zufallsgesteuerten Jagdzügen ihr Revier in der Tendenz optimal, weil ausgewogen bewirtschaften. Und auf Dauer gesehen sind sie bei der Jagd erfolgreicher als andere, die, ihrer natürlichen Neigung folgend, die nächste Jagdexpedition wieder dorthin unternehmen, wo sie letztes Mal Erfolg hatten, und damit häufig den Wildbestand stellenweise bis zur Gefährdung dezimieren.

Solche Praktiken werden gern als »Aberglaube« abgetan, nicht ohne den herablassenden Kommentar, sie beruhten auf völlig falschen Voraussetzungen. Mag sein. Aber wie Moore anmerkt: »Manche Praktiken, die als magische eingestuft werden, können sehr wohl direkt auf das Erreichen der Ziele hinwirken, die ihre Anwender im Sinn haben.« Manchmal wirkt der Zauber.

Nichts ist so erfolgreich wie der Erfolg, und daher greifen derartige Bräuche rasch auf andere Bereiche über, wo ein Verlangen nach

Erfüllung strebt. Binnen kurzem existieren von Beschwörungsformeln begleitete Rituale für den Fischfang, das Regenmachen, das Besänftigen des Windes, das Erwecken von Liebe, das Auffinden von Wasseradern, das Anregen der Fruchtbarkeit. Manche basieren, gewollt oder ungewollt, auf Orientierungszeichen von natürlicher Bedeutsamkeit, und bald wimmelt es im Leben der Menschen von Zauberpraktiken und all den Beschwörungstechniken der Wahrsagekunst, die den Zufällen des Lebens einen Sinn abgewinnen sollen. Ich möchte mich im Vorübergehen zu einer persönlichen Sympathie für die Apantomantie und die Phyllorhodomantie bekennen: Erstere weiß den tieferen Sinn von Zufallsbegegnungen mit Tieren zu erklären, letztere versteht sich darauf, die Vielfalt der Töne zu unterscheiden, die man erzeugen kann, indem man Rosenblüten gegen die Handfläche klatscht, und jedem Ton eine andere Bedeutung zuzuordnen. Indes, worauf es hier ankommt, ist die Tatsache, daß wir schon in einer sehr frühen Phase unserer Geschichte höchst geschickt wurden in – und auch süchtig nach – produktiver Magie, die auf ein bestimmtes Ziel hinwirkt.[126]

Diese magischen Handlungen zur Beeinflussung der Realität müssen auf individueller Ebene begonnen haben, als Verrichtungen einzelner oder kleiner Gruppen, die privaten Zwecken dienten. Man kann jedoch davon ausgehen, daß diejenigen, die als wirksam betrachtet wurden, im Sozialverband sehr rasch allgemeine Zustimmung fanden und den Charakter von Ritualen annahmen, die im Interesse der Allgemeinheit ausgeführt wurden, zuletzt von ausgewiesenen Spezialisten der Zauberkunst. Dieser Stand der Dinge war noch bis in die jüngste Vergangenheit bei Jäger-und-Sammler-Gesellschaften wie den australischen Aborigines und den Buschmännern der Kalahari anzutreffen. Mit dem Übergang zur seßhafteren bäuerlichen Lebensform ergaben sich jedoch einschneidende Veränderungen.

Zunächst waren dies lediglich Veränderungen auf der Sachebene, in denen sich die durch die neue Lebensform mit ihren neuen Bedürfnissen veränderte Zielrichtung des Wünschens spiegelte: Wunsch und Bedürfnis nach Sicherung der Ernte, nach Schutz des Eigentums, nach Sicherheit für Leib und Leben auch außerhalb der eigenen Wohnung, nach Sicherheit vor Schicksalsschlägen und nach einem profitablen Gütertausch. All das verlangt – in direkter Konsequenz einer eher defensiven Lebensform – mehr nach protektiver als nach produktiver Magie, und jener Abwehrzauber wurde anfangs im selben Stil praktiziert, das heißt mit sozialer Billigung von Spezialisten der Zauberkunst ausgeübt, die binnen kurzem eine machtvolle Instanz im System der sozialen Kontrolle darstellten.

Doch dann schufen neue Formen von Macht und Reichtum neue Formen von Habgier und Neid, und diese wiederum brachten eine ganz neue Kategorie der magischen Praxis hervor: die destruktive Magie, Magie mit dem Ziel, gewaltige Stürme zu entfesseln, die Ernte und Besitz eines Rivalen vernichteten, Magie zu dem Zweck, Krankheit und Tod über andere zu bringen. Diese Magie hat nie und nirgends soziale Billigung gefunden, ja in vielen Gesellschaften wurde sie niemals praktiziert. Sie wurde stets als moralisch verwerflich eingestuft und häufig allein aufgrund ihrer angenommenen Wirkungen diagnostiziert. Wer sie praktizierte, bekannte sich nicht zu diesem Tun, denn es war nicht einfach nur Zauberei, sondern *Hexerei*.

Diese Unterscheidung wurde erstmals von Edward Evans-Pritchard, einem Pionier der Ethnologie, in seiner klassischen Studie über die Zande im Sudan getroffen. Dort heißt es: »Die Zande glauben, daß manche Menschen Hexenmeister sind und ihnen vermöge einer inneren Kraft Schaden an Leib und Leben zufügen können. Ein Hexer vollzieht keinen Ritus, spricht keine Beschwörung und hat keine Medizin. Das Hexen ist ein psychischer Akt. Sie glauben auch, daß Zauberer ihnen körperliche Übel zufügen können, indem sie mit böser Medizin einen magischen Ritus vollziehen.«[123] Anderswo liegen die Dinge nicht so klar, das Hexen kann hier ein ganzes Spektrum von Funktionen umfassen, angefangen beim Herstellen von Liebeszauber-Amuletten bis hin zum Abhalten schwarzer Messen. Dadurch verliert jedoch die Unterscheidung nicht ihre Brauchbarkeit. Zauberei ist sozial akzeptiert, Hexerei nicht. Zur Zauberei gehören technische Fertigkeiten, die jedermann erlernen kann, Hexerei hingegen ist eine stärker personengebundene Sache, die beim Adepten ein angeborenes oder verliehenes besonderes Vermögen voraussetzt. Zauberei ist sichtbar, Hexerei bleibt – man kann fast sagen: *per definitionem* – unsichtbar.[252]

Der Glaube an die Hexerei ist so verbreitet und weist von Afrika bis nach Amerika, von der Südsee bis nach Asien so ähnliche Inhalte auf, daß er mit irgendeiner Realität in der menschlichen Erfahrung zusammenhängen muß. Offenbar bietet er so etwas wie die natürliche Erklärung für Fehlschläge, Unglücks- und Todesfälle. Er gestattet uns den Glauben daran, daß zumindest ein Teil unserer Leiden dem Wirken einer fremdartigen Kraft zuzuschreiben sind, die bestimmte Menschen in unserer Mitte auszuüben vermögen: Adepten der Hexenkunst, die als Erwachsene, oft als Frauen und als Träger eines »Hexenmals« gedacht werden, als geizig, menschenscheu und zänkisch, von Neid, Bosheit und Gehässigkeit zu ihrem sinistren Wirken getrieben, dem sie im geheimen, meist im Schutz der Nacht, obliegen und das sich stets gegen ihre Nachbarn oder nahen Verwandten, niemals gegen Fremde richtet. Kurzum, es sind unsere eigenen Angehörigen in häßlicher Gestalt, die Menschen, die wir mit Vorliebe hassen. Der Teil von uns, der uns das größte Unbehagen bereitet.

Hexen und Hexenmeister gelten zudem als nicht ganz menschlich. Ihre böse Macht schulden sie dämonischer oder satanischer Besessenheit oder »Schlangen«, die sie im Bauch tragen und die ihnen übermenschliche Kräfte verleihen. Und schon in ihrem Wesen verkehren Hexen und Hexer gewohnheitsmäßig alle normalen Maßstäbe. Sie ergehen sich in »widernatürlichen« Praktiken wie Blutschande und Sodomie. Sie graben die Toten aus der Erde, und sie fressen ihre eigenen Kinder. Sie tragen keine Kleider, sondern gehen nackt. Sie gehen im Krebsgang und sitzen den Rücken nach vorn, das Gesicht nach hinten gekehrt auf einem Reittier. Und sie sagen die Meßliturgie von hinten nach vorn auf. Sie sind, um es noch einmal zu resümieren, ein pervertiertes Bild unser selbst: all das, was zu sehen wir fürchten, wenn wir in einen dunklen Spiegel blicken.[267]

Es mag Menschen geben, die den Mut haben, die persönliche Verantwortung für derlei Fehler und Unzulänglichkeiten zu übernehmen, und deswegen zu praktizierenden Hexern oder Hexen werden. Die meisten sind jedoch nicht so beherzt, sondern viel eher bereit, sich an Überzeugungen zu klammern, die sie nicht nur von jeglicher Schuld freisprechen, sondern obendrein ein sozial akzeptiertes Rezept für die Erlösung von dem Übel bieten, das unter Umständen darauf hinausläuft, dafür zu sorgen, daß jemand, den man wirklich nicht ausstehen kann, öffentlich auf dem Scheiterhaufen verbrannt oder sogar gekreuzigt wird. Jemand anders, der für meine Sünden stirbt.

In den meisten bekanntgewordenen Fällen sind die Hexe beziehungsweise der Hexenmeister und der Denunziant oder die Denunziantin nahe verwandt. Es sind Menschen, die einander eigentlich lieben müßten, es aber nicht tun. Der Erbanlage nach müßten sie nett zueinander sein, der Charakteranlage nach sind sie dazu außerstande – und das schafft eine äußerst qualvolle und gefährliche Spannung. Auf der persönlichen Ebene bringt der Vorwurf der Hexerei die Lösung des Dilemmas und liefert eine bequeme Entschuldigung für den Bruch und die Trennung. Dazu wirkt er sehr oft kathartisch auf die ganze Gemeinschaft, indem er ihr einen Volksfeind liefert, der rituell eliminiert werden kann, wonach dann alle wieder freier atmen können, zumal wenn man an dem Hexer oder der Hexe all jene Eigenschaften zu entdecken vermochte, die in der betreffenden Gesellschaft als besonders verabscheuenswert gelten.[242]

In Stammesgesellschaften, insbesondere afrikanischen, bietet Hexerei eine praktische Erklärung für alles Böse. Sie gibt den Menschen die Möglichkeit, die Gründe von Mißerfolgen und Fehlschlägen zu benennen. Die Quelle des Übels nimmt man im allgemeinen außerhalb der menschlichen Sphäre an; da sie jedoch ihre Wirkung durch Vermittlung einzelner Menschen entfaltet, kann sie von anderen Menschen unter Kontrolle gebracht werden. Man kann etwas gegen sie tun. Die sittliche Ordnung kann wiederhergestellt werden. Gleichsam in Reinkultur ist dieser Glaube bei den Lobedu in Südafrika anzutreffen, die als treibende Kraft hinter der Hexerei ein kosmisches Ur-Böses identifizieren. Etwas von allen Geistern und übernatürlichen Kräften total Verschiedenes. Etwas absolut Geheimnisvolles und alle Natur Übersteigendes, zugleich aber auch etwas, das sich nur durch Vermittlung eines menschlichen Wesens manifestieren kann, wobei es sich die übelsten Regungen des menschlichen Herzens zunutze macht.[232]

Aus dieser von bewundernswerter Intuition zeugenden Einsicht schöpfen die Lobedu und zahlreiche andere Volksstämme eine patente und sehr menschengemäße Methode, offene und versteckte Wünsche und Begierden zu benennen und mit ihnen umzugehen. Sie erkennt die Existenz des Bösen und dessen Platz in unserem Leben an, unterstreicht aber konsequent sein persönlichkeitsgebundenes Wesen, indem sie sich auf die Urheber von Hexenwerk und die Behexten konzentriert. Selten läßt man es dabei zu Anklagen und Rechtsprozessen auf allgemeiner Basis kommen, und ebensowenig duldet man die Vergiftung des moralischen Klimas im Gemeinwesen, schon gar nicht bis zur Pogromstimmung. So etwas bringt einfach nichts.

In den Industriegesellschaften ist man sehr viel unbeholfener im Umgang mit solchen Dingen. Das liegt großenteils an unserer monotheistischen Tradition.

Stammesgötter hat es immer gegeben, massenweise. Götter des Feuers, der Erde und des Wassers. Götter des Lebens und Götter des Todes. Kriegsgötter und Erntegötter. Gute und böse, wohlwollende und übelwollende Götter. Solche, auf die man bauen konnte, und andere, um die man besser einen weiten Bogen machte. Sie waren in der Regel unsichtbar, gleichwohl sehr menschlich in ihren Gelüsten, leicht zu erzürnen und nur mit Mühe gnädig zu stimmen.[372] Hie und da gab es einen Gott der Götter, der machtvoll genug war, um sich über die anderen erheben zu können, aber erst mit Jahwe, dem Gott Israels, trat eine absolute und allmächtige Gottheit auf: ein Gott ohnegleichen und offenbar auch ohne Gegenspieler. Der Gedanke, daß irgend etwas ohne seine Mitwirkung geschehen könne, war eine theologische Absurdität. Ein Wandel setzte im zweiten vorchristlichen Jahrhundert ein, als erstmals eine bösartige Macht mit Namen »Satan« (»Widersacher«) erwähnt wird, die sich Gottes Willen direkt widersetzt.[192] Von da an rückt Satan – der gelegentlich auch Belial oder Mastema heißt – vor allem in apokalyptischen und apokryphen Bibeltexten in eine Hauptrolle im religiösen Heilsdrama auf und führt an der Spitze einer Armee von untergeordneten Dämonen Krieg gegen Gott den Herrn.[230]

Auch die christliche Religion entdeckte dann in Satan den großen Gegenspieler, den es im Laufe der Menschheitsgeschichte in einer gewaltigen Schlacht zu besiegen gilt. Das Reich Jesu gegen das Reich des Teufels. Und wie bei solchen Konflikten üblich, wurde jeder, der nicht für Christus war, dem Gegner zugerechnet: Juden, Muslime und andere »Heiden« – sie alle galten als Bundesgenossen des Teufels. Ein vertrautes Muster.

Wir haben offenbar das Bedürfnis, das Böse mit einem Gesicht zu identifizieren. Das Böse ist niemals abstrakt. Es wird einem konkreten Individuum von jemandem oder durch etwas angetan, und wir verspüren das zwingende Bedürfnis, diese Kraft mit einem Namen, einem Gesicht in Verbindung zu bringen, damit wir das Gefühl haben können, sie sei prinzipiell unter Kontrolle zu bringen. Stellen wir uns einen Säugling auf den Armen seiner Mutter vor. Sie lächelt das Kleine an, das Kleine lächelt zurück. Sie lacht, und das Kleine jauchzt vor Vergnügen. Aber ohne Vorwarnung und ohne ersichtlichen Grund zerplatzt auf einmal der Kopf des Säuglings. Grausig – aber was hat es zu bedeuten? War es ihre Schuld? Wurden die zwei behext? Es gibt darauf keine einfache Antwort, und schon das ist schrecklich.

Versuchen wir es nun einmal mit Dostojewskis Version der Szene, wie sie in dem Gespräch über das Böse vorkommt, das Iwan Karamasoff mit seinem jüngeren Bruder Aljoscha führt: »Stell dir vor: ein Säugling auf den Armen seiner zitternden Mutter, um sie herum die eingedrungenen Türken. Sie haben sich ein lustiges Späßchen ausgedacht: sie liebkosen das Kleine, lachen, um es zu erheitern, was ihnen auch gelingt: der Säugling strahlt. Da hält ein Türke seine Pistole vor das Köpfchen des Kleinen. Der Knabe juchzt auf, streckt die Ärmchen dem blanken Ding entgegen, um es zu erfassen, und plötzlich drückt der ›Künstler‹ den Hahn ab, ihm gerade ins Gesicht, und zerschmettert ihm das Köpfchen …«[111]

Noch immer eine grausige Episode – und vielleicht noch grauenerregender durch die künstlerische Ausschmückung des »lustigen Späßchens«. Was sich da zeigt, ist das Böse in unbezweifelbarer Gestalt, doch daß es ein Zentrum hat und das Gesicht eines Türken, daß jemand da ist, dem man die Schuld geben und den man dafür hassen, vielleicht sogar rächend verfolgen kann, das verleiht dem Schrecken eine menschliche, handhabbare Größenordnung. Einen Menschen zu beschuldigen und zu hassen und Rache an ihm zu nehmen ist leichter, als sich in den Gedanken zu finden, daß die Welt an sich ein Ort des Bösen ist, von dem es kein Entrinnen gibt, es sei denn durch den Tod. Also laden wir bequemerweise die Verantwortung auf die Schultern von Sündenböcken. Wir denken uns Dämonen und böse Geister als Kontrastfiguren zu unseren »guten« Göttern aus, und zur Erklärung der Tatsache, daß wir nicht alle Engel sind, erfinden wir Verräter, die mitten unter uns weilen.

Nach einer eingehenden Untersuchung der Geschichte des Hexenwesens in Europa, einschließlich der Glaubensüberzeugungen, die der

Antrieb der großen Hexenverfolgungen des sechzehnten und siebzehnten Jahrhunderts waren, bei denen Tausende augenscheinlich Unschuldiger lebendig verbrannt oder zu Tode gefoltert wurden, kam der britische Historiker Norman Cohn zu dem Ergebnis, daß von einem europäischen Hexenwesen kaum oder gar nicht die Rede sein konnte, daß es ein Hirngespinst ohne jegliche reale Grundlage war.[75]

Die Hexenverfolgungen allerdings waren sehr real. Sie gingen aus Wirren hervor, zu denen es um das Ende des ersten Jahrtausends in der christlichen Kirche kam, als Unruhen im Bauernstand und im Wehrstand eine vorhandene allgemeine Unzufriedenheit verschärften. Die geistliche und die weltliche Macht suchten das Aufbegehren zu ersticken und stellten fest, daß sich das am einfachsten dadurch bewerkstelligen ließ, daß man die Schuld an der Krise auf imaginäre Dämonen schob und im selben Zug auch auf einzelne Personen, in denen diese bösen Geister angeblich menschliche Gestalt angenommen hatten. So gab man dem Bösen ein identifizierbares Gesicht und dem Volkszorn ein Angriffsziel. In alten Frauen – die man ohnehin leicht entbehren konnte und vielfach als lästig und verschroben ansah – fand man die idealen kostensparenden Sündenböcke. Und mit Fälschungen und Lügen entfachte man einen religiösen Massenwahn, der sich jahrhundertelang am Leben hielt, die Armen wirksam von der Konfrontation mit dem Establishment abhielt und sie von der zunehmend legitimeren Forderung nach Umverteilung des Reichtums und Einebnung der Standesunterschiede ablenkte.[176]

Aus einer zynischen Bewußtseinsmanipulation erwuchs eine Verfolgungswut, die bei »Hexen« nicht haltmachte, sondern sich gegen alle »Ketzer« richtete, und als Ketzer galt jeder, der die Legitimität des Status quo in Zweifel zog. »Wer glaubte, daß in den Bergen Gemeinschaften von Teufelsanbetern hausten, entdeckte Teufelsanbeter bald auch im Flachland.«[385] Alle wurden über einen Leisten geschlagen, der gleichen Untaten beschuldigt, mit der gleichen Brutalität hingerichtet. Wo die einfachsten Regeln der Beweisführung und alle Bürgerrechte außer Kraft gesetzt sind, wo mit fortgesetzter Folter Geständnisse der unmöglichsten Taten erpreßt werden, wo als einziges Rechtsfindungsverfahren das Gottesgericht zur Anwendung kommt, da ist niemand mehr sicher. Die Obrigkeiten hatten unter diesen Umständen die Macht, jeden zu beseitigen, der ihnen nicht genehm war, und sie machten Gebrauch davon, so beispielsweise im Fall der Jeanne d'Arc – und alles im Namen Gottes. Indem man einen machtvollen sozialen Mythos schuf, verwandelte man ein Phantasma in Geschichte.

Cohn macht darauf aufmerksam, daß vieles im Wesen dieser Phantasmen wie ein Ausbruch zwanghafter Ängste und erschreckender Begierden anmutet. Die Dämonen hält er für »endopsychisch«, und die imaginäre Hexengemeinschaft repräsentiert ihm zufolge einen Teil unseres innersten Selbst. »Man braucht nicht viel psychologische Erfahrung, um zu begreifen, daß die monotonen, nach einem starren Klischee geformten Geschichten von wahllos promiskuitiven Orgien sich nicht auf ein reales Geschehen beziehen, sondern Reflexe verdrängter Begierden oder, wenn man lieber will, gefürchteter Versuchungen sind ... Wenn eine reale oder imaginäre Fremdgruppe dieserart orgiastischen Treibens bezichtigt wird, dient sie mit Sicherheit als Leinwand für Projektionen des Unbewußten.«[75]

Da ist was dran. Das Christentum zeigt seit eh und je eine generelle Neigung zur Überbetonung spiritueller Werte auf Kosten der natürlichen Begierden, und Verdrängtes hat es nun einmal an sich, daß es in monströs verzerrter Form wiederkehrt. Die Hexenverfolgungen begannen zu einer Zeit, als bereits eine starke Animosität gegen die Kirche und eine unbewußte Auflehnung gegen die Religion selbst vorhanden waren. Und es wäre schon sehr verwunderlich, wenn dies nicht Spannungen jener Art erzeugt hätte, die sich nur in Sympathie für den Teufel und in Phantasien von erotischen Ausschweifungen ein Ventil zu schaffen vermochte. Die Reichweite solcher psychoanalytischen Überlegungen ist freilich begrenzt. Es ist unwahrscheinlich, daß Triebunterdrückung, und wäre sie noch so stark gewesen, in Menschen den Drang zu heimlichen Zusammenkünften am Sabbat hervorbrachte, bei denen Säuglinge geschlachtet, ihr Blut getrunken und ihr Fleisch verspeist wurde. Einzelne Psychopathen mit der Lust an solchem Tun hat es wohl immer gegeben, doch die Vorstellung von kannibalisch-orgiastischem Treiben frönenden Teufelsanbeter-Sekten war im Mittelalter nicht minder haltlose Phantasie, wie sie es noch heute ist. Sie zählt zu der Sorte Phantasmen, für die wir offenbar besonders anfällig sind, und es lohnt sich, der Frage nachzugehen, wo sich die Faszination für diese Dinge herschreibt.

Schneewittchen entgeht mit knapper Not den Nachstellungen der bösen Königin, die Lunge und Leber kleiner Mädchen verzehrt. Hänsel und Gretel fallen einer widerwärtigen alten Hexe in die Hände, die kleine Kinder tötet und auffrißt. Der Titan Kronos verschlingt seine eigenen Kinder bis auf seinen Jüngsten, Zeus, der mit einer List vor ihm gerettet wird und als Heranwachsender dann den Vater mitsamt dessen Geschwistern in den Tartaros stürzt. Doch die Saat des Bösen gedeiht in Zeus' eigenem Geschlecht weiter: Sein Sohn Tantalos schlachtet seinen eigenen Sohn Pelops und setzt ihn den Göttern zum Mahl vor, um ihre Allwissenheit auf die Probe zu stellen. Kannibalischer Kindermord scheint in unserer Vorstellungswelt eine so große Rolle zu spielen, daß die Psychoanalyse sich zu der Frage genötigt sah, ob das Unbewußte tatsächlich derartige Impulse beherbergt und ob Kinder vielleicht unterschwellig davon wissen.[107] Das hört sich allerdings sehr nach verquältem Theoretisieren an – auf der Ebene des landläufigen Phänomens, daß gerührte Verwandte und selbst Fremde gern den Kopf in Kinderbettchen oder Kinderwagen stecken oder daß vernarrte Mütter an ihren Säuglingen knabbern und dabei so albernes Zeug reden wie: »Aaaaah, ich könnte dich auffressen!«

Dergleichen ist kaum Grund zur Sorge, aber infolge des genetischen Interessengegensatzes zwischen Eltern und Kindern besteht eine echte Kluft zwischen den Generationen einer Familie, und die verdient als Quelle von Spannungen, die dem Vorstellungsklischee des hexenhaften Verhaltens mit zugrunde liegen könnten, ernst genommen zu werden.

Es könnte sein, daß es in Europa niemals wirkliche Hexen gegeben hat. Wo man auch hinsieht, sind die Beweise für ihre Existenz höchst dürftig. Was jedoch in dem Mythos vom Hexenwesen an Realem zur Geltung kommt, ist die allen moralischen Wertesystemen wesensmäßig innewohnende Spannung. Die Antithese zwischen richtigem und falschem, schicklichem und unschicklichem, gutem und bösem Handeln ist im Koordinatensystem der Sittlichkeit unvermeidlich. Wir spüren es im eigenen Innern, fühlen uns sowohl in die eine wie die andere Richtung gezogen und sind am Ende mehr als nur ein bißchen verwirrt. Aber wenn wir jemand anders, irgendeinen Sündenbock, außerhalb der Grenzen der jeweils geltenden Moral ansiedeln, tun wir uns selbst einen Gefallen. Wir schaffen Distanz zwischen »uns« und »denen da«, zwischen Eigengruppe und Fremdgruppe, zwischen unseresgleichen und den *ganz Anderen*.

Nicht von ungefähr waren es in so vielen Fällen nahe Verwandte, die als Hexen, als Verräter in den eigenen Reihen denunziert wurden. Ihre genetische Nähe zum Denunzianten unterstreicht, wie stark dieser von dem unseligen Treiben betroffen war und wie sehr er um seine Haut bangen mußte. Und zugleich macht diese Nähe die Sünde zur Untat, zum Verbrechen des Verrats, das nach der Höchststrafe schreit – zufällig ist dies auch diejenige, die als einzige die Gene zufriedenzustellen vermag und die Gewähr bietet, daß der Verräter oder die Verräterin keine Gelegenheit mehr hat, seine/ihre spezielle genetische Anomalie weiterzugeben. Es gibt keinen drakonischeren Richter als Gene, deren Überlebenstauglichkeit einer Gefährdung ausgesetzt wurde, und nichts macht Menschen anfälliger für einen Massenwahn, als wenn ihnen eine Bedrohung ihrer Gene suggeriert wird.

1692 in Massachusetts und 1782 in der Schweiz wurden wohl zum letztenmal in der Neuzeit Hexen in den Tod geschickt, aber Hexenjagden veranstalten wir noch immer. Nach wie vor verfolgen wir Menschen – wenn wir durch sie unsere politische Partei, unsere Kirche, unsere Rasse, unsere Geschlechtsgruppe oder auch nur etwas so Ungreifbares wie den *American way of life* gefährdet sehen.

In den Vereinigten Staaten des Jahres 1950 erschien die Gefahr einer kommunistischen Unterwanderung real. Eine kommunistische Bewegung existierte. Ihre Ziele und ihre Taktik lagen im dunkeln, und die allgemeine Angst vor ihr war beträchtlich. Einerlei, wie real die Bedrohung war, allein die Angst vor ihr war es, was einen Joseph McCarthy möglich machte. Er begann mit nichtssagenden Warnungen vor »diesen Leuten – diesen Volksfeinden«, und als er erst einmal die Immunität des Senatsabgeordneten genoß, behauptete er, die Namen von 205 »eingeschriebenen KP-Mitgliedern« in der Regierung zu kennen. McCarthys zynische Lügen, sein himmelschreiender Opportunismus und vorgetäuschter Patriotismus scheinen aus heutiger Sicht offenkundig, doch seinerzeit schützte ihn sein Senatorenstatus. Die Menschen nahmen ihn ernst. Seine Hetzjagden auf »rosa Schattenmänner« und »roten Schleim« in den Vorzimmern der Macht verbreiteten im ganzen Land Angst und Argwohn. Mit Hilfe seines Spitzelsystems, in dem Leute mitmachten, die es eigentlich hätten besser wissen müssen, und durch geschickten Einsatz der litaneiartig wiederholten großen Lüge ruinierte er Existenzen, lähmte die Entschlußkraft zweier Präsidenten und regierte in verblüffendem Umfang in die amerikanische Außenpolitik hinein.

Kein einziger der von McCarthy erhobenen Vorwürfe wurde jemals erhärtet, trotzdem gelang es diesem skrupellosen Menschen, der an keine Partei, kein Programm, keine Organisation gebunden war, über Jahre hinweg, Wahrheit und Anstand genauso zu verbiegen, wie es vierhundert Jahre vor ihm die Inquisition getan hatte, indem er die Angst ausnützte, die die Menschen einfach schon davor hatten, angeschuldigt zu werden – in diesem Fall des Verrats, des modernen Äquivalents der Ketzerei. Der Bann wurde schließlich gebrochen, McCarthy per Senatsbeschluß getadelt und zum Einhalt gebracht. Doch etwas der von ihm organisierten Hexenjagd sehr Ähnliches ist heute, nur vierzig Jahre nach dem Ende der McCarthy-Ära, erneut in Gang gekommen mit der Kampagne gegen Präsident Clinton und seine Frau, einer Kampagne, die sich derselben Dämonologie bedient: »Weltverbesserer, Parteigrößen der Demokraten, die liberale Intelligenzija und eine dekadente Oststaaten-Presse.«[144]

Wir brauchen Feinde. Ohne sie hätten wir niemanden außer uns selbst, dem wir die Schuld geben können. In ihnen haben wir einen praktischen Behälter, in den wir alles hineintun können, was wir an uns selbst nicht ausstehen können. Es ist einfach, im zähfließenden Verkehr auf der Autobahn die Verkehrsregeln zu ignorieren und durch ständiges Spurwechseln andere Fahrer abzuhängen, doch noch viel leichter geht einem der Fluch auf den Scheißkerl von den Lippen, der sich da gerade noch vor einen in die Spur gezwängt hat. Selbstgerechtigkeit ist ein wohltuendes Gefühl. Wir sind im Recht, die anderen sind im Unrecht. Wir sind unschuldig, die anderen sind an allem schuld. Wir sagen immer die Wahrheit, während die anderen unentwegt lügen. Wir haben ein Verteidigungsministerium, die anderen ein Kriegsministerium. Zu Feinden stempeln wir sie nicht, weil wir von Natur aus aggressiv wären, sondern weil es den Zusammenhalt unter uns stärkt, wenn wir gemeinsam auf sie eindreschen. Zusammenhalt in den eigenen Reihen ist ein gutes Gefühl, also tun wir alles anscheinend Nötige, um uns in diesen guten Zustand zu versetzen. Wir schaffen uns noch mehr Feinde. Wir fabrizieren das Böse.

»Wir müssen uns davor hüten, uns Gut und Böse als absolute

Gegensätze vorzustellen«, schrieb C. G. Jung. Es sind jedenfalls Eigenschaften, deren Inhalt sich nicht unter allen Umständen von selbst versteht. Zu einem großen Teil hängt er vom Kontext ab, wie ich im vorstehenden zu zeigen versucht habe. Davon, was gut für die Ökologie ist. Die Rücksicht auf ein höheres Gut verlangt oft, etwas zu tun, was sich in der um diese Dimension verkürzten Sicht als böse darstellt. C. G. Jung war es, der unsere Nachtseite, den Teil unseres Selbst, der wir am liebsten nicht sein möchten, als den »Schatten« beschrieb. Manche von Jungs Interpreten verstehen den Schatten lediglich als eine Art Müllbeutel, in den wir alle störenden Elemente der Psyche kippen; der Dichter Robert Bly sprach von dem »langen Sack, den wir hinter uns herziehen«.[43] Doch Jung selbst sah in ihm eine autonomere seelische Gestalt, den Teil unserer Psyche, der zu einer inferioren, gleichwohl präzis umrissenen Persönlichkeit für sich gerinnt, die für gewöhnlich der Enthüllung und Entdeckung entzogen ist. Für Jung war der Schatten eine wesentliche Komponente unseres Seins, die unabtrennbar zur menschlichen Ganzheit gehört und ohne die wir zerfallen und sterben würden. Und noch heute besteht tiefenpsychologische Therapie im Geiste Jungs zu einem großen Teil im Auffinden von Mitteln und Wegen, den Schatten in den Erfahrungsraum des Bewußtseins zu bringen und unseren bewußten Bestand an Ideen, Werten und Urteilen um das Arsenal des Schattens zu vervollständigen. »Wer weiß, welche Bosheit im Menschenherz schlummert?« Die Antwort ist natürlich einfach: Der Schatten weiß es.[218]

Jung war fest davon überzeugt, daß der Schatten mehr als nur ein Symbol, daß er eine Realität ist: »Er ist im selben Maße böse, wie wir positiv sind ... je mehr wir uns anstrengen, gut und bewundernswert und vollkommen zu sein, desto entschiedener wird der Wille des Schattens, schwarz und böse und zerstörerisch zu sein. ... Tatsache ist, daß, wo jemand über seine Kräfte vollkommen zu sein sucht, der Schatten in die Hölle hinabfährt und zum Teufel wird. Denn vom Standpunkt der Natur und der Wahrheit aus gesehen ist es ebensosehr Sünde, über sein Niveau hinauszugehen, wie darunter zu bleiben.«[219]

Ebensosehr Sünde? Ja. Damit sind wir wieder bei Aristoteles und seiner Idee des »gerade richtig«, des rechten Maßes: nicht zuviel und nicht zuwenig. Das Böse ist nicht einfach das Fehlen des Guten, es ist das Fehlen eines Gegengewichts, eines Ausgleichs mit Gutem, und als eine solche Gleichgewichtsstörung manifestiert es sich in einem Menschen. Die einzige wirkliche Gefahr, die uns droht, lauert vielleicht nicht irgendwo in einem Höllengrund, sondern sitzt schon in uns. Es bringt nicht viel, das Böse in Hexen, Teufeln, Dämonen und anderen Sündenböcken zu suchen. Um es in den Worten der Comic-Figur Pogo des Zeichners Walt Kelly auszudrücken: »Wir sind dem Feind begegnet, und der sind wir selbst.«

Doch das heißt nicht, daß wir ihn nicht bekämpfen können.

Sechstes Kapitel
Das Kainsmal
Die Identität des Bösen

Ich habe diese Erkundungsreise durch die Landschaften des Bösen mit der Bemerkung eingeleitet, daß die Dinge des Naturreichs »so wunderbarer- wie beunruhigenderweise zum Schönsein ... neigen«. So ist es auch, die Natur ist in der Tat wunderbar, doch jetzt kann ich nicht umhin, von ihrer beunruhigenden Seite zu sprechen.

Beim Anblick der Schönheit der Natur wird mir zuweilen beklommen zumute, weil ich als Biologe weiß, daß die Natur im Grunde erbarmungs- und gefühllos ist; da ist so gut wie nichts, was auch nur entfernt dem Mitgefühl eines Kindes gleichkäme, das stehenbleibt und sich niederbeugt, um einen auf dem Rücken liegenden Käfer wieder auf die Beine zu setzen. Die Welt da draußen ist ein Dschungel, wo ununterbrochen Krieg geführt wird, sehr oft von allen gegen alle, und wo 10 Prozent aller bekannten Arten Parasiten sind, deren ganzes Tun darin besteht, andere Arten zu plagen, auszuzehren und zu verunstalten. Ein Teil dessen, was die Schriftstellerin Annie Dillard als Lebensabrisse »in einer höllischen Hagiographie« bezeichnet.[109] Sie hat recht, wenn sie meint, daß solche Dinge nicht bekannt genug seien. Das romantische, sorgfältig zensierte Bild der Natur, das im Fernsehen verbreitet wird, unterschlägt die brutale Wahrheit, die da lautet, daß der größte Teil der Lebewesen auf diesem Planeten in beständiger und berechtigter Furcht vor allen anderen Mitbewohnern der Biosphäre lebt oder ihr Dasein als langsam dahinsterbende Wirte für unvorstellbar scheußliche Einmieter fristen.

»Das Universum, das uns aufgezogen hat, ist ein Ungeheuer, dem es einerlei ist, ob wir überleben oder sterben«, wütet Dillard. Und auch das ist richtig. Im Licht der Moral betrachtet, hat die Natur wenig, was für sie einnehmen könnte. Der viktorianische Gelehrte und Humanist Thomas Henry Huxley, der sich auf dem epochemachenden Kongreß der Britischen Vereinigung zur Förderung der Wissenschaft am 30. Juni 1860, ein Jahr nach dem Erscheinen von Charles Darwins *Entstehung der Arten*, als Anwalt der Darwinschen Abstammungslehre ein denkwürdiges Rededuell mit deren lautstärkstem und eloquentestem Gegner, Bischof Samuel »Silberzunge« Wilberforce, lieferte – dieser Thomas Huxley kam in späteren Jahren zu dem Schluß: »Vor dem Gerichtshof der Ethik könnte der Kosmos nicht bestehen.«[208] Dieses Fazit im Geist des *fin de siècle* zog er in einem Vortrag, den er 1893, zwei Jahre vor seinem Tod, an der Universität Oxford hielt. Auch das Viktorianische Zeitalter neigte sich damals seinem Ende zu, und mit ihm ging ein nicht unerheblicher Teil der souveränen Gewißheit über Richtig und Falsch und die besondere Stellung des Menschen in der Natur dahin. Die Kirche befand sich in derangiertem Zustand, alle Welt hielt Ausschau nach neuen Quellen moralischer Autorität, und Huxley wollte vor seinem Hingang klarstellen, daß die Natur in Sachen Sittlichkeit und Moral eine denkbar schlechte Lehrmeisterin ist: »Begreifen wir doch ein für allemal«, rief er seinem Publikum zu, »daß der sittliche Fortschritt der Gesellschaft sich nicht der Nachahmung des kosmischen Prozesses verdankt, auch nicht dem Davonlaufen vor ihm, sondern dem Kampf gegen ihn.« Nicht zufrieden damit, ein letztes, beklemmendes Bild der Isolation des Menschen im Naturganzen zu schaffen, verabschiedete sich dieser bei den Gegnern der Abstammungslehre gefürchtete Mann, dem die Zeitgenossen den Spitznamen »Darwins Bulldogge« gegeben hatten, mit einer unüberhörbaren Kriegserklärung aus dieser Welt.

Der Gegner war in diesem Fall nicht die Natur im ganzen, sondern jener Teil von ihr, den Huxley als moralisch indifferent ausgemacht hatte. Als Mittel, dem entgegenzuwirken, empfahl er nachdrücklich den Wechsel zu einer neuen sittlichen Strategie: »An Stelle rücksichtslosen Eigennutzes fordert sie dessen Zügelung; an Stelle des Beiseitedrängens oder Niedertrampelns aller Konkurrenten verlangt sie vom einzelnen, daß er seine Mitmenschen nicht nur respektiert, sondern ihnen auch aktiv beisteht; sie wirkt nicht im Sinne des Überlebens der Tauglichsten, sondern im Sinne eines Überlebenstauglich-Machens möglichst vieler.«[208]

In diesem Aufruf zum Kampf artikuliert sich zum einen eine kräftige Portion originär viktorianischer Bravour und zum anderen eine Einsicht in die Prioritätenordnung der Gene, wie sie in dieser Tiefe und Klarheit noch heute, volle einhundert Jahre später, den meisten Wissenschaftlern abgeht, und das trotz der in jüngster Zeit aufgefundenen Beweise für grassierenden Egoismus selbst in Bereichen der Natur, die einmal für verhältnismäßig idyllische Regionen gehalten wurden.

Wir wissen heute, daß die Einzelheiten des Familienlebens so mörderisch sein können, daß selbst eine abgehärtete Feldforscherin wie Sarah Hrdy, die jeden einzelnen Langur in ihrem Beobachtungsgebiet kannte, bei ihrer Arbeit gelegentlich die Tränen nicht zurückhalten konnte.[196] Robert Trivers hat nachgewiesen, daß der Konflikt zwischen Eltern und ihren Nachkommen so allgemein verbreitet ist, daß man ihn als den in den meisten Familien zu erwartenden Normalfall betrachten sollte.[387] Einzelne Nachkommen in der Familie werden immer bestrebt sein, sich mehr als den gerechten Anteil an den verfügbaren Ressourcen zu sichern, und ihrerseits finden Eltern sich immer wieder zu Zugeständnissen bereit, die unter Umständen den Hungertod eines oder mehrerer ihrer Jungen zur Folge haben. Und selbst bei ausreichend vorhandener Nahrung kommt es bei allen Mammaliern einmal zum Streit zwischen Mutter und Säugling über den richtigen Zeitpunkt der Entwöhnung.[4]

Die Partnerwerbung der Tiere, die ehemals eine simple Sache von würdevollen Tänzen und prächtigen Renommierveranstaltungen zu sein schien, hat man inzwischen als ein Intrigengespinst voll Betrug, Erpressung, Treulosigkeit, Nötigung und mitunter tödlicher Gewalt erkannt. Das rührt zum größten Teil von den Konflikten, die sich aus der unterschiedlichen Investition der Geschlechter in den Fortpflanzungsprozeß ergeben. Sogar das Aquarium mit den tropischen Fischen, einst als Oase der Beschaulichkeit beliebt, bei deren Betrachtung man sich vom Streß des menschlichen Alltagslebens erholte, ist heute als Unterwasser-Schauplatz endloser sexueller Belästigungen enttarnt.[88] Und die Gesänge der Vögel, diese »üppig quellenden Weisen voll absichtsloser Kunst«, sind heute als Fetzen eines anhaltenden Ehestreits dechiffriert, der sich aus männlichen Verdächtigungen und weiblichen Beteuerungen der Treue speist.[156] Als taktische Schachzüge im universalen Wettrüsten der Geschlechter gegeneinander, in dem die sexuelle Promiskuität die Rolle eines nützlichen Schutzes gegen die Folgen etwaiger Unfruchtbarkeit des Partners spielt und Hahnreitum ein Stück Normalität ist. Eine einschlägige Studie erbrachte den Befund, daß 50 Prozent der Gefährtinnen sterilisierter Amselmännchen nichtsdestotrotz befruchtete Eier legten.[324]

Bei den Stockenten ist brutaler sexueller Zwang ein so normales Element des männlichen Fortpflanzungsverhaltens, daß ein unbeschütztes Weibchen Gefahr läuft, von einer Zusammenrottung von Erpeln so lange vergewaltigt zu werden, bis es schließlich ertrinkt.[25] Das Männchen des Blau- oder Menschenhais scheint erst nach blutigen Attacken auf das Weibchen zur Paarung fähig zu sein.[307] Vergewaltigung ist bei vielen Insekten-, Frosch- und Schildkrötenarten ein gängiges Verhaltensmuster und kommt bei manchen schmarotzenden Würmern sogar in homosexueller Variante vor.[1] Homosexualität ist bei Salamandern im Schwange[293] und bei einer Vielfalt anderer Wirbeltiere recht geläufig, bei manchen sogar die bevorzugte Praxis.[409]

Kannibalismus ist inzwischen für so ungefähr alle Tierarten belegt, die nicht zu den strikten Vegetariern zählen. Spinnenweibchen pflegen ihn routinemäßig zu dem Zweck, ihrer Nachkommenschaft einen von Ernährungsproblemen unbelasteten Start ins Leben zu ermöglichen, und Wespenmännchen auf Abenteuersuche flirten mit dem Tod, wenn sie sich an ein Weibchen heranmachen, das den Paarungsakt bereits hinter sich hat.[56] Jedes zwölfte Backenhörnchen einer Kolonie wird von männlichen Verwandten getötet und aufgefressen, wohingegen die weiblichen Hörnchen sich damit begnügen, sämtliche Jungen im Nest ihrer Rivalin zu töten, ohne sie zu fressen.[353] Fischmännchen, in deren Obhut sich die Eier des Pärchens befinden, fressen das ihnen anvertraute Gut einfach auf, wenn der Hunger sie zu sehr plagt, und jeder, der schon einmal Fische in einem Aquarium gehalten hat, weiß, wie wichtig es ist, die Jungen von den Alten zu trennen, bevor die letzteren von ähnlichen Gelüsten überkommen werden.[112] In einer kanadischen Spezies von großen Flußbarschen – des hinterhältig-verschleierten Blicks wegen, den sie sogar auf Artgenossen werfen, als »Glasaugen« bezeichnet – findet man immer wieder Exemplare mit kleineren Glasaugen im Magen, die ihrerseits wieder kleinere Glasaugen verschlungen haben ... und so weiter bis zu vier Generationen von Kannibalen in Kannibalen.[84]

Kämpfe zwischen rivalisierenden männlichen Tieren sollten eigentlich ritualisiert und weitgehend risikofrei sein; die traurige Wahrheit indessen ist, daß sie ziemlich oft auch tödlich ausgehen können. Immerhin jeder zehnte Rothirsch erliegt in der Paarungszeit den Verletzungen, die er sich bei Kämpfen mit Rivalen zuzieht.[73] Nach Edward Wilsons Schätzung hat ein Feldforscher wahrscheinlich etwa alle tausend Stunden Gelegenheit, zuzusehen, wie in seinem Beobachtungsgebiet ein Tier einen Artgenossen tötet – und er kontrastiert diesen Befund mit der Wahrscheinlichkeit, in den Innenbezirken von Washington oder Houston, also in den Gebieten mit der zur Zeit höchsten Mordrate der USA, Augenzeuge eines Mordes zu werden: Um einen von zehn nach dem Zufallsprinzip ausgewählten Bürgern von Houston eines gewaltsamen Todes sterben zu sehen, müßte man, wie es scheint, die Gruppe dreihundert Jahre lang unter ständiger Beobachtung halten. »Ich nehme an«, meint Wilson, »daß Mantelpaviane, wenn sie über Kernwaffen verfügten, binnen einer Woche den Weltuntergang in Szene gesetzt haben würden.«[426]

Welcher Schluß aus diesem tristen Katalog von Unerfreulichkeiten zu ziehen ist, liegt auf der Hand. Thomas Huxley hatte recht. Die Natur ist der Gestalt gewordene moralische Bankrott und kann vor dem Gerichtshof der Ethik dem Schuldspruch nicht entgehen. Schlimmer noch, meint ein Professor der Biologie an der State University of New York: Im Licht der neuesten Entdeckungen steht die Natur eindeutig als krasse Immoralistin da. »Niemand in Huxleys Generation hätte sich die heutige Sicht der natürlichen Selektion vorstellen können, in der diese guten Gewissens als ein Vorgang zur Maximierung eines kurzsichtigen Egoismus beschrieben werden kann. Ich würde zugestehen, daß das physikalische Universum als ›moralisch indifferent‹ zutreffend charakterisiert ist. Für die biologische Welt ist indessen ein stärkerer Ausdruck vonnöten.« Der einzig angebrachte ist, so scheint es, »böse«.[420]

George Williams, einer der Gründerväter der Evolutionsbiologie, ist eine Gestalt vom Schlage eines Abraham Lincoln, ruhig und unprätentiös, aber äußerst beeindruckend. 1966 veröffentlichte er sein wegweisendes Werk *Adaptation and Natural Selection: A Critique of Some Current Evolutionary Thought* (Anpassung und natürliche Auslese. Kritik einiger Aspekte des evolutionstheoretischen Denkens der Gegenwart), in dem erstmals dargelegt wird, wieso zwanghafter Egoismus unbeschadet seiner unmoralischen Aspekte eine sehr erfolgreiche Strategie sein kann.[418] Williams zeichnete ein ungeschöntes Bild der Darwinschen natürlichen Selektion und resümierte: »Die Natur ist eine perfide alte Hexe.« Und er befand ferner, daß »die natürliche Auslese tatsächlich so schofel ist, wie sie aussieht, und daß man, wie es Huxley gefordert hat, vor ihr nicht davonlaufen und ihr nicht nacheifern, sondern sie bekämpfen sollte«.[419]

Mit solchen kämpferischen Losungen werden die Leitlinien des evolutionstheoretischen Denkens neu gezogen. In verhaltenswissenschaftlichen Untersuchungen lag während der meisten Zeit dieses Jahrhunderts der Akzent auf der Herstellung einer gemeinsamen Basis für alle Disziplinen: auf dem – mittels Langzeit-Feldforschungen und minuziösen Analysen angestrebten – Nachweis, daß für alle Lebewesen identische Grundprinzipien gelten und daß der Mensch ein integraler Bestandteil dieses Kontinuums ist. Daß wir keine gefallenen Engel, sondern nackte Affen sind. Die Arbeit in dieser Richtung geht weiter, aber aufgrund der Einsichten einer kleinen Gruppe von Biologen mit außerordentlichem Scharfblick – Persönlichkeiten wie George Williams, William Hamilton, Robert Trivers und John Maynard Smith – forschen wir heute auch intensiv danach, in welchen wichtigen Beziehungen wir uns trotz alledem selbst von unseren nächsten Verwandten im Tierreich unterscheiden.

Im Mittelpunkt der evolutionsbiologischen Diskussion steht inzwischen die Frage, was es mit dem verschwindend kleinen Bruchteil von Genen auf sich hat, die wir *nicht* mit den Schimpansen gemeinsam haben, und was der Besitz dieser Gene bedeutet. Es geht in dieser Diskussion nicht so sehr darum, was wir sind, sondern vielmehr darum, wie wir funktionieren. Sie ist die Exemplifikation eines um die Erbinformation zentrierten Weltbilds, das von uns verlangt, daß wir unser gesamtes Denken unter die Kategorien der Funktion und des selektiven Wettbewerbs stellen. Wie wirken sich dieses Merkmal und jenes Verhaltensmuster auf unsere Überlebenschancen aus? In welche Richtung lenken sie unser Handeln? Und steigern sie unsere Gesamtfitneß? Unsere Evolution könnte sogar einen Punkt erreicht haben, wo wir in der Lage sind, uns über die Imperative der Gene hinwegzusetzen; aber wenn dem tatsächlich so ist, muß es den Genen einen Vorteil gebracht haben, uns in diese Lage zu versetzen. So haben wir beispielsweise unser großes Gehirn nur deshalb erwerben können, weil es den Genen zur fraglichen Zeit so paßte, und im Lauf der rund gerechnet dreitausend Generationen, die verstrichen sind, seit wir unbestreitbar zum »Sapiens« wurden, hat sich am Aufbau dieses Gehirns sehr wenig geändert. Dazu war gar keine Zeit. Wiederholt geändert hat sich allerdings die Art und Weise, wie wir das Potential nutzen, das diesem Gehirn eigen ist, und all diese Veränderungen verdanken sich weniger der Biologie als der Kultur. Es sind Veränderungen, die insofern von den Genen und dem biologischen Vererbungsmechanismus unabhängig sind, als sie erworbene – und oftmals innerhalb einer einzigen Generation erworbene – »Eigenschaften« darstellen, die an die nächste Generation weitergegeben werden können. Und das ist etwas qualitativ anderes.

Als George Bernard Shaw mit der Darwinschen Evolutionstheorie Bekanntschaft machte, erschrak er: »Sie erscheint einfach, weil man sie zunächst nicht in sämtlichen Konsequenzen überblickt. Aber wenn einem dann ihre volle Bedeutung aufgeht, versinkt einem das Herz in der Brust in einem Sandhaufen. Sie geht mit einem gräßlichen Fatalismus einher, mit einer abscheulichen, widerwärtigen Entwertung von Schönheit und Intelligenz, von Stärke und Entschlossenheit, von Ehre und höherem Streben.«[347]

Wie Shaw vor einem dreiviertel Jahrhundert empfinden viele noch heute. Sie bezichtigen die Vertreter des neuen Darwinismus eines genetischen oder biologischen »Determinismus«, der keinen Raum für den »freien Willen« lasse. Und ihre Sorge ist berechtigt (wie auch die Shaws es war). In einem bestimmten Sinn ist alles Verhalten biologisch vermittelt. Einerlei, welche historischen Einflußfaktoren unser Gehirn hervorgebracht haben; einerlei, welche genetischen Instruktionen in unserem Zentralorgan kodiert sind; einerlei, welche neuen Programme unsere Erziehung und unsere Erfahrung dort eingeschrieben haben – es ist trotz alledem unsere chemische und physikalische Organisation, die am Ende bestimmt, wie wir auf eine neue Konfiguration von Reizen reagieren. Zumindest partiell waren wir schon immer Sklaven unserer Biologie und werden es wahrscheinlich auch immer bleiben. Wir sind nur Menschen, will sagen: von der natürlichen Selektion geschaffene Organismen.

Diese Sachlage und ihr Widerschein im allgemeinen Bewußtsein bringen die sehr reale Gefahr von absurden Schlußfolgerungen mit sich, die ihre an Tollheit (hoffentlich) nicht mehr überbietbare Blüte in dem Wahnwitz des berüchtigten »Twinkie-Plädoyers« trieb, mit dem ein kalifornischer Strafverteidiger die Geschworenen von der Schuldunfähigkeit seines des Mordes angeklagten Mandanten überzeugte. Die fortgesetzte Ernährung von *»junk food«*, so argumentierte er, habe bei dem Angeklagten eine »verminderte Kompetenz« zu klarem Denken bewirkt, so daß er gar nicht in der Lage gewesen sei, mit »Vorsatz« zu handeln, weshalb ein wesentliches Tatbestandsmerkmal des ihm zur Last gelegten Verbrechens nicht gegeben sei. Der eloquente Anwalt drang mit seiner sonderbaren Argumentation bei den Geschworenen durch – und beraubte damit die Justiz eines guten Teils ihrer Autorität, Schuldzuweisungen vorzunehmen und jeden von uns für strafbares Handeln unmittelbar zur Rechenschaft zu ziehen.[94]

Der Fall ist keine Bagatelle. Er bezeichnet die Wende zur Schaffung eines moralischen Klimas, in dem sich ein Gesetzesbrecher keine Schuld mehr zurechnen lassen muß, wenn er sich als – durch psychische Deprivation, falsche Ernährung, Sozialmilieu deformiertes – »Opfer der Umstände« präsentieren kann. Es ist sicher richtig, alle derartigen Einflüsse bei der Urteilsfindung als ursächliche Faktoren zu berücksichtigen; dabei liegt jedoch die Gefahr nahe, daß jeder Fortschritt der Biochemie oder der Pharmakologie, der einen Zusammenhang zwischen einer bestimmten chemischen Substanz und einem Denk- oder Verhaltensmuster ans Licht bringt, als neuer Beweis für die Auffassung gewertet wird, der zufolge wir Maschinen sind, die von Kräften bewegt werden, über die sie selbst keine Kontrolle ausüben können. Ein solches Gedankenkonstrukt mag seinen Reiz für Strafverteidiger haben, dank deren einschlägigem Interesse eine komplette neue Pseudowissenschaft entstanden ist, in der Dinge wie das »psychische Belastungssyndrom«, das »Syndrom der geschlagenen Frau«, das »depressiv-suizidale Zwangssyndrom« und das »XYY-Syndrom« die Rolle von heiligen Kühen spielen. Aber im Grund unseres Herzens wissen wir, daß dies ein Irrweg ist.

Das sagt uns unser Gefühl, und unser Gefühl reagiert so, weil wir einen Sinn für Gerechtigkeit besitzen, der ein unmittelbares Resultat unserer Evolution auf organischer und chemischer Ebene ist und von den Genen als Reglermechanismus für den reziproken Altruismus in unser System eingebaut wurde. Unser Gefühl sagt uns, daß, wer Gutes tut, Belohnung, und wer Böses tut, Strafe verdient. Wir erkennen in dieser Dimension instinktiv die Existenz eines »freien Willens« an, und wie es scheint, verdanken wir diese Auffassung nicht dem Gewissen oder dem Mitleid, sondern langer Erfahrung in jener Art Zweikampf Mann gegen Mann, die gleichsam das Routinegeschäft der natürlichen Selektion darstellt.

Die natürliche Selektion ist eine simple Angelegenheit. Sie baut auf nicht mehr als drei Voraussetzungen auf. Erstens: Die Erbinformation bezüglich einzelner Merkmale variiert von Individuum zu Individuum. Das ist der Fall. Zweitens: Manche Merkmalsvarianten leisten mehr für den Fortpflanzungserfolg als andere. Das ist der Fall. Drittens: Derartige erfolgsträchtigere Varianten breiten sich in der Population aus. Auch das ist der Fall. Und das ist auch schon alles. Nachdem Darwins Freund und treuer Sachwalter Thomas Henry Huxley, von Darwin aufgeklärt, das Prinzip der natürlichen Selektion begriffen hatte, soll er sich gegen die Stirn geschlagen und ausgerufen haben: »Wie wahnsinnig blöd von mir, daß mir das nicht eingefallen ist!«[71] Aber natürlich stecken in der Sache auch verborgene Komplexitäten.

Das Resultat der natürlichen Selektion sind zum gegenwärtigen Zeitpunkt um die 30 Millionen Arten von Lebewesen, jede mit ihrem eigenen komplexen Genpool. Und jeder Genpool wurde geschaffen durch Tausende, vielleicht Millionen winziger Fortschritte, von denen jeder einzelne ein schierer Glücksfall ist oder, wenn man so will, nach einem vom blinden Zufall geleiteten Versuch-und-Irrtum-Verfahren entstand. Die Wahrscheinlichkeit einer derart langen Serie glücklicher Zufälle ist allerdings so mikroskopisch gering, daß sie jede Menge von Theorien über eine »Evolution nach Plan« provozierte, die das Wahrscheinlichkeitsverhältnis zugunsten des Lebens verschieben und die Evolution in einem bestimmten Gleis sehen. Populationsgenetiker und sonstige mit mathematischen Methoden arbeitende Evolutionsforscher verweisen auf die ungeheure Menge fehlgeschlagener Experimente, der Arten, die nicht überlebten, sondern auf der Müllhalde der Stammesgeschichte landeten, und sie bleiben dabei, daß die natürliche Selektion genau das war und ist, was ihr Name besagt: eine vollkommen natürliche Angelegenheit, die in keiner Weise den Gesetzen des Zufalls und der Wahrscheinlichkeit zuwiderläuft. Es wäre jedoch möglich, daß manche Fortschritte auf Genebene Zufälle sind, die nach einem Ort, wo sie sich ereignen können, förmlich gesucht haben.

In den erlauchten Kreis der Biologen, die die orthodoxe Wissenschaft mit neuen und produktiven Ideen herausforderten, möchte ich als neuestes Mitglied den britischen Biochemiker Rupert Sheldrake aufnehmen, der sich, was seinen Sachverstand auf dem Gebiet der natürlichen Selektion anlangt, hinter niemandem zu verstecken braucht, der aber auch so couragiert war, eine Theorie aufzustellen, der zufolge die schöpferischen Sprünge, die der natürlichen Selektion mit neuen Modifikationen und Anpassungen das Rohmaterial für ihre Arbeit zuliefern, womöglich durchaus keine Zufälle sind. Sheldrake nimmt an, daß alle Formen des Lebens untereinander verbunden sind durch Strukturen, die er als »morphogenetische Felder« bezeichnet: Sie stellen einen Pool erfolgreicher Problemlöseprozeduren dar, für die sich die Wahrscheinlichkeit des »zufälligen« Auftauchens mit jeder Wiederholung steigert. Sobald etwas einmal geschehen ist, erhöht sich die Wahrscheinlichkeit, daß es wieder geschieht. Die formschöpferischen Felder, so Sheldrake, verbinden nicht nur Individuen, sondern ganze Arten über Raum und Zeit hinweg. Sie gehen nicht nur, längs der Zeitachse, von den Vorfahren auf die Nachkommen über, sondern wandern auch quer zur Zeitachse von einer Gruppe von Organismen zu einer anderen, selbst wenn die zwei Gruppen auf verschiedenen Kontinenten beheimatet sind. Daher die erstaunlichen Übereinstimmungen zwischen den Ameisenbären, Maulwürfen, Flughörnchen, Katzen und Wölfen in der Klasse der Säuger einerseits und ihren Gegenstücken in der Ordnung der Beutler andererseits, diesen verblüffend ähnlichen Doppelgängern, die sich isoliert vom Rest der Welt auf dem australischen Kontinent entwickelt haben. Und daher auch die aus ganz verschiedenen Ursprüngen hervorgegangene parallele Entwicklung von Altwelt- und Neuwelt-Stachelschweinen, -Schweinen und -Affen.

Die meisten Taxonomen tun dieserart »Konvergenz« schlicht als Resultat ähnlicher Zwänge ab, denen die verschiedenen Spezies seitens der Umwelt unterliegen. Doch völlig zu überzeugen vermag das Argument nicht, ja, es reicht nicht einmal aus, um die ausgefallensten Formen von Mimikry und Tarnung in ein und demselben Habitat zu erklären. Ich neige dazu, mich der Meinung Sheldrakes anzuschließen, daß bei der Produktion dieser »evolutionären Plagiate«, wie er das nennt, etwas anderes am Werk ist.[348]

Sheldrake ist ein charmanter und feinfühliger Mensch, ebensosehr Poet wie Wissenschaftler, ein Mann, der mit Darwin gemeinsam hat, daß er schockierende und gleichzeitig unsere Intuition zutiefst ansprechende Gedanken vorträgt. Darwin gab uns die lebendige, pulsierende Idee eines fortdauernden schöpferischen Prozesses in der organischen Sphäre. Sheldrake vervollkommnet diese Idee, indem er sie universalisiert. Seine morphogenetischen Felder erfassen nicht nur Individuen, sondern auch Arten und mit gleicher Selbstverständlichkeit wie diese komplette Ökosysteme, ja vielleicht sogar die unbelebte Materie in Form ganzer Planeten und Galaxien. »Möglicherweise wohnt der gesamten Natur Gedächtnis inne«, vermutet Sheldrake, »und sollten wir feststellen, daß die Welt, in der wir leben, tatsächlich so beschaffen ist, werden wir unser ganzes Denken ändern müssen.«[349]

So ist es. Die Beschäftigung mit Sheldrake und Dawkins, den Nachfahren Darwins, führt uns immer wieder auf die Macht der Ideen als eigenständiger evolutionärer Größen zurück. Kein Einzeltier erbt bei den Zebras und den Weißschwanzgnus die Information über die Route des alljährlichen gewaltigen Zuges über die Ebenen der Serengeti. Die Wanderung auf traditionellen Wegen zu den uralten Futterplätzen ist ein Muster des Gruppenverhaltens, eine Art kollektiver Erinnerung, die als solche in der Generationenfolge weitergegeben wird. Hier handelt es sich um ein kulturelles Erbe, das nichts mit den Genen zu tun hat, wenn es auch möglicherweise ihren Interessen dient, indem es die Überlebenschancen verbessert.

Die Kultur ist praktisch ein Organismus mit vielfältigen Erscheinungsformen, die miteinander konkurrieren und sich durch Vermittlung ihrer Erbinformation wandeln und entwickeln. Die Einheit dieser kulturellen Erbinformation ist das Mem. Meme breiten sich, von Gehirn zu Gehirn wandernd, in der Population aus und infizieren ihre Wirte mit Gerüchten, Witzen, modischen Vorlieben, Torheiten und Verrücktheiten und schaffen die verschiedensten Formen von Gruppenbildung: vom kurzlebigen Mob über Massenansammlungen, die etwas länger Bestand haben, bis zu sehr dauerhaften sozialen und religiösen Bewegungen. Und es mag sein, daß diese Meme – oder diejenigen von ihnen, deren Gesamtfitneß am besten erwiesen ist – sich in unserem Inneren fest verankern. »Sie sind«, sagt C. G. Jung, »in gewissem Sinn die Niederschläge all unserer urtümlichen Erfahrungen.«[217] Archetypen. In unserem Fall: Botschaften eines Vorfahren, die über eine Million Jahre hinweg zu uns gelangen.

Von seiner eigenen Gedankenwelt schlägt Sheldrake eine Brücke zu derjenigen Jungs mit der Auffassung, daß jede Spezies ihr kollektives Gedächtnis in zweckdienlichen morphogenetischen Feldern speichert, die aus der realen Form früherer ähnlicher Organismen gewonnen sind und das Wesen zukünftiger Vertreter der Spezies formen helfen. Des weiteren nimmt er an, daß ein solcher Wirkungszusammenhang meistenteils zwischen dem Organismus und seinen *eigenen* früheren Stadien besteht, weil der Organismus grundsätzlich seiner eigenen Form in der unmittelbaren Vergangenheit ähnlicher ist als jedem anderen Organismus. Auf diese Weise konservieren wir die »Idee« unser selbst in Wirkungsmodi, die erklären helfen, warum wir gesunden und uns regenerieren, warum wir in einem allgemeinen Sinn symmetrisch sind und warum wir trotz des unablässig vor sich gehenden Austauschs unserer chemischen Bestandteile ein und dieselbe Form behalten.[350]

Das hört sich alles sehr nach der Art und Weise an, wie Kultur mittels Mythos und Ritual in Stammesgesellschaften tradiert wird, wo stets von neuem die Muster des Verhaltens »nach Urväter Sitte« wiederholt werden, und das in ununterbrochener Folge, die vom Entstehungszeitpunkt der jeweiligen Sitte bis zum gegenwärtigen Augenblick reicht. Das Ritual neigt in allen Gesellschaften zum Konservativismus, es besteht darauf, daß alles, was getan wird, in exakt der »richtigen« Form getan wird. Warum? Vielleicht darum, sagt Sheldrake, weil derartige Veranstaltungen »tatsächlich die Vergangenheit in die Gegenwart zurückbringen. Je größer die Ähnlichkeit zwischen der heutigen und der damaligen Ausführung des Rituals, desto stärker die Echobeziehung zwischen den Ausführenden von damals und den Ausführenden von heute. ... Der Einfluß der Menschen, die in früherer Zeit den gleichen Weg beschritten, wird in zahlreichen – vielleicht sogar allen – Religionstraditionen anerkannt.« Daher das Bestehen auf der korrekten Verwendung heiliger Wörter oder Formeln wie Gebete und Mantras.[349] So vererbt oder repliziert sich Kultur, doch in diesem Vorgang findet sich nichts, was das Auftreten vollkommen neuer Ideen ermöglichen oder begründen könnte. Dazu bedarf es einer Art kultureller Mutation, mit einem Darwin oder Sheldrake in der Rolle des Mutagens.

Auch Tiere kommen auf neue Ideen. Japanische Forscher stießen in den fünfziger Jahren auf ein Makakenweibchen, das eben dabei war, eine Kulturrevolution anzuzetteln, die im Kategoriensystem der Affen der Erfindung des Rads gleichkommt. Es trug verschmutzte Nahrung zu Meerwasserpfützen, um sie dort zu reinigen und so wieder schmackhaft zu machen, und noch während der Laufzeit ihres Beobachtungsprojekts konnten die Forscher verfolgen, wie diese ansprechende Idee bei den anderen Affen Fuß faßte und sich – zunächst langsam, aber mit wachsender Dynamik – in der gesamten Inselkolonie ausbreitete.[224] Vergleichbares wurde aus Kenia berichtet, wo eine Meerkatze – auch in diesem Fall war es ein Weibchen – mit dem Einsatz einer getrockneten Akazienschote als Saugrohr offenbar eine neue Methode erfand, an nahrhaften Pflanzensaft heranzukommen.[179]

Jedem dieser zwei Primaten gebührt Anerkennung für eine technische Innovation, mit der ein ausgereiftes kulturelles Mem geschaffen wurde, das heute zum festen Bestand im Aktionskatalog der Sozietät zählt. Weniger augenfällig, aber gleichermaßen sensationell sind soziale Innovationen, die auf der Entdeckung intelligenter und kreativer neuer Einsatzmöglichkeiten etablierter Aktionsmuster beruhen. Dorothy Cheyney und Robert Seafarth beobachteten im Rahmen ihres intensiven Studiums von Meerkatzen in Kenia mindestens ein Mal den Fall, daß ein erwachsenes Weibchen, offensichtlich beunruhigt über einen zügellosen Streit unter seinen Verwandten, die Auseinandersetzung erfolgreich beendete, indem es den »Leopardenwarnruf« ausstieß, ein unverwechselbares akustisches Signal, auf das hin alle Mitglieder der Horde ihre Aktivität auf dem Boden, worin auch immer sie bestehen mag, auf der Stelle abbrechen und Schutz in den Baumkronen suchen.[68] Das Ausstoßen eines Warnrufs, ohne daß Gefahr gegeben wäre, ist eine Form von Täuschung, gegen die naturgemäß sehr stark selektiert wird. Wie die bekannte *Geschichte von dem Jungen, der zu oft »Wolf« geschrien hat*, lehrt, büßt ein mutwillig mißbrauchtes Warnsignal schnell seinen Wert ein – und das kann fatale Folgen haben. Doch die Entscheidung, sich in einer Situation, in der das Signal – und nur dieses – den sozialen Frieden wiederherzustellen vermag, über die bestehende Mißbrauchshemmung hinwegzusetzen, zeugt von einem hohen Maß an Kreativität und Abstraktionsvermögen. Auch hier zeigt sich wieder sehr anschaulich, zu welch erheblichem Teil unsere Intelligenz und unser Bewußtsein sich der Stimulierung verdanken, die durch unsere Zugehörigkeit zu einem Sozialverband von gleichermaßen komplexen Wesen, wie wir es sind, bedingt ist.

Wenn es zutrifft, was Sheldrake über die Existenz morphogenetischer Felder sagt, dann stellen diese genau die Art von Mechanismus dar, die zur Übermittlung nichtgenetischer Information – auch über weite Entfernungen und große Zeiträume hinweg – erforderlich ist. Sein Konzept der morphogenetischen Resonanz bietet eine Erklärung für unbequeme Tatsachen wie zum Beispiel die, daß einzelne organische Flüssigkeiten jahrelang selbst den angestrengtesten Versuchen trotzen, sie in den festen Aggregatzustand zu versetzen, daß sie aber von dem Augenblick an, wo es *irgendwo auf der Welt* in geduldigem, zähem Ringen gelungen ist, eine Probe zum Kristallisieren zu bringen, *überall auf der Welt* die Bereitschaft zum Kristallisieren zeigen. Doch selbst wenn Sheldrakes Hypothese sich als falsch erweisen sollte, ändert das nichts an der offenkundigen Tatsache, daß wir in unserer Spezies solcherlei Information allein durch direkten kulturellen Kontakt weitergeben können. Wir haben uns schon sehr weitgehend dem strikten Regiment der Gene entwunden und einen rivalisierenden Erbgang ins Spiel gebracht. Die erste Etappe des Feldzugs, zu dem Huxley und Williams aufriefen, haben wir vollendet und den Feind auf seinem eigenen Territorium angegriffen.

Dieser »Feind« ist, wie wir uns erinnern, der gleiche natürliche Ausleseprozeß, der Paradiesvögel und Große Tümmler hervorgebracht hat: exakt das Geschehensmuster, das die Ereignisfolge in Gang setzte, die unsere Vorfahren zu tatendurstigen Zweibeinern machte. Eine Kraft, die noch immer die Welt des Lebendigen um uns herum nach den Maßstäben von Eleganz, Zweckmäßigkeit und ökologischer Vernunft formt und gestaltet. Der Ursprung von allem »gerade Richtigen« und ehrfurchteinflößend Schönen in der Natur. Dies alles ist er – aber er ist auch sittlich und moralisch anrüchig.

Die natürliche Selektion vollbringt unwahrscheinliche Höchstleistungen bei der Maximierung des unmittelbaren genetischen Vorteils, ist aber extrem schlecht im Planen auf lange Sicht. Unsere agile Greifhand mit dem opponierbaren Daumen und ihrer Drehbarkeit und Wendigkeit ist ein biomechanisches Meisterwerk, das augenscheinlich von der natürlichen Selektion perfektioniert wurde für jene Art präziser Manipulation, die uns zum Menschen gemacht hat. Aber wie George William uns belehrt, konnte diese Selektion nur an einem Organ stattfinden, das bereits in der Lage war, sich an einem Ast zu halten und den darunter baumelnden Körper um seine Achse zu drehen. »Die Produktion eines Organs mit der Fähigkeit, einen Faden einzufädeln oder einen Türknauf zu drehen, wurde ermöglicht als zufällige Folge der Selektion für die Fähigkeit, die Artgenossen beim Schwingen durch die Baumkronen zu übertreffen. Die helfende Hand des guten Samariters und die Motivation für ihren Gebrauch stellen die Bosheit und die Macht der natürlichen Selektion nicht in Frage. Sie zeigen lediglich, daß dieser hartnäckige und mächtige Feind ein hirnloser Narr ist.«[420]

Derselbe gedankenlose Prozeß hat es auch vermocht, Handlungen von augenscheinlich selbstlosem Altruismus hervorzubringen. Es ist für uns einfach unmöglich, nicht beeindruckt zu sein, wenn wir sehen, wie mehrere kinderlose Langurenweibchen einer Mutter zu Hilfe eilen, die ihren Säugling gegen die Tötungsabsicht des neuen Gruppenoberhaupts verteidigt; man tut jedoch gut daran, sich nicht zu übereilten Schlußfolgerungen in bezug auf den augenfälligen ethischen Gehalt dieses Verhaltens hinreißen zu lassen, sondern es kühl aus soziobiologischer Sicht zu analysieren. Denn wenn ein Organismus einem anderen zu Hilfe kommt, ist das in aller Regel entweder Zufall, die Folge einer manipulativen Täuschung, Nepotismus zugunsten eines nahen Verwandten oder aber ein altruistischer Akt auf Gegenseitigkeit, der sich für den Altruisten früher oder später in mindestens gleichem Betrag auszahlt.

Nächstenliebe beweisen wir nicht von Natur aus. Sie ist das Ergebnis dezidierten Wollens, einer bewußten Entscheidung, sich gegen die Tyrannei der Gene aufzulehnen. Sie entstammt dem vergleichsweise nicht sehr lange zurückliegenden Gewahrwerden eines Unterschieds, das uns zu dem Eingeständnis gezwungen hat, daß – wie der australische Philosoph Peter Singer es formuliert – »wir die Prämissen unserer Ethik nicht in unserer biologischen Natur finden und sie auch nicht von den Bäumen pflücken. Wir wählen sie.« Und mit dieser Wahl, einer Entscheidung gegen die Natur, haben wir uns eine ganz neue und lästige Laus in den moralischen Pelz gesetzt.

Soziale Wesen waren wir schon lange, bevor wir zu Menschen wurden. Und diese lange Erfahrung im Sozialleben ist der Humus von Tugenden wie Mitleid, Einfühlung, Liebe, Gewissen und ausgeprägtem Gerechtigkeitssinn. Von all diesen Eigenschaften läßt sich heute sagen, daß sie eine feste genetische Basis haben und gewissermaßen als natürliche moralische Werte betrachtet werden können. »Das ist die gute Nachricht«, schreibt Robert Wright in seinem Buch *Diesseits von Gut und Böse*, einer faszinierenden Einführung in die neue Wissenschaft der Evolutionspsychologie. »Die schlechte ist, daß diese Dinge zwar in mancherlei Hinsicht für die Menschheit als Ganzes ein Segen sind, daß sie sich aber nicht im Interesse des ›Wohls der Spezies‹ entwickelt haben und nicht mit zuverlässiger Regelmäßigkeit bereitstehen, diesem Interesse zu dienen. Ganz im Gegenteil: Es ist heute klarer als je zuvor, daß (und *warum* genau) die moralischen Empfindungen mit rücksichtsloser Wetterwendischkeit zum Einsatz kommen, daß sie an- und abgeschaltet werden, wie der individuelle Eigennutz es verlangt; nicht minder klar auch, wie blind wir von Natur aus in vielen Fällen für dieses Hin und Her sind.« In der Sicht des modernen Darwinismus, den Wright propagiert, »sind wir Menschen als Spezies glanzvoll ob der Opulenz unseres moralischen Rüstzeugs, tragisch ob unserer Neigung, es zu mißbrauchen, und bemitleidenswert ob der uns wesenseigenen Unkenntnis des Mißbrauchs, den wir da treiben.«[433]

Das Resultat dieser Vertracktheit ist ein Konflikt zwischen einem alten Katalog von Triebimpulsen, die ihrer Natur nach sehr stark sind, und einem neuen Katalog von Werten, die unvermeidlicherweise unnatürlich sind. Wenn wir uns dafür entscheiden, uns auf die Seite der guten Mächte zu schlagen, dann identifizieren wir den Feind auf seiten der Gene, aber der Grenzverlauf ist alles andere als klar markiert. Just diese Gene mit ihrer egoistischen Interessenrichtung sind es nämlich auch, die all das erschaffen, was in unserer Natur den Anschein von Güte mit sich führt. Aber inzwischen zeichnet sich die Wahrscheinlichkeit ab, daß die Wurzeln von allem, was wir heute als böse ansehen – einerlei, ob böse in starker oder in schwacher Form –, tief und fest im Lager der natürlichen Selektion und in deren Wirken ruhen. Und wir müssen mit der Entdeckung rechnen, daß Haltungen und Verhaltensweisen, die unmittelbar in unserer Biologie gründen, nicht unseren eigenen Zwecken dienen, sondern im Dienst des Feindes stehen.

Eine einzigartige Waffe besitzen wir ohne Frage in der menschlichen Sprache und ihren »Fossilisierungen« in Gestalt von geschriebenen und gedruckten Zeichen. Hier haben wir ein System der Informationsübermittlung zur Verfügung, das sich mit der biologischen Vererbung durchaus messen kann. Die kulturelle Evolution ähnelt insofern stark der genetischen, als ihr Fortschreiten an ihren Auswirkungen auf die von ihr erfaßten Individuen zu verfolgen ist. Genau wie Gene breiten sich Meme in einer Population aus oder gehen unter; sie setzen sich durch, wo sie auf ein Milieu treffen, das ihre Verbreitung begünstigt, andernfalls sterben sie aus. Eine neue Idee, ein neuer Musikstil, eine neue Speise, eine neue Mode oder ein neuer Glaube, sie alle sind aus eigener Kraft erfolgreich oder nicht. Der Unterschied zu den Genen besteht darin, daß sie nicht unbedingt in irgendeiner Form die Überlebenstauglichkeit verbessern müssen. Zölibat, Hard Rock, Sushi, Ringe in den Brustwarzen tragen, mit nackten Füßen über glühende Kohlen laufen – das alles hat keinen ersichtlichen Überlebenswert, es sei denn als Stimulus, der ein großes Gehirn aktiv und bei Laune hält. Jedenfalls für eine Weile. Diese Dinge unterliegen nicht der natürlichen Selektion, können jedoch untergehen, sobald sie nicht mehr imstande sind, eine nicht minder natürliche menschliche Gier nach Neuheit zu befriedigen. Sie können aber auch einen Erfolg haben, der selbst die kühnsten Träume habsüchtiger Geldmacher übertrifft, wenn sie den schwierigen Spagat vollbringen, der ihnen erlaubt, mit dem einen Fuß in diesem, mit dem anderen in jenem Lager zu stehen: sowohl vom Reiz des Neuen zu profitieren als auch sich einen biologischen Zwang zunutze zu machen. Das Mem für das Inhalieren von nikotinhaltigem Rauch zum Beispiel war trotz seiner tödlichen Folgen von Anfang an dazu prädestiniert, immer auf dem Siegertreppchen zu stehen.

Glücklicherweise jedoch kommen der Sache der Kultur Renegaten aus dem Lager der Gene zu Hilfe. Die Geschicklichkeit, seinen Mitmenschen ein X für ein U vorzumachen, ist eine natürliche Begabung und als solche die logische Fortentwicklung der Tendenz, zwecks Erlangung genetischer Vorteile zu renommieren und sich aufzuspielen. Die nicht minder logische Gegenentwicklung zu dieser Kunst des Lügens und Betrügens indessen ist das extrem feine Gespür für die betrügerischen Machenschaften anderer Menschen, das wir ausgebildet haben und das niemals schläft. »Dieses unaufhörliche, unbewußte, alles beobachtende Lauern auf Zeichen der Unwürdigkeit« an unserem Gegenüber, von dem Robert Wright spricht, ist uns mittlerweile so sehr in Fleisch und Blut übergegangen, daß wir eine bewußte Anstrengung machen müssen, um es in Fällen, wo die Opportunität dies gebietet, wenigstens vorübergehend abzustellen – und nicht jedem gelingt das. Es fällt uns einfach gar zu leicht, die Fehler und Schwächen anderer auszuspähen. Daß wir in dieser Beziehung so scharfsichtig sind und unsere Wachsamkeit auch nie erlahmt, hat allerdings einen beträchtlichen Überlebenswert. Es schafft den notwendigen Ausgleich zu der Löschpapier-Phase unserer Enkulturation, in der wir kritiklos gewaltige Massen unverdauter Information in uns aufsaugen. Auf die Neigung des wißbegierigen Kindes, alles zu glauben, was ihm erzählt wird, folgt unmittelbar und tunlicherweise die Neigung des rebellischen Teenagers, überhaupt nichts mehr zu glauben. Als Erwachsene gelangen wir dann (wenn wir Glück haben) zu einem vernünftigen Kompromiß zwischen den zwei Extremen.

Es ist ein Residuum des grenzenlosen kindlichen Staunens über alles in der Welt, das es uns später ermöglicht, manche Dinge auf Treu und Glauben zu akzeptieren – welche genau, ist von Kultur zu Kultur verschieden. Jede menschliche Sozietät hält eisern an mindestens einem Lebensbereich fest, in dem die Mitglieder bereitwillig ihre Fähigkeit zum Zweifel suspendieren und nicht nach objektiven Kriterien und Beweisen fragen. Fast jeder von uns hat irgendeine Art von Religion.

Jane Goodall schildert ein schweres Unwetter in Gombe, das vier Schimpansenmännchen veranlaßte, unter wildem Geheul auf einem Berghang auf und ab zu stürmen, Zweige von Bäumen zu reißen, gegen die Stämme zu trommeln und in prasselndem Regen und tosendem Sturm ein unbändiges Toben und Tanzen zu vollführen.[151] In diesem Trotz, diesem Schütteln der Fäuste gegen den Himmel ist etwas vom Ursprung der Religion zu erahnen. Etwas gleich jenem Trommeln in der Dunkelheit, das mich als Kind in Afrika so erregte und gleichzeitig beruhigte, wenn die letzte Öllampe im Haus gelöscht war und eine Dunkelheit uns umfing, wie man sie heute kaum noch erleben kann. Mit diesem Ausschalten der Sinne einen nach dem anderen schwanden nicht zugleich auch die Erlebnisdimensionen; tatsächlich erweiterten sie sich mit jeder Verengung des Sinnenraums, bis das Trommeln in einem fernen Kraal für mich so wirklich und so nah war wie für den Trommler selbst. Wir trommelten, und ich erlebte eine Entgrenzung, wurde Teil von etwas Uraltem und Gewaltiggroßem, Allumfassendem, das zum Beweis seiner Realität keiner Vermessung bedurfte.

Wir kommen als Anhänger des Animismus zur Welt, finden nichts leichter, als zu glauben, daß alles, womit wir in Kontakt kommen, belebt ist wie *wir* und daß alle Dinge ihrerseits – sei es zum Guten oder zum Bösen – in Kontakt mit uns treten können. Es ist eine beglückende Gemütsverfassung, in der der Mensch sich während dieser Phase seiner persönlichen wie der Menschheitsgeschichte befindet: Niemals wieder steht er der Natur so nah, ist er so offen für mystische Erlebnisse, so empfänglich für einen Rapport, der ihm ein echtes Gefühl von einem »Mana« um ihn herum verschafft. Dieser Seelenzustand währt nur so lange, wie wir ihn nicht selbst zerstören, und beginnt sich zu verflüchtigen, sobald wir anspruchsvoller und distanzierter werden und die Neigung entwickeln, unangemessene Fragen zu stellen, vor denen das »Mana« zurückweicht, so wie ein Traum sich nicht gern in die Bewußtseinshelle zerren läßt. Zu diesem Zeitpunkt beginnen wir dann, Beziehungen zur organisierten Religion anzuknüpfen, uns in der Geschichte nach Helden und Erlösern umzusehen, die in der Lage sind, Verbindung mit dem Numinosen aufzunehmen und zwischen uns und den Göttern zu vermitteln. Von da an »sind wir zu sehr von der Welt bedrängt« und in jeder Beziehung, auf die es ankommt, aus dem Takt.[436]

Unsere Helden in der Naturwissenschaft heißen Galilei, Newton und Darwin, und sie alle haben in Schlachten von geradezu epischen Ausmaßen Siege von größter Tragweite errungen. Trotzdem haben sie uns in einer zentralen Frage ohne Antwort gelassen. Dank ihnen haben wir jetzt eine sehr viel klarere Vorstellung davon, wie das Uhrwerk der Welt funktioniert, aber wir wissen immer noch nicht, worauf das Ganze hinausläuft oder ob ihm überhaupt irgendein umfassender Plan zugrunde liegt. Die Religionen haben ein begründetes Interesse an einer Gesamtschau, die ein jenseitiges Leben mit umfaßt. Wie sonst sollen sie ein Mem an den Mann bringen, das Selbstzucht in diesem Leben verlangt? Indes, ihre Rezepte für das gute Leben im Diesseits divergieren weit genug, um beim unbefangenen Beobachter Verwirrung und Widerspruch auszulösen. Immerhin gibt es einen Punkt – vielleicht ist er der einzige –, in dem sich alle Religionen einig zu sein scheinen, und das ist die Versuchung des Menschen durch Dämonen.

Offenbar gibt es immer einen »Bösen«, der uns zu Übeltaten zu verleiten sucht. In der Bibel und im Koran ist dies der Satan, in den buddhistischen Lehrschriften tritt das personifizierte Prinzip des Bösen in Gestalt des Erzversuchers Mara auf. Sie alle arbeiten nach der gleichen Regel: »Gib dich harmlos und verleite die Menschen zu kleinen Vergehen, die sich zu großen Problemen auswachsen können.« Man fängt ein belangloses Techtelmechtel an und wartet zu, bis die Sache sich zur Orgie hochschaukelt. Robert Wright schreibt: »Es ist kein Zufall, daß Dämonen und Drogenhändler sich häufig derselben ›Anmache‹ bedienen (›Probier doch bloß mal ein kleines bißchen. Du wirst sehen, du fühlst dich toll.‹) und daß religiöse Menschen Drogen häufig als Dämonen betrachten.« In Klammern fügt er allerdings hinzu: »Die Drogenabhängigheit selbst ist jedoch eine Gewohnheit, die von der natürlichen Selektion niemals ›beabsichtigt‹ war. Dieses Wunder des technischen Zeitalters ist ein unvorhersehbarer Eingriff in die Biochemie, die Zerstörung des Systems von Belohnung und Strafe. Wir waren darauf angelegt, auf altmodische Weise, durch saure Arbeit, zu unseren Kicks zu kommen.«[433] Und für manche Formen der Sucht können wir vielleicht nicht allein die Drogen verantwortlich machen, sondern auch die Ansteckung mit einem Mem, das die Ansicht propagiert, daß Heroindrücken Spaß mache. Wenigstens gegen dieses Mem dürfte mit fortschreitender Zeit selektiert werden – wenn nicht durch die gesunde Vernunft, so zumindest durch seine eigenen fatalen Folgen.

In allen Religionen ist der Versucher bösartig – eine finstere, angriffslustige Macht, die bekämpft werden muß. Der Kampf ist immer unausweichlich, eine unabänderliche Gegebenheit, und die

Vorbereitung auf ihn schließt immer Enthaltsamkeit von irdischen Freuden wie Essen, Trinken, Geschlechtsgenuß oder Zugrunderichten eines Rivalen ein. Von Konvertiten wird nicht mehr und nicht weniger erwartet als die vollständige Überwindung der menschlichen Natur, die gewöhnlich als verderbt aufgefaßt wird – als Zeugnis der Erbsünde. Alle Weisheitslehrer raten uns zum Widerstand gegen die Kräfte, die uns mit ihrem unheiligen Wertesystem zu beherrschen suchen, zur Weigerung, das Spiel nach ihren Regeln zu spielen. Und zieht man den mythologischen Aufputz, das Lokalkolorit und die dämonische Personifikation ab, läuft dieser Appell auf nichts anderes hinaus als auf einen Aufruf zum Kampf gegen den Egoismus der Gene.

Die Gene sind es, die »wollen«, daß ein Mann mit so vielen Frauen wie nur irgend möglich schläft. Sex und Macht bilden das Getriebe der natürlichen Selektion. Wir sind darauf angelegt, vergängliche Lust zu suchen, uns in dem Wahn zu wiegen, daß eine Million mehr Vermögen, die nächste Geliebte oder der nächste Liebhaber noch ein letztes Glas auf den Weg uns die ewige Seligkeit bescheren werden. »Die natürliche Selektion hat einen böswilligen Humor«, schreibt Wright. »Sie führt uns mit immer neuen Versprechungen an der Nase herum, um uns am Ende jedesmal mit einem ›April, April‹ zu foppen.«[433] Und die Kraft, die uns treibt, von verbotenen Früchten zu kosten, und die sich hinter den Masken der Versuchung verbirgt, ist heute eindeutig als eine Instanz zu identifizieren, die zur Wahrung ihrer Interessen Dinge von uns verlangt, die zu tun uns möglicherweise nicht mehr gut ansteht. Es ist der uns gut bekannte Teufel. Unser alter Verbündeter, das egoistische Gen.

Die nach wie vor kontroverse Frage *»nature or nurture?«* (»Veranlagung oder Umwelt?«, »ererbt oder erlernt?«, »Gene oder Kultur?«) ist heute nicht mehr nur von akademischem Interesse. Sie betrifft inzwischen jeden persönlich, führt jeden einzelnen von uns in seinem Leben an einen Scheideweg, wo er nicht umhinkann, eine Wahl zu treffen. Und aus Gründen, die man vor demselben Hintergrund zu sehen hat wie die altpresbyterianischen Lehren vom Höllenfeuer, waren es vielfach Schotten, die den schärfsten Blick für das Dilemma hatten und ihm in einem radikal vereinfachten Schwarz-Weiß-Gegensatz Ausdruck zu geben wußten.

Der Dichter Robert Louis Stevenson war Schotte und Romantiker, die Seele eines verwegenen Draufgängers voller Lebenslust in einem tuberkulosegeschwächten Körper. Er machte sich keine Illusionen über das Leben, war jedoch entschlossen, das seine zu einem Abenteuer zu gestalten. Was er auch tat. Er starb, wie es seinem Stil und Geschmack entsprach, als Patriarch auf einer Südseeinsel, wo er unter dem Namen Tusitala – »der Geschichtenerzähler« – bekannt war. Als junger Mann bewunderte Stevenson die *Covenanter*, die Anhänger des Schutzbunds der schottischen Presbyterianer, deren Kampf für Religionsfreiheit im siebzehnten Jahrhundert zum englischen Bürgerkrieg und einer Reihe von Aufständen führte und schließlich ihre Verfolgung nach sich zog; über diese Gruppierung schrieb er sein erstes Buch. Danach lehnte er sich allerdings bald auf gegen die Zwänge, die ihm die Religion seines Elternhauses auferlegte, und mutierte zum freisinnigen Bohemien; doch scheint ihn die Erinnerung an seine Frühzeit nicht verlassen zu haben, denn im Jahr 1886 brachte er eine schlichte allegorische Erzählung zu Papier, die bis heute die plastischste und bestechendste Darstellung unseres gespaltenen Selbst geblieben ist.

»Ich hatte schon lange eine Geschichte über dieses Sujet schreiben wollen«, sagte Stevenson später, »hatte lange nach einem Stoff, einem Vehikel für dieses heftige Gefühl des Zwiespalts im Wesen des Menschen gesucht, das dann und wann das Gemüt jedes denkenden Wesens ankommt und überwältigt.«[366] Die Inspiration kam ihm zuletzt in einem Traum, der alle Kernszenen von *Der seltsame Fall des Dr. Jekyll und Mr. Hyde*[365] enthielt.

Der Arzt Dr. Henry Jekyll ist wie wir alle zwischen seinem »guten« Selbst und seinen »schlechten« Impulsen hin- und hergerissen. Von dieser »Doppelnatur«, wie er sie nennt, sagt er: »Beide Seiten meines Ich waren vollkommen wirklich; ich war gleichermaßen ich selbst, wenn ich alle Zurückhaltung abstreifte und mich in Schande wälzte, wie wenn ich bei Tage meine ganze Kraft an die Mehrung des Wissens oder die Linderung von Kummer und Leiden wandte.« Und er kommt zu dem Schluß, daß der Mensch »in Wahrheit keine Einheit, sondern eine Zweiheit« ist, das Produkt einer »tiefen, urwüchsigen Gespaltenheit«.

So weit, so gut. So ist der Mensch. Aber nun macht der gute Dr. Jekyll seinen ersten Fehler. Er faßt den Plan, die beiden so gegensätzlich veranlagten Identitäten voneinander zu trennen und in verschiedenen Körpern unterzubringen, weil er hofft, daß danach »das Leben von allem Unerträglichen befreit wäre«, und mit geduldigem Experimentieren gelingt ihm schließlich die Herstellung eines Elixiers, das eine solche Dissoziation ermöglicht. Er braucht nur eine kleine Dosis des Mittels einzunehmen, und er verwandelt sich in sein *alter ego* Edward Hyde – kleiner, jünger und mit dunklerem Teint als er, in eine »gespenstische Aura latenter Mißgestalt« gehüllt –, den nichts daran hindert, sich in all den Lüsten zu ergehen, die Dr. Jekyll sich versagt. Mr. Hyde bezieht eine eigene Wohnung und verfolgt Interessen, die zunächst nur »unrühmlich« sind, aber schon bald »eine Wendung ins Ungeheuerliche nehmen«. Jekyll freilich empfindet keine Schuld, denn »Hyde war ja derjenige, der es gewesen war, und so war Hyde ganz allein der Schuldige. Jekyll ging das nicht nahe; scheinbar unbeeinträchtigt erwachte er wieder zu seinem eigenen Selbst und nahm wieder seine guten Eigenschaften an; ja, wo immer möglich, zögerte er nicht, das Unheil, das Hyde angerichtet hatte, ungeschehen zu machen. Und solchermaßen war das Gewissen in den Schlummer gewiegt.«

Allein, die Geschichte spitzt sich zu. Hyde schreckt jetzt auch vor Mord nicht mehr zurück, und zu seiner Rückverwandlung in Jekyll bedarf es von Mal zu Mal einer größeren Menge des Elixiers, dessen Zutaten schwer zu beschaffen sind. Jekyll fährt dennoch mit dem Experiment fort, überzeugt, daß »ich mich, wann immer ich will, Mr. Hydes auf der Stelle entledigen kann. Ich gebe Ihnen mein Wort darauf.« Und das war Dr. Jekylls zweiter, der fatale Irrtum: die Hybris, anzunehmen, daß der eine Teil seines Wesens ohne den anderen auskommen könne. Es dauert nicht mehr lange, bis er sich in Hyde verwandelt, ohne das Elixier eingenommen zu haben. Mit der Gefahr vor Augen, irgendwann einmal für immer Hyde bleiben zu müssen, vernichtet er schließlich seine beiden Identitäten durch Selbstmord, um die Welt von einem Ungeheuer zu befreien.

Stevensons faszinierende Erzählung stellt sich bei oberflächlicher Betrachtung lediglich als eine verspätete Schauergeschichte im Stil der *Gothic tales* des ausgehenden achtzehnten Jahrhunderts und der Romantik dar, in der ein steifleinener Mensch sich eine Maskerade zulegt, um unerkannt seinen Spaß haben zu können. Bei näherem

Hinsehen indessen entpuppt sich die kleine moralische Allegorie als eine monumentale Studie über Ursprung und Wesen der menschlichen Bösartigkeit. Stevenson lehnt sich an Auffassungen von der Gespaltenheit der menschlichen Natur an, die bereits von den Heiligen Augustinus und Thomas von Aquin entwickelt wurden, bringt jedoch sein Sujet so haarscharf auf den Punkt, daß selbst Menschen, die seine Erzählung niemals gelesen haben, deren gedankliche Prämisse kennen und akzeptieren. Die Geschichte fesselt die Vorstellungskraft in einer Weise, wie es nur die allen Menschen gemeinsamen Urbilder, die Archetypen, vermögen. Und für die Komposition dieses einsichtsvollen und scharfsichtigen Textes, der Freuds und Jungs Ausführungen zum gleichen Thema um Jahrzehnte vorwegnimmt, benötigte Stevenson nicht mehr als sechs Tage.[333]

Zumindest intuitiv scheint Stevenson auch die biologische Natur des Dilemmas begriffen zu haben. Er stellt Hyde weniger als grausam denn als gefühllos dar, als jemanden, der ohne eine Spur normalen menschlichen Mitgefühls handelt. Der erste Blick, den die Erzählung uns auf das *alter ego* tun läßt, enthüllt uns eine schaudern machende Unmenschlichkeit. Hyde hat an einer Straßenecke unabsichtlich ein kleines Mädchen über den Haufen gerannt und »trat im Weitergehen ungerührt auf den Kinderkörper und ließ die schreiende Kleine achtlos hinter sich auf dem Boden liegen. Es klingt nach nichts, wenn man es hört, aber es war ein teuflischer Anblick.« Wo Einfühlungsvermögen seinen Platz haben sollte, befindet sich ein schauerliches Vakuum. Jekyll sorgt sich um Hyde: »Ich kann aufrichtig sagen, daß ich großen Anteil an diesem jungen Mann nehme.« Hyde indessen ist Jekyll gegenüber gleichgültig »oder erinnerte sich seiner, wie der Wegelagerer sich der Höhle in den Bergen erinnert, die ihm Zuflucht vor seinen Verfolgern bietet. Jekyll bekundete ein mehr als väterliches Interesse (weil er Hydes Wonnen teilte); Hyde bekundete mehr als die übliche Gleichgültigkeit von Söhnen.«

Es läßt sich schwerlich eine bessere Beschreibung der Beziehung denken, die das Gen zu dem Körper unterhält, der es beherbergt, und noch schwieriger dürfte es sein, ein Bild zu ersinnen, das die Macht und die Gefühlsroheit des *ganz Anderen* ebenso klar zum Ausdruck bringt. In dem Abschiedsbrief, in dem er die ganze Geschichte aus seiner Perspektive erzählt, beschreibt Henry Jekyll Edward Hydes

»großartigen Egoismus und nicht minder großartiges vollständiges Aufgehen im Augenblick« mit Worten, die ein genaues Bild der Selbstbesessenheit und kurzsichtigen Interessenpolitik der Gene zeichnen. Und wenn Stevenson schildert, wie Hyde, während er mordet, »außer sich vor Wonne ... mit jedem Schlag unbändige Lust auskostet«, dann läßt sich darin aus heutiger Sicht eine schreckliche Vorahnung jenes Verhaltens erkennen, das unter gleichen Umständen – und möglicherweise unter der Regie der gleichen emotionalen Verkrüppelung – Kinder wie Mary Bell, Robert Thompson und Eric Smith an den Tag legten, die beim Morden sogar noch lachten.

Der Biologe Robert Trivers hat wahrscheinlich recht mit seiner Ansicht, daß Freundschaft, Dankbarkeit, Sympathie, Schuld, der Sinn für Fairneß und Gerechtigkeit und sogar der Keim der Moral in unserer Erfahrung des reziproken Altruismus angelegt sind.[388] Die Wurzeln dieser Merkmale liegen im Genegoismus, aber wir sollten nicht in den Irrtum Dr. Jekylls verfallen und glauben, daß wir jetzt, wo wir sie haben, auf die Hilfestellung der Gene ganz verzichten könnten. Ob es uns gefällt oder nicht, wir sind in eine Zweierbeziehung eingebunden, deren beide Glieder nur in dieser Gemeinschaft Bestand haben. Wie siamesische Zwillinge. Ich und mein Schatten, mein Schatten und ich, ein unzertrennliches Paar. Die Weltliteratur kennt viele abschreckende Beispiele von Menschen, die törichterweise ihren Schatten abzuschütteln versuchten. Peter Schlemihl verkauft den seinen an den Teufel und soll es später bereuen. Dorian Gray wälzt die »Bürde seiner Schande« auf sein Bildnis ab und wird schließlich doch von ihr erdrückt. In einem Märchen Hans Christian Andersens gibt ein Gelehrter seinem Schatten den Laufpaß, doch der Entlassene kehrt nach Jahren in menschlicher Gewandung zurück, erniedrigt seinen einstigen Herrn zu seinem Schatten – und bringt ihn zuletzt um. Offenbar kann man in diesen Dingen gar nicht vorsichtig genug sein.[381]

C. G. Jung war es, der zu guter Letzt dem Schatten die gebührende Realität zuerkannte. »Wie kann ich wirklich sein, wenn ich keinen Schatten werfe? Um ein Ganzes zu sein, muß ich auch eine dunkle Seite haben, und in dem Maße, wie ich meines Schattens inne werde, bleibe ich mir auch der Tatsache bewußt, daß ich ein Mensch wie alle andern bin.«[215] Anfänglich verstand Jung den Schatten, ganz im Sinne Freuds, als den verdrängten Teil der menschlichen Persönlichkeit, spätestens 1917 jedoch beförderte er ihn in den Rang einer unbewußten Persönlichkeit eigenen Rechts, die uns in Verlegenheit setzt, weil sie von allen unseren Eigenschaften diejenigen in sich vereint, die wir gern verstecken. Er ist der *ganz Andere* in uns, der anerkannt sein will und sich um so schrecklicher gebärdet, je weniger er respektiert oder zur Kenntnis genommen wird.[214]

Dr. Frankenstein, dem Helden von Mary Shelleys klassischem Schauerroman, gelingt es dank seinem überragenden Forscherverstand, einem aus Leichenteilen zusammengestückelten Menschenkörper Leben zu verleihen. Aber als er feststellen muß, daß er nicht das vollkommene Wesen zustande gebracht hat, das ihm vorschwebte, sagt er sich von seinem Geschöpf los und lehnt die Verantwortung für dessen Fehler ab: Er verstößt seinen eigenen Schatten, und von diesem Moment an läuft alles schief. Das ungeliebte Monstrum wird bösartig und zerstörerisch und zieht eine Schneise der Verwüstung durch die Welt, die im unvermeidlichen Untergang von Geschöpf und Schöpfer endet. Das Zweigespann Frankenstein und sein Monstrum – in unseren Köpfen sind die beiden so eng miteinander verwachsen, daß sie häufig verwechselt werden – wurde genauso in das Personal der modernen Mythologie aufgenommen wie das Tandem Dr. Jekyll und Mr. Hyde. Ihre Geschichte ist mehr als nur eine Fabel zur Warnung vor den Gefahren intellektueller Hybris. Was sie über Gut und Böse und deren Integration in der menschlichen Persönlichkeit zu sagen hat, ist heute noch genauso aktuell und beeindruckt noch im selben Maße wie im Sommer 1816, als Mary Wollstonecraft Shelley von jenem Traum erschreckt wurde, in dem sie »den bleichen Adepten der unheiligen Künste neben dem Ding knien sah, das er zusammengesetzt hatte«.[352]

Ihre Erzählung beeindruckt deswegen so nachhaltig, weil sie im Einklang steht mit dem, was unser Gefühl uns über uns selbst und unsere Wünsche und Begierden sagt. Wir ahnen, daß wir alle ein destruktives Potential in uns tragen, und wir hoffen, daß wir, wenn es darauf ankommt, diese Tendenz unter Kontrolle haben. Es tröstet, wenn man so etwas anderen zur Last legen kann: einem Dr. Jekyll, einem Dr. Frankenstein oder sogar dem lieben Gott, aber wenn wirklich »was Übles« in uns steckt, dann ist es sinnvoller, den Sachverhalt als unser Problem und nicht als das Problem anderer zu sehen. Der biblische Hiob lernt sich dieser Einsicht zu beugen. Er hat die Schicksalsschläge, von denen er heimgesucht wird, nicht verdient – sie erscheinen ihm sinnlos, und das sagt er auch –, doch selbst der Ausweg in den Tod bleibt ihm versagt. Das Ganze ist nicht einfach zu erklären. Die harten Fakten der hebräischen Überlieferung wurden von christlichen Theologen weichgezeichnet, indem man sie mit dem sanften Licht übergoß, das von der christlicherseits hochgelobten Rolle Hiobs als Soldat Gottes in dessen Dauerkrieg gegen den Teufel ausstrahlte. Die unbequemere Wahrheit liegt freilich sehr viel näher. Nicht der Teufel ist der Schuldige, sondern jener Teil unser selbst, der sein eigenes Aktionsprogramm verfolgt und keine Rücksicht darauf nimmt, ob der Rest dabei sehr reale Qual und Pein leidet.

Die Moral des Buchs Hiob lautet dahin, daß natürliche Autorität (in diesem Fall ein ungewöhnlich rachsüchtiger Gott) tyrannisch und überwältigend sein kann. Sie ist eine Macht, die jeden Widerstand niederwalzt, aber auch eine Macht, die zu blind und bewußtlos ist, um moralisch sein zu können. Klingt das bekannt? Das sollte es auch, denn es beschreibt recht gut die Art und Weise, wie die Gene ihre Autorität ausüben. In seiner *Antwort auf Hiob* sagt C. G. Jung, daß der Dulder der moralisch Überlegene sei gegenüber einem Gott, der sich nach der Devise »Gewalt geht vor Recht« verhalte. Die Moral müsse vielmehr von Hiob selbst beigesteuert werden – so wie sie auch überall, wo *wir* mit dem Regime der Gene zu tun haben, von uns selbst beigesteuert werden muß.[216]

Ich bin mir bewußt, daß ich an diesem heiklen Punkt all die langen Erörterungen zur Frage der Theodizee, die die Ideengeschichte kennt, einigermaßen nonchalant habe unter den Tisch fallen lassen. Die Kirchenväter Augustinus, Bischof von Hippo, und Irenäus, Bischof von Lyon, sowie in unserer Zeit der Theologe John Hick bemühten sich nach Kräften um eine christliche Standarderklärung für die Existenz des Bösen in einem von einem guten Gott geplanten und regierten Universum.[183] Die Ergebnisse ihres Nachdenkens wurden schon innerhalb einer so kurzen Spanne, wie meine Lebenszeit sie darstellt, überholt von den Geschehnissen im Nazideutschland und den von ihm besetzten Gebieten, weiterhin in Chile, Kambodscha, Uganda, Vietnam, Bosnien-Herzegowina und Ruanda, um nur einige der Länder zu nennen, die hier zitiert werden könnten: Woraus erhellt, daß wir und wir allein die Schuldigen sind. Die Geschichte stößt uns selbst in unserem Jahrhundert mit der Nase auf unser dämonisches Potential. Wie Faust, wenn er sich schließlich Mephistopheles gegenübersieht, müssen wir zugeben, daß die Maske des Teufels Züge trägt, die den unseren sehr ähneln. Er ist identisch mit uns, und weder für das Böse noch für uns gibt es eine Erlösung. Wir *sind* einfach nur *da*; und ob zum Guten oder zum Schlechten – wir sind ganz offenkundig die Produkte unserer biologischen Evolution.

Ein polnischer Wachmann machte als Zeuge vor dem Nürnberger Kriegsverbrechertribunal folgende Aussage: »Frauen mit Kindern wurden immer gleich zur Verbrennungsanlage geschickt. Kinder waren als Arbeitskräfte wertlos, deshalb wurden sie umgebracht. Die Mütter schickte man mit, weil die Trennung vielleicht Panik und Hysterie ausgelöst und damit den Vernichtungsprozeß aufgehalten hätte, und das konnte man sich nicht leisten. Damit alles ruhig und glatt lief, war es das einfachste, die Mütter gleich mit umzubringen. Vor der Verbrennungsanlage wurden die Kinder den Müttern weggerissen und getrennt ins Gas geschickt. Zum damaligen Zeitpunkt war die vorrangigste Überlegung, wie man möglichst viele Menschen in die Kammern hineinpressen konnte. Trennung bedeutete, daß mehr Kinder hineingepfercht werden konnten, oder sie konnten über die Köpfe der Erwachsenen hinweg in die vollgepferchten Kammern geworfen werden. Als die Judenvernichtung in den Gaskammern auf höchsten Touren lief, wurde angeordnet, die Kinder sollten direkt in die Verbrennungsöfen beziehungsweise in eine Grube bei der Verbrennungsanlage geworfen werden, ohne daß sie vorher vergast wurden.«[370]

Wohl selten in der ganzen Weltgeschichte wurde eine trostlosere Auskunft gegeben, und keine noch so dialektische Argumentation macht es möglich, eine klinisch kalte Brutalität wie diese als Teil eines göttlichen Schöpfungsplans zu interpretieren – selbst wenn wir uns einen solchen Plan bis ans Ende der Zeiten reichend vorstellen, wo Sinn und Notwendigkeit alles vorausgegangenen Geschehens offenbar werden. Eine näherliegende wenn auch kaum weniger blutrünstige Erklärung hat die Biologie parat. Erinnern wir uns: SEI GEMEIN ZU FERNSTEHENDEN, lautet die Maßregel Nummer eins, die von den Genen an uns ergeht. Und im Deutschland der dreißiger Jahre war alles getan worden, um die Juden nicht nur als Fern- und Außenstehende im Verhältnis zur »Volksgemeinschaft« zu brandmarken, sondern auch als Außenstehende mit finsteren Absichten. Was immer ihnen angetan wurde, war nicht nur vom Staat sanktioniert, sondern auch aus »rassehygienischer« und rechtlicher Sicht über alle Kritik erhaben, denn schließlich wußte man ja, daß die Juden Untermenschen waren. Und so wurden in den Todeslagern deutsche Kommandanten und polnische Wachleute – nette Menschen, die ihre Kinder liebten und ihre Hunde gut behandelten, wahrscheinlich auch an Gott glaubten und regelmäßig zur Kirche gingen – zu Handlangern der Niedertracht.

»Ich habe nur die Befehle der Gene ausgeführt«, war in Nürnberg kein einziges Mal als Verteidigungsargument zu hören. Der Sachverhalt hat im Prinzip durchaus einen gewissen Wert als entlastender Faktor, wurde jedoch gar nicht erst in Betracht gezogen, und das aus sehr gutem Grund, denn nicht nur das Völkerrecht, sondern auch unser eigenes Herz sagt uns, daß dieses Argument heute nicht mehr als stichhaltige Entschuldigung akzeptiert werden kann. Von zivilisierten Menschen darf heute erwartet werden, daß sie sich im entscheidenden Moment eines Besseren besinnen, und zwar nicht aus Furcht vor Strafe, sondern schlicht und einfach darum, weil inzwischen ein ungeschriebener Moralkodex existiert, der auf der stillschweigenden Voraussetzung beruht, daß wir heute in der Lage sein müßten, uns für ganz andere Handlungsoptionen als lediglich für das genetische Minimum zu entscheiden. Die menschliche Natur ist heute nicht mehr gleichbedeutend mit einem unausweichlichen Schicksal. Wie Katharine Hepburn in John Hustons Film *African Queen* (1951) zu Humphrey Bogart sagt: »Die Natur, Mr. Alnutt, ist etwas, worin wir in dieser Welt gestellt sind, damit wir uns darüber erheben.«

Ganz richtig – wenngleich ich für meinen Teil zur Vereinfachung des Arguments das »gestellt« aus dieser wundervollen Abfertigung streichen würde. Es führt auf eine andere Gedankenebene. Die Gene können nur sich selbst für unsere Existenz verantwortlich machen. Heute kommt es darauf an, zu erkennen, daß wir unser genetisches Programm, sobald es uns erst einmal an die Startlinie gebracht hat, am besten als Anschauungsmaterial dafür nutzen, wie es in der menschlichen Rasse oder Spezies *nicht* zugehen sollte. »Eine hervorragende Ausgangsbasis«, meint Robert Wright, »wäre es schon einmal, der moralischen Entrüstung, eingedenk der ihr eigenen tendenziösen Befangenheit, generell etwa 50 Prozent ihrer Glaubwürdigkeit zu entziehen und der moralischen Gleichgültigkeit gegen menschliches Leiden mit dem gleichen Mißtrauen zu begegnen.«[433] Besondere Wachsamkeit ist immer dann geboten, wenn die Interessen der Gruppe, zu der wir zählen – unserer Familie, unserer Sippe, unseres Stammes, unseres Volkes –, mit denen einer anderen Gruppe im Konflikt liegen, in deren Mitgliedern wir die gegebenen Außenseiter erkennen. Auch sollten wir immer bedenken, daß die Gene uns die Neigung mitgeben, dem Reichtum und der Schönheit Sonderrechte einzuräumen, rücksichtslos gegenüber Menschen in niedriger sozialer Rangstellung zu sein und übermäßig tolerant gegenüber Hochgestellten. Das alles muß heute nicht mehr sein. Wir sind keine bloßen Affen mehr. Allerdings sind wir noch immer Primaten – mit allem, was dazugehört.

Statusdenken spielt bei uns nach wie vor eine große Rolle. Es ist uns alles andere als einerlei, wie wir uns in den Augen der anderen ausnehmen. Hohes Ansehen in der Öffentlichkeit kann auf Genebene in enormen Gewinnen zu Buche schlagen, während geringes Prestige auf der Landkarte der Fortpflanzungschancen die Verbannung nach Sibirien bedeuten kann. Statussymbole sind für uns lebenswichtig, und ein gewisses Maß an demonstrativem Konsum und an Großsprecherei wird als normal empfunden – solange es sich in Grenzen hält. Wer in diesen Dingen genau das richtige Maß treffen will, muß auf genauso schmalem Grat wandern wie das aufstrebende junge Männchen in einer Paviankolonie. Jede Erhöhung des eigenen sozialen Status geht schließlich zu Lasten des Status anderer. Und jeder Schritt nach oben auf der sozialen Stufenleiter muß mit diplomatischem Geschick jener Art eingefädelt und gemanagt werden, auf die sich Affenhordenführer und Konzernchefs so gut verstehen. Diese soziale Sensibiliät ist ein wesentlicher Teil unseres biologischen Erbes, und zwar derjenige Teil, den wir in Zukunft werden kultivieren müssen, um zu einem vernünftigen Gleichgewicht zwischen den gegenstrebigen Kräften der biologischen und der kulturellen Evolution zu kommen. Im Augenblick freilich machen wir auf diesem Gebiet keine sonderlich großen Fortschritte.

Zum gegenwärtigen Zeitpunkt, an der Schwelle eines neuen Jahrtausends, stecken wir in größten Schwierigkeiten. Wir werden von genetischen Kräften an- und umgetrieben, die sich entwickelten zur Bewältigung von Situationen, die längst nicht mehr auftreten, und für das Leben in Sozialstrukturen, die längst nicht mehr existieren. Wir bewegen uns in hohem Tempo auf einen Zustand zu, den der Schriftsteller Robert Kaplan unter der Überschrift *Die kommende Anarchie* sehr plastisch beschrieben hat. Unsere Welt, so führt er aus, befindet sich in einem Wandlungsprozeß, der die politische Landkarte mit ihren Nationalstaaten zur Bedeutungslosigkeit reduziert. Die wahren Grenzen verlaufen nicht mehr zwischen Clans, Stämmen oder Staaten, sondern zwischen einer kleinen Minderheit von Gesunden und Wohlgenährten, die im Bevölkerungswachstum eine Bedrohung ihrer Lebensqualität erblicken, und dem Rest der Spezies Mensch, für den die vielköpfige Familie die einzige Hoffnung darstellt, einer Lebensform wahrhaft Hobbesschen Zuschnitts zu entrinnen.

Wir haben die Ära der Konflikte zwischen den Nationalstaaten und die anschließende Ära der Konflikte zwischen den Ideologien hinter uns und befinden uns nun, nach dem Ende des kalten Kriegs, in der Ära der Konflikte zwischen den Kulturen. Die Städte wachsen unaufhörlich und verschmelzen miteinander zu gigantischen urbanen Wucherungen und endlosen Slums, wo binnen kurzem 60 Prozent der Weltbevölkerung sich in Straßen drängen werden, die mit Abfällen gepflastert und von Abwässern aus offenen Rinnen überrieselt sind. Auf dem Land führen unterdessen Entwaldung, Bodenerosion, Wasserknappheit und chemische Umweltverschmutzung zu Produktionsausfällen und Versorgungsengpässen, die einen der Anarchie bereits sehr ähnlichen Zustand mit sich bringen.[221]

In diesem Milieu lohen bestehende Haßgefühle zu Bränden auf, soziale, ökonomische und religiöse Motive vermischen sich unentwirrbar zu einem machtvollen Treibsatz, Landesgrenzen verlieren jegliche Bedeutung, neue Epidemien breiten sich aus, und längst besiegt geglaubte Seuchen melden sich in alter Frische wieder zurück. Eines Tages wird dieser Planet – vorausgesetzt, wir überleben – vielleicht von einer neuen, rassisch durchmischten und kulturell homogenisierten globalen Gesellschaft bewohnt sein. Darin – in so weitgehender genetischer Angleichung, daß wir etwas mehr Interesse und Liebe füreinander aufbringen – könnte unsere letzte Hoffnung liegen, wenngleich diese Perspektive in mir eher Befürchtungen weckt, weil sie unter die Geltung des Dritten Hauptsatzes der Pathik fällt, dem zufolge ein Verlust an Vielfalt keine echte Ordnung schafft, sondern sie vielmehr zerrüttet.[136]

Wir müssen lernen zu lieben, was uns von anderen und andere von uns unterscheidet. Aber bis es so weit ist – und das wird lange dauern –, werden wir mit Chaos und politischem Zerfall so hohen Grades konfrontiert werden, daß angesichts dieser Zustände das Ideal des demokratischen Kapitalismus nur mehr lächerlich wirkt. Ethnische Gewalt, unmotivierte Kriminalität, Verbrecherregime und eine Völkerwanderung von Millionen Dauerflüchtlingen in aller Welt zeigen, daß der Prozeß bereits begonnen hat. Zentralregierungen verlieren allmählich an Einfluß, Regional- und Stammesidentitäten leben wieder auf, und Fundamentalismen jeglicher Couleur melden sich immer dreister und schriller mit Forderungen zu Wort. Wir sehen die alte Ordnung unter dem Druck von Umwelt- und Bevölkerungsproblemen nachgeben; sie zerfällt in Stadtstaaten, Slumstaaten und aus dem Lumpenproletariat rekrutierte Privatarmeen unter dem Kommando eines ganz neuen Schlags lokaler *warlords*. In vielen Gebieten liegt die Hoheitsgewalt nicht mehr in den Händen der Regierung oder des Militärs, sondern wird (wie in Bosnien-Herzegowina) von »Tschetniks« oder (wie in Somalia) von »Clansleuten« ausgeübt, die für die Appelle internationaler oder übernationaler Organisationen verständlicherweise taub sind.

Evolutionsgeschichtlich gesehen handelt es sich bei dem, was wir heute erleben, um die Wiederkehr der Kriegergesellschaften, die Entflechtung und Reprivatisierung der Menschheit zu kleineren, grausameren Sozietäten, in denen der Radius des Vertrauens wieder auf die unmittelbare Verwandtschaft und die nächsten Kameraden beschränkt ist. Wir durchlaufen einen Retribalisierungsprozeß, die Schleusen des Genflusses schließen sich; doch bei drohendem Kollaps der Natur und gefährlicher Trinkwasserknappheit sind unsere biologischen Wurzeln nicht mehr in der Lage, uns mit den moralischen Nährstoffen zu versorgen, die wir brauchen.

Eben das macht genetische Vielfalt so wertvoll und so stärkend für unsere Widerstandskraft. Ohne sie verstricken wir uns in einen brutalen neuen Prozeß natürlicher Auslese auf denkbar unnatürlichen

Wegen. Als Vorzug wird dabei nur noch das gewertet werden, was der persönlichen Sicherheit des einzelnen oder den kurzsichtigen, kleinlichen Interessen des Kollektivs nützt. Es wird keinerlei Kriterien für die Unterscheidung zwischen Krieg und Verbrechen mehr geben. Auf begrifflichem Gebiet hat die Verwischung der Grenze bereits stattgefunden in der Rede von »Kriegen«, die für kriminelle Interessen oder von kriminellen Organisationen, beispielsweise dem Drogenkartell, geführt werden. Es wird nicht mehr möglich sein, die Bedingungen für den »gerechten Krieg«, die der heilige Augustinus formulierte – gerechte Sache, rechtmäßige Methoden und rechte Absicht –, einzuhalten. Sollte dieses Schreckensszenario je Wirklichkeit werden, so werden keine heilsamen Kräfte mehr in uns zurückbleiben – nur das reine, allumfassende Böse.

Während ich an diesem Buch schreibe, wechselt in Ruanda die Lage erbarmungslos vom Massenmord zur Hungersnot, und wie Szenen aus einem Inferno flackern die Bilder von dort durch meinen Kopf. Flüche gegen die teilnahmslose Menge und die Leichen am Straßenrand schleudernd, tanzt eine Frau nackt die staubige Landstraße entlang ... Am Rand eines Massengrabs lacht ein Mann laut auf vor Vergnügen, als es ihm gelingt, einen leblosen Kinderkörper exakt in die Mitte der Grube zu werfen ... Ein Kind, das zwischen den Leichen liegt, wälzt sich, noch atmend, auf den Rücken, aber niemand kommt ihm zu Hilfe ... Mehrere Männer stürzen sich auf einen Vorübergehenden und schlagen ihn bewußtlos, dann legen sie ihn auf den Bauch und stampfen mit den Füßen auf sein Rückgrat, bis es mit hörbarem Knacken bricht. Diese Bilder sind der Stoff, aus dem die Alpträume sind, und egal, was ich sage oder tue, sie gehen nicht weg. Das ist die Apokalypse mit eingestreuten Pausen für die Werbung, und sie demonstriert uns, daß die Dämonen nicht nur unter uns sind, sondern daß wir selber die Dämonen sind. Wir selber oder zumindest das in uns, was sich aus den Verließen der Unterwelt befreit hat und nun an dem Ort zwischen dem, was war, und dem, was in der Zukunft vielleicht noch wartet, um sich frißt.

Die Statistiker sagen uns, daß bei den Zahlen für Gewaltverbrechen in den vergangenen zwanzig Jahren kein Anstieg zu verzeichnen sei und daß sich lediglich unsere Wahrnehmung der Phänomene geändert habe. Mag sein; aber für unser Gefühl klingt diese Beteuerung genauso unglaubhaft wie die Behauptung der Meteorologen, es sei in Wirklichkeit gar keine Klimaveränderung im Gange. Die Menschen in vorderster Front – die Landwirte, Fischer und Polizisten im Streifendienst – wissen sehr gut, daß vor Ort alles ganz anders aussieht. Früher konnte man unbesorgt aus dem Haus gehen und die Tür unverschlossen lassen oder konnte sein Pferd über Nacht unbewacht draußen auf der Weide lassen. Wer das heute tut, muß damit rechnen, daß Eindringlinge in seiner Wohnung auf den Teppich defäzieren oder daß sein Tier geschändet und verstümmelt wird. Eine Reihe von erschreckend brutalen Vergehen an Pferden schockierte 1996 die Öffentlichkeit der Grafschaft Hampshire in England; bei einem dieser Vorfälle zerschlitzte der unbekannte Täter einer Welsh-Cob-Ponystute, die vier Wochen vor dem Fohlen stand, mit einer an einer Stange befestigten Messerklinge von innen die Gebärmutter.[144] Haben wir es mit den Wirkungen eines Mems zu tun, das der Dramatiker Peter Shaffer vor über zwanzig Jahren in die Welt setzte, als er in seinem Stück *Equus* (1973) einen verwirrten Stallburschen zeigt, der ein Pferd blendet, weil es Zeuge seiner ersten mißglückten Liebesnacht war? Schwer zu sagen; aber daß wir Zeitgenossen eines moralischen Klimawandels sind, läßt sich kaum bezweifeln.

Eine Angst vor Gewalt hat uns ergriffen, die so groß ist, daß sie unsere Urteilskraft zu lähmen droht. Was man neuerdings aus den USA zu hören bekommt, läßt darauf schließen, daß man dort schon angefangen hat, das Lausbubenalter als krankhaften Zustand zu betrachten. »Mißachtet der Junge Autoritäten, macht er im Unterricht freche Bemerkungen, ist er grob zu seinen Mitschülern, und schwänzt er die Schule? Dann leidet er vielleicht an einer dissozialen Störung, einer Störung des Sozialverhaltens. Ist er zappelig, impulsiv, ein Störenfried, schnell gelangweilt? Dann hat er vielleicht eine Aufmerksamkeits- und Hyperaktivitätsstörung (*attention-deficit hyperactivity disorder*, abgekürzt ADHD), das ist der letzte Schrei unter den Modediagnosen. Beschäftigt er sich lieber mit Computerspielen, oder faulenzt er lieber, als seine Hausaufgaben zu machen? Dann ist er vielleicht Legastheniker.«[10] Derlei Eigensinn und Ungebärdigkeit behandelt man heute mit dem Psychopharmakon Ritalin (Methylphenidat), einem Stimulans, das bei hyperkinetischen Patienten paradoxerweise dämpfende Wirkung hat. Wenn ich mir's recht überlege, würde man wahrscheinlich auch Tom Sawyer und Huckleberry Finn, wenn sie heute lebten, die Einnahme von Ritalin verordnen.

Das alles ist natürlich lächerlich. Aber anscheinend neigen wir doch sehr zu extremen Reaktionen, besonders gegenüber Menschen, die sich für unser Gefühl in eine handliche »Kategorie« von Leuten einordnen lassen, die den Namen Mensch nicht verdienen, weil wir an ihnen Eigenschaften entdecken, die wir aufs höchste mißbilligen. Das scheint mit ein Grund zu sein, warum die Gewalttätigkeit sich bis zu dem Punkt aufgeschaukelt hat, wo Glück so viel wie eine warme Pistole bedeutet, am besten eine, die noch warm ist vom Gebrauch gegen einen von »denen da« – von den Schwulen, den Schwarzen, den Linken, den Abtreibungsbefürwortern, den Vegetariern –, na, eben von denen, die einen Haß auf »uns« haben, wie man weiß. Es ist höchste Zeit, daß wir diese Flöhe, die die Gene uns ins Ohr setzen, als genau das erkennen, was sie sind: als einstmals nützliche, heute jedoch sinnlose Vehikel des Eigennutzes. Gruppen sind nicht moralisch und nicht unmoralisch. Moral ist eine persönliche Sache, etwas, das nur vom einzelnen erworben und nur dem einzelnen zugeschrieben werden kann. Die Evolution und die natürliche Selektion wirken auf uns alle, aber nicht pauschal auf alle, sondern immer nur auf den einzelnen.

Und dennoch wird der reziproke Altruismus, wie wir gesehen haben, von der natürlichen Selektion begünstigt. In mancher Hinsicht hat die Evolution uns zusammengeschweißt und – ganz automatisch und unbewußt – das Geben und Nehmen zwischen uns gefördert. Was dazu geführt hat, daß, wie George Williams ausführt, »ein Individuum, das Freundschaft maximiert und Gegnerschaft minimiert, sich damit einen Evolutionsvorteil verschafft, und daß die Selektion Merkmale begünstigt, die den Weg ebnen für die Optimierung persönlicher Beziehungen«.[418] Dies ist, gänzlich unbeabsichtigt, eines der erfreulicheren Resultate des Genegoismus und der Strategie »Wie du mir, so ich dir«. Ein Beispiel dafür, wie die Dinge wunderbarerweise ohne Wissen und Wollen den Weg zu Schönheit und Ausgewogenheit gehen.

Im menschlichen Alltag ist die Strategie »Wie du mir, so ich dir« in den seltensten Fällen die simple binäre Angelegenheit, als die sie in den Schematisierungen der Spieltheoretiker erscheint. Am Anfang einer Beziehung tauschen wir Leistung und Gegenleistung vielleicht noch im Verhältnis eins zu eins: Eine Einladung zum Abendessen zieht eine Gegeneinladung nach sich usw. Aber schon bald gibt man unter Freunden die permanente Wachsamkeit auf und zieht nur noch gelegentlich Bilanz über den Austausch von Gefälligkeiten, um zu kontrollieren, ob der andere auch nicht begonnen hat, einen auszubeuten. Dieses Procedere gehört mit zu dem nützlichen Sozialkitt, den wir einem auf Genebene stattfindenden Prozeß verdanken, dessen Initialzündungen irgendwelche planlosen Mutationen sind, Zufallsereignisse, denen die natürliche Selektion dann Sinn und Bedeutung verleiht. Der einfache tagtägliche Konkurrenzkampf resultiert in der Akkumulation nicht nur von genetischen Vorteilen, sondern auch von Gewinnen, die unsere gesamte Lebensweise beeinflussen, indem sie die soziale Harmonie steigern – sogar zwischen genetisch nicht verwandten Individuen.

Und das ist der Schlüssel, das magische Moment, das es uns allen ermöglicht, uns in einer Weise über die Natur zu erheben, an der Rosie Sayer, die von Katharine Hepburn verkörperte Protagonistin in *African Queen*, ihre Freude hätte. Wir sind nicht von Natur aus moralisch, aber diese Tatsache anzuerkennen ist schon der unerläßliche erste Schritt zur Moralität. Die gute Nachricht ist, daß die Verwandtschaftsselektion (das Nettsein zu Nahestehenden) und das Schuldgefühl (das uns daran gemahnt, nicht garstig zu Nahestehenden zu sein) im Verein mit den Kräften des reziproken Altruismus ein expandierendes Netz von Vertrauen, Wechselseitigkeit und Zuneigung schaffen. Und das werden sie auch weiterhin tun, sofern man ihnen nur einigermaßen Gelegenheit dazu läßt.

Das Dumme ist nur, daß die Beatles mit ihrer Losung *All you need is love* nicht recht hatten. Bedingungslose Liebe ist ein Rezept, das Unheil gebiert. Es funktioniert nur, wenn alle mitmachen. Und in einer Gesellschaft, in der keiner mehr für irgend etwas bestraft wird, blüht und gedeiht die Amoral. Lassen wir für den Augenblick einmal die ganze Frage nach der ethischen Legitimation von Strafe und der Wirksamkeit von Vergeltung beiseite, so zeigt sich, daß als pragmatisch richtige Antwort auf egoistisches Konkurrenzverhalten einzig eine solche in Frage kommt, die die Gene auf Anhieb verstehen. Mit anderen Worten: Man muß derlei Verhalten unprofitabel machen. Die

Gene sind vielleicht vernunftlos, aber nicht blöd. Wenn eine bestimmte Verhaltensweise keine Vorteile bringt, geben die Gene sie bald auf und lenken die Evolution in eine andere Richtung, und zwar in eine, in der nun wirklich ein Selektionsvorteil liegt. Genau in dieser Weise und aus diesem Grund funktioniert die Strategie »Wie du mir, so ich dir«. Sie zieht die Individuen für ihr Handeln zur Verantwortung, jedoch nur, solange solcherart Verantwortlichkeit dem Ganzen *realiter* nützt.

Mit diesem Gedanken sind wir wieder bei dem Punkt angelangt, von dem meine ganze Untersuchung ausging – bei dem Aristotelischen Prinzip der »richtigen Mitte«, der Goldlöckchen-Lösung und der Auffassung, daß das Böse zu definieren sei als »alles, was der Ökologie schadet«, als alles, was nicht auf Gleichgewicht hinwirkt, sondern ihm entgegenwirkt.

Der Philosoph John Stuart Mill (1806–1873) beschrieb in seinem gewohnt luziden Stil das Moralische als einfache Sache. »Gut« sei, was die Gesamtsumme des Glücks in der Welt vermehre, »böse«, was das Leiden mehre. Mills Lehre, der »Utilitarismus«, läuft in äußerster Verkürzung auf die Aussage hinaus, daß unter sonst gleichen Umständen Glück etwas Erstrebenswerteres ist als Unglück und daß die Moral den Verhaltenskodex darstellt, der auf dem direktesten Wege zu mehr Glück führt. Wenn man bedenkt, daß die Ansichten darüber, was genau »Glück« ausmache, von Kultur zu Kultur auf breiter Skala variieren, kommt man zu dem Schluß, daß diese schematische Überzeugung, Glück sei »gut« und Unglück »schlecht«, vielleicht der einzige gemeinsame Nenner ist, den die Menschheit als ganze in Sachen Moral besitzt. Glücklicherweise läßt sich diese Überzeugung mühelos und nutzbringend ins Biologische übersetzen.

Wenn ich eine Gelegenheit, einen anderen zu betrügen, ungenutzt lasse und der andere daraufhin nach dem Prinzip »Wie du mir, so ich dir« gleichermaßen nett zu mir ist, dann profitieren wir beide. Die Alternative – wechselseitiger Betrug, wo nur möglich – ist ein Spiel, bei dem auf Dauer gesehen beide Spieler verlieren, denn die durch erhöhte Furcht und Wachsamkeit bedingten Kosten sind beträchtlich. Wem es jedoch gelingt, durch gutes Beispiel andere zu einem ähnlichen Austausch von Gefälligkeiten anzuspornen – nicht mehr und nicht weniger ist Sinn und Zweck jedes Moralkodex –, der trägt zur

Mehrung des Glücks im ganzen Gemeinwesen bei, und das kann nicht anders als gut für die Ökologie sein. Aber dabei erhebt sich ein Problem.

Ganz im Gegensatz zu Mills liberaler Anschauung, daß im utilitaristischen Kalkül jedermanns Glück gleiches Gewicht zukomme, steht ein fundamentales Axiom der Gene, dem zufolge manche Individuen eben doch gleicher als andere sind. *Mein* Glück ist allemal wichtiger als deins. »Lassen wir für den Moment außer Betracht, daß glückverheißende Ziele in vielen Fällen auf längere Sicht die Verheißung nicht einlösen«, schreibt Robert Wright, »lassen wir außer Betracht, daß der natürlichen Selektion nicht wirklich ›daran liegt‹, daß wir am Ende glücklich werden, und daß sie mit größter Bereitwilligkeit in Kauf nimmt, daß wir leiden, wenn dies die Voraussetzung dafür ist, daß unsere Gene in die nächste Generation gelangen. Im Moment ist einzig wichtig, daß der elementare Mechanismus, über den unsere Gene uns steuern, die tiefe, oft unausgesprochene (und sogar ungedachte) Überzeugung ist, unser eigenes Glück sei etwas Besonderes. Wir sind dazu gemacht, uns nicht um das Glück anderer zu sorgen, es sei denn in Fällen, wo diese Sorge im stammesgeschichtlichen Rahmen unseren Genen einen Vorteil gebracht hätte.«[433]

So funktioniert die Sache immer und überall. Die genetische Evolution ist das Nonplusultra an Egoismus. Alle drei genetischen Verhaltensmaßregen – Sei gemein zu Fernstehenden; Sei nett zu Nahestehenden; Betrüge, wo du nur kannst – halten zum Egoismus an. Das Verhalten, zu dem sie anspornen, *ist darauf angelegt*, das Glück anderer zu beeinträchtigen. Hätten Gene ein Gemütsleben, würden die Handtuch- und Sofakissensprüche der Chromosomen »Glück ist, wenn man andere unglücklich macht« oder ähnlich lauten. Mag die Natur es auch zu erstaunlicher Schönheit bringen – moralische Autorität darf man von ihr nicht erwarten. Im Gegenteil: Wir müssen uns immer wieder vor Augen halten, daß die Stärke des »Feindes«, wie Huxley die Natur genannt hat und wie auch wir sie nennen können, sich einer seit Milliarden Jahren währenden Selektion *für* Egoismus verdankt.

Dieses Wissen sollte uns auf jeden Fall argwöhnisch machen gegen alle Einstellungen und Ansichten, die in Familientraditionen oder Gruppenbindungen gründen. Die können nämlich nach Lage der Dinge gar nichts anderes als ein Ausfluß des engstirnigsten genetischen Eigennutzes sein. Die Moral der Gene ist das biologische Äquivalent der Erbsünde – etwas, das wir überwinden müssen. Und unsere beste Waffe in diesem Kampf haben die Gene selbst uns herzustellen und anzuwenden gelehrt mit ihrer Tendenz, bei jeder sich bietenden Gelegenheit zu betrügen: Argwohn in bezug auf die Motive anderer ist eine entscheidend wichtige Gegenstrategie; und wenn diese dann noch mit schlußfolgerndem Denken gepaart wird – wenn wir die Folgen unserer Ansprechbarkeit für die Propaganda der Gene oder unseres Widerstands gegen sie zu durchdenken in der Lage sind –, dann bekommen wir einen Geschmack davon, was wahre Willensfreiheit ist.

Als generelle Leitlinie empfiehlt George Williams: »Nimm dich in acht vor den Manipulationen egoistischer Individuen oder egoistischer Institutionen oder deiner eigenen egoistischen Gene!«[420] Nimm dich ganz besonders vor jeder intuitiven Eingebung in acht, in der sich ein selbstverständliches Moralprinzip wie zum Beispiel die »natürliche Gerechtigkeit« zu artikulieren scheint. Nimm dich in acht vor Menschen, die an biologische Kräfte in dir wie beispielsweise den Nepotismus appellieren, mit denen du ihre »patriotischen« Ziele unterstützen sollst. Nimm dich in acht vor allen Bewegungen, die als »Bruderschaft« oder »Schwesterschaft« firmieren – es sind in der Regel lediglich institutionelle Erscheinungsformen des alten genetischen Feindes, der sich da für einen von uns ausgibt. Das Leben wimmelt von solchen unbewußten Verrätern in unserer Mitte, aber wir müssen ihnen die Stirn bieten, wenn wir fähig werden wollen, uns für Ideale oder moralische Werte zu engagieren, über die die natürliche Selektion nur wenig oder gar keine Gewalt hat. Es ist zu schaffen. Wir können uns trotz allem über die menschliche Natur erheben, wenn dies auch manchmal von dem Gefühl begleitet ist, eine Treulosigkeit zu begehen.

Annie Dillard grämt sich: »Ich bin aus der Welt hervorgegangen, bin aus einem Meer von Aminosäuren herausgekrochen und muß jetzt auf dem Absatz kehrtmachen, die Faust gegen dieses Meer schütteln und pfui über es rufen.«[109] Leider ja, denn in einem zwar eingeschränkten, aber sehr realen Sinne sind wir moralische Wesen in einer amoralischen Welt. Eine andere Option stand auch gar nicht zur Verfügung. Natürliche Auslese war notwendig, und sie ist notwendigerweise blind. Ein Blinder, der mit einer schönen Frau verheiratet ist – und wir sind das Produkt dieser Verbindung. Die ungeplanten Kinder einer Welt, die einen Pakt mit dem Teufel geschlossen hat, weil ihr einfach nichts anderes übrigblieb. Bessere Angebote lagen nicht auf dem Tisch. Da sind wir nun, frei und sehend, aber mit einem blinden Elternteil konfrontiert und gezwungen, nicht nur die Faust gegen ihn zu schütteln, sondern ihn unentwegt zu überlisten, wenn wir überleben wollen.

Die neue Wissenschaft der Evolutionsbiologie hilft uns mit ihren Einsichten die Problemlage besser verstehen, hat aber keine Lösungen für sie parat. Die werden wir selbst finden müssen, wenn sich erst einmal unser Staunen darüber gelegt hat, daß wir die ersten Geschöpfe sind, die ihren Schöpfer deutlich sehen können. Diese Sache mit dem »wissen, was gut und böse ist« ist keine Kleinigkeit. Die Schlange im Paradies hat uns nicht die Wahrheit darüber gesagt. Aber da sie »listiger denn alle Tiere« auf dem Feld der Gene war, war das wohl kaum von ihr zu erwarten, oder? In diesem speziellen Fall scheint der Betrug allerdings auf seinen Urheber zurückgeschlagen zu haben, denn nicht die Wahrheit, sondern diese Lüge war es, die uns frei gemacht hat. Und wir sind auf dem Sprung in eine Freiheit, die stammesgeschichtlich gesehen nicht nur unerwartet, sondern auch sehr schnell gekommen ist. In mancher Hinsicht sind wir auf sie noch gar nicht richtig vorbereitet, und zum Schutz vor der Kälte, der wir hier, »jenseits von Eden«, ausgesetzt sind, werden wir sehr viel mehr als nur »Schürze von Feigenblättern« benötigen. Besonders jetzt, wo offenbar wird, daß der Feind, mit dem wir es zu tun haben, nicht ein eisiger Wind oder ein Feuer schnaubender Dämon ist, sondern in uns drinsteckt und uns mit uns selbst entzweit.

So gesehen stellt sich das Böse eher als psychologisches denn als theologisches Problem dar. Wir stehen vor der schwierigen und schmerzhaften Aufgabe, die Tatsache zu akzeptieren, daß neben unserem uns ungleich vertrauteren Henry Jekyll auch noch ein persönlicher Edward Hyde in uns steckt, ein *ganz Anderer* von dem Schlag, den C. G. Jung als den »Schatten« eines jeden einzelnen bezeichnet hat. Und wenn wir die Erkenntnisse der Genetik in Jungs theoretisches Konstrukt einbeziehen, enthüllt sich uns ein Schatten, der unabänderlich egoistisch, jähzornig, eifersüchtig, lüstern, habgierig, mordlustig und selbstmörderisch ist und dazu auf diffuse Weise infantil, emotionsgeladen, vital, neurotisch und kreativ. Was alles zusammen diesen *ganz Anderen* zu einer unentbehrlichen Folie für die manierliche und liebenswürdige Teilpersönlichkeit macht, die das gesamte moralische Rüstzeug trägt, mit dem uns, wenn wir Glück haben, Eltern, Lehrer und Freunde im Lauf unseres Enkulturationsprozesses bepacken.

Alles, was Jungianer am Schatten registrieren – daß er gefährlich, rebellisch, unleidlich, unstet, lüstern, dumm ist und jeglicher Geistigkeit entbehrt –, trifft auch auf die Gene zu. Jedesmal, wenn wir über jemanden lachen, der auf einer Bananenschale ausgerutscht ist, kommt der Schatten zum Vorschein. Jedesmal, wenn wir uns über das Leid eines Rivalen freuen, sind es die Gene, die da ihren Spaß haben. Jedesmal, wenn wir aufbrausen, uns über jemand anderen ereifern, uns von jemand anderem gedemütigt fühlen, jemand anderen maßlos heftig kritisieren, grundlos in Zorn oder förmlich »außer uns« über jemanden geraten, erleben wir den genetischen Schatten in Aktion.

Es kann beängstigend, ja erschütternd sein, sich dergestalt der dunklen Seite des eigenen Wesens unmittelbar gegenüberzusehen, aber es ist unumgänglich. Wir müssen die Sturheit unserer unbewußten Einstellungen mit der Anpassungsfähigkeit des Bewußtseins durchsetzen. Wir müssen dem dunklen Schatten ein Existenzrecht einräumen und seine genetischen Hilfstruppen dem hellen Tageslicht aussetzen. Wir müssen die Bestie akzeptieren und unseren stammesgeschichtlich jungen Intellekt mit ihrer stammesgeschichtlich alten rohen Kraft zusammen in ein Joch spannen. Miteinander könnten wir ungeheuer stark sein. Gegeneinander sind wir in einen unaufhörlichen Kreislauf von individueller Zerstörungswut und kollektiver Gewalt gebannt, zum Bösen in ungebremster Aktion verurteilt.

Thomas Henry Huxley würde sich freuen, wenn er wüßte, daß die Schlacht eröffnet ist, auch wenn sie sich noch in einem sehr frühen Stadium befindet. In einem eigentümlich schwierigen und gefährlichen Stadium, weil es uns vorläufig noch schwerfällt, den Feind einigermaßen zweifelsfrei zu identifizieren. Es ist ein bißchen so, als ob man versuchte, durch einen Spiegel hindurchzublicken, über das eigene Bild hinaus in die Augen und das Innenleben eines anderen. Eines *ganz Anderen*, der ohne ein Anzeichen von Gefühl zurückblickt wie durch die Augen eines Eric Smith oder Robert Thompson.

Ich glaube nicht, daß es notwendig oder produktiv ist, diesen Blick, unsere Fähigkeit zum Bösen, mit Dämonie gleichzusetzen. Lange Zeit haben Dämonen als Sündenböcke und Quellen aller verpönten und bedrohlichen Impulse und Handlungen herhalten müssen, doch scheint es heute in den meisten wenn nicht in allen Fällen vernünftiger, diese Dinge als Einbrüche aus dem Bereich unserer eigenen unbewußten Seelenprozesse zu betrachten. Daß auf der Bühne unseres Lebens neuerdings wieder der Teufel in der Rolle des Ränkeschmieds auftritt, liegt anscheinend nur an dem Fehlen eines psychologisch ähnlich prägnanten, integrativen und gehaltvollen Mythos. Dieses Vakuum füllt die altbekannte, leicht angestaubte, aber noch immer recht praktische Symbolfigur des Teufels allemal prächtig aus. Wir brauchen etwas, womit wir unser Entsetzen über all die Gewalt und Niedertracht bekämpfen können, die sich uns im Zeitalter der medialen Überinformation als grassierende Seuchen präsentieren. Das plötzliche Wiederauftauchen des uralten Namens hat allerdings die meisten von uns kulturell unvorbereitet überrascht und, so scheint es, mancherorts eine morbide Faszination geweckt, deren augenscheinliche Folge eine Ausbreitung von Teufelskulten ist.[439]

Neugierig, wie ich nun einmal in bezug auf Absonderlichkeiten, die wir Menschen aushecken, zu sein pflege, habe ich einige dieser Kulte mitsamt ihren Riten unter die Lupe genommen und muß sagen, daß sie nichts weiter darstellen als verzweifelte und fehlgeleitete Versuche persönlicher Sinnfindung: Sie sollen in ein im übrigen trostloses Dasein das Gefühl hineintragen, irgendwo dazuzugehören. Sie sind nach meinem Dafürhalten in erheblichem Umfang Ausgeburten der abendländischen religiösen und ethischen Tradition, die nicht davon lassen mag, alles scheinbar asoziale Verhalten zu verdammen und in die Kategorie »böse« einzuordnen.[108] Der Dualismus »hie gut, da böse und dazwischen nichts« ist kontraproduktiv und möglicherweise sogar gefährlich; indem er dem Negativen unnötig viel Ansehen und Glaubwürdigkeit einräumt, beteiligt er sich am Gang des Bösen und begünstigt gewalttätige Eruptionen von Zorn und Vernichtungswut. Das alles macht uns innerlich nur noch zerrissener, und das just zu einem Zeitpunkt, wo für uns nichts dringender geboten ist, als uns der

Tatsache innezuwerden, daß unser wahres Wohl in der Integration von Gut und Böse, von Naturanlage und kultureller Formung, von Moral und nun einmal vorhandenem Genegoismus liegt.

Der Fehler, den wir hier machen, besteht hauptsächlich darin, daß wir unsere dunkle Seite als ein organisiertes Ganzes begreifen, als etwas, das verlangt, daß man ihm ein Gesicht und einen Namen gibt. Die Gene sind nicht so schlau, daß sie sich in dieser Weise organisieren könnten. Sie haben keinen Plan und kein langfristiges Ziel. Man muß ihnen wehren, sollte sie aber nicht falsch einschätzen, vor allen Dingen nicht *über*schätzen. Und das heißt auch: ihr Schuldkonto nicht überschätzen. Mr. Hyde führt sich ohne Frage übel auf, aber genaugenommen ist Dr. Jekyll die Quelle allen Übels in der Beziehung zwischen den beiden. Seine »Güte« ist eine Unheil stiftende Verzerrung des eigentlich Wünschenswerten. Henry Jekyll »sündigt« im ursprünglichen Sinne des Wortes, das einstmals nicht unbedingt etwas Schlechtes, sondern etwas Deplaziertes meinte. Etwas, das nicht den ihm angemessenen Platz einnimmt, wo es »gerade richtig« – die »Goldlöckchen-Lösung« – ist. Gut – biologisch und moralisch angemessen – sind die Dinge, wenn sie einfach nur sind, was sie sein sollen. Nicht mehr und nicht weniger.

Alles, was von diesem Ideal abweicht, ist buchstäblich monströs. Das ist die Erklärung für Mr. Hyde, Frankensteins Geschöpf und all die anderen Unholde, von denen wir uns gern Schauer über den Rücken jagen lassen. Diese Monster sind wichtig für unser Wohlergehen, denn sie vergegenwärtigen das in uns steckende Potential an Bösem in dramatischer Form und auf eine Weise, die uns daran gemahnt, daß wir uns in jedem Augenblick zwischen Gut und Böse entscheiden müssen. Und es ist auch kein Zufall, daß wir einigermaßen zwiespältige Gefühle für diese Unholde hegen, Hannibal dem Kannibalen mehr als nur verstohlene Bewunderung entgegenbringen, King Kong, Godzilla und dem Schrecken vom Amazonas zujubeln, wenn sie sich gegen die blinde Maschinerie eines Staates zur Wehr setzen, der zwanghaft alles vernichtet, was er nicht versteht. »Ungeheuer existieren«, schreibt Primo Levi, »aber ihre Zahl ist zu gering, als daß sie wirklich gefährlich wären. Gefährlicher sind die gewöhnlichen Menschen, die Funktionäre, die, ohne Fragen zu stellen, bereitwillig alles glauben und tun, was ihnen gesagt wird ... «[241]

Die Gene werden nur dann zum Feind, wenn ihr Egoismus unser Glück sabotiert. Böses ist nur dann verwerflich, wenn es uns daran hindert, unser volles Potential an Gutem zu realisieren. Der Versuch, die Welt vom Einfluß der Gene oder des Bösen zu befreien, ist ebenso aussichts- und sinnlos wie der, das Eindringen von Unkraut in einen Garten zu verhindern. Und überhaupt ist ein »Unkraut« ja nichts anderes als eine Pflanze, die zufällig am falschen Ort wächst. An ihrem richtigen Ort, beispielsweise auf Feldern in Marokko oder an einem Wüstensaum in Namqualand, gedeihen sie nach dem ersten Frühlingsregen in dermaßen bunter Fülle, daß sie den Boden mit einem Teppich von solcher Pracht und Herrlichkeit überziehen, wie sie die wenigsten Gärten jemals aufzuweisen haben.

Wenn Gärtner eine Entscheidung treffen, wählen sie, wie wir alle es müssen, aus einem Katalog von verfügbaren Optionen aus, um dann das Wetter, die Kräfte der Natur und bedachtsames Aus- und Zurückschneiden, alles zu seiner Zeit und auf seine Weise, auf die Objekte ihrer Wahl einwirken zu lassen. In diesem Schritt geht das Leben seinen Gang. Wir geben ein wenig, nehmen ein wenig, versuchen uns zwischen blinden biologischen Zwängen und durchdachten kulturellen Beschränkungen auf bestmögliche Weise einzurichten. Die meisten gewöhnlichen, anständigen Menschen bringen es da zu einem praktikablen Kompromiß, Tatsache bleibt jedoch, daß es genau dieserart Menschen waren, Menschen wie du und ich, die sich verführen ließen, allein in diesem Jahrhundert gut einhundert Millionen anderer gewöhnlicher, anständiger Menschen zu massakrieren. Und das ist, alles in allem genommen, weitaus erschreckender und sehr viel schwerer zu begreifen als alle die Fälle von Straßenraub, Mord, schwerem Raub und Vergewaltigung, die heute die Verbrechensstatistik aufblähen und unter Großstadtbewohnern Angst verbreiten. Wir können uns vor der für die Innenstädte typischen Gewalt in Sicherheit bringen, indem wir in umzäunte und bewachte Wohnanlagen in den Vororten übersiedeln, aber wir können uns auf keine Weise vor uns selbst verstecken. Oder der Tatsache ausweichen, daß »Menschen gewöhnlicher Art mit Verhalten gewöhnlicher Art an ungewöhnlich bösen Taten mitwirkten und Greuel beachtlichen Ausmaßes ins Werk setzten.«[223]

Der fleißigste Henker aller Zeiten, der unmittelbar Verantwortliche für die Tötung von über zwei Millionen Menschen, war ein sanftes, »sehr durchschnittliches Männchen« namens Rudolf Höß. Höß war Katholik, Produkt eines tief religiösen Elternhauses, in dem ihm Gehorsam gegenüber Autoritäten beigebracht worden war; er liebte von klein auf die Natur, wandte sich der Landwirtschaft zu und wurde in einer glücklichen Ehe Vater von fünf Kindern. Er war der perfekte Beamte, und als solchem wurde ihm 1940 die Planung und Leitung des Vernichtungslagers Auschwitz übertragen – von einem Regime, dessen Vertreter der Meinung waren, daß diese Aufgabe »die gleiche Haltung unpersönlicher Rationalität« erfordere wie die Leitung eines großen Landguts oder Wirtschaftsunternehmens.[327]

Höß beklagte sich später, seine Mittel seien beschränkt und gutes Personal schwer zu bekommen gewesen, außerdem habe er aus Berlin nie hinlänglich klare Instruktionen erhalten. So sah er sich genötigt zu improvisieren – was er so beflissen und einfallsreich tat, daß ihm die Organisation des Massenmords größten Maßstabs gelang, den die Welt je gesehen hat. Und wie es dem guten Beamten ansteht, war er von Stolz auf die Bewältigung der schwierigen Aufgabe erfüllt. Er war ein Karrierist in der Branche Völkermord, ging mit unnachgiebiger Härte zu Werk, dachte nur daran, wie er den Ausstoß seines Betriebs steigern könne – der aus Leichen bestand, fast sämtlich von Juden und Zigeunern. Er erfüllte seinen grausigen Auftrag in dem stolzen Bewußtsein, an seinem Platz zur Verwirklichung von Hitlers hehrer Vision von einem gereinigten und siegreichen Deutschland beizutragen. Und bei alledem führte er in einem versteckt in einem hübschen Garten beim Lager gelegenen Häuschen ein trautes Familienleben; jeden Morgen winkten seine Kinder ihm nach, wenn er zur Arbeit ging, und jeden Abend warteten sie schon ungeduldig darauf, daß der Vater nach seinem harten Tagewerk nach Hause käme, um mit ihnen zu spielen, ihnen bei den Hausaufgaben zu helfen und sich dann gemeinsam mit Mutter – die der Ansicht war, diese Familienidylle sei ein Stück vom Paradies – schlafen zu legen.[189]

Der Soziologe Fred Katz, selbst ein Überlebender des Holocaust, schreibt: »Die meisten von uns möchten am liebsten glauben dürfen, daß ein Mann wie Höß log, als er behauptete, daß menschliches Leiden ihm nahegeht. Wir würden den Standpunkt verfechten, daß Höß nicht nur *keinerlei* menschliches Gefühl hatte, sondern daß er auch einer der kältesten, niederträchtigsten und übelsten Vertreter der Spezies Mensch war. Er war ein Ungeheuer in Menschengestalt.« Indes, so räumt Katz ein, wenn dieser Standpunkt auch plausibel sein mag – zu erklären vermag er nichts. Die bei weitem grauenerregendere Möglichkeit ist die, daß Höß »jemand war, der innerhalb der Bandbreite normalmenschlichen Verhaltens operierte«.[223]

Höß fand Befriedigung sowohl in seiner Arbeit im Lager wie im trauten Familienleben, obwohl von seinem Schlafzimmerfenster aus deutlich die Schornsteine der Verbrennungsöfen zu sehen waren. Es gelang ihm, auf rein mentaler Ebene eine säuberliche Trennung der beiden Bereiche zu vollziehen, einerseits in einer schmutzigen, bestialischen, andererseits in einer von Fürsorglichkeit und Freundlichkeit geprägten Wirklichkeitssphäre zu leben und fünf arbeits- und ergebnisreiche Jahre lang Tag für Tag zwischen beiden hin- und herzupendeln. Und dieses scheinbar unmögliche Kunststück vollbrachte er, indem er alle Vorkommnisse im Lager für sich selbst mit einer glänzenden Hülle umgab und mit einer Etikettierung versah, die besagte, daß der Inhalt eine für die Interessen des Volkes und der Partei höchst wichtige Sache sei. Es war nichts Unmoralisches oder Perverses, was er und seine Helfer da taten, redete er sich ein, sondern Teil eines grandiosen Plans, der darauf abzielte, die Todfeinde der Nation unschädlich zu machen. Er betrachtete sich selbst als pflichtgetreuen Soldaten und stellte das KZ Auschwitz in das Zeichen des traditionellen deutschen Arbeitsethos, indem er über dem Tor den berüchtigten Schriftzug »Arbeit macht frei« anbringen ließ und einen lästerlichen Stolz dareinsetzte, daß die Tötungsmaschinerie in Auschwitz auf dem neuesten Stand der Technik war. Das KZ Auschwitz erfüllte sein Soll.

Allein schon durch ihre Größenordnung mußte die Industrie des Grauens, die in Auschwitz im Gange war, unweigerlich alle aktiv Beteiligten psychisch deformieren. Im Wachpersonal griff eine »Kultur der Grausamkeit« um sich, die Männer überboten sich gegenseitig an bestialischer Roheit, konkurrierten mit einer Vielzahl abartiger persönlicher Spezialitäten um den Spitzenplatz eines »Arbeiters des Monats«. Einer tötete mit der Handkante, ein anderer mit Fußtritten, ein dritter, indem er Säuglinge an den Beinen packte und den Kopf gegen eine Mauer schmetterte. Man sonnte sich im Glanz seines makabren Rufs, war stolz auf Beinamen wie »der flinke Tod«, »der brüllende Tod« oder »der Tod mit Glacéhandschuhen«. Und man brüstete sich seiner Brutalität, wobei sich ganz klar zeigte, daß man sich über die Bösartigkeit des eigenen Tuns völlig im klaren war, etwa wenn einer sagte: »In mir wirst du den Teufel kennenlernen.«[284] Solche Exzesse machten Höß nur dann Sorgen, wenn sie den Leichenproduktionsbetrieb aufzuhalten drohten. Gutes Personal war in der Tat schwer zu finden.

Die Verantwortlichen für Dachau und Sachsenhausen, Treblinka und Bergen-Belsen wußten, daß es etwas Ungewöhnliches war, was sie taten, suchten jedoch eine Rechtfertigung für ihr Tun in den übergeordneten Interessen des Krieges, in den ihr Land verwickelt war. William Calley und sein Zug US-Marineinfanteristen, die am 16. März 1968 in das vietnamesische Dorf My Lai einrückten, befanden sich in einer etwas anderen Lage. Sie waren wütend und frustriert, weil sie ständig gegen einen Gegner kämpfen mußten, den sie nie zu sehen bekamen; sie konnten ihre Erfolge nur mit gedachten »Gefallenenzahlen« beziffern; und an jenem Tag hatte alles dafür gesprochen, daß ein regelrechtes Gefecht auf sie wartete. Aber als sie dann, nachdem sie ein heftiges Sperrfeuer überwunden hatten, in My Lai einrückten und dort nur unbewaffnete alte Leute, Frauen und Kinder vorfanden, drehten sie durch und metzelten alles nieder.[182]

In Kriegswirren kommt es immer wieder zu Entgleisungen, aber das war kein Lapsus, wie er in der Hitze des Gefechts einmal vorkommt. Es war ein Massaker. Eine dreistündige Orgie des Mordens, bei der unschuldige Dorfbewohner zusammengetrieben und erschossen oder mit dem Bajonett niedergemacht wurden. Von jungen Männern, die mit Genuß bei der Sache waren. Die lachten und Witze rissen, aus Granatwerfern wahllos auf Unterstände voller Frauen oder auf Wasserbüffel feuerten und dabei »He, Volltreffer!« oder »Der geht auf mein Konto!« riefen. Es war ein Fest, bei dem zivilisierte, wohlerzogene Menschen Vergnügen an etwas fanden, das im Widerspruch zu ihrer ganzen Erziehung stand. Mit Wonne genossen sie ihre Lizenz zum Töten, ihre amtliche Legitimation zur Grausamkeit. Und bis auf ganz wenige Ausnahmen hatte keiner der Beteiligten das Gefühl, etwas Verwerfliches zu tun. Als Leutnant Calley Monate später in die USA zurück beordert wurde, reiste er in der Erwartung, zu Hause werde man ihm einen Orden verleihen.[331]

Die hier erkennbare Biegsamkeit und Wendigkeit, die Menschen in die Lage versetzt, für so gut wie alles, was sie tun, eine Rechtfertigung zu finden, wurde von dem amerikanischen Psychologen Stanley Milgram in einer inzwischen klassischen Versuchsreihe als allgemeinmenschliches Charakteristikum nachgewiesen. In Milgrams Versuchsanordnung wurden die Probanden glauben gemacht, sie spielten selber die Rolle von Experimentatoren bei einem Lernexperiment. Aufgabe eines solchen »Experimentators« war es, der »Versuchsperson«, wenn sie einen Fehler machte, mittels Knopfdruck einen elektrischen Schlag zu versetzen. Fuhr die »Versuchsperson« fort, Fehler zu machen, war der »Experimentator« gehalten, die Stärke des elektrischen Schlags zu erhöhen, selbst wenn die »Versuchsperson« dabei heftige Qualen litt. In Wahrheit gab es natürlich keine elektrischen Schläge, das »Experiment« innerhalb des Experiments war reine Simulation, zuweilen sogar mit professionellen Schauspielern in der Rolle der »Versuchspersonen«, die der Schmerzhaftigkeit ihrer Bestrafung recht drastischen Ausdruck verliehen. Milgrams Probanden ahnten von alledem nichts; sie waren lediglich belehrt worden, daß sie allen erteilten Anweisungen ohne langes Fragen Folge zu leisten hätten und mit der Erfüllung ihrer Aufgabe einen wertvollen Beitrag zum Fortschritt der Wissenschaft leisteten.[272]

Einige wenige Probanden verweigerten von einem bestimmten Punkt an das weitere Mitmachen, die übrigen zeigten jedoch eine erstaunliche Bereitschaft, ihnen völlig unbekannte Menschen »im Interesse der Wissenschaft« auf das schwerste zu quälen. Und überall, wo der Versuch wiederholt wurde – in Italien, Deutschland, Australien und Südafrika – war das Resultat das gleiche. Wir sind eine bemerkenswert autoritätshörige Spezies und unter entsprechenden Umständen jederzeit in der Lage, anderen Schreckliches anzutun. Und wie My Lai gezeigt hat, lassen wir uns in bestimmten Situationen sogar dazu bringen, unsere normalen Kontrollen und Hemmungen einem anderen Wertsystem aufzuopfern und kaltblütig zu töten.

Man muß nicht unbedingt ein überzeugter Nazi oder ein Psychopath sein, um Böses zu tun. Bei Alexander Solschenizyn heißt es: »Wenn doch nur irgendwo böse Leute wären, die voller Tücke Böses tun, und man nichts weiter tun müßte, als sie von den übrigen abzusondern und zu vernichten. Aber die Scheidelinie zwischen Gut und

Böse läuft durch das Herz eines jeden Menschen. Und wer will schon ein Stück von seinem eigenen Herzen vernichten?«[360]

Das ist wohl nicht nötig. Wichtig ist jedoch, zu begreifen, daß es Dinge gibt, die wir tun *können*. In den dreißiger Jahren kam Benito Mussolini zu der Überzeugung, er besitze nun eine Armee, die groß und schlagkräftig genug sei, um das Römische Reich wiederherstellen zu können. Heute neigt man dazu, die Unfähigkeit der italienischen Streitkräfte, erfolgreich Krieg zu führen, als Manko und Feigheit zu bewerten. Dabei übersieht man jedoch die eigentliche Wahrheit. Und die ist, daß die Soldaten mit der Weigerung, Befehlen des Diktators widerspruchslos zu gehorchen, die größenwahnsinnigen Träume des *Duce* effektiv sabotierten und scheitern ließen. Einem autoritären Regime – sei es ein militärisches oder das der Gene – *müssen* wir uns nicht unterwerfen. In diesen Dingen besitzen wir heute Entscheidungsfreiheit.

Wichtig ist auch die Einsicht, daß wir uns selbst keinen Gefallen tun, wenn wir das Böse mystifizieren. Es ist leicht, die beiden Jungen, die James Bulger töteten, als »verderbt« abzutun und für alle Zeit hinter Gitter zu sperren, aber das kann nicht verhindern, daß solche Dinge auch weiterhin passieren. Wenn Übeltaten uns etwas zu lehren haben, so dies, daß sie nicht von außergewöhnlichen Schurken oder unvorstellbaren Teufeln oder Dämonen, sondern von ganz gewöhnlichen Menschen begangen werden. In dem Prozeß gegen Adolf Eichmann, der 1960 in Jerusalem stattfand, hoffte die Staatsanwaltschaft, der Welt in dem Angeklagten die Personifikation der Greuel des Holocaust vorführen zu können, und tat ihr möglichstes, um die Bösartigkeit und Verworfenheit dieses Mannes ans Licht zu bringen, aber Eichmann entpuppte sich als ein Mensch von enttäuschend gewöhnlicher Machart. Ihr Buch über den Eichmann-Prozeß nannte Hannah Arendt im Untertitel einen *Bericht von der Banalität des Bösen*, und im Text schrieb sie: »Das Beunruhigende an der Person Eichmanns war doch gerade, daß er war wie viele und daß diese Vielen weder pervers noch sadistisch, sondern erschreckend normal waren und sind.«[14]

Das sind wir alle. Aber wir sind auch Teil eines Prozesses, in dem die Erkenntnis von »Häßlichem« und nicht ganz Passendem aufscheint. Wir wissen instinktiv, wann etwas nicht »gerade richtig« ist. Und als Teil eines differenzierten und durchstrukturierten Systems, dessen Getriebe auf ein Gleichgewicht von eigener Schönheit eingestellt ist, haben wir ein sehr feines Gespür dafür, was »richtig« und was »falsch« ist.

Wir sind außerdem Produkte der natürlichen Selektion, nach der Vorarbeit von Genen, die im wesentlichen und notwendigerweise egoistisch sind und einem Katalog von starren Regeln zur Maximierung auf sehr kurze Sicht berechneter Vorteile gehorchen. Es ist ein System, das in seinem eingeschränkten Rahmen wunderbar funktioniert. Es hat alles »Gute« und alles »Böse« an uns hervorgebracht, aber es ist völlig amoralisch, bar jeglicher Einfühlungsgabe und jeglichen Interesses für längerfristige Entwicklungen.

Es ist unsere Sache, diese moralischen Eigenschaften bereitzustellen, dem Leben auf der Erde ein Gewissen zu verschaffen. Wir sind die ersten ethischen Tiere der Welt, zwar noch immer in der Gewalt unserer Biologie, aber auch schon befähigt, uns über sie zu erheben. Intelligenz hilft dabei. Sie bewirkt zuallermindest eine Ausweitung der Perspektive. Sie eröffnet ein ganzes Spektrum neuer Horizonte, neuer Möglichkeiten. Sie gibt uns ein gewisses Maß an Kontrolle über die Richtung, in die unsere Stimmungen uns führen. Sie ist nach Auffassung der Philosophin Mary Midgley das Heilmittel, das die Natur gegen »emotionale Blickfeldverengung« einsetzt.[271]

Erweiterte Horizonte bringen jedoch auch Wahlmöglichkeiten und damit Entscheidungsbedarf und innere Konflikte mit sich, Dinge, die die meisten anderen Arten nicht kennen. Uns bleiben sie nicht erspart. Aber die Intelligenz, die das Problem schuf, gibt mit der Phantasie, dem antizipierenden Denken und der Vorausplanung auch wichtige Instrumente zu seiner Lösung an die Hand. Die drei bringen enorm viel in Bewegung, aber es wird immer wieder Situationen geben, in denen sie nicht weiterhelfen – das ist dann die Stunde der Moral: eines Systems von Prioritäten, das aufzeigen hilft, welche Motive den Ausschlag geben *sollten*.

Exakt so begriff Darwin die Moral: als das unerläßliche Hausmittel der Menschheit gegen innere Konflikte. »Es ist sehr wahrscheinlich«, schrieb er, »daß jegliches mit ausgeprägten sozialen Instinkten begabte Tier unweigerlich moralisches Gefühl oder ein Gewissen erwerben würde, wenn seine Verstandeskräfte so hoch entwickelt oder annähernd so hoch entwickelt wären wie beim Menschen.«[97]

Unser Gefühl sagt: Das ist richtig, und die Evolution des moralischen Gefühls wie auch der amoralischen Handlungen, deren es bedarf, um dieses Gefühl zu schärfen, dürften überall anzutreffen sein, wo es Leben gibt. Wer so denkt, denkt biologisch solide; Probleme ergeben sich allerdings mit und aus dem heiklen und gebieterischen Wort *sollte*. Darwin begriff die Moral im Geist des Viktorianismus als Ausfluß unseres Unbehagens angesichts widerstreitender – und nicht selten in zerstörerischer Weise widerstreitender – Motive; als Lösung eines Dilemmas mittels Willensanstrengung, selbst wenn die Lösung lediglich auf die Wahl zwischen zwei Übeln, einem größeren und einem kleineren, hinauslief. Aber daß dies oder jenes sein oder geschehen oder getan werden »sollte«, bedeutet mehr als nur das Abschätzen relativer Wahrscheinlichkeiten, mehr als ein Wetten auf möglichen Gewinn oder Verlust. Es setzt ein objektives Gebot voraus, einen Weg zu vorgegebenen und vollkommen befriedigenden Lösungen, der uns vorbezeichnet ist. Den Weg zur besten aller möglichen Welten. Und in Anbetracht von allem, was wir heute darüber wissen, wie es in der Welt zugeht und wie sie funktioniert, nimmt sich das reichlich utopisch und unwahrscheinlich aus.

Wir können nicht mehr und nicht Besseres erhoffen als den Vorteil, der darin liegt, unsere Wahlfreiheit auf der Basis größtmöglicher Annäherung an den aktuellen Wissens- und Informationsstand auszuüben. Allerdings dürfen wir uns dabei keine große Hilfe von seiten unserer Institutionen versprechen.

Der Kapitalismus arbeitet – man kann fast sagen: *per definitionem* – nach dem Prinzip Eigennutz. Folglich ist nach ethischen Maßstäben an der kapitalistischen Wirtschaftsweise alles höchst fragwürdig. Wie die natürliche Selektion ist sie egozentrisch und so sehr von der Gier nach Selektionsvorteilen und Profit motiviert, daß sie keine vertrauenswürdige Quelle moralischer Orientierung abzugeben vermag. Im Vergleich dazu zeigt der Sozialismus zwar ein freundlicheres Gesicht, hat aber so sehr den Kontakt zu den elementaren biologischen Realitäten verloren, daß er überhaupt nicht funktioniert.

Das Rechtswesen scheint sich ein Gewissen zu machen und zollt der Gerechtigkeit Lippenbekenntnisse, verhält sich aber so oft liebedienerisch gegenüber dem gesellschaftlichen Klima und willfährig gegenüber den Wünschen der Politik, daß man auch seinen Motiven keineswegs trauen kann. Seine Schwäche zeigt sich insbesondere in seinem Umgang mit der starken Form des Bösen, wo es sich offenbar mit bloßer Effekthascherei begnügt: die Kleinen hängt und die Großen laufen läßt.

Die Naturwissenschaft fühlt sich heute moralisch so ungebunden, daß sie einfach nur, weil die Möglichkeit dazu besteht, neue Techniken entwirft und anwendet, ohne danach zu fragen, welche Konsequenzen das hat oder ob es überhaupt wünschenswert und vertretbar ist. Und in viel zu vielen Bereichen ist die Wissenschaft eine Handlangerin der Wirtschaft geworden, die viel zu oft den herrschenden Interessen zuarbeitet, etwa indem sie auf Bestellung Gefälligkeitsgutachten liefert. Was das betrifft, ist sie offenbar auf die gleiche schiefe Bahn geraten wie große Teile der organisierten Religion und zu einer Einrichtung geworden, die sich auf dem Forum der Welt nicht mehr mit aufrichtiger Neugier umtut, sondern handfeste Interessenpolitik betreibt.

Das einzige, woran wir uns noch halten können, sind wir selbst, wie es scheint. Wir mit unserem existentiellen Zwiespalt, die wir auf sehr breiter Front jeder für sich unseren Kampf führen und dabei die Waffen einsetzen, die am Ende vielleicht doch unsere besten sind. Vernachlässigte Aspekte unseres biologischen Erbes neu aktivieren, die Welt neu beleben und seit langem verschüttete Fähigkeiten und Kräfte neu entdecken, uns unser selbst als des Erkenntnisinstruments *par excellence* bedienen.

Das alles fällt uns von Natur aus leicht, und wir können es darin zu hohen Graden der Vollendung bringen. Ja vielleicht sogar zu einem Können, das ausreicht, um den Druck der Gene und die finsteren Aspekte unserer Natur so lange in Schach zu halten, bis wir der Evolution den nötigen Schub in die richtige Richtung gegeben haben.

Wir haben die Wahl. Diese Fähigkeit zu wählen verschafft uns eine Sonderstellung und gibt uns die Möglichkeit, der Natur den Kurs vorzuschreiben, statt einfach nur dem Gang der natürlichen Selektion zu folgen.

Mit etwas Glück und Geschick und Fixigkeit gelingt es uns vielleicht sogar, die Gewichte von der Anarchie zur Harmonie zu verschieben und so dafür zu sorgen, daß es diesmal endlich das Böse ist, das mit *unseren* Gebeinen begraben wird.

Literaturverzeichnis

1. Adele, L. G./Gilchrist, S., ›Homosexual rape and sexual selection‹, *Science*, 197: 81, 1977.
2. Adler, M. J., *Desires Right and Wrong*, New York 1991.
3. Alexander R. D./Tinkle, D. W., *Natural Selection and Social Behavior*, New York 1980.
4. Altman, J., *Baboon Mothers and Infants*, Havard University, 1980.
5. Alvarez, F. et al., ›Experimental brood parasitism...‹, *Animal Behaviour*, 24: 907, 1976.
6. Amis, K./Conquest, R. (Hg.), *Spectrum V*, New York 1966.
7. Amis, M., ›Blown away‹, *New Yorker*, 30. 5. 1994.
8. Anderson, E., ›The code of the streets‹, *Atlantic Monthly*, 5/1994.
9. Andersson, M., ›Female choice...‹, *Nature*, 299: 818, 1982.
10. Angier, N., ›The debilitating malady...‹, *New York Times*, 17. 7. 1994.
11. Appleyard, B., ›The worst murder...‹, *Independent*, 25. 1. 1993.
12. Apsche, J. A., *Probing the Mind of a Serial Killer*, Philadelphia 1993.
13. Archimedes, *Werke*, 3., unveränderter reprografischer Nachdruck, Darmstadt 1972. *Der Sandrechner* auch in: *Über schwimmende Körper* und *die Sandzahl*, Reprint nach der Erstausgabe, Leipzig 1925.
14. Arendt, H., *Eichmann in Jerusalem. Ein Bericht von der Banalität des Bösen*, München [9]1995.
15. Aristoteles, *Nikomachische Ethik*, Berlin 1956.
16. Associated Press Report, 1. 7. 1994.
17. Audubon, J. J., *Ornithological Biography*, London 1839.
18. Aureli, F. et al., ›Kin-oriented redirection...‹, *Animal Behaviour*, 44: 283, 1992.
19. Austin, A. L., Brief an Charles Darwin, 6. 11. 1877.
20. Axelrod, R., ›The emergence of cooperation...‹, *American Political Science Review*, 75: 306, 1981.
21. Axelrod, R., *The Evolution of Cooperation*, New York 1984. Dt.: *Die Evolution der Kooperation*, München 1987, [3]1995 (Studienausgabe).
22. Baker, R. R./Bellis, M. A., ›Number of sperm in human ejaculates‹, *Animal Behavior*, 37: 867, 1989.
23. Baker, R. R./Bellis, M. A., ›Human sperm competition‹, *Human Behavior and Evolution Society*, New Mexico, 7/1992.
24. Baker, R. R., *Human Navigation*, London 1981.
25. Barash, D. P., ›Sociobiology of rape...‹, *Science*, 197: 788, 1977.
26. Barash, D. P., *Sociobiology*, New York 1980.
27. Barkow, J. H. et al. (Hg.), *The Adapted Mind*, Oxford University, 1992.
28. Barrett, L./Dunbar, R., ›Not now dear...‹, *New Scientist*, 9. 4. 1994.
29. Barsley, M., *The Left-handed Book*, London 1966.
30. Bateson, P. G., ›Is aggression instinctive?‹, in: Groebel/Hinde (s. Nr. 162).
31. Bateson, P. G./Hinde, R. A., *Growing Points in Ethology*, Cambridge University, 1976.
32. Beattie, J. M., ›The pattern of crime in England‹, *Past and Present*, 62: 47, 1974.
33. Bedell, G., ›The death of innocence‹, *Independent on Sunday*, 28. 11. 1993.
34. Berkowitz, L., *Roots of Aggression*, New York 1964.

35. Bernds, W. P./Barash, D. P., ›Early termination...‹, in: Chagnon/Irons (s. Nr. 66).
36. Betzig, L. L., *Despotism and Differential Reproduction*, New York 1986.
37. Betzig, L. L., ›Roman polygyny‹, *Ethology and Sociobiology*, 13: 309, 1992.
38. Betzig, L. L., ›Medieval monogamy‹, in: Mithen/Maschner (s. Nr. 273).
39. Birkhead, T. R./Moller, A. P., *Sperm Competition in Birds*, London 1992.
40. Blashfield, J. F., *Why They Killed*, New York 1990.
41. Bleier, R., *Feminist Approaches to Science*, New York 1986.
42. Blick, J. P., ›Genocidal warfare...‹, *Man*, 23: 654, 1988.
43. Bly, R., *A Little Book on the Human Shadow*, New York 1988.
44. Boehm, C., ›Segmentary warfare...‹, in: Harcourt/de Waal (s. Nr. 174).
45. Bohannen, P. (Hg.), *Law and Warfare*, New York 1966.
46. Brownmiller, S., *Against Our Will*, New York 1975.
47. Brownmiller, S., ›Making female bodies the battlefield‹, in: Stiglmayer (s. Nr. 367).
48. Brunner, H. G. et al., ›Abnormal behavior...‹, *Science*, 262: 578, 1994.
49. Bunyan, N., ›Boys guilty...‹, *Daily Telegraph*, 25. 11. 1993.
50. Burch, T. K., ›Family history survey‹, *Statistics Canada*, Ottawa 1985.
51. Burgess, A., *A Clockwork Orange*, London 1962. Dt.: *Uhrwerk Orange*, Stuttgart 1993.
52. Burgess, A., *Little Wilson and Big God*, London 1978.
53. Burkert, W., *Homo necans. Interpretationen altgriechischer Opferriten und Mythen*, Berlin 1972.
54. Burl, A., *The Stonehenge People*, London 1987.
55. Burnstein, M. H. et al. (Hg.), *Psychological Development from Infancy*, New Jersey 1979.
56. Buskirk, R. et al., ›Sexual cannibalism...‹, *American Naturalist*, 123: 612, 1984.
57. Bygott, D., ›Cannibalism among wild chimpanzees‹, *Nature*, 238: 410, 1972.
58. Byrne, R./Whiten, A., ›Tactical deception...‹, *Animal Behaviour*, 33: 669, 1985.
59. Byrne, R./Whiten, A., *Machiavellian Intelligence*, Oxford Sientific, 1988.
60. Byron, Lord, *The Destruction of Sennacherib*, London 1818.
61. Caughley, G., ›The elephant problem...‹, *East African Wildlife Journal*, 14: 265, 1976.
62. CBS Television, *48 Hours Special Report*, 17. 8. 1994.
63. Chagnon, N. A., *Yanomamö: The Fierce People*, New York 1977.
64. Chagnon, N. A., ›Life histories...‹, *Science*, 239: 935, 1988.
65. Chagnon, N. A., ›Reproductive and somatic conflicts...‹, in: Haas (s. Nr. 164).
66. Chagnon, N. A./Irons, W., *Evolutionary Biology and Social Behaviour*, Massachusetts 1979.
67. Charlson, R. J. et al., ›Ocean phytoplankton...‹, *Nature*, 326: 655, 1987.
68. Cheney, D. L./Seafarth, R. M., ›Vervet monkey alarm calls...‹, *Behaviour*, 94: 150, 1985.
69. Christiansen, K. O., ›Criminality among twins‹, in: Mednick/Christiansen (s. Nr. 269).
70. Churchill, W. S., *The Second World War*, London 1954.
71. Clark, R. W., *The Survival of Charles Darwin*, New York 1986.
72. Clendinnen, I., *Aztecs*, Cambridge University, 1991.
73. Clutton-Brock, T. H. et al., ›The logical stag‹, *Animal Behavior*, 27: 211, 1979.
74. Coale, A. J., ›The history of the human population‹, *Scientific American*, 23: 40, 1974.
75. Cohn, N., *Europe's Inner Demons*, Sussex University, 1975.
76. Coleridge, S. T., *Notes on the Tragedies of Shakespeare*, London 1826.
77. Collett, P. (Hg.), *Social Rules and Social Behaviour*, Oxford University, 1976.
78. Contini, P., › The evolution of blood money...‹, *Journal of African Law*, 15: 77, 1971.
79. Cook, T. A., *The Curves of Life*, New York 1979.
80. Corballis, M. C., ›Laterality and human evolution‹, *Psychological Review*, 96: 492, 1989.
81. Corballis, M. C., *The Lopsided Ape*, Oxford University, 1991.
82. Coren, S., *The Left-handed Syndrome*, New York 1993.
83. Cox, C. R./Le Boeuf, B. J., ›Female imitation...‹, *American Naturalist*, 111: 317, 1977.

84. Cuff, W. R., ›Behavioural aspects of cannibalism...‹, *Canadian Journal of Zoology*, 58: 1504, 1980.
85. Dahmer, L., *A Father's Story*, New York 1994. Dt.: *Mein Sohn ist ein Mörder. Geschichte eines Vaters*, Frankfurt am Main 1995.
86. *Daily Mail*, London, 19. 3. 1973.
87. Dalgaard, O. S./Kringlen, E., ›A Norwegian twin study...‹, *British Journal of Criminal Psychology*, 16: 213, 1976.
88. Daly, M., ›The cost of mating‹, *American Naturalist*, 112: 771, 1978.
89. Daly, M./Wilson, M., ›Homicide and kinship‹, *American Anthropologist*, 84: 372, 1982.
90. Daly, M./Wilson, M., ›A sociobiological analysis...‹, in: Hausfater/Hrdy (s. Nr. 180).
91. Daly, M./Wilson, M., ›Child abuse...‹, *Ethology and Sociobiology*, 6: 197, 1985.
92. Daly, M./Wilson, M., ›Evolutionary social psychology...‹, *Science*, 242: 519, 1988.
93. Daly, M./Wilson, M., *Sex, Evolution and Behavior*, Boston 1983.
94. Daly, M./Wilson, M., *Homicide*, New York 1988.
95. Damasio, H. et al., ›The return of Phineas Gage...‹, *Science*, 264: 1102, 1994.
96. Darwin, C., *The Voyage of the Beagle*, London 1906. Dt.: *Reise eines Naturforschers um die Welt*, Stuttgart 1875.
97. Darwin, C., *The Descent of Man*, London 1871. Dt.: *Die Abstammung des Menschen und die geschlechtliche Zuchtwahl*, 2 Bde., Stuttgart 1871.
98. Davies, N., *Human Sacrifice*, New York 1981.
99. Davies, P. C. V., *The Accidental Universe*, Cambridge University, 1982.
100. Davis, M. et al., ›Extinction of species...‹, *Nature*, 308: 715, 1984.
101. Dawkins, R., *The Selfish Gene*, Oxford University, 1976. Dt.: *Das egoistische Gen*, überarbeitete Neuauflage, Heidelberg, Berlin, Oxford 1994.
102. Dawkins, R., *The Extended Phenotype*, Oxford University, 1982.
103. Deacon, E. L., *Boundary Layer Meteorology*, 17: 517, 1979.
104. Degler, C. N., *In Search of Human Nature*, Oxford University, 1991.
105. Den Boer, P. J./Gradwell G. R. (Hg.), *Dynamics of Population*, Wageningen 1971.
106. Dentan, R. K., *The Semai*, New York 1968.
107. Devereux, G., ›Cannibalistic impulses...‹, *Psychoanalytic Forum*, 1: 14, 1966.
108. Diamond, S. A., ›Redeeming our devils...‹, in: Zweig/Abrams (s. Nr. 439).
109. Dillard, A., *Pilgrim at Tinker Creek*, New York 1974.
110. Dirac, P. A. M., ›The cosmological constants‹, *Nature*, 139: 323, 1937.
111. Dostojewski, F. M., *Die Brüder Karamasoff* (1879), München 1925.
112. Downhower, J. F./Brown, C., ›The timing of reproduction...‹, in: Alexander/Tinkle (s. Nr. 3).
113. Eggan, D., ›Hopi adjustment...‹, *American Anthropologist*, 45: 372, 1943.
114. Ehrlich, A. H., ›The human population‹, *American Zoologist*, 25: 395, 1985.
115. Ehrlich, P. R., *The Machinery of Nature*, New York 1986.
116. Eibl-Eibesfeldt, I., ›Expressive movements...‹, in: Hinde (s. Nr. 185).
117. Eibl-Eibesfeldt, I., *The Biology of Peace and War*, London 1979. Dt.: *Liebe und Haß. Zur Naturgeschichte elementarer Verhaltensweisen*, München [15]1991.
118. Eigen, M./Winkler, R., *Laws of the Game*, London 1982.
119. Emlen, S. T., ›Altruism, kinship and reciprocity...‹, in: Alexander/Tinkle (s. Nr. 3).
120. Englert, P. S., *Islands at the Center of the World*, New York 1990.
121. Estes, J. A. et al., ›Activity and prey selection...‹, *American Naturalist*, 120: 242, 1982.
122. Euripides, *Medea*, in: *Sämtliche Tragödien*, Bd. 2, Stuttgart 1958.
123. Evans-Pritchard, E. E., *Witches, Oracles and Magic among the Azande*, London 1937. Dt.: *Hexerei, Orakel und Magie bei den Zande*, gekürzte Ausgabe, Frankfurt am Main 1978.
124. Ewart, A., *The World's Wickedest Men*, London 1972.
125. Falger, V. S. E., ›Cooperation in conflict‹, in: Harcourt/de Waal (s. Nr. 174).
126. Firth, R., ›Reason and unreason...‹, in: Marwick (s. Nr. 265).
127. Forleo, R./Pasini, W., *Medical Sexology*, Littleton 1983.
128. Foster, J., ›Fatal meeting...‹, *Independent*, 25. 11. 1993.
129. Fossey, D., ›Living with mountain gorillas‹, in: Marler (s. Nr. 260).

130. Fox, R., ›The inherent rules of violence‹, in: Collett (s. Nr. 77).
131. Frank, L., ›When hyenas kill their own‹, *New Scientist*, 5. 3. 1994.
132. Frazer, J. G., *The Dying God*, London 1911.
133. Frazer, J. G., *The Scapegoat*, London 1914.
134. Freud, S., ›Warum Krieg?‹, in: *Gesammelte Werke*, Bd. XVI, Frankfurt am Main [3]1968.
135. Friedmann, L., *The Law of War*, New York 1972.
136. Fromm, E., *The Anatomy of Human Destructivness*, London 1974. Dt.: *Anatomie der menschlichen Destruktivität*, Stuttgart 1974.
137. Galton, F., ›Composite portraits‹, *Nature*, 18: 97, 1878.
138. Gelles, R. J. (Hg.), *Family Violence*, Beverly Hills 1979.
139. Gelles, R. J./Strauss, M. A., ›Family experience ...‹, in: Gelles (s. Nr. 138).
140. Gibbs, N., Titel-Story des *Time* magazine, 16. 5. 1994.
141. Gibbs, N, ›Death and deceit‹, *Time* magazine, 14. 11. 1994.
142. Gifford, E., *The Evil Eye*, New York 1958.
143. Gilliard, E. T., *Living Birds of the World*, London 1958.
144. Giovanni, J. D., ›Sinister forces ...‹, *Sunday Times*, 31. 10. 1993.
145. Girard, R., *La violence et le sacré*, Paris, 1972. Dt.: *Das Heilige und die Gewalt*, Zürich 1987.
146. Given, J. B., *Society and Homicide in Thirteenth Century England*, Stanford University, 1977.
147. Glance, N. S./Huberman, B. A., ›The dynamics of social dilemmas‹, *Scientific American*, 3/1994.
148. Glover, S., ›A story devoid of mercy or hope‹, *Evening Standard*, 25. 11. 1993.
149. Golding, W., *Lord of the Flies*, New York 1962. Dt.: *Herr der Fliegen*, Berlin, Frankfurt am Main 1956.
150. Goldschmidt, W. R., *Sebei Law*, University of California, 1967.
151. Goodall, J., *In the Shadow of Man*, London 1971. Dt.: *Wilde Schimpansen. Verhaltensforschung am Gombe-Strom*, Reinbek 1971.
152. Goodall, J., *The Chimpanzees of Gombe*, Harvard University, 1986.
153. Goodall, J. et al., ›Intercommunity interaction ...‹, in: Hamburg/McCown (s. Nr. 166).
154. Goode, W., ›Violence among intimates‹, in: Mulvihill et al. (s. Nr. 280).
155. Goslin, D. A. (Hg.), *Handbook of Socialisation Theory ...*, Chicago 1969.
156. Gould, J. L./Gould, C. G., *Sexual Selection*, New York 1989.
157. Green, R., *Sexual Science and the Law*, Harvard University, 1993.
158. Green, R. et al., ›Shock disease ...‹, *American Journal of Hygiene*, 30: 83, 1939.
159. Greenland, C./Rosenblatt, E., ›Murder followed by suicide ...‹, in: Daly/Wilson (s. Nr. 94).
160. Gregor, T., ›Uneasy peace ...‹, in: Haas (s. Nr. 164).
161. Gribbin, J., *In the Beginning*, London 1993.
162. Groebel, J./Hinde, R. (Hg.), *Aggression and War*, Cambridge University, 1989.
163. Grove, W. M. et al., ›Heritability of antisocial behavior‹, *Biological Psychiatry*, 27: 1293, 1990.
164. Haas, J., *The Anthropology of War*, Cambridge University, 1990.
165. Haldane, J. B. S., ›Population genetics‹, *New Biology*, 18: 34, 1955.
166. Hamburg, D./McCown, E. (Hg.), *The Great Apes*, Menlo Park 1979.
167. Hamilton, W. D., ›The evolution of altruistic behaviour‹, *American Naturalist*, 97: 1, 1963.
168. Hamilton, W. D., ›The evolution of social behaviour‹, *Journal of Theoretical Biology*, 7: 1, 1964.
169. Hamilton, W. D., ›Selfish and spiteful behaviour ...‹, *Nature*, 228: 1218, 1970.
170. Hamilton, W. D., ›Geometry for the selfish herd‹, *Journal of Theoretical Biology*, 31: 295, 1971.
171. Hamilton, W. D., ›Sex versus non-sex parasite‹, *Oikos*, 35: 282, 1980.
172. Hamilton, W. D./Zuk, M., ›Heritable true fitness and bright birds‹, *Science*, 218: 384, 1982.
173. Hanson, V., *Warfare and Agriculture in Classical Greece*, New York 1983.

174. Harcourt, A. H./De Waal, T. B. M., *Coalitions and Alliances in Humans and Other Animals*, Oxford University, 1992.
175. Hardy, T., *The Dynasts*, London 1903.
176. Harris, M., *Cows, Pigs, Wars and Witches*, New York 1974.
177. Harrison, D., ›Consumed in the bonfire...‹, *Observer*, 28. 11. 1993.
178. Harrison, S., ›The symbolic construction of aggression...‹, *Man*, 24: 583, 1989.
179. Hauser, M. D., ›Invention and social transmission...‹, in: Byrne/Whiten (s. Nr. 59).
180. Hausfater, G./Hrdy, S. B. (Hg.), *Infanticide*, New York 1984.
181. Herbert, A. J., ›The physiology of aggression‹, in: Groebel/Hinde (s. Nr. 162).
182. Hersh, S., *My Lai 4*, New York 1970.
183. Hick, J., *Evil and the God of Love*, London 1985.
184. Hinde, R. A., *Bird Vocalisations*, Cambridge University, 1969.
185. Hinde, R. A. (Hg.), *Non-verbal Communication*, Cambridge University, 1972.
186. Hinde, R. A., ›A biologist looks at anthropology‹, *Man*, 26: 583, 1991.
187. Hobbes, T., *Leviathan*, London 1651. Dt.: *Leviathan oder Stoff, Form und Gewalt eines kirchlichen und bürgerlichen Staates*, Frankfurt am Main [6]1994.
188. Hoebel, E. A., ›Song duels among the Eskimos‹, in: Bohannen (s. Nr. 45).
189. Broszat, M., *Kommandant in Auschwitz. Autobiographische Aufzeichnungen des Rudolf Höß*, München 1963.
190. Altes Testament, Genesis 3: 7.
191. Altes Testament, Genesis 4: 7.
192. Altes Testament, 1. Chronik 21: 1.
193. Altes Testament, Numeri 31: 17–18.
194. Hooley, P., ›How could it happen?‹, *Daily Express*, 26. 11. 1993.
195. Hoyle, F., *The Intelligent Universe*, London 1983.
196. Hrdy, S. B., *The Langurs of Abu*, Harvard University, 1977. (Ergänzend: Sommer, V., *Heilige Egoisten. Die Soziobiologie indischer Tempelaffen*, München 1996).
197. Hrdy, S. B., ›Infanticide as a primate reproductive strategy‹, *American Science*, 65: 40, 1977.
198. Hrdy, S. B., ›Empathy, polyandry...‹, in: Bleier (s. Nr. 41).
199. Huck, H. W., ›Lemming migrations‹, in: MacDonald (s. Nr. 251).
200. Hughes, R., *A High Wind in Jamaica*, London 1929. Dt.: *Ein Sturmwind auf Jamaika*, Frankfurt am Main 1950.
201. Humphrey, N. K., *Consciousness Regained*, Oxford University, 1984.
202. Humphrey, N. K., ›The social function of intellect‹, in: Bateson/Hinde (s. Nr. 31).
203. Hungerford, M. W., *Molly Bawn*, Dublin 1878.
204. Hunt, M., *The Mugging*, Harmondsworth 1976.
205. Huntingford, F. A., ›Animals fight, but do not make war‹, in: Groebel/Hinde (s. Nr. 162).
206. Huxley, A., *Plant and Planet*, London 1974.
207. Huxley, F., *The Eye: The Seer and the Seen*, London 1990.
208. Huxley, T. H., *Evolution and Ethics*, London 1894.
209. Hymas, C., ›Bulger: chill verdict...‹, *Sunday Times*, 28. 11. 1993.
210. Icli, T. G., ›Blood feud in Turkey‹, *British Journal of Criminology*, 34: 69, 1994.
211. *Independent*, 28. 11. 1993.
212. Ingold, T., ›An anthropologist looks at biology‹, *Man*, 25: 208, 1990.
213. Jones, A., *Women Who Kill*, New York 1980. Dt.: *Frauen, die töten*, Frankfurt am Main 1986.
214. Jung, C. G., *Über die Psychologie des Unbewußten*, in: *Gesammelte Werke*, Bd. 7, Olten [4]1989.
215. Jung, C. G., ›Das Seelenproblem des modernen Menschen‹, in: *Gesammelte Werke*, Bd. 10, Olten [3]1986.
216. Jung, C. G., ›Anwort auf Hiob‹, in: *Gesammelte Werke*, Bd. 11, Olten [5]1988.
217. Jung, C. G., *Zwei Schriften über analytische Psychologie*, in: *Gesammelte Werke*, Bd. 7, Olten [4]1989.
218. Jung, C. G., *Erinnerungen, Träume, Gedanken*, Solothurn, Düsseldorf [9]1995.
219. Jung, C. G., *Seminare*, in: *Gesammelte Werke*, Supplement-Band.
220. Junod, T. et al., ›Blown away‹, *GQ magazine*, 7/1994.
221. Kaplan, R. D., ›The coming anarchy‹, *Atlantic Monthly*, 2/1994.

222. Kass, L. R., *Toward a More Natural Science*, New York 1985.
223. Katz, F. E., *Ordinary People and Extraordinary Evil*, New York 1993.
224. Kawai, M., ›Newly acquired precultural behaviour ...‹, *Primates*, 6: 1, 1965.
225. Keegan, J., *A History of Warfare*, London 1993.
226. Keiser, R. L., *The Vice Lords*, New York 1969.
227. Kenny, M. G., ›Mirror in the forest‹, *Africa*, 51: 477, 1981.
228. Kierkegaard, S., ›Furcht und Zittern‹, in: *Die Krankheit zum Tode. Furcht und Zittern*, Frankfurt am Main, Hamburg 1959.
229. Kilgore, B. M., ›Restoring fire's natural role‹, *Western Wildlands*, 11: 2, 1984.
230. Kluger, H. V., *Satan in the Old Testament*, Evanston 1967.
231. Krebs, C. J., *The Message of Ecology*, New York 1988.
232. Krige, E. J./Krige J. D., *The Realm of the Rain Queen*, Oxford University, 1943.
233. Kuhl, P. et al., ›Linguistic experience ...‹, *Science*, 255: 606, 1974.
234. Kullenberg, B., ›Studies in *Ophrys* pollination‹, *Zooligische Bidrag*, 34: 1, 1961.
235. Kummer, H., ›Analogs of morality‹, in: Stent (s. Nr. 363).
236. Langlois, J. H. et al., ›Infant preferences for attractive faces‹, *Developmental Psychology*, 23: 363, 1987.
237. Langlois, J. H. et al., ›Attractive faces are only average‹, *Psychological Science*, 1: 115, 1990.
238. Le Boeuf, B. J., ›Male-male competition ...‹, *American Zoologist*, 14: 163, 1974.
239. Le Boeuf, B. J./Reither, J., ›The cost of living in a seal harem‹, *Mammalia*, 41: 167, 1977.
240. Lee, R., *The !Kung San*, Cambridge University, 1979.
241. Levi, P., *Ist das ein Mensch?, Die Atempause*, München 1991.
242. Lienhardt, G., ›Some notions of witchcraft among the Dinka‹, *Africa*, 21: 303, 1951.
243. Lockhard, J. S. (Hg.), *The Evolution of Human Social Behaviour*, New York 1980.
244. Loizos, P., ›Intercommunal killing on Cyprus‹, *Man*, 23: 639, 1988.
245. Lorenz, K., *Das sogenannte Böse. Zur Naturgeschichte der Aggression*, Wien 1963.
246. Low, B. S., ›Marriage systems and pathogen stress ...‹, *American Zoologist*, 30: 325, 1990.
247. Low, B. S. et al., ›Human hips, breasts and buttocks ...‹, *Ethology and Sociobiology*, 8: 249, 1987.
248. Maccoby, E. E./Jacklin, C. N., *The Psychology of Sex Differences*, Stanford 1974.
249. Maccoby, H., *The Sacred Executioner*, London 1982.
250. McCormick, J., ›Why parents kill‹, *Newsweek*, 14. 11. 1994.
251. MacDonald, D., *The Encyclopaedia of Mammals*, London 1984.
252. MacFarlane, A., *Witchcraft in Tudor and Stuart England*, London 1970.
253. McManus, I. C./Humphrey, N. K., ›Turning the left cheek‹, *Nature*, 243: 271, 1973.
254. McWhirter, N./Greenberg, S., *Guinness Book of Records*, London 1979. Dt.: *Das neue Guinness Buch der Rekorde*, Berlin 1979.
255. Machiavelli, N., *Der Fürst*, Stuttgart [4]1972.
256. Maier-Katkin, D., ›Mothers who kill‹, *Miami Herald*, 20. 11. 1994.
257. Mailer, N., *The Executioner's Song*, New York 1979. Dt.: *Gnadenlos*, Rastatt 1987.
258. Manning, A., ›The genetics bases of aggression‹, in: Groebel/Hinde (s. Nr. 162).
259. Marcy, W. L., Rede vor dem US-Senat, Januar 1832.
260. Marler, P. R. (Hg.), *The Marvels of Animal Behavior*, Washington 1972.
261. Marsden, W., *The Lemming Year*, Chatto & Windus, 1964.
262. Marsh, P., *Aggro*, London 1978.
263. Marshall, A. J., *Bowerbirds*, Oxford University, 1954.
264. Marshall, S. L. A., *Men Against Time*, New York 1947.
265. Marwick, M. (Hg.), *Witchcraft and Sorcery*, Harmondsworth 1972.
266. Masters, B., *Killing For Company*, London 1985. Dt.: *Leblose Liebhaber. Die Morde des Dennis Nilsen*, Reinbek 1994.
267. Mayer, P., ›Witches‹, in: Marwick (s. Nr. 265).
268. Maynard Smith, J., *Evolution and the Theory of Games*, Cambridge University, 1982.
296. Mednick, S. A./Christiansen, K. O., *Biological Bases of Criminal Behavior*, New York 1977.
270. Mestel, R., ›What triggers the violence within?‹, *New Scientist*, 20. 2. 1994.

271. Midgley, M., *Wickedness*, London 1981.
272. Milgrim, S., *Obedience in Authority*, New York 1974.
273. Mithen, S./Maschner, H. (Hg.), *Darwinian Approaches to the Past*, New York 1992.
274. Moller, A. P., ›Intruders and defenders ...‹, *Oikos*, 48: 47, 1987.
275. Montaigne, M. de, *Essais*, Paris, 1580. Der zitierte *essai* (›Von den Hinkenden‹) ist enthalten in *Essais*, Zürich 1953.
276. Moore, O. K., ›Divination – a new perspective‹, *American Anthropologist*, 59: 69, 1957.
277. Morgan, B., *Men and Discoveries in Mathematics*, London 1972.
278. Morris, D., *Manwatching*, London 1977.
279. Morris, D. et al., *Gestures*, London 1979.
280. Mulvihill, D. J. et al., *Crimes of Violence*, Washington, DC, 1969.
281. Murphy, R. F., *Headhunter's Heritage*, University of California, 1960.
282. Myers, K., ›The rabbit in Australia‹, in: Den Boer/Gradwell (s. Nr. 105).
283. Nash, E. P., ›What's a life worth?‹, *New York Times* magazine, 14. 8. 1994.
284. Naumann, B., *Auschwitz*, New York 1966.
285. Newton, M., *Hunting Humans*, 2 Bde., New York 1990.
286. Nightingale, B., ›Yankee cinema, please go home‹, *New York Times*, 10. 7. 1994.
287. Nishida, T., ›Alpha status and agonistic alliance ...‹, *Primates*, 24: 318, 1983.
288. Nitecki, M. H./Nitecki, D. V., *Evolutionary Ethics*, New York 1993.
289. Norris, J., *Serial Killers*, New York 1988.
290. Oates, J. C., ›I had no other thrill or happiness‹, *New York Review*, 24. 3. 1994.
291. O'Connor, R. J., ›Brood reduction in birds‹, *Animal Behaviour*, 26: 79, 1978.
292. Ogot, B. (Hg.), *War and Society in Africa*, London 1972.
293. Organ, J. A./Organ, D. J., ›Courtship behavior of the red salamander‹, *Copeia*, 217, 1968.
294. Orians, G. H./Willson, M. F., ›Interspecific territories of birds‹, Ecology, 45: 736, 1964.
295. Otterbein, K. ›The evolution of Zulu warfare‹, in: Ogot (s. Nr. 292).
296. Otterbein, K. F., *The Evolution of War*, HRAF, Connecticut, 1970.
297. Paradies, J./Williams, G. C., *Prefaces to Evolution and Ethcis*, Princeton University, 1989.
298. Pausanius, *Description of Greece*, London 1890.
299. Perrett, D. I. et al., ›Facial shape ...‹, *Nature*, 368: 239, 1944.
300. Persaud, R., ›When pairs can turn into savages‹, *Daily Mail*, 25. 11. 1993.
301. Phillips, D. P., ›The impact of mass media violence ...‹, *American Sociological Review*, 48: 560, 1983.
302. Phillips, M., ›How we make demons ...‹, *Observer*, 28. 11. 1993.
303. Pilkington, E., ›Boys guilty of Bulger murder‹, *Guardian*, 25. 11. 1993.
304. Pinker, S., *The Language Instinct*, New York 1994. Dt.: *Wie der Geist die Sprache bildet*, München 1996.
305. Porac, C./Coren, S., *Lateral Preferences and Human Behavior*, New York 1981.
306. Porter, J. W., ›Pseudorca stranding‹, *Oceans*, 10: 8, 1977.
307. Pratt, H. J., ›Reproduction in the blue shark‹, *Fishery Bulletin*, 77: 445, 1979.
308. Raine, A., *The Psychopathology of Crime*, San Diego 1993.
309. Raine, A., ›When bad things happen ...‹, *GQ magazine*, 7/1994.
310. Rampino, M. R./Stothers, R. B., ›Geological rythms and cometary impacts‹, *Sience*, 226: 1427, 1984.
311. Rampino, M. R./Stothers, R. B., ›Geological periodicity and the galaxy‹, in: Smoluchowski (s. Nr. 359).
312. Raup, D. M./Sepkoski, J. J., ›Periodicity of extinctions ...‹, *Proceedings of the National Academy of Science*, 81: 801, 1984.
313. Read, P. P., ›The most difficult question ...‹, *Daily Mail*, 25. 11. 1993.
314. Rees, M. J. et al., *Black Holes, Gravitational Waves and Cosmology*, New York 1974.
315. Reinhardt, J. M., *The Psychology of Strange Killers*, Springfield 1962.
316. Rheingold, H. L., ›The social and socialising infant‹, in: Goslin (s. Nr. 155).
317. Rheingold, H. L. et al., ›Sharing in the second year ...‹, *Child Development*, 47: 1148, 1976.

318. Rheingold, H. L./Hay, D. F., ›Prosocial behavior…‹, in: Stent (s. Nr. 363).
319. Reinisch, J. M./Karow, W. G., ›Prenatal exposure to synthetic progestin…‹, *Archives of Sexual Behavior*, 6: 257, 1977.
320. Ridley, M., ›Infected with science‹, *New Scientist*, 1. 1. 1994.
321. Ridley, M., *The Red Queen*, London 1993.
322. Robarchek, C. A., ›Frustration, aggression…‹, *American Ethologist*, 4: 762, 1977.
323. Robarchek, C. A./Dentan, R. K., ›Blood drunkness…‹, *American Anthropologist*, 89: 356, 1987.
324. Roberts, T. A./Kennelly, J., ›Variation in promiscuity…‹, *Wilson Bulletin*, 92: 110, 1980.
325. Rosenblatt, R., ›A killer in the eye‹, *New York Times* magazine, 5. 6. 1994.
326. Routledge, W. S./Routledge, K. R., *With a Prehistoric People*, London 1968.
327. Rubenstein, R., *After Auschwitz*, Bobbs Merrill, Indianapolis 1975.
328. Rubin, L., *Just Friends*, New York 1985.
329. Rule, A., *The Stranger Beside Me*, New York 1993.
330. Russell, J. B., *The Devil*, Cornell University, 1977.
331. Sack, J., *Lieutnant Calley*, New York 1971.
332. Sagan, C./Druyan, A., *Shadows of Forgotten Ancestors*, London 1992.
333. Sanford, J. A., *Jung and the Problem of Evil*, Boston 1987.
334. Schaffer, H. R., ›Acquiring the concept of the dialogue‹, in: Burnstein (s. Nr. 55).
335. Schaller, G. B., *The Serengeti Lion*, University of Chicago, 1972.
336. Schele, L./Miller, M. E., *The Blood of Kings*, Kimbell Museum, Fort Worth 1986.
337. Schneider, D., ›Slow-motion exposion‹, *Whole Earth Review*, 83: 101, 1994.
338. Schnell, R. C., et al., ›Biogenic ice nuclei…‹, *15th Conference on Agriculture and Forest Meteorology*, 22, 1981.
339. Schultz, A. M., ›The Arctic tundra‹, in: Van Dyne (s. Nr. 394).
340. Schwartz, A. E., *The Man Who Could Not Kill Enough*, New York 1993.
341. Scott, P. D., ›Parents who kill their children‹, *Medicine, Science and the Law*, 13: 120, 1973.
342. Seifert, R., ›War and rape‹, in: Stiglmeyer (s. Nr. 367).
343. Self, W., ›Where did I go wrong?‹, *New York Times*, 13. 3. 1994.
344. Sereny, G., *The Case of Mary Bell*, London 1972.
345. Shakespeare, W., *Macbeth*, I/7, 54.
346. Shakespeare, W., *Macbeth*, IV/1, 44.
347. Shaw, G. B., *Back to Methuselah*, London, 1921. Dt.: *Zurück zu Methusalem*, Berlin 1923.
348. Sheldrake, R., *A New Science of Life*, London 1981. Dt.: *Das schöpferische Universum. Die Theorie des morphogenetischen Feldes*, Frankfurt am Main, Berlin 1983.
349. Sheldrake, R., *The Presence of the Past*, London 1988. Dt.: *Das Gedächtnis der Natur. Das Geheimnis der Entstehung der Formen in der Natur*, München [5]1994.
350. Sheldrake, R., *The Rebirth of Nature*, London 1990. Dt.: *Die Wiedergeburt der Natur*, München 1991.
351. Sheldrake, R., *Seven Experiments That Could Change the World*, London 1994. Dt.: *Sieben Experimente, die die Welt verändern könnten. Anstiftung zur Revolutionierung des wissenschaftlichen Denkens*, München 1994.
352. Shelley, M., *Frankenstein*, London 1818. Dt.: *Frankenstein oder der neue Prometheus*, München 1970.
353. Sherman, P. W., ›Reproduction, competition and infanticide‹, in: Alexander/Tinkle (s. Nr. 3).
354. Sherman, W. T., Rede vor der Michigan Military Academy, 19. 6. 1879.
355. Silverberg, J./Gray, J. P., *Aggression and Peacefulness in Humans and Other Primates*, Oxford University, 1992.
356. Singer, P., *The Expanding Circle*, Oxford 1981.
357. Sipes, R. G., ›War, sports and aggression‹, *American Anthropologist*, 75: 64, 1973.
358. Smith, D. J., The *Sleep of Reason*, London 1994. Dt.: *Der Schlaf der Vernunft. Der Fall James Bulger*, Bergisch-Gladbach 1995.
359. Smoluchowski, R. et al. (Hg.), *The Galaxy and the Solar System*, University of Arizona, 1986.

360. Solschenizyn, A., *Der Archipel GULAG*, Bern, München 1974.
361. Sorokin, P., *Social and Cultural Dynamics*, Boston 1957.
362. Spark, R., ›We are not all to blame ...‹, *Mail on Sunday*, 28. 11. 1993.
363. Stent, G. S. (Hg.), *Morality as a Biological Phenomenon*, University of Calif., 1980.
364. Stevenson, J. G., ›Song as a reinforcer‹, in: Hinde (s. Nr. 185).
365. Stevenson, R. L., *The Strange Case of Dr Jekyll and Mr Hyde*, London 1886. Dt.: *Dr. Jekyll und Mr. Hyde*, Stuttgart 1984.
366. Stevenson, R. L., *Across the Plains*, New York 1906.
367. Stiglmayer, A. (Hg.), *Mass Rape*, University of Nebraska, 1994.
368. Storr, A., *Human Destructiveness*, New York 1991.
369. *Sunday Times*, London 31. 10. 1993.
370. Surin, K., *Theology and the Problem of Evil*, Oxford 1986.
371. Symons, D., *The Frontier of Human Sexuality*, Oxford University, 1979.
372. Thomas, K., *Religion and the Decline od Magic*, London 1971.
373. Thomas, T. L., ›The far look‹, in: Amis/Conquest (s. Nr. 6).
374. Thornhill, R., ›Adaptive female mimicking ...‹, *Science*, 205: 412, 1979.
375. Thornhill, R., ›Rape in Panorpa scorpionflies‹, *Animal Behaviour*, 28: 52, 1980.
376. Thornhill, R./Thornhill, N. W., ›Human rape: an evolutionary analysis‹, *Ethology and Sociobiology*, 4: 137, 1983.
377. Thornhill, R. et al., ›The biology of rape‹, in: Tomaselli/Porter (s. Nr. 384).
378. Tierney, P., *The Highest Altar*, New York 1989.
379. Tiger, L./Fox, M., *The Imperial Animal*, New York 1970. Dt.: *Das Herrentier. Steinzeitjäger im Spätkapitalismus*, München 1974.
380. *Time* magazine, 6. 6. 1994.
381. Trimms, R., *Doubles in Literary Psychology*, Cambridge 1949.
382. Tinbergen, N., *Curious Naturalists*, New York 1958. Dt.: *Tierbeobachtungen zwischen Arktis und Afrika. Forscherfreuden in freier Natur*, Berlin [3]1967.
383. Toch, H., *Violent Men*, Chicago 1969.
384. Tomaselli, S./Porter, R. (Hg.), *Rape*, Oxford 1986.
385. Trevor-Report, H. R., ›Witches and witchcraft‹, *Encounter*, 28: 13, 1967.
386. Trivers, R., ›The evolution of reciprocal altruism‹, *Quarterly Review of Biology*, 46: 35, 1971.
387. Trivers, R., ›Parent-offspring conflict‹, *American Zoologist*, 14: 249, 1974.
388. Trivers, R., *Social Evolution*, Benjamin Cummings, California, 1985.
389. Turnbull, C., *The Forest People*, London 1961. Dt.: *Molimo. Drei Jahre bei den Pygmäen*, Köln, Berlin 1963.
390. Turnbull, C., *The Mountain People*, London 1973. Dt.: *Das Volk ohne Liebe. Der soziale Untergang der Ik*, Reinbek 1973.
391. Turney-High, H., *Primitive War*, University of South Carolina, 1971.
392. UNESCO, ›The Seville Statement on Violence‹, *Sixth International Colloquium on Brain and Aggression*, Seville 1986.
393. Van Beek, W. E. A., ›The dirty smith ...‹, *Africa*, 62: 38, 1992.
394. Van Dyne, G. (Hg.), *The Ecosystem Concept in Natural Recource Management*, New York 1969.
395. Van Gogh, V., *The Complete Letters of Vincent Van Gogh*, New York Graphic Society, 1958.
396. Vayda, A., *War in Ecological Perspective*, New York 1976.
397. Von Neumann, J./Morgenstern, O., *Theory of Games and Economic Behavior*, Princeton University, 1953.
398. Waal, F. de, *Chimpanzee Politics*, London 1982. Dt.: *Unsere haarigen Vettern. Neueste Erfahrungen mit Schimpansen*, München 1983.
399. Waal, F. de, *Peacemaking Among Primates*, Harvard University, 1989. Dt.: *Wilde Diplomaten. Versöhnung und Entspannungspolitik bei Affen und Menschen*, München 1991.
400. Waal, F. de, ›Food sharing and reciprocal obligations ...‹, *Journal of Human Evolution*, 18: 433, 1989.
401. Waal, F. de, ›Aggression as a well-integrated part of primate social relationships‹, in: Silverberg/Gray (s. Nr. 355).

402. Wallace, B., ›Misinformation, fitness and selection‹, *American Naturalist*, 107: 1, 1973.
403. Walther, F. R., ›Flight behavior and avoidance of predators‹, *Behaviour*, 34: 184, 1969.
404. Walzer, M., *Just and Unjust Wars*, New York 1977.
405. Ward, D., ›Police chief labels two boy killers as evil‹, *Guardian*, 25. 11. 1993.
406. Watson, L., *Lifetide*, London 1979.
407. Watson, L., *Whales of the World*, London 1981.
408. Watson, L., *Dreams of Dragons*, London 1987.
409. Weinreich, J. D., ›Homosexual behaviour in animals‹, in: Forleo/Pasini (s. Nr. 127).
410. Westing, A., ›War as a human endeavour‹, *Journal of Peace Research*, 3: 261, 1982.
411. Wheeler, J., *Some Strangeness in the Proportion*, Reading 1980.
412. White, G. F., ›Media and violence‹, *Aggressive Behavior*, 15: 423, 1989.
413. Whitehead, A. N., *Process and Reality*, Cambridge University, 1929. Dt.: *Prozeß und Realität. Entwurf einer Kosmologie*, Frankfurt am Main 1979.
414. Whitmire, D. P., ›Periodic mass extinctions ...‹, *Nature*, 308: 713, 1984.
415. Wiberg, H., ›What have we learned about peace?‹, *Journal of Peace Research*, 15: 110, 1981.
416. Wilkinson, A., ›Conversation with a killer‹, *New Yorker*, 18. 4. 1994.
417. Wilkinson, G. S., ›Reciprocal food sharing in the vampire bat‹, *Nature*, 308: 181,1984.
418. Williams, G. C., *Adaptation and Natural Selection*, Princeton University, 1966.
419. Williams, G. C., ›Mother Nature is a wicked old witch‹, in: Nitecki/ Nitecki (s. Nr. 288).
420. Williams, G. C., ›A sociobiological expansion of Evolution and Ethics‹, in: Paradis/Williams (s. Nr. 297).
421. Williams, G. C., *Sex and Evolution*, Princeton University, 1975.
422. Williams, G. C., ›Comments on the evolution of schooling‹, *Publications of the Michigan State University Museum*, 2: 351, 1984.
423. Williams, L., ›The feeling of being stared at‹, *Journal of Parapsychology*, 47: 59, 1983.
424. Wilson, C./Seaman, D., *Encyclopaedia of Modern Murder*, London 1989.
425. Wilson, E. O., *Sociobiology*, Harvard University, 1975.
426. Wilson, E. O., *On Human Nature*, Harvard University, 1978. Dt.: *Biologie als Schicksal. Die soziobiologischen Grundlagen menschlichen Verhaltens*, Frankfurt am Main 1980.
427. Wilson, E. O., *Biophilia*, Harvard University, 1984.
428. Wilson, J. Q., *Time* magazine, 23. 8. 1993.
429. Wilson, M./Daly, M., ›The man who mistook his wife for a chattel‹, in: Barkow (s. Nr. 27).
430. Wilson, M./Daly, M., ›Competitiveness, risk and violence ...‹, *Ethology and Sociobiology*, 6: 59, 1985.
431. Winter, J. M., ›Causes of War‹, in: Groebel/Hinde (s. Nr. 162).
432. Wolf, L. L., ›Prostitution behavior in a tropical hummingbird‹, *Condor*, 77: 140, 1975.
433. Wright, R., *The Moral Animal*, New York 1994. Dt.: *Diesseits von Gut und Böse. Die soziobiologischen Grundlagen menschlichen Verhaltens,* Frankfurt am Main 1980.
434. Yablonsky, L., *The Violent Gang*, New York 1962.
435. Yeats, W. B., ›The second coming‹, *Collected Poems*, London 1933.
436. Young, D., *Origins of the Sacred*, New York 1991.
437. Zahani, A., ›Mate selection ...‹, *Journal of Theoretical Biology*, 53: 205, 1975.
438. Zuk, M., ›The role of parasites in sexual selection‹, *Advances in the Study of Behaviour*, 21: 39, 1992.
439. Zweig, C./Abrams, J. (Hg.), *Meeting the Shadow*, Los Angeles 1991. [Ergänzend: ›Totes Huhn am Kruzifix‹ und ›Musik und Fackeln. Der Ex-Satanist Thomas, 24, über Nachwuchswerbung‹, *Der Spiegel*, 29. 4. 1996].